应用型法学人才培养系列教材
编辑委员会

主　　　任　刘晓红
副 主 任　郑少华
秘 书 长　杨　华
编委会委员　(按姓氏笔画顺序)

卫　磊　　王　康　　王丽华　　王志亮

王祥修　　汤玉枢　　杨向东　　肖光辉

何艳梅　　张进德　　陈海萍　　胡戎恩

黄芹华　　曹　阳　　彭文华　　谭小勇

应用型法学人才培养系列教材
总 主 编　刘晓红
副总主编　郑少华　杨　华

环境法学理论与实务

何艳梅　等编著

北京大学出版社
PEKING UNIVERSITY PRESS

图书在版编目(CIP)数据

环境法学理论与实务/何艳梅等编著. —北京:北京大学出版社,2022.8
应用型法学人才培养系列教材
ISBN 978-7-301-33183-5

Ⅰ.①环… Ⅱ.①何… Ⅲ.①环境法学—中国—高等学校—教材 Ⅳ.①D922.680.1

中国版本图书馆 CIP 数据核字(2022)第 133047 号

书　　　　名	环境法学理论与实务 HUANJING FAXUE LILUN YU SHIWU
著作责任者	何艳梅　等编著
责 任 编 辑	孙维玲　刘秀芹
标 准 书 号	ISBN 978-7-301-33183-5
出 版 发 行	北京大学出版社
地　　　　址	北京市海淀区成府路 205 号　100871
网　　　　址	http://www.pup.cn　新浪微博:@北京大学出版社
电 子 信 箱	sdyy_2005@126.com
电　　　　话	邮购部 010-62752015　发行部 010-62750672　编辑部 021-62071998
印 刷 者	北京圣夫亚美印刷有限公司
经 销 者	新华书店
	730 毫米×980 毫米　16 开本　22 印张　364 千字 2022 年 8 月第 1 版　2022 年 8 月第 1 次印刷
定　　　　价	68.00 元

未经许可,不得以任何方式复制或抄袭本书之部分或全部内容。
版权所有,侵权必究
举报电话:010-62752024　电子信箱:fd@pup.pku.edu.cn
图书如有印装质量问题,请与出版部联系,电话:010-62756370

总序

党的十八大以来,中国特色社会主义法治建设发生历史性变革,取得历史性成就。在《中共中央关于全面推进依法治国若干重大问题的决定》中,有一条贯穿全篇的红线是坚持和拓展中国特色社会主义法治道路,在中国特色社会主义法治道路上,以习近平同志为核心的党中央,将马克思主义法治基本原理与中国实践相结合,形成了"习近平法治思想"。

习近平法治思想具有鲜明的实践品格、磅礴的实践伟力,实践性是习近平法治思想的源头活水。习近平法治思想科学回答了建设中国特色社会主义法治体系以及到 2035 年基本建成法治国家、法治政府、法治社会的实践路线图。

法律的生命在于实践。法学本身就是一门实践性很强的学科,在坚持和拓展中国特色社会主义法治道路上,高校担负着社会主义法治体系的理论研究、法治宣传、人才培养等方面的重任。

上海政法学院立足"应用型"办学定位,紧紧围绕培养学生的专业应用能力和综合素质,不断优化专业结构,创新人才培养模式,建立协同育人机制,提升人才培养质量。根据社会需要、行业需求和新"文科"建设要求,学校积极调整优化法学专业的应用型人才培养模式建设,从教材建设着手,编写法学实务类教材。

本套教材有如下几个特色:

一是坚持以习近平法治思想为指导。本套教材以习近平法治思想为指导，把博大精深的思想观点转化为法治中国建设者和接班人的知识体系和学术体系，引导他们坚定中国特色社会主义法治的道路自信、理论自信、制度自信和文化自信。

二是坚持以应用型人才培养为目标。为回应中国特色社会主义新时代的法治建设新要求，培养理论与实践相结合的法学人才，本套教材的每一部均以鲜活、生动的案例为引导，坚持理论联系实际、坚持应用型人才培养导向。上海政法学院的办学定位是建设具有鲜明政法特色的一流应用型大学，其人才培养方案，尤其是教材建设，紧紧围绕法学应用能力的培养。所以，在一流本科建设项目资金的支持下，学校组织编写了本套应用型法学人才培养系列教材。

三是主干课程与特色课程相结合。根据教育部法学专业建设的指导意见，在法学核心课程"10＋X"的基础上，本套教材还体现了上海政法学院在监狱法、人工智能法、体育法等方面的专业特色。在编写《宪法学理论与实务》《行政法学理论与实务》《民法学理论与实务》《经济法学理论与实务》等法学主干课程教材的基础上，还编写了《监狱法学理论与实务》《人工智能法学理论与实务》《体育法学理论与实务》等特色教材。

踏上全面建设社会主义现代化国家的新征程，面向全面建成法治国家、法治政府、法治社会的新时代，学校不断推进特色发展，持续深化内涵建设，创新人才培养模式，坚持错位竞争和特色发展，争取早日建成具有鲜明政法特色的一流应用型大学，为国家经济社会发展和法治建设做出新的更大贡献！

上海政法学院
应用型法学人才培养系列教材编委会
2021年9月

编写说明

作为一本理论与实务并重的教材，本书具有简明性、新颖性和实用性的特点。各章分别通过典型案件引入基本理论和制度，同时注重对最新立法、政策和制度的阐述，并在各章末尾对近几年发生的典型案例进行系统分析，以使学生能够将理论与实践相结合，培养学生运用基本理论和制度分析问题和解决问题的能力。

本书由何艳梅负责大纲拟定和统稿工作。张露协助承担了部分文字整理工作，杨华对第八章第三节第一、二部分的初稿撰写有贡献。

各章节撰写人分工如下（以撰写章节先后为序）：

何艳梅：第一章第一、二节，第三章第二节，第三章第五节第二、三部分，第七章第一节第二、三部分，第七章第四节第一、三部分，第八章。

李　研：第一章第三节。

张　露：第一章第四、五节。

方　景：第一章第六、七节，第一章的案情导入和案例分析。

张方建：第二章。

刘自倬:第三章第一、三节。

刘　茜:第三章第四节,第三章第五节第一、四部分,第三章的案例导入和案例分析,第七章第四节第二部分。

牛秉儒:第四章。

杨柳子贤:第五章第一、二节。

周艳琼:第五章第三、四节,第五章的案情导入和案例分析。

张舜栋:第六章。

邓　涵:第七章第一节第一部分,第七章第二、三节,第七章第四节第四部分,第七章的案情导入和案例分析。

何艳梅

2022 年 6 月 5 日

目录

上编·总论

第一章　环境法概述 / 003

案情导入 / 003

第一节　环境资源与环境资源问题 / 004

第二节　环境法的概念与特征 / 013

第三节　环境法的历史发展 / 016

第四节　环境法的体系 / 025

第五节　环境法的性质和地位 / 033

第六节　环境法的目的 / 038

第七节　环境法的适用范围 / 042

案例分析　崔某杰与江南市大海公司侵权纠纷案 / 051

环/境/法/学/理/论/与/实/务

第二章　环境法的基本原则 / 054

　　案情导入 / 054

　　第一节　环境法基本原则概述 / 055

　　第二节　保护优先原则 / 057

　　第三节　预防为主、综合治理原则 / 061

　　第四节　公众参与原则 / 066

　　第五节　损害担责原则 / 073

　　案例分析　北京市朝阳区自然之友环境研究所诉中国水电顾问集团新
　　　　　　　平开发有限公司等环境污染责任民事公益诉讼案 / 077

第三章　环境法律制度 / 083

　　案情导入 / 083

　　第一节　环境法律制度概述 / 084

　　第二节　环境权 / 085

　　第三节　自然资源权 / 098

　　第四节　环境监督管理制度 / 103

　　第五节　生态保护制度 / 119

　　案例分析　上海鑫晶山建材开发有限公司诉上海市金山区环境保护局
　　　　　　　环保行政处罚纠纷案 / 134

第四章　环境法律责任 / 137

　　案情导入 / 137

　　第一节　环境法律责任概述 / 138

　　第二节　环境行政责任 / 139

　　第三节　环境民事责任 / 145

　　第四节　环境刑事责任 / 155

　　第五节　环境法律责任的比较与竞合 / 163

案例分析　江苏省徐州市人民检察院诉苏州其安工艺品有限公司等环境民事公益诉讼案 / 168

第五章　环境法律救济 / 172

案情导入 / 172
第一节　环境法律救济概述 / 173
第二节　环境行政救济 / 175
第三节　环境诉讼 / 181
第四节　环境仲裁 / 198
案例分析　广东省东莞市人民检察院支持东莞市环境科学学会诉袁某某等三人环境污染民事公益诉讼案 / 201

下编·分论

第六章　环境污染防治法 / 207

案情导入 / 207
第一节　环境污染防治法概述 / 208
第二节　环境媒介污染防治法 / 213
第三节　污染源控制和管理法 / 228
案例分析　郑某诉绍兴市环境保护局环保行政验收案 / 236

第七章　自然资源和生态保护法 / 241

案情导入 / 241
第一节　概述 / 242
第二节　生物资源保护法 / 249
第三节　非生物资源保护法 / 255
第四节　生态保护法 / 269

案例分析　全某等 6 人非法收购、运输、出售珍贵、濒危野生动物案 / 287

第八章　国际环境法 / 291
案情导入 / 291
第一节　国际环境法概述 / 292
第二节　国际环境法的基本原则 / 310
第三节　全球性环境条约 / 323
案例分析　国际法院并案审理的哥斯达黎加 vs. 尼加拉瓜案 / 338

上编
·
总 论

第一章
Chapter 1

环境法概述

案情导入

2013年5月9日晚,徐某伙同王某某二人在清镇市红枫湖黑石山水域电鱼。该水域渔政管理站工作人员在接到群众举报后,当场抓获被告人徐某,查获鲫鱼、白条鱼等20斤,并查获违法捕鱼工具若干。随后,王某某主动到该市公安局生态保护分局自首。根据《贵州省渔业条例》的规定,每年2月1日12时至5月31日12时为江河、湖泊、大中型水库禁渔期。法院经审理认为,鱼类是湖泊生态系统的重要生物因子之一,不仅能够作为人类的食品供给,还能控制湖泊中海藻的富营养化,对湖泊生态系统的平衡发挥重大作用,应当受到法律保护。被告人徐某、王某某违反水产资源保护法规,在红枫湖禁渔期使用电击的方式非法捕捞水产品,情节严重,破坏了红枫湖的渔业生态环境,其行为均已构成非法捕捞水产品罪,应当处以刑事处罚。

本案涉及环境的概念和范围、环境法的体系和适用范围等,将在本章进行阐述。此外,本章还将阐述环境法的其他基本概念和理论,包括环境问题的概念和分类,环境法的概念、特征、历史发展、性质、地位、目的、适用范围等。

环/境/法/学/理/论/与/实/务

第一节　环境资源与环境资源问题

环境与自然资源是推动人类社会经济发展与社会进步的基本要素。环境资源问题对人类的生存和可持续发展带来严重威胁,人类需要改变传统生产和生活方式,做到与自然的和谐共生。

一、环境与自然资源

人类的生产与生活离不开环境与自然资源。1972年联合国人类环境会议通过的《联合国人类环境会议宣言》(以下简称《人类环境宣言》)宣告:"人类既是他的环境的创造物,又是他的环境的塑造者,环境给予人以维持生存的东西,并给他提供了在智力、道德、社会和精神方面获得发展的机会。"1982年通过的《世界自然宪章》指出:"人类是自然的一部分,生命有赖于自然系统的功能维持不坠,以保证能源和养料的供应。文明起源于自然,自然塑造了人类的文化,一切艺术和科学成就都受到自然的影响,人类与大自然和谐相处,才有最好的机会发挥创造力和得到休息与娱乐。"

(一)环境的概念与分类

《辞海》对"环境"的解释是:"周围的环境,如自然资源、社会环境"。环境是相对于某一事物来说的,是指围绕着某一事物(通常称其为主体)并对该事物会产生某些影响的所有外界事物(通常称其为客体),即环境是指围绕某个中心事物的外部空间、条件和状况。基于中心事物的不同,环境的范围和含义也会有所不同。例如,根据人类中心主义、生物中心主义和生态中心主义等不同学说,[①] 中心事物分别是人类、生物和生态系统,环境的范围和含义也有很大差异。从法

---

① 关于这些学说的详细介绍和分析,参见陈海嵩:《环境伦理与环境法——也论环境法的伦理基础》,载吕忠梅主编:《环境资源法论丛》(第6卷),法律出版社2006年版,第3—18页。

学角度而言,应当采取人类中心主义的环境概念,①即环境是指影响人类生存和发展的各种天然的和经过人工改造的自然因素的总体。

环境可以从不同的角度进行分类,最常见的分类方法是依照组成环境的物质与人类活动的关系,将其分为自然环境和人工环境。自然环境是指大气、水、土地、生物等各种自然要素;人工环境是指人类在自然环境的基础上进行加工、改造而形成的环境,例如城市、乡村、自然保护区等。这种分类法最早为1972年《人类环境宣言》所采用。我国环境保护法也采用这种分类法。《中华人民共和国环境保护法》(以下简称《环境保护法》)于1989年由第七届全国人大常委会第十一次会议通过,并经2014年第十二届全国人大常委会第八次会议修订。该法第2条明确规定:"本法所称环境,是指影响人类生存和发展的各种天然的和经过人工改造的自然因素的总体,包括大气、水、海洋、土地、矿藏、森林、草原、湿地、野生生物、自然遗迹、人文遗迹、自然保护区、风景名胜区、城市和乡村等。"

此外,按照环境的经济功能,可以将其分为农业环境、工业环境、交通环境、生产环境、生活环境、旅游环境等,这是环境经济学最常用的分类方法。按照环境的不同要素,可以将其分为城市环境、区域环境、流域环境、国内环境和全球环境等。这些分类在制定和实施环境政策和法律、地方和区域环境立法,以及国内环境立法与国际环境法的衔接、解决具体问题方面具有重要意义,各环境保护单行立法主要采用这种分类法。②

(二) 自然资源的概念与特征

自然资源是指客观存在于自然界可供人类利用的一切物质和能量的总称,包含空气资源、土地资源、矿产资源、森林资源、草原资源、水资源、海洋资源和野生生物资源等有生命和无生命的自然资源及其生态系统。③

自然资源具有以下特征:

---

① 参见何艳梅:《环境法的激励机制》,中国法制出版社2014年版,第26页。
② 参见周珂、谭柏平、欧阳杉主编:《环境法》(第五版),中国人民大学出版社2016年版,第4页。
③ 参见《关于危险活动造成的跨界损害案件中损失分配的原则草案》案文及其评注中译本,原则2的评注第23段。根据《生物多样性公约》第2条的规定,"生态系统"是指植物、动物和微生物群落和它们的无生命环境作为一个生态单位交互作用形成的一个动态复合体。

一是天然性。自然资源是大自然对人类社会的恩赐,这使其区别于一般的物和社会财富。自然资源并不依赖于人的主观意识而存在,其产生、发展、变化遵循一定的自然规律。尽管自然资源是人类财富的来源,但它们并不凝结必要的社会劳动。

二是社会性。人类围绕自然资源开展各种社会经济活动,需要建立在认识和掌握自然规律的基础上,但是人类认识和掌握自然规律的过程是一个社会化的过程。在这个过程中,社会个体和群体的主观能动性发挥着推动作用。

三是系统性。首先,不同类型的自然资源存在形态的相连性,任何一种自然资源的存在都为其他自然资源提供了存在的物质基础和前提,从而形成一种共生共存的相互关系。其次,不同类型的自然资源存在功能的相关性,各种自然资源及其相互作用形成了一个完整的自然生态系统。在自然生态系统中,各种自然资源是相互影响、制约和促进的,其中任何一种自然资源的变化都会对其他自然资源的存在和功能产生影响,甚至影响到整个生态系统的正常运行。

四是相对性。一方面,绝大多数自然资源是有限的;另一方面,自然资源的供给能力在一定程度上具有拓展的可能。自然资源对人类生存和发展的有利因素和不利因素同时存在,因此,围绕自然资源的各种制度设计需要充分调动人类的主观能动性,尽量克服不利因素,发挥有利因素,尽最大可能保持自然资源的稳定赋能和持续供给。

自然资源可以分为可再生资源、不可再生资源和恒定资源。可再生资源是指可以通过繁殖和更新而持续利用的资源,例如森林、草原等植物和动物资源,以及淡水和土壤等资源。不可再生资源是指数量有限又不可再生的资源,例如各种矿产资源。恒定资源是指人类不可能耗尽的资源,例如太阳能、风能、海水潮汐能等。根据各类自然资源的特点,环境保护要求人类保证可再生资源的繁殖和更新速度,珍惜和合理利用不可再生资源,尽可能多地利用恒定资源。①

(三)环境与自然资源的关系

关于环境与自然资源之间的关系,学界大体上有以下三种观点:

---

① 参见周珂、谭柏平、欧阳杉主编:《环境法》(第五版),中国人民大学出版社2016年版,第6页。

第一种观点认为,环境与自然资源是包含与被包含的关系,环境包含了自然资源。例如,韩德培主编的《环境保护法教程》(第四版)一书中认为,环境是一个上位的概念,自然资源应包含在其中。① 黄锡生、李希昆主编的《环境与资源保护法学》一书中则认为,环境是指作用于一个对象的所有外界影响与力量的总和,环境与自然资源概念有差别,但两者密不可分,环境包含了自然资源。②

第二种观点认为,从不同角度来看,自然资源或者隶属于环境,或者与环境是并列关系。例如,肖国兴、肖乾刚认为,从资源与环境的整体性出发,将自然资源作为环境结构和要素有利于从宏观上准确理解可持续发展的丰富内涵;从资源问题与环境问题的成因上看,前者为因,后者为果,一个不能并入另一个。③

第三种观点认为,环境与自然资源是等同关系。例如,张梓太认为,环境与自然资源的含义完全相同,只是人们从不同角度出发对同一自然要素的不同称谓,两者既不相互包容,也不截然对立。④

本书认为,环境与自然资源是隶属关系,自然资源是环境的一部分,环境包含土地、森林、草原等各类自然资源,也包含诸如自然遗产、文化遗产、自然保护区、风景名胜区、城市和乡村等人工环境。许多国家的环境法⑤都将自然资源包括在环境的范畴之内,在国际环境法学中,环境的概念也是广义的,包括各类自然资源。

二、环境资源问题

(一)环境资源问题的概念和分类

环境资源问题也称为环境问题或生态环境问题,是指因为人类活动或自然变化而引起或可能引起的环境破坏和恶化,以及由此给人类生存和发展带来的不利影响。

---

① 参见韩德培主编:《环境保护法教程》(第四版),法律出版社2005年版,第3页。
② 参见黄锡生、李希昆主编:《环境与资源保护法学》,重庆大学出版社2002年版,第1—2页。
③ 参见肖国兴、肖乾刚编著:《自然资源法》,法律出版社1999年版,第1页。
④ 参见张梓太主编:《自然资源法学》,科学出版社2004年版,第6页。
⑤ 比如加拿大、俄罗斯、澳大利亚和中国的环境保护法。

环境问题根据其产生的原因可以分为以下两类:第一类问题称为原生环境问题或自然灾害问题,是指由火山、地震、洪水等自然灾害所引起的环境问题。第二类问题称为次生环境问题,是指由人类活动作用于自然界并反过来对人类自身造成有害影响和危害的环境问题。次生环境问题又可以分为两种,第一种是投入性损害,也称为环境污染;第二种是取出性损害或开发性损害,简称生态破坏,又称为非污染性的损害,是指由于人类不适当地从环境中取出或开发出某种物质、能源(统称为非排污活动)所造成的环境问题。因此,对于自然资源的过度开发利用,或者城市发展对生态系统带来的影响,尽管对环境有害,但是并非"环境污染"。

(二)环境污染的概念与分类

环境污染,经济学家称其为"外部不经济"或"社会耗损",英美国家的立法称其为"妨害行为",德国立法称之为"干扰侵害",日本和我国台湾地区称其为"公害"。经济合作与发展组织(以下简称"经合组织")1974年通过的一项关于跨界污染原则的建议中提出:"污染是人类直接或间接将物质或能量引入环境而造成有害的后果,可能危害人类健康,损害生物资源和生态系统,减损环境的优美,妨碍环境的其他正当用途。"[①]这一定义被广泛承认,几乎所有有关污染的文件都援用它,只有一些细微的改动。本书认为,可以对污染作以下界定:污染是指人类活动中将危险和有害物质、振动、热量或者噪声等直接或者间接引入空气、水、土壤等环境要素(统称为排污活动),使人类生命、财产或者生态环境受到损害性影响的过程或状态。这种"损害性"并不意味着造成了实际损害,还包括造成实际损害的可能性。

环境污染具有两个显著特点。第一,必须存在一定的人类行为,即必须有固体、液体或气体向空气、水体或地面的人为排放。也就是说,这种排放必须是人类活动造成的,而不是自然本身。第二,必须存在对环境造成不利后果或影响的风险,即这种排放可能对环境造成损害或干扰,并不要求有实际的损害。例如,

---

[①] 转引自〔法〕亚历山大·基斯:《国际环境法》,张若思编译,法律出版社2000年版,第71页。

日本福岛核事故造成的污染和实际损害,以及日本如果依照计划将核废水排放太平洋可能造成的污染损害或损害风险。2011年3月11日,日本东北部海域发生9级地震并引发了海啸,福岛第一核电站崩塌。随后,该电站机组发生爆炸和放射性物质泄漏,核电站周围六万多平方公里土地受到直接污染,十万多人背井离乡,对海洋环境、食品安全和人类健康产生了深远影响。加拿大已经在其西海岸的三文鱼身上检测到铯-134放射性元素,说明日本福岛核污染已经扩散到北美地区。在美国夏威夷海域,放射物含量的水平已经达到先前的两倍。[①] 由于担忧核污染问题,目前有十多个国家和地区对福岛甚至日本出产的食品维持进口限制。事故发生当时,为了降低反应堆温度,避免堆芯熔毁,福岛核电站所属的东京电力公司向反应堆内注入了大量冷却水,加上原先遭海啸袭击后,地下设施存在大量高浓度积水,由此产生了带有辐射物质的巨量核废水。2021年4月13日,日本政府正式决定向太平洋排放含有这些对海洋环境和人身健康有害的福岛核电站核废水。排放将于约两年后开始,排放时间预计将持续二十年至三十年。一家来自德国的海洋科学研究机构的计算结果显示,从核废水排放之日起,57天内放射性物质就将扩散至太平洋大半区域,三年后美国和加拿大将受到核污染的影响。[②] 因此,日本政府向海洋排放核废水的决定遭到了日本许多民众的反对,中国和韩国等国家的政府和民众也提出了强烈抗议。

我们可以从污染的性质、来源或频率等不同的角度对污染进行以下分类:

一是根据污染的性质,分为合法污染与非法污染。合法污染是指根据法律、规章或者行政管理机构的特别许可从事的活动造成的污染,这种污染或者是危险活动的意外事故造成的,具有偶然性和突发性,或者是在企业的日常经营活动中发生的(例如企业在规定标准内的排污行为),具有持续性和长期性。非法污染是指从事法律明文禁止的或者没有经过特别许可的活动造成的污染,例如企业的超标排污行为或者未经行政许可而偷排污的行为造成的污染。

---

① 参见《加拿大:三文鱼检测到放射性元素 福岛核污染扩散至北美》,http://www.guancha.cn/america/2016_12_22_385531.shtml,2021年4月21日访问。

② 参见《研究显示:从排放之日起日本核废水57天将扩散至半个太平洋》,https://m.thepaper.cn/baijiahao_12147940,2021年4月19日访问。

二是根据污染发生的来源,分为点源污染和面源污染。点源污染主要是指工业污染和生活污染,例如工业废水和城市生活污水,污染来源于可辨明的活动。面源污染是指以非连续性的、分散的形式影响环境的行为,主要是指源自农业生产、采矿行为的污染。扩散性污染是一种面源污染,它是指许多污染者都有"贡献"的生态损害。例如臭氧层空洞、酸雨等,是由许多不同的污染者造成的,这些污染者并不个别地承担责任。

三是根据污染发生的频率,分为偶发性污染和非偶发性污染。偶发性污染又称为事故性污染,主要是指工业活动的意外事故造成的污染,例如海洋石油运输中的石油泄漏造成的污染,民用核活动中的核事故造成的污染,工业活动造成的意外事故引发的水污染等。非偶发性污染又称为持续性污染,是指长时期以来一直产生,可能持续很多年的污染,往往是企业合法或非法经营活动中的持续的、长期的污染。

(三)污染损害及其发生机理

"损害"在《牛津高阶英汉双解词典》中的定义是,对某人或某物的有害影响。[1] 法学界有学者认为,损害"系指权利或利益受侵害时所产生之不利益。易言之,损害发生前之状态,与损害发生后之情形,两相比较,被害人所受之不利益,即为损害之所在。"[2]

环境污染造成的损害(简称污染损害)不仅包括动态意义上的致害行为,也包括静态意义上的损害结果。污染损害的外延可以分为两类,一类是对环境私益的损害,另一类是对环境公益的损害。例如,空气污染会普遍引发人和动物的呼吸系统疾病,还造成酸雨危害、气候变暖、臭氧层破坏等环境危害;[3]海上溢油事故对海洋渔业资源的污染损害不仅包括急性、亚急性的中毒,水产品的变质和因污染不得不停止渔业捕捞生产等直接损失,而且对海洋生物资源慢性中毒和

---

[1] 参见《牛津高阶英汉双解词典》(第6版),商务印书馆、牛津大学出版社2004年版,第424页。

[2] 王利明:《侵权行为法归责原则研究》(修订二版),中国政法大学出版社2004年版,第360页。

[3] 参见刘惠荣主编:《国际环境法》,中国法制出版社2006年版,第60—62页。

物种的损害影响是非常明显的。

污染损害根据损害对象的不同,可以分为人身、财产损害和环境损害两种类型。同一污染事件可能同时造成人身、财产损害和环境损害。例如,根据科学研究机构的报告和预警,如果日本将处理福岛核事故所产生的所有核废水排入海洋,不到半年,整个太平洋都将面临高度辐射威胁。届时,不仅沿海居民会直接受到人身和财产损害,海洋环境和生物也会遭到污染,并最终对人体造成二次伤害。还有学者指出,核废水排海以后,首先会影响到周边国家,然后经过海洋的大洋环流,十年以后,整个太平洋将会全部受到污染。这些污染物如果通过海洋食物链等进入人体内,就可能导致"三致",即"致癌、致畸、致突变",这将对人类遗传基因产生重大影响。①

环境损害又被称为生态损害或者自然资源损害,是指对环境要素本身的损害,即因为环境要素的恶化或破坏而导致环境价值的丧失或降低。生态损害是直接作用于水、空气、土壤、动物或植物等环境要素的,是对生态平衡的干扰。对生态环境的损害或者不可逆转,或者需要经过很长时间才能修复。

人身、财产损害是指污染对人类生命、健康和财产造成的直接损害及经济损失,包括属于国家或私人的财产的自然资源受到的损害,是古老的侵权行为法所保护的对象,因此又称为"传统损害"。有些人身和财产损害是污染行为直接造成的,有些则是环境损害的结果,即通过环境媒介产生的损害,具有间接性、复合性和潜伏性(见图1-1)。②

(四)环境资源问题的实质

1. 经济学的视角

根据经济学上的外部化理论,环境问题的实质是私人生产的外部成本由社会承担的结果,可以称为"市场失灵"。外部化理论包括外部成本、外部收益等基本概念,其关键词是受损或受益。受损包括内部受损和外部受损,受益包括内部受益和外部受益。当内部受损发生时就会存在外部受益,其结果是发生正外部

---

① 参见《一意孤行,日本真的决定要这么干了》,载《新时报》2021年4月13日第5版。
② 参见何艳梅:《跨国污染损害赔偿法律问题研究》,复旦大学出版社2011年版,第2—4页。

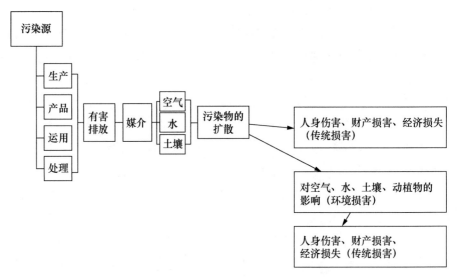

图 1-1　污染损害的发生机理

性,公共物品的提供就是典型例子。私人在生产中受益,却不承担生产的环境成本,当内部受益发生时就会存在外部受损,其必然结果是发生负外部性,即环境成本外部化,这种情况下会产生环境问题。因为环境资源具有公共物品的属性,不属于任何人所有,却与所有人息息相关。或者按照经济学者的话来说,环境资源作为"共有资源",对其利用具有竞争性,同时又无排他性,①如果按照市场经济规律对这种共有资源进行分配和利用,走完全市场化的路径,会发生"公地悲剧"和"市场失灵",产生负外部性,即对他人、社会和环境带来不利影响。

2. 政治学的视角

公共物品消费的非竞争性和非排他性决定了市场主体不会主动提供公共物品。环境保护是公共物品,具有正外部性的特征,因此大多由政府提供。为了防止"市场失灵",阻止"公地悲剧"的发生,也需要承担公共服务职能的国家机关对

---

① 经济学根据物品是否有排他性和竞争性,把物品分为私人物品、公共物品、共有资源和自然垄断物品。私人物品既有排他性又有竞争性,公共物品既无排他性又无竞争性,共有资源具有竞争性但无排他性,自然垄断物品具有排他性但无竞争性。清洁的水和空气、矿藏、野生动物等是典型的共有资源。

环境资源的利用和保护进行适当管理。然而,实践证明这种管理也会"失灵",即政治学上所谓的"政府失灵"。环境问题的出现是对公共利益的损害,从政治角度来看是政府的公共管理出现了问题,包括政府作为不当和消极不作为。从整个人类社会来看,"私益"是具有利益受损性的,但在环境领域中情况相反,"公益"是具有利益受损性的,表现为环境受损进而公益受损。由于私益具有利益刚性,所以在环保领域很容易把责任和重点放在个人和企业方面,为了控制企业的行为容易走向行政命令和强制的简单化道路,容易加重企业负担,相反也可能导致对企业的过分迁就。在解决环境问题的过程中,应当重点控制政府公共权力,把针对政府行为的法律、制度和规定作为重点。这是因为,首先,政府决策和管理对环境的影响具有全局性和广泛性。环境污染和生态破坏的来源既有私人行为,也有政府行为,而政府行为的危害更大,政府违法行政和行政不作为所造成的环境问题最直接、最明显、危害最大。其次,环境保护是公共物品,市场在公共物品的供给中常常失灵,只能由政府提供。最后,政府可以通过公权力引导企业和公众的行为。①

第二节　环境法的概念与特征

一、环境法的概念

环境法是指以保护和改善环境、预防和治理人为环境损害、维护人身健康为目的,调整人类对环境和自然资源进行利用、保护、管理和改善方面的关系的法律规范的总称,在国内有"环境资源法""环境与资源保护法"等不同称谓。国外学者对环境法有不同的定义。例如,美国当代著名环境法教授威廉·罗杰斯认为,环境法可以被定义为行星家政(Planetary House-keeping)法,它是旨在保护地球这颗行星和它的居民免受损害地球及其生命支持系统的活动所产生的危害

---

① 参见王文革主编:《环境资源法》(第三版),中国政法大学出版社2020年版,第10—11页。

的法律。威廉·戈德伐教授认为,环境法是关于自然和人类免遭不明智的生产和发展的后果之危害的法规、行政条例、行政命令、司法判决以及公民和政府求助于这些"法律"时所凭借的程序性规定。

二、环境法的特征

环境法是应对现代环境问题的产物。环境法的特征是相对的,即相对于其他部门法而言,某种特征表现得更为突出。

(一)综合性

环境法的综合性主要表现在以下四个方面:

一是主体广泛。既包括公民、法人和非法人社会组织等私主体,也包括国家机关、国家等公主体,既包括当代人,也包括未出生的后代人。在菲律宾国内法院所审理的"奥波萨诉法克图兰案"中,原告奥波萨是一位活跃的环境法律师,他请求菲律宾环境与自然资源部长(被告)下令撤销所有现有的木材许可协议并停止接受、重订或批准新的协议,他代表这一代和未出生的后代追求一种健康环境权。因为木材协议的持有人或受让人(后来追加为被告)所进行的砍伐森林的行为扭曲和破坏了生态平衡,已造成了众多的环境灾难,诸如因地下水层、江河的干涸而导致的水资源短缺,为国内用水、灌溉和发电而花费巨资建造和运作的大坝的淤积和寿命的缩短等,侵害了当代和后代人的生态环境权、健康权等。在上诉中,法庭裁定原告(上诉人)有权利为自身、为他们这一代的其他人和他们的后代提起一项集团诉讼。

二是调整对象涉及的范围非常广泛。环境法的调整对象是社会关系的特定领域,也称为环境社会关系,不仅包括生产、流通、生活等各个领域,而且与开发、利用、保护、管理和改善环境资源的社会活动广泛相关。

三是调整机制多元。既包括公法上的政府调整或行政调整机制,也包括私法上的市场调整机制,还有第三种调整机制——社会调整或公众参与机制。为了避免市场失灵和政治失灵,应当重视和运用公众参与,这也是现代民主和法治的重要体现。公众参与是环境法的基本原则之一,甚至可以说是环境法的灵魂,是公众维护自身的环境私益和环境公益的最好方式,是实现环境公平和正义的必要条件。①

四是法律规范多元。从环境问题的成因来看,环境问题是复杂的社会、经济、科技以及观念等因素长期共同作用的结果,要用法律手段有效控制和解决如此广泛和复杂的环境问题,必须采用综合的法律规制方法和多样性的法律规范。因此,环境法律规范不仅包括专门性的污染控制、自然资源利用、生态保护和自然灾害规范,还包括宪法、民法、行政法、诉讼法、刑法等基本法和部门法中有关环境资源保护的规范。

(二)科技性

环境法律规范的构成具有科技性。从宏观层面来看,环境法是人类在了解和掌握自然科学规律或生态规律的基础上,通过直接调整环境社会关系,间接地协调人与自然关系的法律准则。从微观层面来看,近现代科学技术的高速发展及其在工农业领域的广泛运用对环境产生了严重不利影响。为了预防技术的不当使用带来的有害环境影响,必须对其施加必要的法律限制,要求技术使用行为符合科学和自然规则。这种要求和限制的必然结果就是将大量的科学和自然规则转化为法律规则。环境法律规范确定的行为准则需要大量的科学和自然规则作为支撑,因此,环境法中存在大量的技术性规范,典型的例如环境质量标准、污染物排放标准等各类环境标准。

(三)公益性

在国家范围内,环境法保护的利益是全社会的共同利益,环境法不直接反映阶级利益的冲突和对立。在全球范围内,环境问题,尤其是全球性环境问题是全人类共同面临的问题,也需要各国之间的密切合作。一个国家或地区严重的环境污染和生态破坏,最终会影响到其他区域人群的健康和安全。这是因为,空气和水的流动以及动物的自然迁徙是任何政治制度和军队、国界所无法阻隔的,政治意义上的国家和地理意义上的国界虽然使地球环境在主观上被分为不同部分,但它无法改变自然联系和地理一体的事实。环境问题是超越体制贯穿人类历史的社会问题,只要是有人类生存的区域,无论采取何种社会制度,都可能发生环境问题。利用法

---

① 参见何艳梅:《环境法的激励机制》,中国法制出版社2014年版,第43—44页。

律手段预防和控制环境问题,就是为了维护整个人类的共同利益。①

第三节 环境法的历史发展

一、国际环境法的发展

国际环境法的发展经历了一个由慢到快、由小到大、由零散到系统的过程。这个过程以1972年联合国人类环境会议和1992年联合国环境与发展大会两个里程碑为标志,其最新的发展是2015年联合国可持续发展峰会。

（一）兴起阶段

20世纪初,国际社会已经通过了一些保护自然资源的国际条约。1940年以前的国际条约有《保护农业益鸟公约》(1902年)、《北太平洋保护海豹公约》(1911年)、《关于在油漆中使用白铅的公约》(1921年)、《西半球自然保护和野生生物保护公约》(1938年)等。这些公约的保护对象单一,适用范围狭小。1940年以后,国际环境条约的数量明显增加。到1970年为止,大约缔结了60项国际环境公约。然而这些条约的主要目的是保护那些被人类视为"有价值的"环境组成部分,体现了明显的功利主义倾向。

从第二次世界大战结束至80年代末,是现代环境法逐步兴起、不平衡、多样化发展的阶段。这个阶段以1972年联合国人类环境会议为标志。第二次世界大战结束之后形成的以东西方两大阵营竞争、对峙为特征的冷战局面,在一定程度上刺激了各国经济和科学技术的迅速发展,与此相对应的是人口、环境、资源、能源问题的加剧,发生了以震惊世界的八大公害事件②为代表的环境危机。在

---

① 参见王文革主编:《环境资源法》(第三版),中国政法大学出版社2020年版,第14—15页。
② 八大公害事件是指:1930年比利时马斯河谷大气污染事件,1948年美国多诺拉镇烟雾事件,20世纪40年代初美国洛杉矶光化学烟雾事件,1952年伦敦烟雾事件,1961年日本四日市哮喘病事件(废气污染引起),20世纪50—60年代的日本水俣病事件(含甲基汞的工业废水污染引起),1955—1972年的日本"痛痛病"(废水镉污染引起)事件,1968年日本米糠油事件(多氯联苯污染引起)。

这一背景下,联合国于 1972 年 6 月 5 日在瑞典斯德哥尔摩召开了第一次环境会议——联合国人类环境会议,共有 113 个国家和一些国际机构的 1300 多名代表参加会议。这次会议审查并通过了《人类环境宣言》《人类环境行动计划》和关于环境工作的四项决议。其中影响最大的是《人类环境宣言》,它第一次以联合国大会文件的形式,确立了保护和改善人类环境的基本理念和原则。

《人类环境宣言》的内容主要分为两大部分,第一部分宣布 7 项对人类环境问题的共同认识,包括对人与环境的关系的认识(第 1 项),对保护和改善环境的重要性和责任的认识(第 2 项),对人类改造环境的能力的认识(第 3 项),对发展中国家和发达国家的不同环境的认识(第 4 项),对人口与环境的关系的认识(第 5 项),对保护和改善人类环境这一人类共同的任务和目标的认识(第 6 项),对国际环境合作的认识(第 7 项)。这一部分集中体现了自第二次世界大战之后,国际社会因环境急剧变化而形成的对人类与环境关系的新认识,标志着人类对人与自然关系的认识发生了一次飞跃。它们不仅是《人类环境宣言》所宣示的人类环境保护事业的基本原则的思想基础,而且为后来的国际环境保护事业和国际环境法的发展奠定了思想基础。《人类环境宣言》的第二部分宣布了 26 项指导人类环境保护事业的基本原则,其中较重要的是:人类环境基本权利和责任(原则 1);保护和合理利用地球自然资源(原则 4—7);经济发展与环境保护(原则 8—15);国家资源开发主权权利与不损害国外环境责任(原则 21);国际合作(原则 24)和国际组织的作用(原则 25)。这些原则是在国际社会对人类环境问题的共同认识基础上形成的行为准则,对于指导各国的环境政策和国际环境法的发展具有重要指导意义。[①]

(二)全面发展阶段

从 20 世纪 80 年代末至今,是现代环境法全面、蓬勃发展的阶段。这个阶段的时代特征和历史背景是"可持续发展",因此又称为可持续发展时期的环境法,以 1992 年 6 月举行的联合国环境与发展大会为标志。世界环境与发展委员会在 1987 年发表的《我们共同的未来》报告中,第一次阐述"可持续发展"概念,即

---

① 参见王曦编著:《国际环境法》,法律出版社 1998 年版,第 27—28 页。

"既满足当代人的需要,又不损害后代人满足其需要的能力的发展"。联合国环境与发展大会的目的是形成适当的机制以应对人类在环境保护方面面临的实际危机,并同时保证最低水平的发展。1992年6月3日至14日,183个国家和地区的代表团与70个国际组织的代表出席了在巴西里约热内卢召开的联合国环境与发展会议(也称为"里约会议"),有102位国家首脑或政府首脑亲自参与会议;500多个非政府组织的2万名代表参加了同时举行的非政府组织大会。这是继1972年联合国人类环境会议之后举行的讨论世界环境与发展问题规模最大、级别最高的一次国际会议,也是人类环境与发展史上影响深远的一次盛会。会议的宗旨是"在加强各国和国际努力以促进所有各国的持久的、无害环境的发展的前提下,拟定各种战略和措施,终止和扭转环境恶化的影响"。会议通过了三项法律文件,即《里约环境与发展宣言》《21世纪议程》和《关于森林问题的原则声明》;开放签署两项全球性条约,即《联合国气候变化框架公约》和《生物多样性公约》。

《里约环境与发展宣言》(以下简称《里约宣言》)是联合国环境与发展大会的中心成果之一。它的主要内容是宣布关于环境与发展问题的27项原则,集中体现了国际社会所达到的对人类环境问题的更高认识。与《人类环境宣言》比较,《里约宣言》在四个方面有所突破:第一,在环境与发展的关系问题上的突破。《里约宣言》承认环境问题与发展问题之间具有密不可分的联系。环境问题阻碍人类社会的继续发展,不可持续的发展引起并加剧环境问题;人类不仅处于环境问题的中心,而且处于发展问题的中心;要保护和改善地球环境,必须解决发展问题,其中主要是消除贫困和改变生产、消费方式。第二,在国际环境合作问题上的突破。宣言提出建立新的公平的全球伙伴关系,主张各国以这样一种伙伴精神进行合作,共同解决人类面临的环境与发展问题。第三,在社会经济发展模式上的突破。宣言提出了人类社会与经济发展的新模式,即可持续发展的模式,引起了自18世纪工业革命以来社会经济领域的又一场重大变革。宣言还进一步明确指出实现可持续发展的基本途径,即改变传统的生产和消费方式并推行正确的人口政策。第四,在环境退化的历史责任问题上的突破。宣言确定在全球环境退化问题上各国负有"共同但有区别的责任",它要求各国对保护全球环境共同做出努力,同时还要求发达国家做出更多更大的努力。①《里约宣言》极大推动了国际环境法的发展。

《21世纪议程》是联合国环境与发展大会通过的另一重要文件。《21世纪议程》是国际社会继1972年联合国人类环境会议制定《行动计划》之后制定的又一项关于人类环境与发展问题的行动计划。《21世纪议程》的目的是指出人类当前所面临的紧迫的环境与发展问题,并为各国提出相应的目标、活动和实施手段,以便"促进全世界为下一世纪的挑战做好准备"。②

(三)新千年阶段

联合国环境与发展大会之后,国际环境法向着更广、更深的方向发展。2002年8月26日至9月4日,为纪念人类环境会议30周年和里约环境与发展大会10周年,在南非约翰内斯堡举行了联合国可持续发展世界首脑会议,有包括104位国家元首和政府首脑在内的192个国家的1.7万名代表及其他各界代表等约6.5万人出席会议。会议通过了名为《约翰内斯堡可持续发展宣言》的政治宣言和《可持续发展问题世界首脑会议执行计划》,形成了200多项"伙伴关系倡议",突出强调了可持续发展的3个支柱,即经济增长、社会发展和环境保护相互促进和相互协调的重要性,进一步继承和发展了由里约会议掀起的全球环境保护和可持续发展热潮。

2015年9月25—27日,举世瞩目的"联合国可持续发展峰会"在纽约联合国总部举行。150多位国家元首和政府首脑齐聚联合国大会会堂并通过了一份推动世界和平和繁荣、促进人类可持续发展的新议程——《2030年可持续发展议程》,由联合国193个会员国共同达成,涵盖17项可持续发展目标。新的可持续发展议程呼吁世界各国在人类、地球、繁荣、和平、伙伴的五个关键领域采取行动,并认识到消除贫困的工作必须在应对气候变化的同时,与构建经济增长和解决一系列社会需求的努力并肩而行。

---

① 参见王文革主编:《环境资源法》(第三版),中国政法大学出版社2020年版,第18页。

② 同上。

二、国外环境法的发展

现代环境法产生于工业发达国家,大体经历以下四个阶段。

(一)萌芽时期

工业革命以前为环境法的萌芽时期。这一时期由于社会生产力水平很低,生产活动也比较简单,对环境的自净能力和生态系统良性循环冲击不大,只在个别国家的法律中出现有关保护局部环境的零星规范。例如,古罗马法中就有保护海洋资源的法律规定;古巴比伦的《汉谟拉比法典》第 42 条至第 47 条对牧场、林木的保护作了规定,该法还规定,禁止鞋匠住在城内,以免污染水源和空气。英国在 11 世纪制定了森林保护方面的法令,到 14 世纪还规定伦敦的露天炉灶禁止燃煤,违者将受到一定的处罚。1306 年,英国国会发布禁令,不准伦敦工匠和制造商在国会开会期间用煤,以防止煤烟污染。[①]

(二)形成时期

工业革命以后到 20 世纪 50 年代是环境法的形成期。工业革命迅速发展,社会生产力得到了极大提高,人类对环境资源的开发与利用范围日益广泛,也相继出现了大规模的环境污染和生态破坏现象。因此,许多发达国家陆续制定了一系列环境法律法规。例如,英国颁布了《水质污染控制法》(1833 年)、《制碱业管理法》(1863 年)、《保护野生动物法令》(1869 年)、《清洁空气法》(1956 年)等单行环境资源保护法规。美国 1785 年制定了第一个《土地法令》,1872 年制定了《黄石国家公园法令》,1906 年制定了《联邦古迹法》,1924 年制定了《石油污染防治法》,1946 年制定了《原子能法》,1948 年制定了《联邦水污染防治法》,1955 年制定了《大气污染控制援助法》等环境与资源保护法规。日本 1896 年颁布了《矿业法》《河川法》,1897 年制定了《森林法》,1901 年制定了《渔业法》,1951 年制定了《国土调查法》《水产资源保护法》等。瑞典 1918 年颁布了《水法》,1938 年颁布了《狩猎法》,1950 年颁布了《捕鱼法》等。[②]

---

① 参见文伯屏编著:《西方国家环境法》,法律出版社 1988 年版,第 36 页。
② 参见蔡守秋主编:《环境法教程》,法律出版社 1995 年版,第 54 页。

（三）发展阶段

20世纪60年代到80年代是环境法的发展阶段。这一时期环境问题日趋严重，许多国家加快了环境立法的步伐，制定了大量环境保护的专门法规，数量上远远超过其他部门法。此外，各国还制定了综合性的环境保护法律，对环境社会关系进行整体调整。例如，美国1969年制定了《国家环境政策法》，首次明确规定了环境影响评价制度，设立了环境质量委员会。此外，日本1967年颁布《公害对策基本法》（1970年又作了重大修改），罗马尼亚1973年制定《环境保护法》，英国1974年制定《污染控制法》，联邦德国1974年制定《联邦污染防治法》。同时，许多国家还在各自的宪法中纳入了关于环境保护的条款。[①]

（四）完善阶段

20世纪80年代至今是环境法的完善阶段。这一时期以1987年由挪威首相布伦特兰夫人领导的世界环境与发展委员会提出的可持续发展思想为重要开端，并以1992年联合国环境与发展大会所确认的可持续发展战略为契机，各国的环境保护立法和战略发生了新的变化与转移。[②] 例如，在污染控制战略上由原先的"末端治理"向"源头控制"转移；在环境保护与经济发展的相互关系上更加注重两者之间的协调。随着环境质量的改善，各国开始追求环境的舒适性，从而把环境保护的重点转移到制定协调经济增长与环境保护之间的长远政策上，力求所制定的环境长远规划既有经济效益，又能不断改善环境。在这一背景下，法律"生态化"的观念在国家立法中受到重视并向其他部门法渗透，产生了许多新的环境法律，并修改了一些不合时宜的环境法律，而且在民法、刑法、诉讼法等部门法中增加了关于保护环境的规定。例如，日本1993年出台《环境基本法》，规定了可持续发展、环境保全等，取代了《公害对策基本法》，1997年通过《环境影响评价法》（2010年修订），2002年制定《土壤污染对策法》，2008年出台《生物多样性基本法》等。总体而言，发达国家环境立法已从早期注重污染防治和自然

---

① 参见〔日〕加藤一郎编：《外国的公害法》，岩波书店1978年版，第32页。
② 参见陈泉生：《论环境法的历史发展》，载《福建政法管理干部学院学报》1999年第2期。

资源利用,向自然资源保护和生态保护转向。

三、我国环境法的发展

自1949年中华人民共和国成立以来,我国环境法的发展也经历了从萌芽到逐步完善的过程。

(一)产生时期

从中华人民共和国成立到1966年,是我国环境法的产生时期。在这一阶段,我国先后颁布了《矿业暂行条例》(1951年)、《国家建设征用土地办法》(1953年)、《工厂安全卫生规程》(1956年)、《水土保持暂行纲要》(1957年)、《生活饮用水卫生规程》(1959年)、《矿产资源保护试行条例》(1965年)等。这一时期环境资源立法的重点在于自然资源的开发和保护,其次是防止环境破坏,同时也注意到环境污染,但是总体上环境立法比较零散,尚未形成系统性的环境保护理念。

(二)艰难发展时期

从1966年到1978年党的十一届三中全会,是我国环境法的艰难发展时期。1972年我国政府派团参加了联合国第一次人类环境会议,这对我国的环境保护工作起了促进作用。1973年,国务院召开第一次全国环境保护会议,把环境保护提上了国家管理的议事日程,拟定了《关于保护和改善环境的若干规定(试行草案)》。这是我国环境保护基本法的雏形,其中的32字方针包括:全面规划、合理布局、综合利用、化害为利、依靠群众、大家动手、保护环境、造福人民。1974年,我国颁布了《防止沿海水域污染暂行规定》。1978年修订的《中华人民共和国宪法》(以下简称《宪法》)第一次对环境保护进行了规定,"国家保护环境和自然资源,防治污染和其他公害。"这一时期还颁布了《工业"三废"排放试行标准》《生活饮用水卫生标准》《食品卫生标准》等。1978年11月,中共中央在十一届三中全会上提出,"集中力量制定……森林法、草原法、环境保护法……"

(三)初步完善时期

从1978年党的十一届三中全会到21世纪初,是我国环境资源立法的初步完善时期。1979年颁布了《中华人民共和国环境保护法(试行)》(以下简称《环境保护法(试行)》),标志着我国环境法体系开始建立。1982年颁布了第二部环境法律(实际上是正式颁布实施的第一部环境法律)——《中华人民共和国海洋环境保护法》(以下简称《海洋环境保护法》)。1984年至1988年,全国人大常委会先后制定了《中华人民共和国水污染防治法》(以下简称《水污染防治法》)、《中华人民共和国森林法》(以下简称《森林法》)、《中华人民共和国草原法》(以下简称《草原法》)、《中华人民共和国渔业法》(以下简称《渔业法》)、《中华人民共和国矿产资源法》(以下简称《矿产资源法》)、《中华人民共和国土地管理法》(以下简称《土地管理法》)、《中华人民共和国大气污染防治法》(以下简称《大气污染防治法》)、《中华人民共和国水法》(以下简称《水法》)、《中华人民共和国野生动物保护法》(以下简称《野生动物保护法》)等环境资源单行法律。此外,一些重要的民事、行政、诉讼等领域的基本法律也规定了环境保护的内容。污染防治立法与资源立法交替进行是该阶段立法的一个重要特征,这或许是受到我国以部门立法为主的立法模式的影响。1989年12月26日,我国在总结《环境保护法(试行)》实施的经验教训的基础上,颁布并实施了《环境保护法》。《环境保护法》的颁布,意味着我国环境法律开始朝着体系化的方向前进。在颁布《环境保护法》后,全国人大常委会制定了《中华人民共和国水土保持法》(以下简称《水土保持法》)、《中华人民共和国固体废物污染环境防治法》(以下简称《固体废物污染环境防治法》)、《中华人民共和国煤炭法》(以下简称《煤炭法》)、《中华人民共和国环境噪声污染防治法》(以下简称《环境噪声污染防治法》)、《中华人民共和国节约能源法》(以下简称《节约能源法》)等新的法律,并修改了《大气污染防治法》《矿产资源法》《森林法》《水污染防治法》《海洋环境保护法》《土地管理法》等一系列法律。

(四)全面发展时期

从2000年第一次修订《大气污染防治法》至今,是我国环境资源立法的完善时期。2003年,十六届三中全会确立"科学发展观"。2012年,中共十八大在《十八大报告》中将生态文明建设作为五大战略布局之一。2013年11月,十八届三中全会《关于全面深化改革若干重大问题的决定》中明确,深化生态文明体制改革,加快建立生态文明制度,健全国土空间开发、资源节约利用、生态环境保护的体制机制；建立系统完整的生态文明制度体系，实行最严格的源头保护制度、损害赔偿制度、责任追究制度，完善环境治理和生态修复制度；加快生态文明制度建设，健全自然资源资产产权制度和用途管制制度；划定生态保护红线；实行资源有偿使用制度和生态补偿制度；改革生态环境保护管理体制。[①] 在政策指引下，一系列环境法律得以出台或修订。例如，全国人大常委会 2002 年通过《中华人民共和国清洁生产促进法》(以下简称《清洁生产促进法》，2012 年修正)，2008 年通过《中华人民共和国循环经济促进法》(以下简称《循环经济促进法》，2018 年修正)，2014 年修订《环境保护法》，2015 年第二次修订《大气污染防治法》，2016 年制定《中华人民共和国深海海底区域资源勘探开发法》，2016 年修订《海洋环境保护法》，2016 年制定《中华人民共和国环境保护税法》(以下简称《环境保护税法》，2018 年修正)，2017 年制定《中华人民共和国核安全法》，2017 年第二次修正《水污染防治法》，2018 年制定《中华人民共和国土壤污染防治法》(以下简称《土壤污染防治法》)。2020 年，全国人大常委会先后通过了《中华人民共和国生物安全法》(以下简称《生物安全法》)和《中华人民共和国长江保护法》(以下简称《长江保护法》)，修订了《固体废物污染环境防治法》。2021 年，全国人大常委会通过了《中华人民共和国湿地保护法》(以下简称《湿地保护法》)和《中华人民共和国噪声污染防治法》(以下简称《噪声污染防治法》)。

从上述立法进程来看，我国环境资源立法体系日益健全，加上已经纳入全国人大常委会立法规划的其他一些法律，诸如原子能法、能源法、综合资源利用法、空间规划法等立法项目，未来我国环境法将有进一步发展。总体而言，我国环境资源立法正从早期注重污染防治和自然资源利用，向自然资源保护和生态保护转变；资源和生态保护法将是未来我国环境资源立法的重点，包括流域保护法(例如黄河保护法)、国家公园立法等。另一方面，废弃物管理和再生循环利用方面的立法工作最为薄弱，需要结合《循环经济促进法》进行单行立法。

[①] 参见翟勇：《我国生态环境法治能力建设进程》，载《环境与可持续发展》2020 年第 1 期。

第四节　环境法的体系

环境法的体系包含环境法律体系与环境立法体系。

一、法律体系与立法体系

(一) 法律体系的概念与特点

法律体系又称为部门法体系,是指由根据一定的标准或原则将一国制定和认可的现行全部法律规范划分成若干的法律部门所形成的有机联系的整体。一般而言,法律体系具有以下特征:第一,法律体系是由一国的法律规范所构成的体系,这里的法律规范包括法律规则和法律原则;第二,法律体系的内容只反映该国现行有效的法律规范,不包括未生效或已废止的法律规范;第三,法律体系在外延上是一国现行法律规范的总和,但是这种总和并不是简单的相加,而是根据一定的标准或原则进行分类,继而由这些划分的类别或结构形成一个紧密联系的有机整体。

(二) 立法体系的概念

立法体系是指"与国家立法体制相关联的、由各个有关机关以法定权限和程序制定的各种规范性法律文件所构成的整体"[①]。"立法"严格意义上属于一个动态的过程,而非某一实体事物。"立法"是运用不同等级的立法权制定不同法律规范的过程,其结果就是制定出效力等级不同的规范性法律文件。简言之,立法从整体上来看是若干立法过程的综合体,是一个动态的总流程。

(三) 法律体系与立法体系的关系

法律体系与立法体系尽管都对"法"的体系进行了相应的划分,但是无论从结构、内容还是目标意旨来讲,两者均有区别,应当归属于不同的法学概念范畴(见表1-1)。

---

① 徐显明主编:《法理学教程》,中国政法大学出版社1994年版,第203页。

表 1-1　法律体系与立法体系的比较

	法律体系(法律规范体系)	立法体系(规范性法律文件体系)
与法的关系	法律体系是法的内容	立法体系是法的表现形式
范畴	理论活动	实践活动
构成要素	法律规范	效力等级不同的规范性法律文件
结构	纵向:法律规范→聚合形成规范群,从而形成法律制度→子部门法→某个基本的法律部门→聚合成一个部门群从而形成法律体系	纵向:地方性法规→行政法规→法律→宪法,与发布规范性法律文件的国家机关的机构等级一致
	横向:不同的部门法规范与法律制度	横向:不同部门的法律文件、法律条文构成立法体系的最基本细胞
构造基础	法的调整范围	立法权的分配状况
目标	建设相对完备的部门法	创造完备的法律渊源与各种规范性文件

另外,法律体系与立法体系尽管在结构与构成要素上不同,但两者并不是完全对立的。法律体系是法的内容,立法体系是表现法的内容的形式。这种内容与形式的逻辑关系意味着,不能将两者割裂开来认识一国全部现行法或部门法的现状,否则是不科学的。

二、国外环境法律体系

国外环境法律体系大体上有以下几种模式:

(一) 基本法—单行法模式

美国、日本等国采取基本法—单行法模式,即在存在单行法的前提下,对解决特定环境资源问题的行政目标、基本对策、综合措施进行重申和概况总结,从而制定出基本法,同时补充单行法的不足。

1. 美国的基本法模式

美国1969年制定的《国家环境政策法》作为联邦及各州环境立法和环境保护的基本行为准则,体现了对各州环境立法的母法功能,因此也被称为环境基本法,其核心是要求行政机构通过环境影响评价程序将环境价值纳入决策过程。①此外,州议会或政府可在不违反联邦环境法的前提下制定部分法律或行政法规,以弥补联邦环境法的空白。在《国家环境政策法》的指导下,美国环境法又分为污染和公害防治法、自然资源和生态保护法两大分支。由此,美国环境法形成了以宪法规定为根本基础、以环境基本法为中心、以大量环境法律法规为主体的法律体系。这种体系结构的优点表现为较高的权威性、较强的适应性以及明显的系统化,从形式上看比较适合解决范围广泛、影响深远的环境问题。②

2. 日本的统一法典模式

日本环境法的产生和发展与其国内的公害事件有着密不可分的联系。从两次世界大战到工业化时期,日本既借鉴了美国环境法的基本法模式,同时也大量制定了各种专门法规,以加强公害控制、促进环境保护。此外,日本还注重立法之间的配合,使其环境资源立法具备了法典化的形式与内容要求。与美国不同的是,在立法体系上,日本环境法包括三项既有分工也有配合的基本法,分别为:《公害对策基本法》,主要调整环境污染方面的社会关系;《自然环境保全法》,主要调整与环境相关的自然资源保护方面的社会关系;《公害纷争处理法》,主要规范环境损害赔偿非诉讼解决的程序问题。从法律体系来看,日本环境法大体上形成了以基本法与子法之间的连续性、统一性为基础的法典化体系(见表1-2)。其中,日本关于环保费用负担和救济方面的法律规范较为详尽和具体,专门性和针对性明显,无须通过大量的行政法规予以补充;地方环境自治团体在法律体系中的补充作用和法律实施中的特殊地位,也成为日本环境法的特色之一。③

---

① 参见〔美〕丹尼尔·R.曼德尔克:《美国〈国家环境政策法〉:经验与问题评述》,卢锟译,王曦校,载《甘肃政法学院学报》2018年第5期。
② 参见周柯、谭柏平、欧阳杉主编:《环境法》(第五版),中国人民大学出版社2016年版,第18—19页。
③ 参见汤天滋:《中日环境法制建设比较述评》,载《现代日本经济》2006年第6期。

表 1-2　日本环境法律体系

日本环境法律体系	污染防治法	《大气污染防治法》《海洋污染和海上灾害防治法》等
	自然保护法	《自然环境保全法》《自然公园法》《鸟兽保护法》等
	有关环保费用负担和救济方面的法律	《公害健康受害补偿法》《石棉健康受害救济法》《原子能损害赔偿法》等
	废弃物处理和再生利用法	《家电再生利用法》《建筑材料再生利用法》《机动车再生利用法》等
	有关环境的行政立法	内阁制定的政令、政府各省和主管部门大臣发布的省令、府令和其他独立的行政机关发布的行政法规等
	地方自治团体条例	地方自治团体在国家法律、政令允许的范围内制定的适合本地区的法令、条例

（二）框架式立法模式

该模式的主要代表国家为新西兰。20世纪80年代中期以前，新西兰主要采取分散性环境立法，以回应分散的环境问题。到80年代后期，新西兰开始对以前颁布的环境法律进行大力清理，废除了大量不合时宜的法律，制定了一批新法，最终形成以《资源管理法》为核心的现代环境法律体系。该法是一部综合性的法律，主要规定了可持续管理、基于环境结果的评估方法、许可证、替代性机制分析等内容。① 但是，该法将环境资源管理的权力授予区域政府和地方政府行使，没有规定具体的环境保护权利和义务。因此，这种框架式的立法只能概括性规定环境资源管理的原则、制度等一般适用的内容，条款本身不具有可操作性，其具体实施必须和该法授权制定的国家政策公报、国家环境标准公报、区域政策公报和计划等紧密结合。

作为一种较新的立法形态，框架式立法的密度和难度都相对较低，可以将原则性与灵活性相结合，更能体现整合性与急迫性的环境立法需求。但是，由于相关领域的细节内容欠缺具体规范，因此框架式立法本身的管制效果较为薄弱。

---

① 参见罗文君：《新西兰环境管理体制转型研究与启示》，载《湖北第二师范学院学报》2015年第6期。

可见,框架式立法在一定程度上实现了环境法的体系化,但与环境法典仍有一段距离。

(三)法典化模式

由于生态系统的整体性,生态环境保护并不只是局限于局部性、短期性的污染防治,而应着力于全面性、广泛性、长期性的环境维护与生态保育。因此,当前环境保护法律规制已从"针对特定的环境介质"转变为一体化多模式的整体性保护。基于此,法典化逐渐成为某些国家环境法律体系的重要特征或趋势。目前,世界范围内主要有形式编纂和实质编纂两种法典化模式。[①]

1. 英国的适度法典化模式

作为工业革命的发源地,英国环境问题及环境法的历史都与工业发展进程紧密相关。由于不成文法的法律传统,英国早期的环境法多是因为特定的污染事故而制定的,例如《制碱业管理法》《清洁空气法》。20世纪70年代,随着全球环境形势的发展和公众环境权观念及全球环境意识的加强,英国顺势而为制定了综合性环境基本法,并在此基础上整合以前的单行法律,从而形成了以环境基本法为主干、以相关单行法规为辅的相对完整的法律体系。其中,环境基本法是指1990年颁布的《环境保护法》,其内容主要包括水体和大气污染及污染综合防治、固体废弃物污染控制、噪声污染控制等三大部分。

2. 法国的形式法典化模式

法国是成文法国家,自19世纪初拿破仑颁布法国《民法典》以来,从未停止对法典化的追求。基于这种历史原因和环境问题跨学科的特点,法国环境法由大量分散而混杂的规定组成。而这诸多的环境法规渊源各异,形成背景和内在逻辑千差万别,很难构成解决环境资源问题的统一体系。此外,法国需要遵守和实施欧盟环境法,使其环境法律体系和立法体系更为复杂,并由此产生了立法膨胀、规范冲突、权力扩张等一系列问题。因此,法国从着手开展法典化编纂工作

---

① 形式编纂是指对现行法律作系统整合,但是不对其作实质性变更,可将其视为"形式法典化模式";实质编纂是指在整合现行法律的同时根据需要对法律进行实质性变动和革新,可将其视为"实质法典化模式"。

开始,就确立了以现有法律即"常法"的方式进行编纂(称为 codification à droit constant)的原则,即选择了形式编纂的道路。① 与此同时,法国环境法的法典编纂对环境法的基本原则和一些环境刑法的规定进行了改进与革新。尽管对其定位有所争论,但是法国议会在 2000 年以环境法典的形式明确了法典化采取形式编纂的模式。这一模式开创了环境法典化的"第三条道路",即最后阶段以政府要求议会通过一项授权法法令的形式通过《环境法典》。② 这表明,法国的《环境法典》并不像《民法典》等传统部门法典那样长期稳定、不轻易改变,而是根据环境法律部门的特点定期进行检查修改。这种务实的形式编纂之路,对法国《环境法典》的出台和环境法的发展都产生了积极的影响。

在法典编纂的目标定位下,法国《环境法典》在篇幅结构和内容构成上都具有法典法的典型面貌和显著特点,通过 7 大卷、30 篇、114 章的庞大结构,几乎将所有与环境保护相关的法律规范都纳入进来。但这并不意味着排除了其他的立法形式。法国在《环境法典》之下依然保留了许多补充性的环境法规、规章,以配合《环境法典》的具体实施。在环境立法模式上,法国也结合本国实际进行了相应的创新——从集权式立法到协商型立法。在法典化过程中,法国一改传统的集权式立法,通过"非政府组织游说政府—政府组织环境协商大会—正式启动立法程序"的路径,体现了生态民主的立法理念。③

3. 德国的实质法典化尝试

德国环境法典的编纂是一个艰难、漫长的过程,目前还处于草案形成时期。德国现代环境法的发展也主要是以各种环境资源问题为导向,由此形成多个不成系统的单独部门法领域,整体缺乏有效的协调。同时,环境法一般由法律、法规、行政规章、欧盟条例和指令以及相应案例法共同组成,类似的实体规范处于不同规范层级,形成一种蔓延成长的碎片化集合体。德国意图通过环境法典化

---

① 参见莫菲:《法国环境法典化的历程及启示》,载《中国人大》2018 年第 3 期。
② 参见彭峰:《法典化的迷思:法国环境法之考察》,上海社会科学院出版社 2010 年版,第 109 页。
③ 参见王树义、周迪:《论法国环境立法模式的新发展:以法国〈综合环境政策与协商法〉的制定为例》,载《法制与社会发展》2015 年第 2 期。

编纂解决环境法的系统性问题,以更有效地保护环境。

然而,德国对于环境法典化问题的考虑十分慎重,对待环境法典编纂的态度也十分严谨。作为典型的大陆法系国家,德国在环境法典编纂的实际过程中是按照以前编纂民法典、刑法典等传统法典的思路和方式来进行的。在这种思维惯性的影响下,德国环境法体系发展追求的环境法典必然是一部内容全面、结构严谨、逻辑清晰、语言精练、有机统一的法典。[①] 换言之,即追求环境法典的实质编纂目标。然而,限于环境法律部门本身的独特性和环境法目前所处的历史发展阶段,即便在环境法比较发达、法治基础深厚、法典化编纂水平极高的德国,要制定出一部法典化程度极高、比较完备的环境法典依然是一件很不容易的事情。

由于德国环境法的实践与理论界对环境法的法典化存在不同意见,导致德国两次环境法典编纂的尝试均以失败告终。其中的原因除了实质性法典化的高要求外,主要涉及环境法中多个职能部门之间及行业之间的利益冲突。但是,伴随着近三十年连续的环境法法典化讨论与研究,以及在这两次环境法典编纂过程中产生的多版多部法律建议草案,众多问题得以深入讨论,整个环境法体系的协调性得到重视,从而推动着德国环境法理论与实践的进步。

三、我国环境法律体系

我国环境法律体系基本上采用宪法—基本法—单行法的模式(见表1-3)。其中,《宪法》关于保护环境资源的规定在整个法律体系中具有最高法律地位和法律效力,是环境立法的基础和根本依据。我国的综合性环境基本法即《环境保护法》,在形式上效力仅次于宪法,但是不具有基本法的地位,与环境单行法一样属于一般性法律;不过在内容上具有综合性和基础性,在立法实践中指导单行法的制定,弥补单行法的不足。

[①] 参见沈百鑫:《两次受挫中前进的德国环境法典编纂》,载《中国人大》2018年第5期。

表 1-3 我国环境法律体系

类型	内容
宪法性规定	《宪法》第 9 条、第 10 条、第 26 条、第 51 条分别规定了环境保护的基本原则、国家环境保护的职责、公民环境权利义务的依据
综合性环境保护基本法	《环境保护法》
环境保护单行法律法规	在法律层次上分为法律、行政法规、部门规章、地方法规和规章
	在内容上包括环境污染防治单行法律法规(如《大气污染防治法》)、自然资源利用和保护单行法律法规(如《森林法》)、环境管理法律法规(如《全国环境监测管理条例》)等
环境标准	《环境空气标准》《土壤环境质量标准》等强制性标准
其他部门法中的环境保护规范	《民法典》总则编关于诉讼时效的规定、侵权责任编关于污染责任等的规定
	刑法关于犯罪的概念、犯罪责任年龄、犯罪追诉时效,以及破坏环境资源保护罪等的规定
	行政法中的《行政许可法》《行政复议法》《行政处罚法》等关于行政执法的效力、种类和程序等的规定,例如《治安管理处罚法》规定的对尚不构成犯罪的环境违法行为的行政处罚
	经济法、劳动法、诉讼法等部门法中的相关规定,例如经济法关于防止污染转嫁的规定,劳动法关于生产劳动环境保护的规定
国际法中的环境保护规范	一般是指我国参加、批准并对我国生效的一般国际条约中的环境保护规范和专门性国际环境保护条约,例如《联合国海洋法公约》中关于保护海洋环境的国际法律规范

四、我国环境立法体系

从立法体制的角度看,我国环境立法体系可分为国内立法和国外立法。其中,国内立法又分为宪法、环境法律①、环境行政法规②、部门规章、地方法规和规章以及其他规范性文件。国际立法主要包括国际条约和国际习惯,例如《生物多样性公约》及其《生物安全议定书》。

从法律法规的内容和功能来看,我国环境立法体系包括环境综合法、自然资源法、污染防治法、生态保护法以及自然灾害防治法(见图 1-2)。这种划分方法体现了我国专项环境立法的模式和特点。由于专项环境立法具有较高的政策弹性,呈现出历时性、渐进式、议题式的特点,在难以达成政治共识的情况下可以此寻求渐进式的制度因应。然而,专项环境立法没有将环境问题作为一项需要全面立法予以因应的整体性议题,极易陷入杂乱渐增、叠床架屋的困局,导致环境法律的重复、冲突、空白、不衔接等一系列问题。

第五节 环境法的性质和地位

一、环境法的性质

环境法的性质是指环境法的基本属性及其所体现的基本理念。

(一)环境法是以社会利益为本位的法

第一,环境资源是典型的公共物品,它并不为某个人或某一群体所有,而为全人类所共有,如流动的大气、阳光、水等。人类居住于环境之中,环境为人类提供生产与生活的资源。因此,环境与人类经济和社会发展密切相关,构成社会利

---

① 我国环境法律有全国人大及其常委会通过的《环境保护法》《民事诉讼法》《行政诉讼法》等基本法,以及环境污染防治、自然资源利用、生态保护等领域的单行法。

② 我国环境行政法规的作用是补充国家立法或填补国家立法的空白,比如《规划环境影响评价条例》。

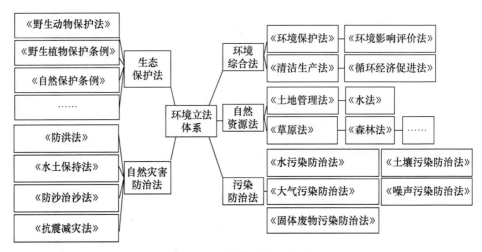

图 1-2 我国环境立法体系

益的重要组成部分。

第二,从本质上看,任何法律都具有调节个人利益与社会利益关系的作用。由于不同的法律对个人利益与社会利益相互关系的认识不同,导致法律的这种调节作用也不尽相同。在自由资本主义时期,"看不见的手"——自由竞争理论认为个人利益与社会利益是一致的,并且追求个人利益的结果是促进了社会利益。近代工业革命以来,环境与社会经济发展问题层出不穷,促使人们重新审视人类与环境的关系,在个人利益不能促进社会利益的领域,迫切需要建立新的法律秩序,以避免对经济与社会的发展产生严重影响。人们认识到个人利益与社会利益是既矛盾又统一的关系,在处理个人利益与社会利益时要从社会利益出发,对不利于社会利益的行为加以限制。与此相对应,作为社会上层建筑的法律应当表现为以保护和促进社会公平、限制个人利益为内容,调整以社会利益为本位的社会法关系。环境法就是在这样的观念基础之上所形成的法律部门,它是以社会利益为本位的法。

(二)环境法是公法与私法调整手段并用的法

一方面,由于环境资源社会关系的主体具有多样性,环境法保护的法益既涉及公益又涉及私益,单一的公法保护或私法保护手段无法实现环境法的目的。

另一方面,环境利益的公共性也使对环境的保护和改善带来的恩泽和环境的污染和破坏带来的祸害不分国别、阶层而由全社会共同享受和承担,需要综合运用法律的各种调整方法。因此,环境法必须结合公法和私法的不同调整方法,对环境和自然资源进行综合、全面的保护。① 环境法公法与私法相融合、兼具公私双重特征的趋势越来越明显。美国的排污权交易机制就是公私法相融合的典范。其一,一定区域内的污染物排放总量受到严格控制,体现了公法的特征;其二,政府或相关机构将排污总量分解成等额的排污指标分配给排污企业后,排污企业对指标或自己使用或出售的自由处分权,又是私法的规范。② 这种公私法相融合的环境治理制度既达到了维护环境公益的目的,又尊重了企业的经济自由权,促进了资源的优化配置。

(三) 环境法是以可持续发展为基本理念的法

可持续发展是当代人类共同的选择,而环境保护是可持续发展的核心内容。1992年联合国环境与发展大会通过的《里约宣言》对"可持续发展"作出了如下阐释,"人类应享有以自然和谐的方式过健康而富有成果的生活的权利,并公平地满足今世后代在发展和环境方面的需要。"③它要求既满足当代人的需要,又不对后代人满足其需要的能力构成危害;要求人们改变传统的生产方式和生活方式,改变人类对于自然的态度。可持续发展观的本质是经济发展、社会稳定与环境保护之间的平衡和妥协,是对环境权和发展权两者的兼顾。"发展权总是同环境对它的容忍相关是对发展权的正确说明。很清楚,如此界定的发展权是现代国际法的一部分。它被简明地称为可持续发展。"④一方面,人类社会需要发展,发展是必需的;另一方面,这种发展必须受到限制,包括经济、社会、生态环境等各方面的限制,即将经济发展、社会稳定、环境保护三者进行平衡。而环境法

---

① 参见吕忠梅:《论环境法的本质》,载《法商研究》1997年第6期。
② 参见王彬辉:《论环境法的逻辑嬗变——从"义务本位"到"权利本位"》,科学出版社2006年版,第105页。
③ 世界环境与发展委员会:《我们共同的未来》,王之佳、柯金良等译,吉林人民出版社1997年版,第18页。
④ 〔英〕菲利普·桑兹:《国际法庭与可持续发展概念的应用》,王曦译,载王曦主编:《国际环境法与比较环境法评论》(2002年第1卷),法律出版社2002年版,第20页。

的技术性、综合性等特征都在促进可持续发展方面发挥了推动和促进作用。

二、环境法的地位

(一) 环境法是独立的法律部门

关于"环境法是否独立"这一命题,涉及对法学基本理论尤其是部门法理论的认识和理解。根据传统部门法理论,法律部门的划分依据普遍采用"主辅标准说":一是法律的调整对象,也就是法律所调整的社会关系,这是划分法律部门的主要标准;二是调整方法,即法律对社会关系进行调整或保护所采用的调整机理或具体方式。① 环境法具有特定的调整对象和调整方法,因此是独立的法律部门。

1. 环境法具有特定的调整对象

环境法所调整的社会关系,主要是因保护、改善生活和生态环境,防止污染和其他公害所产生的社会关系,即"环境社会关系",同时也可以通过直接调整环境社会关系,间接地协调人与自然的关系。这种特定的调整对象突破了我国传统部门法理论和实践中重视人与人的关系,而不同程度轻视人与自然关系的观念和做法,从根本上将环境法与其他部门法区分开来。这里所说的环境法间接调整人与自然的关系,应当作如下理解:第一,环境法对人与自然之间关系的间接调整,是指环境法对人与自然的关系所发挥的作用;第二,环境法对人与自然关系进行间接调整的原因,是它在尊重自然规律的基础上调整和处理环境社会关系,而不是也不能对自然规律进行调整;第三,环境法间接调整人与自然的关系,并不意味着能够调整所有的人与自然的关系,正如法律不能调整所有的人与人之间的关系。②

2. 环境法具有特定的调整方法

环境法调整的环境社会关系十分广泛,环境资源问题的特点和内在规律也决定了环境法调整方法的多元性和综合性特征,包括单一的公法调整、私法调

---

① 参见舒国滢主编:《法理学导论》(第二版),北京大学出版社 2012 年版,第 124 页。
② 参见周柯主编:《环境法学研究》,中国人民大学出版社 2008 年版,第 25 页。

整、社会调整方法,以及各种方法混合调整。一方面,环境和自然资源自身具有功能上的多样性及其开发利用上的多目标性,这决定了其承载的利益主体及其利益实现方式具有多元性。因此要解决环境资源问题,就不仅要考量利益主张的正当性,还必须对多种正当利益主张进行衡量和取舍,采用混合的、兼容的以及谋求利益共存的思路。另一方面,产生环境资源问题的主要原因在于人类没有正确处理人与自然和人与人之间的关系。因此,只能通过直接调整人与人的关系间接调整人与自然的关系,弥补自然更新的不足,扩大环境和自然资源的供给。这就在一定程度上赋予环境和自然资源以社会资产属性,进而在一定程度和范围内实现环境与自然资源的社会化生产与供给。① 环境法这种逐步社会化、市场化的进化趋势,使原有的各种法律调整方法都不能单方面满足这种需要,而必须通过多元的、综合性的调整方法对环境与自然资源进行整体、全面的保护,以满足这种需要。

(二) 环境法与其他部门法之间的关系

环境法在传统法律部门,例如行政法、民法、经济法等的基础上发展而来,传统法律部门的很多原则、制度和措施也适用于环境法,它们之间具有诸多共同之处。但是,由于各自的立法目的、调整对象等不同,也使环境法与其他法律部门之间存在明显区别。

1. 环境法与经济法的关系

随着环境法朝着社会化、市场化的方向发展,政府试图运用经济杠杆解决环境资源问题,这使环境法与经济法有关宏观调控、财政投资等制度产生了越来越密切的联系。两者最大的区别在于立法目的,主要体现在对自然资源的保护上。环境法将自然资源视为环境要素,主要目的在于保护生态效益,通过规制人类活动所造成的环境污染和生态破坏,保护和改善人类赖以生存的生态系统,保障人体健康,推进生态文明建设,促进经济社会的可持续发展;经济法则将自然资源视为经济要素,主要目的在于获取经济利益,通过合理开发、利用和保护自然资

---

① 参见吕忠梅主编:《环境法原理》(第二版),复旦大学出版社2017年版,第111—112页。

源使其得以为人类长远、持续地利用。

2. 环境法与行政法的关系

在环境法中,大量运用了行政法的手段和方法进行制度设计、纠纷处理等,例如环境影响评价制度。但是,两者在调整对象上有着本质的区别。环境法主要调整环境社会关系,以公平合理分配不同法律关系主体之间的环境利益与经济利益;行政法主要调整行政管理关系,行政法律关系主体在权利义务上并不完全对等。

3. 环境法与劳动法的关系

环境法和劳动法都将生产活动中产生的有害物质和能量作为防治对象,不同之处在于危害场所、危害方式以及危害活动的种类和对象等。第一,在环境法中,危害场所是指自然环境和社会环境,即劳动和工作场所以外的空间;而在劳动法中,危害场所是指劳动和工作场所本身。第二,环境法中的危害以环境为媒介,具有间接性;劳动法中的危害并不以环境为媒介,一般是直接的人身伤害。第三,环境法中的危害活动范围较广,包括生产活动以外的污染和破坏环境的活动,危害对象也涵盖了受到污染危害的活动场所之外的人和生态系统;劳动法则只限于在劳动和工作场所内受到危害的人员,范围较小。

除此之外,环境法与民法、刑法、刑事诉讼法等法律部门之间都有着相应的联系与区别。总之,环境法作为一个交叉、新兴的法律部门,需要汲取各个传统法律部门的营养,使用传统法律部门的调整方法和手段,但是也有其独特的属性和独立存在的价值。

第六节 环境法的目的

一、环境法的目的概述

从法理的角度来说,"法的目的"通常具有两层含义。一方面,它是主导法的形成、实现的相关因素依靠制定法而达成的实际目的。由于它是指导和实现相关法律制度及法律方法的原因,因此又被称为"动机上的法的目的"。另一方面,由于法的目的需要依靠法来实现基本价值和基本使命,以及作为法的正当与否、合理与否的评价规则和基准,因此在法理学上,法的目的也称为法的价值理念或法的价值。[①]

环境法的目的是指,国家在制定环境法时希望通过实施该法而达到的目的或其追求实现的结果,它决定整个环境法的指导思想、调整对象以及适用效能。即环境法的目的代表着立法者对环境法所要追求的价值的最明确、最直观的表达,也在一定程度上反映了环境法的发展程度及人类对自然的态度。世界各国的环境法都对此予以较高程度的关注,并在基本法及相关单行法等法律法规中予以明文规定。

在理论上,环境法的目的存在基础目标和最终发展目标之分。在基础目标方面,世界各国均努力协调人与环境的关系,保护和改善环境。而在最终发展目标——保护人体健康和保障经济社会可持续发展方面,由于不同的发展理念,导致存在一元论和二元论两种观点。一元论认为,环境法应当以保障人体健康为唯一的目的。二元论认为,环境法的目的应当是二元甚至是多元的,以协调经济发展、社会进步和环境保护为最终目的。即环境法不仅应当保护生态环境、维护人体健康,同时也应当促进经济的发展。发达国家的环境资源问题主要是不可持续的生产方式和消费方式造成的,而发展中国家的环境资源问题主要是发展不足引起的,这两类问题解决的着力点存在一定的差异。发达国家环境资源问题的解决重点在于改变其不可持续的生产和消费模式;而发展中国家的环境资源问题则需要通过适当促进经济发展和社会进步来解决。近年来,虽然还存在一些限制发展的论调,但经济发展和环境保护具有协调关系的国际共识已经形成。目前世界各国除日本、匈牙利等少数国家坚持环境法的"目的一元论"外,多数国家主张"目的二元论",即环境法的目的是保护人体健康和促进经济社会可持续发展。

二、国外环境法的目的

目前多数国家的环境法具有双重目的,即首先是保障人体健康,其次是促进

[①] 参见汪劲:《环境法学》,北京大学出版社 2006 年版,第 125 页。

经济社会可持续发展。例如保加利亚《自然保护法》(1967年)将该法的立法目的规定为，"保护人民的健康；保护、恢复和合理利用自然界并使自然财富得以增加"。加拿大《环境保护法》在宣言中规定："保护环境是加拿大人民福利的基础，本法的首要目的在于通过污染预防以有助于实现可持续发展。"

部分国家的环境法采用的是目的一元论。例如，美国《国家环境政策法》第1条规定："联邦政府……采取一切切实可行的手段和措施——包括财政和技术上的援助，发展和增进一般福利，创造和保持人类与自然得以在一种建设性的和谐中生存的各种条件，实现当代美国人以及子孙后代对于社会、经济和其他方面的要求……"第2条规定："保证为全体美国人创造安全、健康、富有生产力并在美学和文化上优美多姿的环境"。匈牙利《人类环境保护法》规定，"本法的宗旨在于保护人的健康，不断改善当代人及子孙后代的生活条件。"

有些国家的环境法从目的二元论转向一元论。例如，日本1967年颁布的《公害对策基本法》第1条规定，"为了明确企业、国家和地方政府对防治公害的职责，确定基本的防治措施，以全面推行防治公害对策，达到保护国民健康和维护其生活环境的目的，特制定本法。关于前款规定的保护生活环境，是与经济健全发展相协调进行的"。这表明当时日本环境法的目的属于"二元论"。但是，由于该法在颁布后遭到社会上的反对，导致日本国会于1970年对该法进行修订并删去该条款。1993年，日本颁布了《环境基本法》，其第1条延续了业已废止的《公害对策基本法》中有关立法目的的表述，并加上"为人类的福利做贡献"。此外，该法的第4条还规定，"必须以健全经济发展的同时实现可持续发展的社会构筑为宗旨，实现将社会经济活动以及其他活动造成对环境的负荷减少到最低限度，其他有关环境保全的行动由每个人在公平的分配负担下自主且积极地实行，既维持健全丰惠的环境，又减少对环境的负荷"。可见，日本目前的环境法是以保护人体健康为唯一目的，即其所采用的是目的一元论。

三、我国环境法的目的

全国人大常委会1989年通过的《环境保护法》第1条明确规定："为保护和改善生活环境与生态环境，防治污染和其他公害，保障人体健康，促进社会主义现代化建设的发展,制定本法。"它侧重于"动机上的法的目的",即明确了该法要达成的实际目的是通过环境保护和污染防治,保障人体健康和经济社会的发展。随着科学发展观这一重大战略思想的提出,可持续发展理念逐步深入人心,并作为价值理念开始在相关法律中确立,例如2002年通过的《中华人民共和国环境影响评价法》(以下简称《环境影响评价法》)①、2004年修订的《固体废物污染环境防治法》②。2014年全国人大常委会修订通过的《环境保护法》第1条规定,"为保护和改善环境,防治污染和其他公害,保障公众健康,推进生态文明建设,促进经济社会可持续发展,制定本法。"由此可见,目前我国环境法有两大立法目的,即通过保护和改善环境,防治污染和其他公害,既保障公众健康,又推进生态文明建设,促进经济社会可持续发展。我国环境法的目的涵盖了"动机上的法的目的"和法的价值理念。本书认为,目前,环境污染和生态破坏已经成为影响公众健康的主要因素,因此环境法必须以保护公众健康为根本目的,否则其他两项目的将无法实现。

由于我国是一个发展中国家,我国的基本国情决定了需要协调经济社会发展和环境保护的关系,在发展中解决环境问题,推动经济社会可持续发展。虽然环境保护和经济发展在一定时期是具有矛盾的,但是如果把环境和发展对立起来,在实践中将严重制约环境保护和经济发展的进程。如果以环境为代价发展经济,必然要重蹈发达国家的覆辙——"先污染,后治理"。在这种模式中,经济发展是不具有持续性的;如果只强调环境保护而抑制经济发展,则会削弱经济社会发展的物质基础,环境保护的物质保障也将会被削弱。因此,需要正确处理发展与环境的关系,我国环境法的"目的二元论",就是建立在正确认识发展与环境的关系的基础上的。③ 经济发展和环境保护之间虽然存在制约关系,但更多表现为相互促进、相互依存的关系。环境保护的任务就是保护自然资源、维持生态

---

① 该法第1条规定,"为了实施可持续发展战略,预防因规划和建设项目实施后对环境造成不良影响,促进经济、社会和环境的协调发展,制定本法。"
② 该法第1条规定,"为了防治固体废物污染环境,保障人体健康,维护生态安全,促进经济社会可持续发展,制定本法。"
③ 参见汪劲:《环境法律的理念与价值追求:环境立法目的论》,法律出版社2000年版,第56页。

平衡,而这是推进经济社会可持续发展的基础和必要条件;在环境保护的过程中,为了高效利用各种资源,技术的革新速度加快,在一定程度上推动了资源的节约使用。同时,环境的改善又会推动现代经济如旅游业等的发展。反之,经济发展又为环境保护提供雄厚的物质基础及现代科学技术手段,有效推动了环境保护事业的发展。因此,只有"在发展中落实保护,在保护中促进发展,坚持节约发展、安全发展、清洁发展,实现可持续的科学发展",才符合我国环境法的目的。

第七节 环境法的适用范围

环境法的适用范围又称为环境法的效力范围,是指环境法在什么地域对什么人有效的问题。从内容上说,包括环境法的空间效力、时间效力、对人的效力和对事效力。

一、环境法的适地范围

环境法的适地范围是指环境法在什么地域具有效力,也称对地域的适用范围或对地域的效力范围。由于不同层级的法律效力不同,其所适用的范围也不同,对此,下文将予以区分。

(一)全国性法律法规的效力

由全国人大及其常委会制定的环境保护法律和由国务院制定的环境资源行政法规,以及由国务院各部委制定的环境资源规章,一般在全国范围内有效(不包括港、澳、台地区)。例如,《环境保护法》第3条规定,"本法适用于中华人民共和国领域和中华人民共和国管辖的其他海域。"《环境保护税法》第2条规定,"在中华人民共和国领域和中华人民共和国管辖的其他海域,直接向环境排放应税污染物的企业事业单位和其他生产经营者为环境保护税的纳税人,应当依照本法规定缴纳环境保护税。"这表明环境法的效力及于我国全部领域,包括我国的领陆、领海、领空和延伸意义上的其他领域。延伸意义上的其他领域指的是我国领土在法律意义上的延伸,包括我国驻外使馆、我国领域外的本国船舶、航空器等。《环境保护法》第 3 条及《环境保护税法》第 2 条所规定的"其他海域",是指我国具有管辖权的毗连区、专属经济区和大陆架等。此外,由于我国实行"一国两制"的基本国策,全国性环境法律法规的效力范围不包括我国香港、澳门和台湾地区。

需要注意的是,全国性环境法律法规在全国范围内有效,指的是在环境保护领域或是环境保护的某一领域内有效,而非指在全国所有领域内有效。例如,《环境保护法》《环境保护税法》在我国的环境保护领域内具有法律约束力,而《海洋环境保护法》只适用于我国内水、领海、毗连区、专属经济区、大陆架以及中华人民共和国管辖的其他海域。《水污染防治法》适用于环境保护领域的陆地水体污染防治;《大气污染防治法》适用于环境保护领域的大气污染防治(海洋工程的大气污染防治除外)。又如《固体废物污染环境防治法》只适用于工业固体废物、生活垃圾、建筑垃圾、农业固体废物、危险废物的污染防治,不适用于固体废物污染海洋环境和放射性固体废物污染环境的防治。

(二)地方性法规和规章的效力

地方立法机关和行政机关依法制定的地方性环境保护法规和规章(包括少数民族地方自治法规),只在该行政区域内的环境保护领域或者该领域的某一方面具有效力,在本区域外的其他行政区域内不具备法律约束力,不可作为其他行政区域环境保护纠纷的法律依据。也即,地方性环境保护法规和规章的效力仅及于该地方。例如,《安徽省淮河流域水污染防治条例》(1993 年制定,1997、2006、2018 年修订)仅适用于安徽省辖区内淮河流域的河流、湖泊、运河、渠道、水库等地表水体和地下水体的污染防治,对其他省份的淮河水体不具有法律约束力。

(三)跨行政区域法律法规的效力

我国《行政处罚法》(2021 年修订)第 22 条规定,"行政处罚由违法行为发生地的行政机关管辖。法律、行政法规、部门规章另有规定的,从其规定。"根据该条规定,跨行政区域环境资源纠纷案件原则上适用环境资源违法行为发生地的法律。对于跨省界的环境污染赔偿纠纷案件,《国务院关于落实科学发展观加强环境保护的决定》明确规定,"上游省份排污对下游省份造成污染事故的,上游省级人民政府应当承担赔付补偿责任,并依法追究相关单位和人员的责任"。

(四)环境法的"域外效力"

前述我国的环境法在国家主权管辖的领域内有效,是基于不同位阶的环境法律法规,其效力范围在空间上有所差异,可称为"域内效力"原则。与之相对应的是"域外效力"原则,即法律法规可在本国领域外发生效力,但是必须以同有关国家缔结了双边或多边协定为前提条件。随着我国经济不断发展,对外贸易和国际交往日益频繁,为防止域外机构或个人危害我国的环境权益,我国的部分环境法律同时适用"域外效力"原则。例如,《海洋环境保护法》第2条第2款规定,"在中华人民共和国管辖海域内从事航行、勘探、开发、生产、旅游、科学研究及其他活动,或者在沿海陆域内从事影响海洋环境活动的任何单位和个人,都必须遵守本法。"也就是说,在我国管辖海域以外的单位或者个人实施了污染损害我国海洋环境的行为的,我国有关机关可依据该法追究其法律责任。此外,《刑法》中也有相关规定。例如,《刑法》第六章第六节有关破坏环境资源保护罪的规定也具有域外效力,但是犯罪行为具备该法第7条或者第8条规定的条件者除外。[①]

(五)国际环境条约的效力

根据处理国际法与国内法关系的有关规则,我国缔结或者参加的国际环境条约是我国法律制度的有机组成部分,并在我国领域内具有法律约束力。当国际环境条约的规定与国内环境法律法规的内容相冲突时,国际环境条约具有优先效力,但是我国缔结和参加时声明保留的条款除外。例如,《海洋环境保护法》第96条规定,"中华人民共和国缔结或者参加的与海洋环境保护有关的国际条约与本法有不同规定的,适用国际条约的规定;但是,中华人民共和国声明保留的条款除外。"

二、环境法的适时范围

法的适时范围又称时间上的效力范围,是指该国法律何时生效、何时终止效

[①] 即在我国境外犯《刑法》规定之罪,但对其刑罚最高刑为3年以下的我国公民,或在我国境外犯《刑法》规定之罪的外国人,但是按犯罪地法律不受处罚的除外。

力以及该国法律对生效以前的事件和行为有无溯及力的问题。因此,环境法的适时范围指的是环境法在何时生效、何时终止其效力,以及环境法对在其颁布前发生的环境污染和生态损害行为有无溯及力的问题。

(一) 生效时间的确定

生效时间的确定方式通常有三种,即从公布之日起生效、自公布之日起一定期限后生效,以及颁布试行一定时间后经修改才正式生效。目前,第三种生效时间的确定方式已经不再适用。

1. 从公布之日起生效

从公布之日起生效也就是通常所说的立即生效。例如,《森林法(试行)》和《环境保护法(试行)》这两部法律在1979年颁布时并没有确定生效时间,按照惯例应当认为是自公布之日起开始生效。① 当时之所以采取立即生效的形式,是因为在实际生活中相关行为急需法律规制。但是,由于法律是一种具有强制力的行为准则,需要被公众、执法机关和司法机关在充分了解的基础上遵守、执行和适用,因此从公布到生效需要留有必要的时间。在环境法律法规中,采取立即生效方式的比较少见。

2. 自公布之日起一定期限后生效

这是目前最为普遍的一种生效方式,其中包括新制定的法律法规以及颁布施行后再次修订的法律法规。前者如《长江保护法》(2020年12月26日公布,2021年3月1日起施行)、《土壤污染防治法》(2018年8月31日公布,2019年1月1日起施行);后者如2020年4月29日修订的《固体废物污染环境防治法》(2020年9月1日起施行)、2017年6月27日修正的《水污染防治法》(2018年6月1日起施行)等。之所以在公布之后不是立即生效,而是在一定期限(一般为公布之日起3到6个月)之后生效,是因为人们需要一定的时间对这些法律法规的贯彻实施予以了解。例如,在思想方面,需要对广大干部群众进行宣传教育,

---

① 这里的"试行"并非指该法不具有法律约束力,应当认为该法一经公布即具有法律效力,人们均必须遵守执行。以《环境保护法(试行)》为例,该法公布后,某法院就曾援引该法对违法行为人追究刑事责任。参见曾昭度主编:《环境纠纷案件实例》,武汉大学出版社1989年版,第117—118页。

为遵法、守法打好思想基础；在贯彻实施方面，某些法律需要有关行政主管部门起草相配套的实施条例、细则和标准等，以建立起各种必要的监管程序。例如，1996年修正的《水污染防治法》第61条规定，"国务院环境保护部门根据本法制定实施细则，报国务院批准后施行"，据此原国家环境保护总局组织起草了《水污染防治法实施细则》；在具体执行方面，需要对执法、司法人员进行培训以适应法律文件生效后执法、司法的要求。

这里需要注意的是，对于施行后修订实施的法律法规，其生效时间的规定有两种形式：一是在修订后颁布的法律中规定了生效时间，并同时在公布该法律的命令中作出明确规定。例如，2020年修订的《固体废物污染环境防治法》第126条规定，"本法自2020年9月1日起施行"。二是在修订后颁布施行的法律中对生效时间未作相应更改，但是在修改该法律的《决定》中规定了具体生效时间。例如，2017年6月27日通过的《水污染防治法》第103条规定，"本法自2008年6月1日起施行"，而修订该法的《决定》中则规定，"本法自2018年1月1日起施行"。为了避免今后出现法律生效时间形式上的冲突，立法部门应当多采用第一种形式。

3. 颁布试行一定时间后，经修改正式生效

这是我国环境资源立法初期采用的生效形式，目前已不再适用。准确地说，这种生效形式是对应改革开放初期的《环境保护法（试行）》和《森林法（试行）》等"试行法"而产生的。当时之所以采取"试行"的立法形式，主要是基于这些法律的针对性较强，需要通过试行积累一定经验加以修订，之后再颁布生效。1989年12月26日第七届全国人大常委会第十一次会议和1984年9月20日第六届全国人大常委会第七次会议分别对上述两部"试行法"进行修改后正式颁布施行。需要注意的是，法律试行的时间不宜过长。我国《环境保护法》从试行到正式颁布施行，前后历经十余年，这在一定程度上影响了法律的权威性和稳定性。

（二）失效时间的确定

环境法的失效时间一般也有三种：

1. 旧法在新法施行之日起废止

有些经修订的法律明文规定，在该法施行之日起旧法同时废止。《环境保护

法(试行)》就属于这种废止形式。1989年制定的《环境保护法》第47条规定,本法自公布之日起施行,《环境保护法(试行)》同时废止。此外,在环境资源立法中,存在将原由国务院发布的行政法规经全国人大常委会修改后制定为法律的做法,这是为了提高原行政法规的法律地位。通常情况下,全国人大常委会在修订行政法规后通过的法律中往往规定,原行政法规从该法生效之日起同时废止。例如,1996年10月29日公布的《环境噪声污染防治法》第64条规定,本法自1997年3月1日起施行,1989年国务院发布的《环境噪声污染防治条例》同时废止;2021年12月24日通过的《噪声污染防治法》第90条规定,本法自2022年6月5日起施行,《环境噪声污染防治法》同时废止。

2. 与新法相抵触的旧法规定失效

在新法施行之后,旧法的某些规定如与新法相抵触,将导致其失效。例如,1982年8月23日公布的《海洋环境保护法》第46条规定,"现行的有关海洋环境保护的规定,凡与本法抵触的,均以本法为准。"①此外,有些法律规定,与其相抵触的下位法必须在该法公布之日起,依据该法规定的期限进行修订,逾期不修订才自行失效。例如,我国1996年颁布的《行政处罚法》第64条第2款规定,"本法公布前制定的法规和规章关于行政处罚的规定与本法不符合的,应当自本法公布之日起,依照本法规定予以修订,在1997年12月31日前修订完毕。"

3. 新法施行后旧法自行失效

新法施行后会导致旧法失效,《水污染防治法》就属于此种情况。该法在2017年6月27日由第十二届全国人大常委会第二十八次会议修订通过。在该法的条款和公布该法的命令以及《决定》中,均没有规定从修订后的新法生效(公布)之日起,原法相应地失效。但是按照惯例,应当认为原《水污染防治法》与新法相抵触的条款自行失效。

需要说明的是,上述三种法的失效情况,前两种属于"明示废止",即由新法明文规定废止旧法。这种"以法废法"的做法,为当今世界大多数国家所采用。后者是"默示废止"的情况,即不是由法律明文规定废止与之相抵触的旧法,而是

---

① 《海洋环境保护法》1999年修订后已将该条款删除。

在实践中认定旧法与新法相抵触,依照"新法优于旧法"或者"后法优于前法"的原则确认旧法失效。在新法生效之前,不得随意废止原法的法律效力;在新法生效后,除了新法明示废止的部分以外,不与新法相抵触的原法律规定应当继续遵守执行。

(三)环境法的溯及力

法的溯及力也称为法溯及既往的效力,是指法律对其生效以前的事件和行为是否适用。如果适用就具有溯及力,反之则没有溯及力。相应地,环境法的溯及力是指环境法对其生效以前的行为和事件是否适用的问题。关于法律是否具有溯及力,世界各国一般比照刑法的相关规定来确定,主要有以下五种原则:第一,从旧原则,是指新法对其生效以前的行为和事件没有溯及力;第二,从新原则,是指新法对其生效以前的行为和事件有溯及力;第三,从轻原则,是指将新法与旧法相比较,以对行为人处罚较轻的法律作为处罚依据;第四,从旧兼从轻原则,是指新法原则上不溯及既往,但是新法对行为人处罚较轻的,依从新法;第五,从新兼从轻原则,是指新法原则上溯及既往,但是旧法对行为人处罚较轻的,依从旧法。现代各国大多采用从旧兼从轻原则,我国也是如此。我国《刑法》第12条规定,"中华人民共和国成立以后本法施行以前的行为,如果当时的法律不认为是犯罪的,适用当时的法律;如果当时的法律认为是犯罪的,依照本法总则第四章第八节的规定应当追诉的,按照当时的法律追究刑事责任,但是如果本法不认为是犯罪或者处刑较轻的,适用本法。本法施行以前,依照当时的法律已经作出的生效判决,继续有效。"

从我国环境法的总体情况来看,原则上不具有溯及力。

三、环境法的适人范围

环境法的适人范围,又称对人的效力范围,是指环境法对谁有效力,适用于哪些人,包括对哪些单位和自然人有效。这里所说的单位,既包括具有我国国籍的单位,也包括在我国领域内的外国和无国籍单位;既包括法人(包含企业法人和非企业法人),也包括非法人的其他组织。自然人则包括我国公民、在我国领域内的外国公民和无国籍人。

（一）对人的效力原则

在世界各国的法律实践中，采用四种对人的效力原则：(1) 属人主义。是指法律只适用于本国人（包括本国国籍的自然人、法人和其他组织，下同），不论在本国内或者国外，均适用本国的法律，但对在本国境内的外国人不具有法律约束力。(2) 属地主义。是指一国法律对其管辖领域内的一切人，不论是本国公民还是外国公民、单位和无国籍人都具有效力，但在国外的本国公民不受本国法律的约束。(3) 保护主义。是指本国法律对任何侵害了本国利益的人都具有法律约束力，而不论其国籍和所在地。(4) 混合原则，以属地主义为主，与属人主义、保护主义相结合。由于混合原则集单个原则的优点为一体，因而成为当今世界各国普遍采用的原则，我国也是如此。

（二）对我国公民的效力和对外国人、无国籍人的效力

1. 对我国公民的效力

中国公民在中国领域内一律适用中国法律。《宪法》第 5 条第 4 款规定，"一切国家机关和武装力量、各政党和各社会团体、各企业事业组织都必须遵守宪法和法律。一切违反宪法和法律的行为，必须予以追究。"第 33 条第 2 款规定，"中华人民共和国公民在法律面前一律平等。"作为一个部门法，环境法适用于我国公民和单位，任何个人和单位都有保护环境的义务，不得享有超越《宪法》和法律的特权。对于我国领域外的我国公民和单位，原则上仍受我国环境法的保护，同时也有遵守我国环境法的义务。如果由于不同国家间环境法规定的不同，造成法律适用的冲突，应本着维护国家、单位和公民的合法利益，以及尊重所在国主权的原则，参照国际惯例或者根据我国参加或缔结的国际条约妥善解决。

2. 对外国人、无国籍人的效力

我国法律对外国人和无国籍人的适用问题包括两种情况：一种是对在我国领域内的外国人和无国籍人的法律适用问题；另一种是对在我国领域外的外国人和无国籍人的法律适用问题。根据《宪法》第 32 条第 1 款的规定，在我国境内的外国人、无国籍人必须遵守我国的一切法律，其中包含环境法。外国人、无国籍人在我国领域外实施危害我国环境的犯罪行为，按照《刑法》规定的最低刑为 3 年以上有期徒刑的，可以对其适用环境保护法，但是按照犯罪地法律的规定不

受处罚的除外。

此外,根据国际惯例和条约规定,外国代表和依据国际条约享有外交特权和豁免权的人,我国法律一般对其不具有约束力,但是如果从事了严重污染或者破坏环境的行为,必须依法追究其刑事责任时,可以通过外交途径解决。

四、环境法的适事范围

环境法的适事范围是指环境法对什么行为或事件有效。总体而言,作为环境综合法的《环境保护法》适用于所有对环境有影响的活动,包括开发、利用、保护、治理、管理环境的各种活动;环境单行法则规定具体的适事范围,而且往往在确定适地范围的前提下确定适事范围。[①] 主要包括以下方面:

(一)环境污染控制

污染防治单行法的适事范围主要是环境污染控制,包括《水污染防治法》《大气污染防治法》《噪声污染防治法》《土壤污染防治法》《固体废物污染环境防治法》等,以及国务院颁布的前述法律的实施条例。它们只在特定的环境污染防治领域发挥效力,例如《水污染防治法》第 2 条规定,"本法适用于中华人民共和国领域内的江河、湖泊、运河、渠道、水库等地表水体以及地下水体的污染防治。"

(二)自然资源保护和管理

自然资源法以利用某一类自然资源为主要规范内容,也包括保护和管理该类自然资源、防治对该类自然资源的污染和相关生态系统的破坏的法律规范,包括《水法》《土地管理法》《渔业法》《矿产资源法》《森林法》《草原法》《水土保持法》《野生动物保护法》《城乡规划法》等。此外,还包括《野生植物保护条例》《自然保护区条例》《水产资源繁殖保护条例》《基本农田保护条例》《土地复垦规定》等行政法规。例如,《水法》第 2 条规定,"在中华人民共和国领域内开发、利用、节约、保护、管理水资源,防治水害,适用本法。"《森林法》第 2 条规定,"在中华人民共和国领域内从事森林、林木的保护、培育、利用和森林、林木、林地的经营管理活动,适用本法。"

---

① 参见蔡守秋主编:《新编环境资源法学》,北京师范大学出版社 2009 年版,第 43 页。

(三) 生态保护

生态保护法主要是对生态系统加以保护,包括《海洋环境保护法》《长江保护法》《生物安全法》等。例如,《长江保护法》第2条第1款规定,"在长江流域开展生态环境保护和修复以及长江流域各类生产生活、开发建设活动,应当遵守本法。"《生物安全法》第2条明确规定,从事以下八项活动,适用本法:防控重大新发突发传染病、动植物疫情;生物技术研究、开发与应用;病原微生物实验室生物安全管理;人类遗传资源与生物资源安全管理;防范外来物种入侵与保护生物多样性;应对微生物耐药;防范生物恐怖袭击与防御生物武器威胁;其他与生物安全相关的活动。此外,由于生态保护事宜与自然资源的利用和保护常有重叠或相关,诸如《水法》《草原法》《野生动物保护法》等自然资源单行法,以及《自然保护区条例》《野生植物保护条例》《水产资源繁殖保护条例》《基本农田保护条例》等行政法规的适事范围也可包括此类。

(四) 自然灾害防治

自然灾害防治法以有关自然灾害的防治为核心内容,包括《防沙治沙法》《防震减灾法》《突发事件应对法》等单行法,以及《地质灾害防治条例》《自然灾害救助条例》《气象灾害防御条例》等行政法规。例如,《防沙治沙法》第2条第1款规定,"在中华人民共和国境内,从事土地沙化的预防、沙化土地的治理和开发利用活动,必须遵守本法。"

案例分析
崔某杰与江南市大海公司侵权纠纷案

一、案情介绍

江南市大海公司系某高速公路某标段的施工方,上述标段途经江南市天海村地区。大海公司于2013年3月进场施工,2014年10月施工结束,2015年4月撤场。崔某杰系江南市天海村村民,其位于该村宅院内的房屋等建筑物出现墙体开裂等现象。他认为上述房屋损坏系大海公司施工过程中产生的振动导致。大海公司对崔某杰房屋损坏的现状予以认可,但对崔某杰所述的房屋损坏成因不予认可。崔某杰申请对其房屋损坏与大海公司施工是否存在因果关系，以及其房屋的修复价格进行鉴定、评估。一审法院向某鉴定机构咨询，该鉴定机构表示，因涉及的农村房屋无具体标准，导致该种类型的因果关系无法鉴定。关于涉案房屋修复价格的评估问题，江南南华工程造价咨询事务所有限公司可进行此类价格评估。经询问，大海公司表示愿意由该机构评估，崔某杰表示因其已经对房屋进行过保温处理，不同意继续评估，要求法院根据现场照片进行判决。在案件审理过程中，经过法院调解，大海公司同意给付崔某杰3000元补偿款，但是崔某杰予以拒绝。

二、争议焦点

本案的争议焦点主要在于，工程公司施工过程中产生的振动是否属于环境侵权的范畴，从而确定大海公司是否应就崔某杰所主张的房屋损失承担赔偿责任。崔某杰声称其位于该村宅院内的房屋等建筑物出现墙体开裂等现象，系大海公司施工过程中产生的振动所导致。大海公司对崔某杰房屋损坏的现状予以认可，但是对崔某杰所述房屋的损害成因不予认可。

三、裁判要旨

对于本案是否涉及环境侵权行为，即由于人类活动而导致环境污染和生态破坏，从而造成人身、财产和环境损害，依法应承担民事责任的特殊侵权行为，法院梳理了相关法律条文。根据《环境保护法》第2条的规定，环境是指影响人类生存和发展的各种天然的和经过人工改造的自然因素的总体，包括大气、水、海洋、土地、矿藏、森林、草原、湿地、野生生物、自然遗迹、人文遗迹、自然保护区、风景名胜区、城市和乡村等。该法第42条第1款规定，排放污染物的企业事业单位和其他生产经营者，应当采取措施，防治在生产建设或者其他活动中产生的废气、废水、废渣、医疗废物、粉尘、恶臭气体、放射性物质以及噪声、振动、光辐射、电磁辐射等对环境的污染和危害。显然，本案所涉环境侵权行为系施工中的振动。之后，法院根据《侵权责任法》有关条文及相关司法意见，明确了该案中证明责任分配适用举证责任倒置规则，最终由大海公司承担不利后果。

四、裁判结果

一审法院认为，当事人对自己提出的诉讼请求所依据的事实或者反驳对方诉讼请求所依据的事实,应当提供证据加以证明,未能提供证据或者证据不足以证明其事实主张的,由负有举证责任的当事人承担不利后果。本案中,崔某杰要求大海公司给付赔偿款6万元,应承担相应举证责任。现崔某杰拒绝对其房屋修复价格进行评估,其经济损失无法确定,法院对其诉讼请求不予支持。二审法院经审理认为,根据案件现有的证据材料,大海公司虽然提交了相关施工的技术规范,但是未能就其桩基施工采用的工艺对周围建筑物没有造成损害或者不可能造成损害提供证据予以证明。依照相关法律规定,大海公司的所提出的损害情况跟地质条件、施工距离、建筑物的年代质量等多因素有关的抗辩主张,不足以构成施工影响的免责或减责情形。对于施工的影响范围和影响强度,大海公司认为存在举证困难,然而这种困难对上诉方而言更为明显,加之大海公司曾就施工致损情况对当地其他村民给付赔偿,说明施工行为确实造成部分民房产生裂缝。鉴于大海公司未能完成举证责任,法院判决被告就本案所涉损害后果承担赔偿责任。

五、案件评析

由于环境侵权案件适用举证责任倒置和因果关系推定的特殊规则,确定案件是否属于环境侵权案件,是对当事人举证责任进行分配的基础。在该案中,一审法院对此问题未予明确,从而对原告的举证责任作出了错误的认定。二审法院在审理时,根据《环境保护法》第2条、第42条的相关规定,明确了本案中所涉侵权行为系施工中的振动,属于环境侵权的范畴。二审法院在此基础上援引《侵权责任法》第66条、最高人民法院《关于适用〈国民事诉讼法〉若干问题的意见》第74条、最高人民法院《关于民事诉讼证据的若干规定》第4条第1款第3项的规定,明确了污染者应当就法律规定的免责事由或者减轻责任的情况及其行为与损害结果之间不存在因果关系承担举证责任,并明确了被告在关于责任承担的抗辩中所能主张的免责或减责事由主要包括不可抗力、受害人故意和受害人过失,最终判决被告承担赔偿责任。需要指出的是,路桥工程建设在促进社会发展、繁荣地方经济方面起到重要作用,但是施工方也需要注重环境保护,尽可能采取对周边环境影响较小的施工方法,在施工前应事先就环境影响作出评估,采取妥善措施避免或减轻环境污染和生态破坏,以及因此造成的人身和财产损害。

第二章
Chapter 2

环境法的基本原则

案情导入

五小叶槭为我国四川省特有物种,野外现仅存500余株,分属4个种群,属于极危物种。雅江县区域内的五小叶槭种群是当今世界上残存的最大的五小叶槭种群,现存五小叶槭大树262株,该种群分布区海拔范围介于2520—3000米之间,是唯一有自然繁衍能力的种群。2015年底,雅江县雅砻江上的牙根电站即将修建,建设单位是雅砻江流域水电开发有限公司(以下简称"水电公司")。根据《四川省雅砻江两河口至牙根河段水电开发方案研究报告》,该段梯级电站中两座电站建成后,两河口电站正常蓄水位是2860米,牙根一级、二级电站正常蓄水位分别是2602米和2560米。根据五小叶槭雅江种群分布区的海拔高度和水电站蓄水位高度对比数值,电站正常蓄水后,将淹没雅江县五小叶槭的绝大部分分布区,对其生存构成严重威胁。另外,为修建牙根二级水电站而建设的对外交通专用公路起点高程2535.53米,经过雅江县五小叶槭生长区,也会对五小叶槭种群的生存构成严重威胁,实际上已经因为修路毁坏了一些五小叶槭。2015年9月17日,中国生物多样性保护与绿色发展基金会基于上述事实和理由,向四川省甘孜藏族自治州中级人民法院提起环境民事公益诉讼,请求依法判令被告水电公司立即采取适当措施,确保不因雅砻江水电梯级开发计划的实施而破坏珍贵濒危野生植物五小叶槭的生存;判令被告在采取的措施不足以消除对五小叶槭的生存威胁之前,暂停牙根水电站及其辅助设施(含配套道路)的一切建设工程。① 在本案中,雅砻江水电梯级开发计划的实施对五小叶槭的生存是否产生重大风险?建设单位是否应当立即停止建设并承担消除风险的责任?这些问题涉及环境法的基本原则,包括保护优先原则、预防原则和公众参与原则。

第一节 环境法基本原则概述

一、环境法基本原则的概念和特征

(一)环境法基本原则的概念

环境法作为一个独立的法律部门,有其自身的基本原则。环境法的基本原则是指环境法中规定或体现的、贯穿于环境法制建设全局的、具有普遍指导意义的根本准则。由此可知:第一,基本原则是环境法中所规定或体现的。它是由环境法所确认的基础性和根本性准则,体现了环境法的本质和基本价值;第二,基本原则贯穿于环境法制建设全局,是各项环境保护规范和制度的基础;第三,基本原则是具有普遍指导意义的根本准则。它的效力全面覆盖所有环境法律规范,为制定具体法律规范及处理具体环境问题提供基本依据。

环境法基本原则不同于环境法的基本制度。前者是从宏观上为人们的一切环境活动提供指导性准则,后者则是对人们某一方面的环境活动提供行为准则;前者具有很强的抽象性和概括性,一般是原则性规定,后者则是前者的具体化和表现,具有较强的实践性。②

(二)环境法基本原则的特征

结合上文,与环境法基本原则的概念相衔接,环境法基本原则应当具有以下

---

① (2015)甘民初字第 45 号民事判决书。
② 参见韩德培主编:《环境保护法教程》(第八版),法律出版社 2018 年版,第 54 页。

主要特征:

第一,普遍适用性。环境法基本原则既是环境法基本理念在环境法上的具体体现,又是环境法的本质、技术原理与国家环境政策在环境法上的具体反映。① 环境法基本原则的本质特征在于,它所归纳和总结的是环境法各有机组成部分所体现的法律价值的总和,其内容具有根本性和基础性,体现了环境法自身法律价值的整合性与普遍性。基本原则的效力贯穿于环境资源立法、执法、司法和守法等各个领域,对环境法的各项法律制度和规范具有整合与指导功能。基本原则彰显了环境法的本质,为所有环境资源单行法的制定提供了可靠的依据和指导思想,具有普遍指导意义。

第二,高度概括性。所有的基本法律原则都具有高度概括性这一基本特征,环境法基本原则也不例外。所谓概括,就是将复杂且繁多的事物用简明扼要的语句加以概述,对事物的共同特点进行总结和归纳。基本原则就是对相关法律规范、制度等所体现的价值进行总结和归纳的结果。环境法基本原则是整个环境法领域的根本准则,它主要表现为一些概括性的规定。这些概括性规定不是针对某一项或某一类法律问题而制定的具有可操作性的规范,而是针对所有环境法律活动制定的具有高度抽象性和不确定性的指导准则。

第三,规范指导性。环境法基本原则通过环境法予以确认,从而彰显出对具体环境法律规范和制度的指导意义。具体来说,这种指导性包括三个方面:第一,指导法律解释。对规定模糊或者不明确的法律规范与制度作出符合立法精神的解释,并对该解释的准确适用予以指导。第二,弥补法律漏洞。当现行法律对某一法律问题没有规定时,环境法基本原则可以用于填补法律漏洞,发挥法律规范的规制作用,替代法律规范予以适用。第三,平衡法律利益。在法律适用过程中,若出现多种法律利益之间互相冲突的情况,环境法基本原则能够提供一种价值判断,确定各种法律利益的先后顺序以及上下位阶的安排,从而可以对这些法律利益进行衡量,确定如何取舍。②

---

① 参见汪劲:《环境法学》(第三版),北京大学出版社2014年版,第99页。
② 参见张璐主编:《环境与资源保护法学》(第三版),北京大学出版社2018年版,第77页。

根据我国现行《环境保护法》第 5 条①的规定,本书认为环境法的基本原则包括保护优先原则,预防为主、综合治理原则,公众参与原则和损害担责原则。这些基本原则不是相互独立、互不关联的,而是彼此联系、相互制约。贯彻执行某一基本原则的同时,也要对其他基本原则予以贯彻,对某一基本原则的违反,又会影响其他基本原则的执行。

二、环境法基本原则的意义

环境法基本原则是涉及环境法制建设全局的、具有指导性意义的根本准则,规定和贯彻环境法基本原则对于实现环境法的目的和任务具有重要意义。一方面,它为制定具体的环境法律制度、规范以及处理具体的环境问题提供了基本依据。另一方面,任何一部成文法都有其自身的局限性,具体条文不可能对所有的环境问题都规定得面面俱到,而基本原则具有较强的概括性和抽象性,可以弥补成文法的局限性。在遇到新的环境资源问题而无明确法律规定时,基本原则可以为处理和解决这些问题提供基本的指导。

第二节 保护优先原则

一、保护优先原则的概念

保护优先原则,是指在经济建设与资源开发利用活动中将环境保护置于优先地位,环境保护应当优先于经济建设及资源开发利用行为。② 保护优先原则强调的是在经济建设与资源开发利用活动中,应当将环境利益放在优先考虑的位置上,当经济利益与环境利益发生冲突时,优先考虑环境利益的需要;而且对一种或几种环境要素的开发利用不应以牺牲其他环境要素或总体生态系统为代

---

① 《环境保护法》第 5 条规定,环境保护坚持保护优先、预防为主、综合治理、公众参与、损害担责的原则。

② 参见王伟:《保护优先原则:一个亟待厘清的概念》,载《法学杂志》2015 年第 12 期。

价;这里的保护,不仅强调对已遭受破坏的生态环境进行修复,更强调对未受破坏的生态环境事先采取措施进行保护。

我国环境法在确立保护优先原则之前,一直以协调发展作为环境保护政策与活动的指导思想。协调发展强调的是环境保护应当同经济建设和社会发展相协调,但在"以经济建设为中心,大力发展社会主义市场经济"的时代背景下,协调的最终结果就是不协调,使得社会发展进程中经济建设始终优先于环境保护,最终导致我国环境污染和生态破坏现象频发,环境问题急剧恶化。正是基于上述原因,我国环境法确立了保护优先原则,强调优先考虑环境保护。由此可见,保护优先原则是可持续发展观在环境法领域的具体应用,是符合环境正义,从源头解决环境污染和生态破坏问题的利器。

二、保护优先原则的形成和发展

1983年12月,第二次全国环境保护会议在北京召开。会议确立环境保护为基本国策,并制定了我国环境保护的总方针、总政策,即"经济建设、城乡建设、环境建设同步规划、同步实施、同步发展,实现经济效益、社会效益和环境效益相统一"。1989年通过的《环境保护法》第4条[①]明确规定"使环境保护工作同经济建设和社会发展相协调",确立了我国环境保护事业应当坚持协调发展的原则。尽管协调发展原则的表述是环境保护与经济建设相协调,但由于这一时期我国社会发展的首要任务是经济建设,致使各地政府在处理环境保护与经济发展相矛盾的问题时,以优先发展经济为重点,导致协调发展原则"协调"的结果成了"经济建设"优先于"环境保护",从而导致我国的环境问题日益严峻。

鉴于此,2005年国务院发布了《关于落实科学发展观加强环境保护的决定》,把"环境保护工作同经济建设和社会发展相协调"调整为"经济社会发展必须与环境保护相协调",纠正了协调发展原则在实践运用中所出现的重心偏移问题,明确了环境保护优先的理念。2006年3月14日,第十届全国人大四次会议

---

① 1989年《环境保护法》第4条规定,国家制定的环境保护规划必须纳入国民经济和社会发展计划,国家采取有利于环境保护的经济、技术政策和措施,使环境保护工作同经济建设和社会发展相协调。

表决通过了《国民经济和社会发展第十一个五年规划纲要》,将国土空间划分为优先开发、重点开发、限制开发和禁止开发四类主体功能区,并规定在限制开发区域内坚持保护优先原则。这一规定表明,我国的环境保护政策和指导思想已经开始由协调发展向保护优先转变。[1] 2009年出台的《海岛保护法》和2010年修订的《水土保持法》也都相继规定了保护优先原则。2011年3月14日,第十一届全国人大四次会议表决通过了《国民经济和社会发展第十二个五年规划纲要》,规定对限制开发区域中的重点生态功能区实行生态保护优先的绩效评价制度,在促进生态保护与修复方面,坚持保护优先和自然修复。这一规定进一步巩固了保护优先理念在我国生态环境保护中的指导思想地位。全国人大常委会2014年修订通过的《环境保护法》第5条明确规定,环境保护坚持保护优先的原则,这标志着我国环境法正式确立了保护优先原则。

三、保护优先原则的意义

(一)保障生态安全

不合理地开发利用自然资源,以牺牲生态环境为代价获取经济利益,是造成生态环境逐渐恶化的主要原因。而保障生态安全的核心就在于,促进自然资源的可持续利用,防止开发利用活动超过生态环境自身承载力。从理论与现实层面讲,在经济建设和社会发展中优先保护生态环境,有助于加强公众的生态保护意识,从源头上减少污染环境和破坏生态的行为。只有坚持保护优先原则,采取更为严格的环境保护措施和管理手段,才能为人类生存和社会可持续发展提供一个安全的环境条件。

(二)促进经济绿色发展

自改革开放以来,我国经济迅速发展,由于过去对经济发展和环境保护的片面认识,我国在经济建设中走上了西方国家"先污染,后治理"的老路。这种以牺牲生态环境为代价所换取的经济发展是非绿色的、不可持续的。保护优先原则的确立,纠正了轻环保重经济的发展意识,要求各级政府在经济建设过程中必须

---

[1] 参见王灿发:《对中国环境法的反思》,载《清华法治论衡》2010年第1期。

把环境保护放在优先考虑的位置,改变了原有的片面发展模式,为促进经济绿色发展开辟了新路径。

(三)维护公民环境权益

环境与民生有着不可分割的联系,环境污染和生态破坏不仅会阻碍我国经济的持续健康发展,而且会严重影响公众的生产生活。一味追求经济增长而忽视环境问题,难免会激发社会矛盾,进而引发诸多社会问题。因此,将保护优先原则确立为环境法的基本原则有助于转变发展观念,保护公民环境权益。

四、保护优先原则的贯彻

(一)制定与保护优先原则相适应的环境政策

环境政策属于公共政策的一种,是权力机关为实现环境保护目标而制定的指导方针和行为准则,它直接关乎一国的环境保护指导思想和管理方向。[①] 长期以来,我国在环境保护领域实行政策与立法并行,甚至环境政策往往成为环境立法的先导,对我国环境保护事业的发展和进步发挥了重要的助推作用。因此,贯彻保护优先原则不能忽视环境政策的重要功能,应当把环境政策作为落实保护优先原则的着力点。例如,为促进企业自觉淘汰污染严重的生产工艺与设备,采取清洁生产方式,政府部门可以制定相关的激励政策,以调动企业的清洁生产积极性;为减少产品使用或废弃时对生态环境造成的污染,可以制定相关政策对优质绿色产品给予税收优惠和价格补贴,利用金融杠杆提高企业的环保积极性,等等。这些都是为了落实保护优先原则而可以采取的具体政策措施。

(二)实行环境保护目标责任与考核评价制度

环境保护目标责任与考核评价制度,是指政府部门应当将环境政策中规定的或上级部门下达的环境保护目标完成情况纳入考核评价内容,作为对领导干部进行考核评价的重要依据。该制度明确了地方各级人民政府的环保目标并为其实现环保目标设定了考核标准,可以促进各级人民政府在经济发展中积极落

[①] 参见袁潇:《生态文明视角下对我国环境政策实施创新的研究》,载《经济研究导刊》2018年第8期。

实保护优先原则,提高政府环境保护工作的绩效。

(三)实行自然资源禁限开发利用制度

不合理地开发利用自然资源是生态环境遭受破坏的主要原因。有效规制人类的开发利用行为,防止过度开发利用自然资源是保护生态环境的重要手段之一。自然资源禁限开发利用制度是指根据自然资源本身的特点,结合自然资源保护的现实需要,通过法律法规或规章,对自然资源的开发利用方式、对象、范围和时间等作出禁止或限制性规定,以保证合理开发利用自然资源,防止自然资源遭受到不必要的破坏。自然资源禁限开发利用制度体现了保护大于开发、保护优于利用的生态优先理念,是保护优先原则在自然资源开发利用中的具体应用。

第三节 预防为主、综合治理原则

一、预防为主、综合治理原则的概念

预防为主、综合治理原则,是指在自然资源开发利用活动中,应当事先采取各种预防性措施,防止环境污染和生态破坏,对于已经造成的环境污染和生态破坏,需要综合考虑各种因素、采取各种手段,进行有效的治理。具体来说,"预防为主"要求在环境损害发生之前尽可能地采取预防措施,积极避免或减轻经济活动可能带来的环境污染和生态破坏,做到防患于未然,因此也称为损害预防原则;"综合治理"原则要求积极治理已发生的环境污染和生态破坏,并注重运用各种手段进行综合整治,比如针对区域性环境污染和生态破坏,采取重新规划、限制排污、清除污染、恢复生态等各种措施,以改善区域环境质量。① 该原则的确立主要是基于环境问题的严重性、复杂性、不可逆转性等特点,以及"先污染,后治理"的惨痛教训。该原则明确了在预防和治理两者之间要坚持预防为主,对传统"先污染,后治理""先破坏,后修复"的环保理念进行了反思和颠覆,体现了我

---

① 参见吕忠梅主编:《环境法学概要》,法律出版社2016年版,第83页。

国环境法制建设的进步与发展。

需要强调的是,这里所说的"预防为主"不同于风险预防原则,虽然两者都主张采取事前预防措施防止环境损害的发生。根据《里约宣言》原则15的规定,风险预防是指"为了保护环境,各国应按照本国的能力,广泛适用预防措施,遇有严重或不可逆转损害的威胁时,不得以缺乏科学充分确实证据为理由,延迟采取符合成本效益的措施防止环境恶化"。其核心思想是:应当采取行动阻止对环境和人类健康的损害,即使不能从科学证据中得出明确的结论。

"预防为主"与风险预防原则的区别主要表现在:首先,两者预防的对象不同。预防为主原则针对的是有科学依据可以证明的环境损害,而风险预防原则的适用对象是没有科学依据可以证明的、可能造成重大或不可逆转的环境损害的威胁。也就是说,预防为主原则适用的前提是其所预防的环境损害必须得到科学、充分的证实,即要求环境损害的发生具有确定性;而风险预防原则的适用并不要求环境损害的发生具有确定性。因为人类已经进入风险社会,现有科技水平无法预测某些环境损害的发生,如果在科学证实后再采取防范措施,可能导致不可逆转的损害后果。其次,两者的地位不同。预防为主或损害预防是各国环境法普遍确立的基本原则,很多国家尤其是发展中国家的环境法还没有将风险预防确立为基本原则。值得注意的是,全国人大常委会2020年通过的《生物安全法》第3条明确规定,维护生物安全应当坚持的基本原则中包括风险预防原则,并在第二章"生物安全风险防控体制"专章规定建立国家生物安全工作协调机制,以及十大风险防控制度——生物安全风险监测预警制度,生物安全风险调查评估制度,生物安全信息共享制度,生物安全名录和清单制度,生物安全标准制度,生物安全审查制度,生物安全应急制度,生物安全事件调查溯源制度,首次进境或者暂停后恢复进境的动植物、动植物产品、高风险生物因子国家准入制度,境外重大生物安全事件应对制度。

二、预防为主、综合治理原则的形成和发展

工业革命之后,随着各国采矿、化工、冶炼等工业的兴起和发展,废水、废气、废渣等污染物急剧增加,环境问题日益突出。20世纪30年代到60年代之间发

生的一系列公害事件,引起了人们对环境问题的强烈关注。在此之前,人类仅认识到与自身生活相关的环境要素的污染问题,如水污染、土壤污染等,还未认识到生态系统破坏对人类生存和发展的影响,西方工业国家一直走着"先污染,后治理""先破坏,后修复"的发展路线。进入20世纪70年代之后,由于世界各国并未从根本上改变"末端治理"的经济发展模式,再次发生了世界范围内的严重污染事故。① 这让人们意识到全球环境已经出现了危机,如果不改变以往"先污染,后治理"的反应性、被动性环境保护策略,人类将会付出惨痛的代价,于是各国纷纷确立"预防为主、事前控制"的预防性环境保护策略。例如,美国在1990年颁布了《污染预防法》,被认为是美国环境法在20世纪90年代的一大进步。②

我国的工业发展起步较晚,但是注重将"预防为主"作为重要的环境保护策略。国务院1973年发布的《关于保护和改善环境的若干规定(试行草案)》强调要贯彻"预防为主"的方针政策。1989年《环境保护法》未出现"预防"的措辞,但是其中的"防治"颇有"预防和治理"的意味。1996年,在中央人口资源环境工作座谈会上,确立了"预防为主、防治结合"的生态保护方针。③ 2014年修订的《环境保护法》第5条正式确立了"预防为主、综合治理"原则。

三、预防为主、综合治理原则的意义

(一)减少环境治理成本,巩固环境保护效益

环境污染和生态破坏一旦发生,往往难以消除和修复。环境损害的这些特性决定了治理环境问题往往需要消耗巨额的资金,而且环境危害通常具有潜伏性,若等到危害实际发生之后再进行治理,不仅在经济方面得不偿失,往往也不

---

① 六大污染事故是指意大利塞维索化学污染事故、美国三里岛核电站泄漏事故、墨西哥液化气爆炸事故、印度博帕尔毒气泄漏事故、苏联切尔诺贝利核电站事故和德国莱茵河污染事故。

② 参见王文革主编:《环境资源法》(第三版),中国政法大学出版社2020年版,第63页。

③ 《国家环境保护总局关于印发〈全国生态环境保护"十五"计划的通知〉》,环发〔2002〕56号。

能取得良好的治理效果。因此,贯彻预防原则,提前采取保护和预防措施,对环境问题进行综合防治,既能够节约环境治理的成本,也能够取得良好的环境保护效果。

(二)增强企业环境保护意识,促进经济绿色健康发展

"有生产,就有污染",如果法律法规或政策没有要求采取预防措施的强制性规定,企业作为营利性组织,出于经济利益的考量,很难积极采取环保措施。如果企业在生产经营过程中没有采取预防措施而发生了环境污染和损害,意味着其经济增长是以牺牲自然环境为代价的。预防原则的确立可以大大提高企业的环保意识,强制企业采取事先防范措施,有效地预防环境污染和生态破坏的发生,从而促进经济绿色健康发展。

四、预防为主、综合治理原则的贯彻

(一)全面规划、合理布局

多数环境问题的产生都与发展规划或产业布局片面追求经济发展有关。例如,在进行相关规划与布局时失当,仅仅满足了经济发展的需要,忽视了居民社会生活及环境保护的需要,如在居民生活区附近建造有噪声污染的工厂,在农田保护区附近建造印染厂,在河流沿岸建设冶炼厂等等。因此,为了防止环境污染和生态破坏的产生,在进行工业建设时,应当全面规划、合理布局,综合考虑各种因素,做到经济效益、社会效益和环境效益的统一。全面规划就是对工业和农业、城市和乡村、生产和生活、经济发展和环境保护等各方面的关系通盘考虑,根据一定生态空间的自然资源承载能力,确定发展规模和速度,进而制定国土利用规划、区域规划、城市规划与环境规划,使各项事业得以协调发展,并且不破坏生态平衡。① 合理布局包括产业布局,尤其是重化工业的布局需考虑当地的生态环境承载力,改变江河两岸特别是水源地工厂林立的状况等。

(二)加强预防性环境法律制度建设

环境法律制度是环境法基本原则的具体化和表现。因此,加强环境法律制

---

① 参见吕忠梅主编:《环境法学概要》,法律出版社2016年版,第81页。

度尤其是预防性制度的建设是贯彻预防为主原则的有效手段。例如,环境影响评价制度、"三同时"制度、环境监测等制度的建设。环境影响评价制度要求可能对环境产生影响的相关规划和建设项目,在规划实施或项目开工之前,必须事先预测、分析和评估其实施或开工后可能对环境产生的影响,并采取预防或减轻环境影响的适当措施;"三同时"制度要求企业的环境保护设施必须与主体工程同时设计、同时施工、同时投产使用;环境监测制度要求对某一区域或工厂周围的环境质量进行监测,以及时发现环境风险,防止环境污染或生态破坏的发生。

(三)综合治理环境问题

贯彻综合治理原则需要通过建立环境治理制度、采取综合手段治理环境问题,主要包括以下制度和手段:一是建立严格的环境保护责任制度,包括确立排污者的环境污染防范义务,追究排污单位负责人的责任,确立重点排污单位的环境污染监测义务,明令禁止逃避监管的行为等方面。二是保障和促进科学技术的研究、开发与应用。《环境保护法》第7条专门规定,国家支持环保科学技术研究、开发和应用,鼓励环保产业发展,促进环保信息化建设,提高环保科技水平。三是建立政府财政支持制度,首先是在法律中明确规定各级政府加大环保财政投入的义务,其次是政府要对财政资金的使用效益负责。《环境保护法》第8条专门规定,各级人民政府应当加大保护和改善环境、防治污染和其他公害的财政投入,提高财政资金的使用效益。四是注重运用以市场为基础的经济手段,建立经济激励制度。① 《环境保护法》第21—22条规定,国家采取财政、税收、价格、政府采购等方面的政策和措施,鼓励和支持环保技术装备、资源综合利用和环境服务等环保产业的发展;企业事业单位和其他生产经营者在污染物排放符合法定要求的基础上进一步减少污染物排放的,各级政府应当依法采取财政、税收、价格、政府采购等方面的政策和措施予以鼓励和支持。

---

① 参见吕忠梅主编:《环境法学概要》,法律出版社2016年版,第84—85页。

第四节 公众参与原则

一、公众参与原则的概念

根据我国宪法精神,公众享有在清洁、优美、舒适的环境中生活的权利,环境质量的好坏直接关系到公众的生活质量和切身利益能否得到保障和实现。公众参与原则,又称环境保护民主原则或依靠群众保护环境原则,是指"公众有权通过一定的程序或途径参与一切与公众环境权益相关的开发决策等活动,并有权得到相应的法律保护和救济,以防止决策的盲目性,使该决策符合广大公众的切身利益和需要"[1]。公众参与是各国环境法普遍确立的一项基本原则,其目的在于克服政府失灵和市场失灵,监督政府及其有关部门依法行使环境管理权,促进环境保护的民主化、法治化、科学化。公众参与原则要求国家和政府对环境事务的管理、保护和监督要与公众的广泛参与相结合,在制定环境政策、计划、规划时要充分发挥各行各业及公民个人对环境保护的积极性、自觉性和创造性。

另一方面,根据权利与义务的对应关系,"没有无义务的权利,也没有无权利的义务"。《环境保护法》第6条第1款明确规定,一切单位和个人都有保护环境的义务。因此,对污染和破坏环境的行为,人们享有依法进行监督的权利的同时,也负有保护和改善环境的义务。但是长期以来,学界对公众参与原则的理论研究主要集中在其权利属性,却忽视了其义务属性。"公众作为社会公共权力本源所属者和公共福利的享有者,参与公共事务的治理,对公共事务作出判断和选择,既是他们的权利也是他们的义务。"[2]所以,公众参与原则不仅仅是指公众有权参加与公众环境权益相关的开发决策等活动,也意味着公众有义务支持环境保护,履行社会责任。

---

[1] 汪劲:《环境法学》(第三版),北京大学出版社2014年版,第106—107页。
[2] 李艳芳:《公众参与环境影响评价制度研究》,中国人民大学出版社2004年版,第30页。

二、公众参与原则的形成和发展

1970年,美国密歇根大学的约瑟夫·萨克斯教授在对"伊利诺伊中央铁路公司诉伊利诺伊州"案的评述中提出了公共信托理论。该理论指出,"野生动植物、阳光、水、空气等环境要素是全体公民共有的财产;公民为了管理这些财产,而将它们委托给政府,公民与政府之间建立起信托关系。"在环境法领域,公共信托理论为公众监督政府部门保护和改善环境提供了理论支撑,证成了公众参与管理环境事务的合理性与正当性,为公众参与原则的产生和发展提供了理论依据。20世纪70年代,在环境保护运动的推动下,各种环境法学说、理论、原则、制度得到了蓬勃发展,公共信托理论也逐渐被人们广泛接受,萨克斯教授还据此提出了环境权的概念,强调公民有在清洁、安全、健康、舒适的环境中生活的权利。随着公共信托理论和环境权概念的逐步发展,加强环境行政领域的公众参与已经成为一种不可阻挡的趋势。

在国际层面,1970年"公害问题国际座谈会"通过的《东京宣言》宣称,"我们请求,把每个人享有的健康和福利等不受侵害的环境权和当代人传给后代的遗产应是一种富有自然美的自然资源的权利,作为一种基本人权,在法律体系中确定下来。"1972年《人类环境宣言》指出,"人类有权在一种能够过尊严和福利生活的环境中,享有自由、平等和充足的生活条件的基本权利,并负有保护和改善这一代和将来世世代代的环境的庄严责任。"1992年《里约宣言》首次详细地阐述了公众参与原则,该宣言在原则10明确规定,"环境问题最好是在全体有关市民的参与下,在有关级别上加以处理。在国家一级,每个人都能适当地获取公共当局所持有的关于环境的资料,包括关于在其社区内的危险物质和活动的资料,并有机会参与各项决策进程。各国应通过广泛提供资料来便利及鼓励公众的认识和参与。应让人人都能有效地使用司法和行政程序,包括补偿和补救程序。"《21世纪议程》还单设第三部分共10章的内容,专门规定公众参与问题,并提出在环境和发展领域,公众广泛参与决策是实现可持续发展的基本的先决条件之一。1998年,联合国欧洲经济委员会在第四次部长级会议上通过了《在环境问题上获得信息、公众参与决策和诉诸法律的公约》(《即奥胡斯公约》)。该公约是首次系统地规定环境信息公开和公众参与的国际条约,并在国际上首次规定了环境知情权、参与权和诉诸法律的权利。

某些国家在国内环境立法中规定了公众参与的原则和方法。例如,法国《环境宪章》第7条规定,"在法律规定的条件和限制下,每一个人都有权获得由政府当局掌握的与环境相关的信息,并参加会对环境产生影响的公共决定的制定。"该宪章还专门设立第二编"信息与民众参与",分为对治理规划的公众参与、环境影响评价的公众参与、有关对环境造成不利影响项目的公众调查和获取信息的其他渠道四章,具体细致地规定了公众参与环境保护的目的、范围、权利和程序等。① 俄罗斯联邦《环境保护法》第11条第1款规定,每个公民有保护环境免受经济活动和其他活动、自然的和生产性的紧急状态引起的不良影响的权利。第2款详细列举了公民参与环境事务的方式:参加就环境保护问题举行的会议、集会、示威、游行、纠察、征集在请愿书上签名;公决和其他不违反俄罗斯联邦法律的行为;提出进行社会生态鉴定的建议,并按规定程序参加鉴定;协助俄罗斯联邦国家权力机关、俄罗斯联邦各主体国家权力机关、地方自治机关解决环境保护问题;就有关环境保护、不良的环境影响问题,向俄罗斯联邦国家权力机关、俄罗斯联邦各主体国家权力机关、地方自治机关和其他组织,提出申诉、申请和建议,并得到及时的有根据的答复。② 加拿大《环境保护法》第2条规定了加拿大政府保障公众参与的三项职责,分别是:鼓励公众参与对环境有影响的决策过程,促进由公众保护环境,向公众提供环境状况信息。该法又专设第二章"公众参与",系统规定了公众的环境登记权、自愿报告权、犯罪调查申请权和环境保护诉讼等。

我国关于公众参与的立法最早可以追溯到1979年《环境保护法(试行)》,其后经历了不断完善的发展过程。《环境保护法(试行)》第4条规定,环境保护工作要依靠群众,大家动手,造福人民。1989年《环境保护法》第6条规定,"一切单位和个人都有保护环境的义务,并有权对污染和破坏环境的单位和个人进行

---

① 参见陈德敏:《环境法原理专论》,法律出版社2008年版,第62页;何艳梅:《环境法的激励机制》,中国法制出版社2014年版,第156页。
② 参见何艳梅:《环境法的激励机制》,中国法制出版社2014年版,第136页。

检举和控告。"1996年《国务院关于环境保护若干问题的决定》指出,"建立公众参与机制,发挥社会团体的作用,鼓励公众参与环境保护工作,检举和揭发各种违反环境保护法律法规的行为。"此后,很多环境单行法律法规都对公众参与作出了具体明确的规定,例如2002年《环境影响评价法》、2006年《环境影响评价公众参与暂行办法》和2008年《环境信息公开办法(试行)》。2014年修订的《环境保护法》第5条确立了公众参与原则,并在第五章专章规定了"信息公开和公众参与",具体为第53条至第58条,明确规定了公民和组织的环境知情权、环境事务参与权等,并且规定了政府及其有关部门保障这些权利实现的义务,形成了明确的权利和义务关系。[①]

三、公众参与的内容和形式

(一)公众参与的内容

公众参与原则在内容上体现为公众享有的程序性环境权利,包括环境知情权、环境事务参与权、环境行为监督权和环境损害救济权。

1. 环境知情权

环境知情权是指公众有依法获得与保护环境相关的各种资料和信息的权利。环境知情权是保障公众参与环境事务的基础性权利,公众只有对其所处环境的真实状况有充分的了解和掌握,才能真正参与环境事务。《环境保护法》第53条第1款规定,公民、法人和其他组织依法享有获取环境信息的权利。为了保证环境知情权的实现,第53条第2款和第54条规定了政府的信息公开义务:各级政府环境保护主管部门和其他负有环境保护监督管理职责的部门,应当依法公开环境信息;国务院环保主管部门统一发布国家环境质量、重点污染源监测信息及其他重大环境信息;省级以上政府环保主管部门定期发布环境状况公报;县级以上政府环保主管部门和其他负有环保监督管理职责的部门,应当依法公开环境质量、环境监测、突发环境事件以及环境行政许可、行政处罚、排污费的征收和使用情况等信息;县级以上地方政府环保主管部门和其他负有环保监督管

[①] 参见何艳梅:《环境法的激励机制》,中国法制出版社2014年版,第144页。

理职责的部门,应当将企业事业单位和其他生产经营者的环境违法信息记入社会诚信档案,及时向社会公布违法者名单。第55条规定了重点排污单位的信息公开义务,即重点排污单位应当如实向社会公开其主要污染物的名称、排放方式、排放浓度和总量、超标排放情况,以及防治污染设施的建设和运行情况,接受社会监督。

公众有权获取的环境信息主要包括两方面:一是国家颁布的有关环境保护的法律法规,政府制定的环境保护政策以及可能对环境造成影响的政府宏观发展规划等资料;二是与公众居住地周围环境相关的各种信息,包括公众所处地区的环境质量信息、危险物质信息以及对环境可能造成不利影响的各种开发建设活动的相关信息等。行政机关应当确保公众能够通过以下两种途径有效获取前述环境信息:一是行政机关依职权主动公开有关环境信息,二是公众有权通过申请获取相关环境信息。

2. 环境事务参与权

公众有权按照一定的程序和途径参与国家和地方的环境管理事务,向管理机关充分表达自己对有关环境问题的意见和看法,同时管理机关应当确保公众的合理建议能够得到重视和采信。《环境保护法》第56条规定,对依法应当编制环境影响报告书的建设项目,建设单位应当在编制时向可能受影响的公众说明情况,充分征求意见。负责审批建设项目环境影响评价文件的部门在收到建设项目环境影响报告书后,除涉及国家秘密和商业秘密的事项外,应当全文公开。《环境影响评价法》第21条规定,建设单位应当在报批建设项目环境影响报告书之前,向公众征求意见。公众参与环境事务的对象主要是国家机关作出的与公众环境权益相关的决策。公众对这些环境决策进行质询和监督,以求公众的环境权益最大化。《规划环境影响评价条例》第13条规定,规划编制机关应当在规划草案报送审批之前,公开征求公众的意见。

3. 环境行为监督权

环境监督的对象是所有公民、法人、其他组织做出的危害环境的行为,监督的目的是维护和保障公民的环境权益,确保公民能够在良好适宜的环境中生存和发展。因此,公众享有对污染环境、破坏生态以及行政机关的环境不作为等违法行为进行举报的权利。《环境保护法》第 57 条规定,公民、法人和其他组织发现任何单位和个人有污染环境和破坏生态行为的,有权向环境保护主管部门或者其他负有环境保护监督管理职责的部门举报;公民、法人和其他组织发现地方各级人民政府、县级以上人民政府环境保护主管部门和其他负有环境保护监督管理职责的部门不依法履行职责的,有权向其上级机关或者监察机关举报。

4. 环境损害救济权

当公众的环境权益遭受损害时,有权依照法律规定向有关机关寻求救济。这里的救济权主要是指环境公益诉讼权,即为了维护环境公共利益,对于污染环境和破坏生态的行为,法律规定的机关和社会组织有权依法向法院提起诉讼。它是确保公众环境知情权、环境事务参与权、环境行为监督权能够有效实现的救济型权利。《环境保护法》第 58 条规定了符合条件的社会组织提起环境民事公益诉讼的权利,"对污染环境、破坏生态,损害社会公共利益的行为,符合下列条件的社会组织可以向人民法院提起诉讼:(一)依法在设区的市级以上人民政府民政部门登记;(二)专门从事环境保护公益活动连续五年以上且无违法记录。"

(二)公众参与的形式

公众参与是环境影响评价制度的灵魂。我国《环境影响评价法》第 21 条对公众参与建设项目环境影响评价的形式进行了规定,建设单位应当通过举行论证会、听证会或采取其他形式,征求有关单位、专家和公众的意见。《规划环境影响评价条例》第 13 条对公众参与规划环评的形式也进行了规定,规划编制机关可以通过调查问卷、座谈会、论证会、听证会等形式,公开征求有关单位、专家和公众对环境影响报告书的意见。但是这些法律对"有关单位、专家和公众"没有进一步明确界定。除了上述公众参与形式之外,实践中还有设立公众建议箱、市民热线电话等形式。

四、公众参与原则的贯彻

(一)建立环境信息公开制度,保障公众知情权

充分了解和掌握环境信息是公众全面参与环境事务的前提条件。只有充分了解环境决策的制定依据、形成过程、最终目的等情况以及与环境状况相关的其

他信息,公众才有机会及时表达诉求,提出具有针对性的意见和建议。因此,贯彻公众参与原则要求建立健全环境信息公开制度。根据《环境保护法》第54条的规定,各级环保主管部门和其他负有环保监督管理职责的部门,应当依法公开环境信息。

(二)拓宽公众参与途径,保障公众参与权

通过便捷有效的公众参与途径和程序,在政府、企业、公众等各方之间建立有效的沟通机制和信息交流平台,对于解决利益冲突、提升公众参与的成效具有重要作用,同时也从根本上推动了环境行为监督权的实现,减少环境污染和生态破坏,促进社会的和谐稳定。除了环境影响评价法律法规规定的座谈会、论证会、听证会等形式外,政府、企业还可以在网络公布环评报告、污染物排放量、处理量、环境监测结果等信息,并开通建议窗口,使公众能够在充分了解环境信息的前提下,提出自己的建议和想法。

(三)健全环境违法监督制度,保障公众监督权

我国《宪法》第41条第1款明确规定,公民对任何国家机关及其工作人员的违法失职行为,有向有关机关进行申诉、控告或检举的权利。这是公众享有环境行为监督权的宪法基础。《环境保护法》第57条也明确规定了公众对污染环境和破坏生态行为以及环境行政不作为的举报权。在实践中,排放污染物、非法倾倒等环境违法行为具有很强的隐蔽性,仅依靠职能部门监管很难及时发现。而充分发动群众,依靠群众的力量,调动社会公众检举揭发的积极性,能够有效弥补职能部门监管失灵的短板,对环境违法行为进行及时查处。在此基础上,还可建立环境违法监督激励机制,激发公众监督环境违法行为的热情,充分调动公众参与的积极性。为此,2020年4月生态环境部发布了《关于实施生态环境违法行为举报奖励制度的指导意见》,强调要充分发挥举报奖励的带头和示范作用,依法保护举报人的合法权益,实行举报与奖励并行。

(四)完善环境公益诉讼制度,保障公众救济权

建立和完善环境公益诉讼制度是对公众参与环境事务提供司法救济的客观需要。2015年最高人民法院发布《关于审理环境民事公益诉讼案件适用法律若干问题的解释》(以下简称《环境民事公益诉讼解释》),对环境民事公益诉讼的受

案范围、诉讼主体资格、管辖权、起诉条件等作出详细规定。2017年修正的《民事诉讼法》第55条①规定,对污染环境,损害社会公共利益的行为,法律规定的机关和有关组织可以向人民法院提起诉讼;人民检察院在履职过程中发现破坏生态环境和资源保护等损害社会公共利益的行为,在有关机关和组织不提起诉讼的情况下,可以向人民法院起诉。这是对环境公益诉讼所作的兜底性规定,意味着环境民事公益诉讼制度的进一步完善。2020年12月29日,最高人民法院发布新修正的《环境民事公益诉讼解释》,对环境民事公益诉讼的诉讼主体资格进行了完善。

第五节 损害担责原则

一、损害担责原则的概念

损害担责原则是指实施环境损害行为并对环境造成不利影响的行为人,应当依法对其造成的不利影响承担相应的责任。这一原则强调,只要实施了污染环境和破坏生态的行为,行为人就要承担责任,而不是有了损害结果才承担责任。② "不利影响"不仅是指环境损害本身,还包括可能造成环境损害的风险。这里的"担责"包括两种情况,其一是预防性责任,即行为人实施了环境损害行为,虽然未造成损害结果,但是已产生环境损害风险,需要承担预防责任,应当采取有效措施防止环境损害结果的发生;其二是结果性责任,即行为人实施了环境损害行为并且已经造成了环境损害结果,需要承担环境修复或支付费用的责任。承担责任的主体也是多元的,只要实施了"损害"行为,就应当承担责任,所以责任主体既包括已经或可能给环境带来损害结果的自然人、法人和其他组织,也包括提供环境服务工作的机构,还包括国家机关及其工作人员。损害担责原则对预防性责任和结果性责任的双重要求,与保护优先原则、预防为主、综合治理原

---

① 经过2021年《民事诉讼法》第四次修正后,变更为第58条。
② 参见信春鹰主编:《〈中华人民共和国环境保护法〉学习读本》,中国民主法制出版社2014年版,第68页。

则相对应。①

二、损害担责原则的形成和发展

人类社会进入工业时代以来,生产力达到了前所未有的水平,资源的开发利用程度越来越高,人口规模不断膨胀,公害事件频发,破坏了自然本身所具有的自我净化和资源循环能力。在相当长一段时间内,西方发达国家认为只要环境污染和生态破坏没有造成具体的人身损害或财产损失,污染者就无须承担任何责任。随着环境问题的恶化,从20世纪60年代末开始,西方工业国家不断加强环境保护措施,加大资金和技术投入用于污染治理和环境修复,给社会公共财政带来了沉重的负担。公众开始认为这种"企业破坏环境赚钱、政府出资治理环境、公众承担环境损害"的现象有违公平正义。为了改变这种不公平的现象,公众认为必须由造成环境损害的主体承担治理污染和修复生态的费用。经济学家也表示,要维持公平正义,就必须采取措施将治理污染的外部费用内部化,即由污染者承担治污费用。因此,联合国经济合作与发展组织理事会于1972年提出了"污染者负担"原则,强调污染环境造成的损失以及治理污染产生的费用应当由污染者承担,而不应转嫁给国家和社会。② 该原则最初作为一项经济原则,后经国际社会广泛认可和接纳,逐渐被许多国家确立为环境法的一项基本原则。

在我国,经过几十年的立法探索,损害担责原则得以确立,总体趋势是责任形式不断完善和丰富,责任主体不断扩大和充实。1979年《环境保护法(试行)》参照"污染者负担"原则,规定了"谁污染谁治理"的原则。该法第6条第2款规定,"已经对环境造成污染和其他公害的单位,应当按照谁污染谁治理的原则,制定规划,积极治理,或者报请主管部门批准转产、搬迁。"但是,该法只规定了污染者的治理责任,而未包括对人身和财产损害的赔偿责任。之后我国环境立法逐渐开始对"谁污染谁治理"原则的内涵进行完善和突破。1984年《水污染防治法》和1987年《大气污染防治法》均规定排污者在排放污染物时应当缴纳排污费,并且规定如果排放的污染物给他人造成了损失,排污者还应当承担赔偿责

---

① 参见丁存凡:《损害担责原则的内涵及支撑》,载《环境法评论》2020年第2期。
② 参见韩德培主编:《环境保护法教程》(第八版),法律出版社2018年版,第65页。

任。在这些立法和相关实践的基础上,1989年《环境保护法》规定了一系列具体制度。① 环境法学界将这些具体的规定和措施统一归纳为"污染者付费"原则。随后,国家又出台了一系列环境政策,丰富了"污染者付费"原则的内涵。例如,1990年《国务院关于进一步加强环境保护工作的决定》提出了"谁开发谁保护、谁破坏谁恢复、谁利用谁补偿"的方针,1996年《国务院关于环境保护若干问题的决定》又进一步规定了"污染者付费、利用者补偿、开发者保护、破坏者恢复"的原则。2014年修订的《环境保护法》第5条最终确立了"损害担责"原则。

三、损害担责原则的贯彻

（一）实施环境保护税制度

运用经济手段预防和治理污染是行之有效的环境保护措施,向排污者征收排污费,将环境污染成本内部化,这是损害担责原则的最初体现。我国《环境保护税法》2018年实施之后,以环境保护税代替排污费。该法第2条规定,在中华人民共和国领域和中华人民共和国管辖的其他海域,直接向环境排放应税污染物的企事业单位和其他生产经营者应当依照本法规定缴纳环境保护税。征收环境保护税的目的是为防治污染、保护生态环境筹集资金,使治理环境污染损害的责任由污染者承担。该法向排污者开征环境保护税,有利于提高纳税人的环境保护意识,强化企业减排治污的责任,解决原有排污费制度存在的执法力度弱和规范性不足等问题,形成有效的约束机制。

（二）实施突发环境事件应急管理制度

建立和实施突发环境事件应急管理制度,是损害担责原则中预防性责任的

---

① 1989年《环境保护法》第13条第2款规定,建设项目的环境影响报告书,必须对建设项目产生的污染和对环境的影响作出评价,规定防治措施,经项目主管部门预审并依照规定的程序报环境保护行政主管部门批准。第24条规定,产生环境污染和其他公害的单位,必须把环境保护工作纳入计划,建立环境保护责任制度;采取有效措施,防治在生产建设或者其他活动中产生的废气、废水、废渣、粉尘、恶臭气体、放射性物质以及噪声、振动、电磁波辐射等对环境的污染和危害。第28条第1款规定,排放污染物超过国家或者地方规定的污染物排放标准的企业事业单位,依照国家规定缴纳超标准排污费,并负责治理。第41条第1款规定,造成环境污染危害的,有责任排除危害,并对直接受到损害的单位或者个人赔偿损失。

重要体现。根据预防性责任原则,行为人只要实施了损害行为,就有义务采取措施防止环境损害的发生。许多生产单位,例如化工企业、危险废物处置企业,其本身的行业特性决定了在生产作业过程中有造成环境污染和生态破坏的风险。因此,这些企业需要遵守突发环境事件应急管理制度,开展突发环境事件风险评估,建立风险控制、应急准备、应急处置和事后恢复等一系列管理方案。该制度对规范企业环境风险管理工作,预防和减少突发环境事件,控制、减轻突发环境事件引起的损害,保障公众生命财产安全以及环境安全具有重要意义。

(三)实施废弃物义务回收与处置制度

大多数废弃物仍具有利用价值,某一行业产生的废弃物有可能是另一种行业生产所需的原材料,因此,废弃物又被称为"放错位置的资源"。废弃物被不当排放到环境中会占用土地资源,严重者还会造成环境污染和生态破坏。因此,依据损害担责原则,废弃物产生者负有适当处置废弃物的义务和责任。从环境保护和建立资源循环型社会的角度出发,应当建立和实施废弃物义务回收与处置制度。具体做法是,要求废弃物产生者承担回收与处置废弃物的成本和费用,对于有利用价值的废弃物可以进行回收后再利用;反之则进行无害化处置,以防止各类废弃物未经适当处置而造成环境污染和生态破坏。实行该制度对贯彻损害担责原则、促进资源可持续利用、预防和减少环境损害的发生具有重要意义。

(四)建立环境保护费共同负担制度

《环境保护法》第 8 条规定,"各级人民政府应当加大保护和改善环境、防治污染和其他公害的财政投入,提高财政资金的使用效益。"对于保护和改善环境、防治污染和其他公害所支出的费用,除了由环境污染者和生态破坏者承担之外,国家和政府也应承担一定的责任。这种由环境污染者和生态破坏者与国家一同承担环保费用的制度被称为"共同负担制度"。建立共同负担制度的目的并不是减轻或免除环境污染者和生态破坏者的责任,而是出于最大限度保护生态环境的需要。具体而言,对于一些需要采取应急措施防范重大环境风险的紧急情况,以及在污染者责任不明确的情形下,可以由国家先行承担治理污染和修复生态的费用。此外,各级政府也可以向需要给予资金投入的自然资源保护和污染防治领域提供财政资助。

案例分析
北京市朝阳区自然之友环境研究所诉中国水电顾问集团新平开发有限公司等环境污染责任民事公益诉讼案①

一、案情介绍

戛洒江水电站坝址位于云南省玉溪市新平县境内,其淹没区位于新平县和楚雄彝族自治州双柏县。2016年3月29日,戛洒江水电站导流洞工程开始施工,正常蓄水水位可达675米,坝高为175.5米,总装机容量为27万千瓦,计划于2017年11月进行大江截流,2020年8月首台机组实施发电,同年12月全部机组投产运行。该水电站的建设单位是中国水电顾问集团新平开发有限公司(以下简称"水电集团新平公司"),总承包方和环评单位是中国电建集团昆明勘测设计研究院有限公司(以下简称"昆明勘测设计公司")。2017年3月,环保组织"野性中国"在野外调查中发现,国家一级保护动物、濒危物种绿孔雀的栖息地处于戛洒江水电站蓄水以后的淹没区内。据北京市朝阳区自然之友环境研究所(以下简称"自然之友")调查了解,如果戛洒江水电站建成并投产蓄水,新平县绿孔雀栖息地中的低海拔河滩、河流沿岸季雨林以及缓坡林地将被全部淹没,原属双柏县恐龙河保护区的绿孔雀重要栖息地也将被部分淹没。另外,水电站建设配套的清库工程,即砍伐河道两边树木、道路修(改)建工程还会对当地生态系统造成破坏。如果不停止施工,上述开发建设活动所产生的叠加效应将使中国面积最大的绿孔雀栖息地遭到严重破坏,极有可能造成绿孔雀种群区域性灭绝。除此之外,经过数次调查和专家评估,戛洒江水电站的建设施工区和淹没区生态价值极高,生物多样性极其丰富。水电站所在地位于红河流域中上游,这里是我国绿孔雀种群密集度最高的地方。另外,该区域还是保存较为完整、面积较大的季雨林和热带雨林地带,生长着陈氏苏铁、千果榄仁、红椿等多种国家重点保护

---

① 参见《长江流域生态环境司法保护典型案例》,http://www.court.gov.cn/zixun-xiangqing-287891.html,2021年4月13日访问。

植物；除了绿孔雀之外，还栖息着黑颈长尾雉、褐渔鸮、绿喉蜂虎等多种国家重点保护动物。

2017年7月12日，自然之友基于上述事实向云南省楚雄彝族自治州中级人民法院提起环境民事公益诉讼，请求判令水电集团新平公司和昆明勘测设计公司共同消除戛洒江水电站建设对绿孔雀、苏铁等珍稀濒危野生动植物以及热带季雨林和热带雨林侵害的危险，立即停止该水电站建设，不得截流蓄水，不得对该水电站淹没区域植被进行砍伐等。① 经云南省高级人民法院裁定，本案由昆明市中级人民法院环境资源审判庭审理。

二、争议焦点

双方的争议焦点主要是，"两被告在戛洒江水电站项目所在地实施的大坝建设、清库砍伐、道路修改、蓄水淹没等相关行为是否属于生态破坏行为，这些行为是否会对淹没区的生态环境构成重大风险。"原告认为，戛洒江水电站淹没区所覆盖的新平县和楚雄彝族自治州双柏县区域，是国家一级保护动物绿孔雀在国内现有的密度最高、种群数量最大的栖息地，水电站建设对绿孔雀的重要栖息地构成了重大环境损害风险，如果不消除此风险，极有可能导致绿孔雀种群发生区域性灭绝。为了证实这一主张，原告向法院提交了政府文件、专家意见、大量视频、照片、文献以及证人证言等证据，证实绿孔雀在戛洒江水电站淹没区河滩上有饮水、觅食、嬉戏、沙浴、开屏求偶等活动，进而证明淹没区河滩地是绿孔雀的重要栖息地。被告却认为，绿孔雀的主要栖息地位于恐龙河自然保护区内，而不在水电站淹没区河滩地，动物可能会越过保护区界进行活动；虽然它们偶尔会在淹没区河滩地活动，但该区域并不是绿孔雀的栖息地。

同时，原被告双方对"戛洒江水电站淹没区是否为国家一级保护植物陈氏苏铁在国内群体数量最多的地区"也产生了争议。原告专家证人、中国科学院昆明植物研究所刘健博士在庭审中作证说，他在戛洒江水电站淹没区绿汁江调研时发现，绿汁江分布有上千株陈氏苏铁，电站淹没区一旦蓄水将对陈氏苏铁种群造成毁灭性影响。被告辩称，该项目在进行环境影响评价时，仅发现6株元江苏

---

① （2017）云民辖字第23号民事裁定书。

铁,并未发现大量陈氏苏铁存在。①

三、裁判要旨

昆明中院一审认为,根据最高人民法院发布的《环境民事公益诉讼解释》第1条的规定,②本案系预防性环境民事公益诉讼,原告自然之友已经按照《环境民事公益诉讼解释》第8条③的规定提交了被告的行为具有损害社会公共利益重大风险的初步证明材料,并已举证证明涉案水电站的淹没区是绿孔雀频繁活动区域,构成其生物学上的栖息地,一旦淹没很可能会对绿孔雀的生存造成严重损害。同时,涉案水电站原环境影响报告书未涉及陈氏苏铁的保护,如果继续建设将使该区域珍稀动植物的生存面临重大风险。法院于2020年3月判决水电集团新平公司立即停止涉案水电站项目建设。④

预防性环境民事公益诉讼是一种特殊的环境民事公益诉讼。2012年第二次修正的《民事诉讼法》首次在我国法律中规定了环境民事公益诉讼,该法第55条规定,对污染环境、损害社会公共利益的行为,法律规定的机关和有关组织可以向人民法院提起诉讼。由于按照这一规定,环境民事公益诉讼仅仅在环境损害已经实际发生后才介入,并未发挥预防功能,学者将其称为"救济性环境民事公益诉讼"。⑤ 2014年修订的《环境保护法》第58条继续完善了环境民事公益诉讼,但是仍未体现预防功能。直到2015年1月6日,最高人民法院公布《环境民事公益诉讼解释》,该解释第1条规定,对具有损害社会公共利益重大风险的污

---

① 参见张文凌:《"云南绿孔雀案"在昆明中院开庭审理》,载《中国青年报》2019年8月30日第3版。
② 《环境民事公益诉讼解释》第1条规定,法律规定的机关和有关组织依据《民事诉讼法》第55条、《环境保护法》第58条等法律的规定,对已经损害社会公共利益或者具有损害社会公共利益重大风险的污染环境、破坏生态的行为提起诉讼,符合《民事诉讼法》第119条第2项、第3项、第4项规定的,人民法院应予受理。
③ 《环境民事公益诉讼解释》第8条规定,提起环境民事公益诉讼应当提交下列材料:(一)符合《民事诉讼法》第121条规定的起诉状,并按照被告人数提出副本;(二)被告的行为已经损害社会公共利益或者具有损害社会公共利益重大风险的初步证明材料;(三)社会组织提起诉讼的,应当提交社会组织登记证书、章程、起诉前连续五年的年度工作报告书或者年检报告书,以及由其法定代表人或者负责人签字并加盖公章的无违法记录的声明。
④ (2017)云民辖字第23号民事裁定书。
⑤ 参见吴凯杰:《论预防性环境公益诉讼》,载《理论与改革》2017年第3期。

染环境、破坏生态的行为,法律规定的机关和有关组织也可以提起诉讼。该规定将2012年《民事诉讼法》第55条和《环境保护法》第58条规定的"损害社会公共利益"扩张解释为包括"具有损害社会公共利益重大风险"的情形,显示了最高人民法院对尚不存在实际损害结果的情形下提起环境民事公益诉讼的开放态度,[①]确立了预防性环境民事公益诉讼。根据现有规定,可以将预防性环境民事公益诉讼定义如下:由于自然人、法人或其他组织污染环境、破坏生态的行为,使社会公共利益遭受重大损害风险时,法律规定的机关或有关组织向人民法院提起的诉讼。

昆明中院判令被告停止建设戛洒江水电站的依据是《环境民事公益诉讼解释》第8条,该条适用的前提是原告已经举证证明被告的行为具有损害社会公共利益的重大风险,其中关键在于"重大风险"的确定。本案中,昆明中院虽然依据现有证据认定被告对水电站的建设对绿孔雀以及陈氏苏铁等野生动植物的生存构成了重大风险,却并未对认定"重大风险"所依据的内涵标准进行必要的解释和说明。与其说原被告双方所争议的焦点为水电站建设是否对绿孔雀栖息地构成重大风险,不如说是对"重大风险"内涵标准的意见不一。因此,在预防性环境民事公益诉讼中,确定"重大风险"的认定标准具有重要意义。

最高人民法院2017年4月1日颁布的《关于审理环境公益诉讼案件的工作规范(试行)》第6条规定,重大风险应具备"现实性"与"紧迫性"两个要件。然而现实性、紧迫性只是日常生活中用以描述事态发展的词语,并不是明确的法律概念,在当前法律体系中也没有明确的解释。因此,结合理论分析,关于预防性环境民事公益诉讼中重大风险现实性、紧迫性的认定标准,应当满足以下两个条件:首先,关于重大风险中现实性的认定,应当理解为涉案环境风险在科学预测上具有发展成为实际损害结果的可能性,而不应过分苛求环境风险具有发展成为实际损害的确定性,即只要能够证实现有环境风险对于实际损害的发生满足了科学上的可预测性,就能够认定重大风险具有现实性。其次,"紧迫"在字面上具有急切、迫切、刻不容缓的意思。应用到预防性环境民事公益诉讼中,重大风

[①] 参见程多威、王灿发:《论生态环境损害赔偿制度与环境公益诉讼的衔接》,载《环境保护》2016年第2期。

险的紧迫性应当具备两个条件:其一,放纵环境风险可能导致实际损害结果在短时间内发生;其二,现有风险可能导致的实际损害结果无法通过消除风险以外的方式予以挽救。

四、裁判结果

2020年3月20日,昆明中院对该案作出一审判决,判令被告水电集团新平公司立即停止基于目前环境影响评价下的戛洒江水电站建设项目,不得砍伐电站淹没区内的植被,不得截留蓄水。对戛洒江水电站的后续处理,待被告水电集团新平公司按照生态环境部的要求完成环境影响后评价,采取改进措施并报生态环境部备案后,由相关行政主管部门视具体情况依法作出决定;同时,由被告水电集团新平公司向原告自然之友支付因诉讼而产生的合理费用8万元。① 此案经云南省高级人民法院二审,维持一审判决。

五、案件评析

本案中绿孔雀栖息地位于被告水电集团新平公司建设的戛洒江水电站淹没区内,且该区域是保存较为完整、面积较大的季雨林和热带雨林地带,生长着多种珍贵野生动植物。毫无疑问,水电站的建设对上述生态环境造成了环境风险,至于这种环境风险是否构成"重大风险",需要进一步分析。首先,在科学预测上,这种环境风险具有发展成为实际损害结果的可能性。如果继续建设水电站并投产运行,一旦水电站截留蓄水,有可能导致上述区域尽数淹没,对该区域生态系统和野生动植物造成毁灭性影响。其次,环境风险与损害结果之间具有时间上的紧密性,如果放纵这种环境风险,允许电站截留蓄水,损害结果将会在短时间内发生。另外,除了消除危险、停止该水电站的建设外,没有任何其他有效措施能够挽救电站淹没区内绿孔雀的栖息地以及其他野生动植物的生存环境。因此,水电站建设对绿孔雀和其他珍贵野生动植物的生存构成了重大风险,昆明中院据此判令被告停止水电站建设有理有据,符合法律规定。

昆明中院根据原告自然之友提交的现有证据,在认定水电站建设对绿孔雀及陈氏苏铁等珍贵野生动植物的生存造成重大风险的基础上,判令被告停止电

---

① 参见《"云南绿孔雀"公益诉讼案一审宣判:立即停止水电站建设》,https://baijiahao.baidu.com/s?id=1661669104101769796&wfr=spider&for=pc,2021年4月14日访问。

站建设,突破了"有损害才有救济"的传统侵权理念,是环境资源案件审判落实保护优先原则和预防为主原则的重要体现。从现实层面来讲,本案判决还具有以下特殊指导意义:首先,在社会主义生态文明观背景下,"先破坏,后修复"的环保理念已经不合时宜,而且会付出巨大代价。本案作为全国首例野生动植物保护预防性环境民事公益诉讼案件,其首要意义在于深入贯彻了《环境保护法》预防为主的基本原则,告诫企业在开展建设项目之前必须把生态保护放在首位,落实保护优先原则,在损害担责之外还要做到事前防范。其次,在《野生动物保护法》修正之时,作出有利于野生动物保护的判决,深入贯彻落实了习近平总书记"共抓大保护、不搞大开发"的重要指示精神,为生态文明建设带来了良好的环境效益和社会效益。自然之友等环保组织在提起公益诉讼之外,还开展了许多以保护绿孔雀为题的文化宣传教育活动,使本案获得了高度的社会关注,社会影响巨大。[①] 最后,本案另一亮点在于,把作出不当环境影响评价的机构与建设单位作为共同被告进行起诉,要求两被告共同担责。尽管判决书中并未明确环评单位的责任,但是这次起诉告诫环评单位,在进行环境影响评价时必须客观、全面,详细分析建设项目可能对环境产生的重大不利影响,否则也可能承担相应的责任。

---

① 参见卢培元:《进步可期:为无告的自然发声——"绿孔雀"案一审评析》,载《中华环境》2020年第3期。

第三章
Chapter 3

环境法律制度

案情导入

厦门海沧PX项目于2004年2月经国务院批准立项,2005年7月,国家环保总局审查通过了该项目的《环境影响评价报告》,国家发改委将其纳入了"十一五"PX产业规划七个大型PX项目中,并于2006年7月核准通过项目申请报告。按正常程序来说,一旦资方资金到位,项目接下来便可顺利开工。但是PX是一种高致癌物,对胎儿有极高的致畸率。此次PX项目建设的开工地址距离厦门市中心和鼓浪屿只有7公里,距离拥有5000名学生的学校仅有4公里,项目5公里半径内海沧区人口超过10万,居民区与厂区最近距离处不足1.5公里。一旦发生爆炸或者泄露,厦门百万人口都将面临巨大威胁。因此,PX项目环评审批的顺利通过在当地民众中引起了争议,民众对PX这种高致癌物相关产业项目选址于居民城区有着极大的恐慌与不满。2007年6月1日,成千上万居民到街头"散步"表达民意。很快,厦门市政府改变做法。2007年7月,中国环境科学院受厦门市政府委托,承担"厦门市城市总体规划环境影响评价"工作。12月13日和14日,厦门市政府就PX项目举行了两场公众参与的座谈会,有99名市民代表参加,85%以上的代表反对继续兴建PX项目。2008年1月上旬,当地政府作出迁建PX项目的决定。厦门PX项目事件说明了环境影响评价和相关环境法律制度建设的重要性。

第一节　环境法律制度概述

环境法律制度是环境法基本原则的制度化和具体化,是国家环境管理职能在环境法上的体现。

一、环境法律制度的概念和特征

环境法律制度是指为了实现环境法的目的和任务,根据环境法的基本原理和基本原则所制定的,调整某一类或某一方面的环境社会关系的,具有重大意义和起主要作用的一系列法律规范的统称。① 环境法律制度具有以下特征:第一,特定性和针对性。就一项具体的法律制度而言,其适用范围与基本原则存在差异。基本原则具有适用的普遍性,而法律制度只适用于环境法的某一领域,只调整在开发、利用、保护、改善环境过程中发生的某一特定部分或方面的社会关系。因此,各项环境法律制度的适用对象、范围、程度以及采取的措施、法律后果都是特定的。第二,系统性和相对完整性。整体而言,环境法律制度是由一系列法律规范组成的,这些规范相互联系、相互补充、相互完善,共同组成一个较为完整的法律系统。第三,可操作性和约束性。与基本原则相比,环境法律制度大多属于强制性规范,关于法律关系主体的权利、义务和法律后果的规定较为明确和具体。②

二、环境法律制度的内容和分类

我国环境法律制度由多项具体制度组成,每项制度既各自独立,又相互联

---

① 参见韩德培主编:《环境保护法教程》(第八版),法律出版社2018年版,第69页。
② 参见王文革主编:《环境资源法》(第三版),中国政法大学出版社2020年版,第99—100页。

系,相辅相成,共同构成一个完整的制度体系。我国环境法律制度建设的开端可以追溯到 1957 年国务院制定的《水土保持暂行纲要》。[①] 1979 年,全国人大常委会通过《环境保护法(试行)》,其中规定了环境影响评价制度、征收排污费制度和"三同时"制度,揭开了我国系统建设和完善环境法律制度的序幕。我国环境法律制度可以根据不同的标准进行分类,以下是两种主要的分类方法:

根据制度保护对象的不同,分为基本制度、污染防治制度、自然资源制度、灾害防治制度等。基本制度主要包括环境资源权属制度、环境监督管理组织制度、环境影响评价制度、"三同时"制度、规划制度、行政许可制度等;污染防治制度主要包括环境事故报告和应急措施制度、排污收费制度、排污申报登记等;自然资源制度主要包括自然资源产权制度、调查制度、流转制度、档案制度等;灾害防治制度主要包括自然灾害防范与预警制度、恢复重建制度等。

根据制度的功能不同,分为预防性制度、基础性制度、治理性制度等。预防性制度主要包括环境规划制度、环境行政许可制度、环境影响评价制度、"三同时"制度等;基础性制度主要包括环境监测制度、排污申报登记制度、环境标准制度、自然资源调查制度、档案制度等;治理性制度主要包括生态修复制度、生态环境损害赔偿制度等。

第二节 环 境 权

一、关于环境权的不同学说

环境权是环境法中的核心权利,环境权问题是环境法学上的基本理论问题。环境法学界有大量研究环境权的文献,但是对其主体、性质、客体、范围等基本问题却颇有争议。我国现行立法也未明确规定环境权。下面首先对环境法学界较为典型的观点和主张进行梳理。

[①] 参见王文革主编:《环境资源法》(第三版),中国政法大学出版社 2020 年版,第 101 页。

（一）关于环境权的主体

关于环境权的主体，学者们的看法有分歧，大体上可分为四种情况：第一种是单一主体说，认为环境权的主体仅限于公民或自然人；①第二种是两主体说，认为环境权的主体包括公民和法人等社会组织；第三种是三主体说，认为环境权的主体是"社会"这样一个抽象的集合概念，即"一个共同共有人的集合体"，具体包括自然人、法人、国家等拟制的"人"；②第四种是四主体说，认为环境权的主体包括公民、组织、国家和全人类。③ 至于承认环境权的主体包括国家的学者们，他们界定国家环境权的视角也是不同的，大致有三类：国际法视角、国内法视角、国际法和国内法相结合的视角。而学者们在采取后两种视角界定国家环境权时，在国内法层面，基本上都认为国家环境权就是国家环境管理权，例如蔡守秋教授、陈泉生教授等。④

（二）关于环境权的范围

关于环境权的范围，学者们的看法大体有三种：第一种看法认为环境权仅是生态性权利，即享有良好环境的权利；⑤第二种看法认为环境权既包括生态性权利，也包括经济性权利，即开发利用环境资源的权利；⑥第三种看法认为环境权既包括生态性权利和经济性权利，也包括国家环境管理权，即国家对本国领土和管辖范围内的环境和资源进行管理的职责。⑦

---

① 参见吕忠梅：《论公民环境权》，载《法学研究》1995年第6期；吴卫星：《环境权研究——公法学的视角》，法律出版社2007年版，第16页。

② 参见王蓉：《环境法总论——社会法与公法共治》，法律出版社2010年版，第72、84、87页。

③ 参见陈泉生：《环境时代与宪法环境权的创设》，载《福州大学学报（哲学社会科学版）》2001年第4期。

④ 参见陈德敏：《环境法原理专论》，法律出版社2008年版，第135页。

⑤ 参见吴卫星：《环境权研究——公法学的视角》，法律出版社2007年版，第16、93页；张宝：《我国环境权入宪的进路研究》，载吕忠梅主编：《环境资源法论丛》（第8卷），法律出版社2010年版，第349页。

⑥ 参见陈泉生、张梓太：《宪法与行政法的生态化》，法律出版社2001年版，第117页。

⑦ 参见陈德敏：《环境法原理专论》，法律出版社2008年版，第135页。

(三) 关于环境权的性质

关于环境权的性质也是众说纷纭。关于环境权是否属于人权,有肯定说和否定说两种。在持肯定说的学者中,对环境权究竟属于哪种人权也是见仁见智。有学者认为环境权是人权,或者属于人权中的公民与政治权利,或者属于人权中的经济、社会与文化权利;①有学者认为环境权是人权,而且是人权中兼有自由权性质的社会权,因为它和自由权一样可以排除国家的侵害;②有学者认为环境权是社会权利,即全体社会公民共有的一种权利;③有学者认为环境权是人格权。④ 在持否定说的学者中,有学者认为环境权是财产权或新型的物权。⑤

关于环境权是公权还是私权,有学者认为环境权是私权,⑥有学者认为环境权是公益权,有学者则认为环境权是私权和公权兼具。⑦

关于环境权是否包括程序性权利,有学者认为环境权包括清洁水权、清洁空气权等实体性权利,也包括环境知情权、环境侵害请求权、环境事务参与权等程序性权利;⑧有学者认为环境权仅是实体性权利。⑨

(四) 关于环境权的客体

关于环境权的客体,学者们也是各执己见:有学者认为是对人类的生存和发

---

① 参见鄢斌:《环境权:通过人权法的实现》,载吕忠梅、徐祥民主编:《环境资源法论丛》(第3卷),法律出版社2003年版,第333—340页。
② 参见吴卫星:《环境权研究——公法学的视角》,法律出版社2007年版,第102—108页。
③ 参见王蓉:《环境法总论——社会法与公法共治》,法律出版社2010年版,第71页。
④ 日本环境权理论的首倡者仁滕一、池伟隆良持此观点。
⑤ 参见吴亚平:《物权的性质及规范原论——环境权与传统物权的比较研究》,载吕忠梅主编:《环境资源法论丛》(第6卷),法律出版社2006年版,第81页。
⑥ 参见侯怀霞:《私法上的环境权及其救济问题研究》,复旦大学出版社2011年版,第94页。
⑦ 参见陈德敏:《环境法原理专论》,法律出版社2008年版,第130页。
⑧ 参见吕忠梅:《沟通与协调之途——论公民环境权的民法保护》,中国人民大学出版社2005年版,第44—46页。
⑨ 参见张宝:《我国环境权入宪的进路研究》,载吕忠梅主编:《环境资源法论丛》(第8卷),法律出版社2010年版,第349页;吴卫星:《环境权研究——公法学的视角》,法律出版社2007年版,第16、93页。

展有直接或间接影响的各种环境要素,简称为环境及其构成要素;①有学者认为是环境法规的各种环境要素、防治对象和行为;②有学者认为是满足人生存和发展需要的环境品质。③

(五)关于环境权的含义

由于学者们对环境权的主体、范围、性质、客体等有不同的主张,他们对环境权也有不同的定义。有学者认为环境权是公民享有的在不被污染和破坏的环境中生存及利用环境资源的权利;④有学者认为环境权是公民在不被污染和破坏的环境中生活、合理利用资源的权利和保护、改善环境的义务;⑤有学者认为环境权是指人人都能享受特定环境利益的法律之力,其中特定环境利益是指满足人们生存和发展需要的环境品质;⑥有学者认为环境权是指人类享有的在清洁和良好的环境中生存的权利,以及合理利用环境资源的权利。作为环境权主体的"人类"是多元的,小到自然人、法人或者其他组织、实体,大到各主权国家,甚至整个国际社会(整个人类)。相应地,环境权可分为公民环境权(个人环境权)、法人(组织)环境权、国家环境权、人类环境权等四大类。⑦

二、环境权新论

上述环境权的不同学说可以说是令人耳目纷乱,因此,本书认为有对其进行重新审视和研究的必要。由于对环境权概念的界定建立在对其主体、性质、范围、客体进行界定的基础之上,因此下文首先分析环境权的主体、性质、范围、客体等问题,最后分析环境权的定义。

---

① 参见吴卫星:《环境权研究——公法学的视角》,法律出版社2007年版,第16、91页。
② 参见陈泉生:《环境时代与宪法环境权的创设》,载《福州大学学报(哲学社会科学版)》2001年第4期。
③ 参见王蓉:《环境法总论——社会法与公法共治》,法律出版社2010年版,第87、94—98页。
④ 参见吕忠梅:《论公民环境权》,载《法学研究》1995年第6期;吕忠梅:《环境法新视野》,中国政法大学出版社2000年版,第122页。
⑤ 参见林萍:《关于环境权设置的初步构想》,载《环境保护》2002年第1期。
⑥ 参见王蓉:《环境法总论——社会法与公法共治》,法律出版社2010年版,第58页。
⑦ 参见蔡守秋主编:《环境资源法学教程》,武汉大学出版社2000年版,第123页。

(一)关于环境权的主体

本书认为,虽然环境资源具有整体性,环境权具有集体共享和社会连带的特征,但是环境权的享有者只能是公民或个人,不包括法人、国家和全人类。

首先,只有公民或个人才有可能也有必要享有清洁健康的环境,法人、国家等抽象实体都没有享受的可能,也没有享受的必要。至于"人类环境权",即人类作为一个整体对人类共有的环境资源所应享有的权利,以"人类共同利益"为基础的权利,面临法定化和实有化的客观困难,只能通过公民环境权的实现来发挥其价值,不宜将其纳入环境权的范围。

其次,根据方法论的个体主义,我们主张享有权利的主体最终是个体,而不是集体;所有的集体概念——国家、民族、社群或组织,最终都必须落实到个人头上;空泛地宣称集体的权利除了有宣传的便利外,可能麻痹人的警惕心,使人轻易忽视权利和权利之间的冲突,并在集体的幌子下牺牲社会中某些群体的权利。[①]

最后,从实证法的角度来看,将环境权入宪的各国宪法,一般都确认环境权的主体是"每个人",或"每个公民",或"所有公民",或"所有人"。例如,《俄罗斯联邦宪法》第42条规定,"每个人都有享受良好环境的权利";《乌克兰宪法》第50条规定,"每个人都有享受保障生命和健康的安全环境的权利";《南非共和国宪法》第24条规定,"所有人都有享受无害健康环境的权利";《哥斯达黎加共和国宪法》第50条规定,"所有人享有对健康和生态平衡环境的权利"。

当然,环境权所维护的环境利益往往同时体现了私益和公益,特别是公益,因此这种权利的维护需要调动公民、组织、国家、国际社会等各种利益共同体的积极性,实现环境善治。特别是行使公权力的国家机关,管理和保护环境既是其权力,也是其职责。在宪法和行政法层面,国家机关承担管理和保护环境的职责,是公权力在环境领域的具体表现;在国际法层面,国家适当地行使环境主权和履行国际环境义务,是公民环境权得以实现的公法保障。

---

① 参见张千帆:《宪法学导论》,法律出版社2004年版,第463—464页。

(二)关于环境权的范围

日本学者大须贺明说,"环境权的内容越宽大,环境权的权利内容就越不明确,精确度就越小,理论上的严密程度就越缺乏,最后其权利性就渐次稀薄化了,甚至有扰乱法的稳定性之危险。"①本书赞同这一观点,在界定环境权的范围时必须谨慎,环境权的范围不宜过广,内容不能过于庞杂,不能与民法、行政法等其他部门法已经发展成熟的权利相交叉,因为这会导致权利内涵的模糊,从而难以得到法学界、立法机关和司法机关的认可。

1. 环境资源利用权和国家环境管理权不属于环境权的范围

学者们在论及环境权的范围时所列出的"环境资源利用权",属于经济性权利,与现有民法确认的或应然的环境容量使用权和自然资源使用权发生重叠。环境容量使用权俗称排污权,即以对环境容量的使用和收益为内容的物权形态。排污权的客体是环境容量,但是与传统物权法上的"物"不同的是,环境容量是一种无形财产,因此排污权是一种无形财产权。"环境容量"目前还不是一个法律术语,而是环境科学的固有称谓。国内外对环境容量的通常理解是,"在人类生存和自然生态不致受害的前提下,某一环境所能容纳的污染物的最大负荷量。"②因此,通俗地讲,环境容量就是环境能够容纳人类排放的污染物的最大负载量。人类在生存和发展过程中,客观上需要向环境排放污染物,这实际上是人类对环境资源的特殊利用形式。自然资源使用权包括各类自然资源的使用权,例如土地使用权、取水权、探矿权和采矿权、渔业权、森林使用权、草原使用权、海域使用权、无居民海岛的开发利用权等。环境容量使用权(排污权)和自然资源使用权都是新型用益物权,都受到民法的调整和规范,其"新"就新在制度设计对作为物权客体的各类自然资源的经济价值和生态价值、私益属性和公益属性的兼顾。

虽然环境基本法、环境污染防治法和自然资源法也对排污权和自然资源使用权进行规范,但目的是对环境资源用益物权的取得、行使、范围等进行生态限

---

① 〔日〕大须贺明:《生存权论》,林浩译,法律出版社2001年版,第202页。
② 曲格平等编:《环境科学基础知识》,中国环境科学出版社1984年版,第41页。

制,以防止这些权利侵害环境公益。在环境资源用益物权制度的设计和实施过程中,自然资源和环境容量的稀缺性、生态属性和公共利益性质,必须得到考虑和尊重。因此,一方面,需要民法和自然资源法确认和保障市场主体对各类自然资源和环境容量的使用权,另一方面,需要环境基本法、环境污染防治法和自然资源法对这些权利进行限制,防止权利的滥用或者威胁到环境公益和第三人利益。

同理,国家环境管理权属于行政法和国际法之下的国家管理权和国家主权的范畴,也不应纳入环境权的范围,否则容易造成法学概念、体系和逻辑的混乱,实践起来恐不可行。

2. 环境权仅是一种生态性权利

不论是在宪法层面还是在环境法层面,环境权都仅是一种生态性权利,不应将环境资源利用权和国家环境管理权纳入,因为这些权利在民法、行政法和国际法中早已存在或应然存在,它们分别属于民法上的用益物权、行政法上的行政管理权和国际法上的国家主权的范畴。另外,环境权与环境资源利用权存在紧张的冲突,环境问题从经济角度来看主要是由于产业界过度开发利用环境容量和自然资源的经济活动造成的。因此,环境权的实现要求对这些经济性权利施加很多限制,这些限制是民法生态化和社会化的重要表现。

另外,正如有学者所言,环境权这种生态性权利是一种"框架权利",可以称为一般环境权,它由一系列具体的权利构成,这些具体权利可称为具体环境权。就像一般人格权一样,一般环境权也是一种母权。一般环境权具有发展性、开放性和不确定性等特点,环境法无法事先确定,也不宜事先确定具体环境权。但是,从理论和实践情况来看,具体环境权至少应包括清洁空气权、清洁水权、景观权、宁静权等。

(三)关于环境权的性质

环境权的性质涉及环境权是否属于人权,属于何种人权,以及是否包括程序性权利等问题。本书认为,环境权属于公权和私权兼具的基本人权,而且仅指享有清洁、健康的环境的实体性权利。理由如下:

第一,人权的核心或基础是人性尊严,人权的产生和发展从根本上说是为了捍卫和保护人性尊严,而一定品质的环境是享受一切人权的前提,人性尊严的实现有赖于良好的环境。因此,环境权属于人权,是其他人权得以实现的基础和保障。与传统的公民权利、政治权利、经济权利等相比,这是一项新兴人权,是20世纪60年代世界性环境危机和环保运动的产物,法律对其进行确立、保护和救济仍然面临很多挑战和困难。

第二,环境权属于具有宪法位阶的基本人权,而且是基本人权中的社会权。所谓社会权系指"基于福祉国家和社会国家之理念,为使任何人皆可获得合乎人性尊严之生存,而予以保障之所有权利的总称"①。环境权作为基本人权,需要在作为"人权保障书"的宪法和作为社会法的环境法中得到确认和保护。

环境权作为一种社会权,除了具有传统自由权对抗国家侵害的"防御权"的消极功能,还具有要求国家对这种权利提供保护的"给付请求权"的积极功能,即要求国家提供保护措施以对抗第三者的侵害,或者要求国家提供改善环境的措施的权利。作为社会权基础的社会国家理念要求国家努力解决各种社会问题,积极地为人民谋福利,担负起对其国民的"生存照顾"义务。② 在当前生态危机的背景下,国家的义务不仅是消极地不侵犯国民的权利,而且必须积极地为国民谋取福利,主动地提供环保服务,解决生态危机,为国民提供一个合乎人性尊严的自然和文化环境。另外,随着社会权的可诉性逐渐被人们认识,环境权的可诉性将不成问题,其司法救济将不再面临障碍,这种权利不会仅仅是"纸面上的权利"。

第三,环境权仅指清洁空气权、清洁水权等实体性权利,不论是在宪法层面还是在环境法层面。环境权是环境法上的核心权利,是环境法成为独立法律部门的主要标志,宪法上的环境权主要是为环境法上的环境权提供理论依据。正如基本人权是宪法的核心权利,人身权和财产权是民法的核心权利,行政管理权是行政法上的核心权利,国家主权是国际法上的核心权利,起诉权、抗辩权和审判权是诉讼法上的核心权利。环境知情权、环境事务参与权、环境结社权、环境救济权等程序性权利也是环境法上的权利,但不是环境法的核心权利,它们对作

---

① 〔日〕清宫四郎:《宪法(Ⅰ)》,有斐阁1986年版,第22页。
② 参见吴卫星:《环境权研究——公法学的视角》,法律出版社2007年版,第37页。

为核心权利的环境权提供保障和救济。因此,环境权既可由宪法、行政法、诉讼法、国际法等公法部门来提供保障和救济,亦可借由民法这一私法的形式来保障。

第四,环境权是公权和私权兼具的社会权。传统法律分为公法和私法,法律权利也相应地区分为公权和私权。学界对公权和私权的区分标准存在分歧,通说为"法律根据说",即以权利所根据的法律为区分标准,根据公法之规定者为公权,根据私法之规定者为私权。但是,环境权作为一种新型的社会权,不能被简单地定性为公权或私权,而是融合了公权与私权的双重属性,既有公权的特点,又有私权的特点,因此也需要公法和私法部门的共同保障。如果必须在环境权是公权还是私权中二选一,本书选择公权,这是由环境法的公益性和社会本位所决定的。但是,这并不意味着环境权与私法无关,私法对环境权的作用体现在:它是为环境权的实现提供保障的法律部门之一。

(四)关于环境权的客体

环境权是每个公民都享有清洁、健康的环境的权利,作为一项基本人权,其客体应当是满足每个公民生活需要的环境品质。因为要使每个公民都能够在不被污染和破坏的环境中生活,或者在清洁、健康的环境中生活,必须确保其生活环境达到一定的品质或质量要求。许多将环境权入宪的国家宪法的有关条款,已经体现了对环境品质作为环境权客体的确认,例如前引的《俄罗斯联邦宪法》《乌克兰宪法》等。这种品质标准可以量化,便于实施,例如各种空气质量标准、水质标准、噪声标准、污染物排放标准等。这种界定也使环境权能够与民法上的环境物权、资源物权等显著地区别开来。

作为环境权客体的"环境品质",具有不同的层次。日本学者宇都宫深志提出了环境质量的金字塔式的概念,将环境质量分层次地分为五个阶段。第一阶段,安全。关系到作为生物的人们的生存、生命维持等,即生活环境的质量符合生态学上的安全要求,对人类生命不构成直接威胁。第二阶段,公众卫生。中心课题是城市卫生、废弃物及污水处理、大气污染、水质污染、噪声、放射性污染等直接关系到人的健康的公害问题,即生活环境的质量达到卫生标准的要求,人们可以放心地进行呼吸、饮水、进食等生理活动。第三阶段,环境的舒适性。经合组织所指出的宁静、美丽、私生活、社会关系及其他"社会质量"课题等与此有关。第四阶段,历史、文化环境的保存。第五阶段,艺术、文化美。① 我国目前的环境质量存在明显的地区不均衡,部分地区处于第二阶段,部分地区还处于第一阶段。本书认为,环境权的客体至少应是第二阶段的环境质量,第一阶段的环境质量仅够维持生存,应当是生存权的客体。当然,国家应当不断提高环境质量标准,采取措施提高环境品质,这样才能不断提高公民的生活质量,从根本上实现可持续发展。

(五)关于环境权的含义

通过对以上问题的分析,本书认为,环境权是指公民享有的在清洁和健康的环境中生活的权利。本书在定义中用"生活"而不是"生存",是因为两者在现代汉语中的含义不同。"生存"的唯一含义是"保存生命(跟死亡相对)",是生存权可以满足的肉体需要;而"生活"除了生存的含义之外,还包括"为生存和发展而进行的各项活动""衣、食、住、行等方面的情况"。生存权与环境权有着密切的关系,它们均源于宪法保障人性尊严的精神,都属于社会权。但是两者也有不同。生存权主要是确保人的肉体存在,而不讲品质,与"幸福感"无关,只是"活下去"这种人类最低层次的需要;生活要讲品质,直接关乎"幸福感",是"活得好"这种人类更高层次的需要。环境权就是要维持和保护这种生活的品质,是为了在满足人的肉体需要的基础上满足人的精神需要,是对生存权的升华。

三、环境权与相关权利的关系

环境权作为一种新兴的权利,由于其权利客体涉及环境资源,会与其他涉及环境资源的权利发生密切关联,甚至容易混淆,尤其是环境资源用益物权和生存权,因此有必要予以澄清。

(一)环境权与环境资源用益物权

民法上的环境物权和资源物权与环境法上的环境权容易混淆,因为两者的

---

① 参见〔日〕宇都宫深志:《城市的环境质量与阿美尼梯行政的开展》,载〔日〕加藤一郎、王家福主编:《民法和环境法的诸问题》,中国人民大学出版社1995年版,第122页。

客体都离不开环境资源。这里有一条区分标准：当环境资源作为物权客体时，主要体现的是其经济价值；当环境资源（严格说来是环境品质）作为环境权客体时，主要体现的是其生态价值。环境权是对环境物权和资源物权的限制，对经济自由的限制。正如吕忠梅教授所言，"环境资源的双重形态导致了其对于人类的双重价值，民法上的物权与环境法上的环境权分别对环境资源的不同价值予以承认并提供了保护，民法保护的是其经济属性，环境法保护的是其生态属性。"①

（二）环境权与生存权

环境权作为一般性权利，涉及清洁空气权、清洁水权、宁静权、景观权等各类具体的权利。有学者认为，这些具体权利基本体现在两个方面：一是因为基本的生存需要而产生的环境权，二是基于对生活质量、优美环境的追求而产生的环境权。② 这两类权利之间以及它们与企业的生产权利之间会发生冲突，这就涉及如何安排它们的位阶，即何者优先。它们的位阶是按照生存、生态、生产这样的先后顺序进行安排的。③ 本书认为，"因为基本的生存需要而产生的环境权"宜纳入生存权的范畴，环境权应当仅指"对生活质量、优美环境的追求而产生的环境权"。至于生存、生态、生产的先后顺序安排，本书则完全赞同。这其实涉及生存权、环境权和经济权利的关系问题，在这三种权利发生冲突时，生存权应当优先满足，环境权次之。因为生存是多种权利享有之前提，而良好生态是可持续生产和发展的基础。④

（三）环境权与其他权利

环境权直接在宪法和环境法两个层面展开，民法、行政法、程序法、国际法作为相关法律部门，其相关权利和制度，例如环境物权和资源物权、行政管理权、起诉权和审判权、国家环境主权等，也为环境权的实现提供必要的民事、行政、程序

---

① 吕忠梅：《关于物权法的"绿色"思考》，载《中国法学》2000年第5期。
② 参见吴勇：《环境权的程序保障与环境诉讼的更新》，载吕忠梅主编：《环境资源法论丛》（第8卷），法律出版社2010年版，第162页。
③ 参见张丽君：《个人环境权地位之探讨》，载吕忠梅主编：《环境资源法论丛》（第8卷），法律出版社2010年版，第121页。
④ 参见何艳梅：《环境权新论》，载《福建江夏学院学报》2014年第4期。

和国际保障。另外,宪法上的知情权、参与国家事务权、结社权,以及环境法上的同类程序性权利等,也为环境权的实现提供必要的程序保障(参见表3-1、表3-2)。

表3-1 环境权谱系

法律部门	典型法律法规	权利形态	权利属性
宪法	《宪法》	环境权	基本人权(社会权利)、实体权利
环境法	《环境保护法》	环境权	社会权利、实体权利

表3-2 环境权的保障和救济谱系

法律部门	典型法律法规	主要权利形态	权利性质
宪法	《宪法》	知情权、国家事务参与权、结社权等	基本人权、程序权利
环境法	《环境保护法》	环境知情权、环境事务参与权、环境结社权等	社会权利、程序权利
民法	《民法典》	环境物权、资源物权、环境人格权、相邻权等	私权、实体权利
行政法	各类自然资源利用和生态保护法、各类污染防治法、环境行政法规等	行政管理权	公权、实体权利
		环境知情权、公众参与权	公权、程序权利
程序法	《民事诉讼法》《行政诉讼法》《刑事诉讼法》《仲裁法》等	起诉权、审判权、仲裁权	公权、程序权利
国际法	环境条约	国家环境主权	公权、实体权利

四、环境权入法问题

截至2020年年底,全世界大约有六十个国家的宪法明确纳入公民环境权,欧洲、南美洲和非洲尤为普遍。法国、俄罗斯、西班牙、斯洛伐克、韩国、土耳其、克罗地亚、巴西、哥斯达黎加、智利、古巴、巴拿马、委内瑞拉、秘鲁等国的宪法,充分体现了各国对公民环境权基本人权属性的认同。① 还有一些国家的宪法无明文规定,但是法院遵循"司法能动主义",通过对宪法的扩张解释,从生存权或健康权等相关条款中引申出环境权或者明确承认了环境权,对其提供司法保护,例如美国、印度、日本、巴基斯坦等国。但这只是迫于修改宪法之难作出的无奈之举,或者在无规定时的权宜之计,环境权入宪已是各国修宪的趋势之一。②

有些国家的宪法没有确认环境权,但是通过环境基本法予以确认。有的国家则在宪法和环境基本法中同时确认环境权,例如俄罗斯、韩国等。据统计,世界上超过一百个国家制定了综合性的环境法律,大都有环境权的内容,③包括美国《国家环境政策法》、瑞典《环境法典》、日本《环境基本法》、韩国《环境政策基本法》、墨西哥《生态平衡和环境保护基本法》、加拿大《环境保护法》、哈萨克斯坦《环境保护法》等。美国1969年《国家环境政策法》第4331条是国会宣示国家环境政策的规定,也明确规定了环境权,"国会认为,各个人均得享受健康之环境,同时各个人亦均有责任参与环境之维护与改善"。日本1993年《环境基本法》第3条规定,现在及将来世世代代的人们拥有享受健全及资源丰富的环境恩泽的权利。韩国1990年《环境政策基本法》第6条规定,所有国民都享有在健康而舒适的环境中生活的权利,并应协助国家及地方自治团体的环境保全对策的措施,也应为环境保全而努力。墨西哥1988年《生态平衡和环境保护基本法》规定,确保所有人有权利生活在适合他们的发展、健康和福利的环境中。哈萨克斯坦《环境保护法》规定,每个位于哈萨克斯坦共和国领土上的人都有权利生活在健康的环境中,有权获得关于环境条件的充足信息。④

我国《宪法》《环境保护法》和单行环境法律没有明确规定环境权,《环境影响

---

① 关于这些环境权入宪的国家,详见张宝:《我国环境权入宪的进路研究》,载吕忠梅主编:《环境资源法论丛》(第8卷),法律出版社2010年版,第327—328页。

② 参见张宝:《我国环境权入宪的进路研究》,载吕忠梅主编:《环境资源法论丛》(第8卷),法律出版社2010年版,第332—333页;吴卫星:《环境权研究——公法学的视角》,法律出版社2007年版,第11页。

③ 参见蔡守秋主编:《环境资源法教程》,武汉大学出版社2000年版,第235页。

④ See Yyliya Mitrofanskaya and Daulet Bideldinov, Modernizing Environmental Protection in Kazakhstan, *Georgetown International Environmental Law Review*, Vol. 177, 1999, p. 201.

评价法》虽然提出了"公众环境权益"的概念,但是与"环境权"的概念尚有距离。当然这是就国家层面的立法而言的,某些地方性环境法规已经明确规定了环境权,例如1994年制定、后经多次修订的《上海市环境保护条例》第5条规定,公民依法享有获取环境信息、参与和监督环境保护的权利,有权举报和监督环境违法行为,通过环境侵权诉讼等方式维护自身环境权益。1994年制定,2000年、2009年和2017年三次修改的《深圳经济特区环境保护条例》第六章专门规定了"公众参与",确认了环境权和程序性环境权利,包括"享有在良好环境中生活、获取环境信息、参与环境监督管理以及得到环境损害赔偿的权利。"

从美国、俄罗斯等国环境基本法的规定来看,对环境权的规定都是采取权利和义务并举的方式:先规定公民环境权,然后规定公民有保护环境的义务。我国《环境保护法》修订时应当明确规定环境权。环境权是环境法上的基本权利,我国还没有将环境权入宪,将其在《宪法》中进行政策宣示和价值确认,因此有必要在环境基本法中进行确认。

第三节 自然资源权

一、自然资源权的内涵

自然资源是人类生存和发展的物质基础,也是社会经济发展的重要基石。根据联合国环境规划署的定义,自然资源是指在一定的时间和技术条件下,能够产生经济价值,提高人类当前和未来福利的自然环境因素的总称,通常包括天然物质和自然能量的总和,分为生物资源、森林资源、草原资源、矿产资源、海洋资源、气候资源、水资源等。

由于自然资源具有生态和经济的双重价值,对自然资源必须加以审慎利用,法律需要对其权利归属和流通转让进行严格限制。在我国目前的法律体系下,自然资源权包括自然资源所有权和使用权两类权利。自然资源权是围绕自然资源开发利用、保护和管理进行相关法律制度设计的逻辑起点,是处理不同使用者之间权利、义务关系的制度依据,是实现自然资源优化配置目标的重要保障。

在理解自然资源权时,需要明确区分两个既有联系又有区别的概念——自然资源与资源产品。首先,两者的区别主要在于是否被赋予了人类劳动。资源产品是专指那些通过人力介入对自然资源开发利用而形成的产物,比如已被挖掘出来而且作为动产存在的煤、自来水公司供给的饮用水以及瓶装矿泉水等。它们与尚处自然资源状态的矿产资源、水资源等不同,已经包含煤炭公司的开采、挖掘,自来水公司的取水、过滤、净化以及矿泉水公司的产品汲取、包装等人类劳动。其次,在相关法律规定中,自然资源和资源产品的权属主体和范围也是不同的。我国大多数自然资源的所有权都属于国家并且禁止在市场上流转,但是资源产品的所有权主体却是多元化的,而且可以在市场上流转。

二、自然资源所有权

自然资源所有权是指所有权人依法占有、使用、收益、处分自然资源的权利。[①] 由于自然资源是人类生存和发展必不可少的物质基础,世界上大部分国家的法律都规定自然资源由全体国民共有。结合我国《宪法》《民法典》及其他相关单行法的规定可以看出,我国在立法中明确规定自然资源属于国家或集体所有,同时也通过列举或排除的方式明确了集体可以取得的自然资源所有权的对象和范围。换言之,我国实行以全民所有为主、集体所有为辅的自然资源所有权制度。

(一)自然资源所有权的取得

在民法的框架下,所有权的取得分为原始取得和继受取得两种方式。其中原始取得是指非依他人的所有权而取得所有权,如生产、获取孳息、添附、发现埋藏物等。继受取得是指通过一定的法律行为或其他法律事实,从原所有人那里受让所有权,包括移转的继受取得、创设的继受取得等。

根据我国现行民事法律和环境法律的规定,国家和集体对自然资源所有权的取得方式是有明显差异的。

---

① 参见王文革主编:《环境资源法》(第三版),中国政法大学出版社2020年版,第113页。

1. 国家所有权的取得

在我国,自然资源国家所有权的取得方式包括法定取得、强制取得、天然孳息和自然添附。[①]

(1) 法定取得

法定取得是指国家根据法律规定直接取得自然资源的所有权。在我国,法定取得是国家取得自然资源所有权的主要方式。我国《宪法》对自然资源的国家所有权进行了概括性的规定,《民法典》第247—251条规定了国家对矿藏、水流、海域、无居民海岛等各类自然资源的所有权,《矿产资源法》《水法》《海域使用管理法》《野生动物保护法》等自然资源单行立法也都各自明确规定,矿产资源、水资源、海域资源、野生动物资源属于国家所有。

(2) 强制取得

强制取得是指在法律规定的特定的场合下,国家从社会公共利益出发,不顾及所有人的意志和权利,直接采用没收、征用、国有化等强制手段取得所有权的方式。其中,国有化和没收是国家在新中国成立初期取得自然资源所有权的主要形式。对于征用,现行立法有明确规定,比如《土地管理法》第2条第4款规定,"国家为了公共利益的需要,可以依法对土地实行征收或者征用并给予补偿。"在征用之后,国家就取得了对征用土地的所有权。

(3) 天然孳息和自然添附

天然孳息是指按照物质的自然生长规律而产生的果实与动物的出产物。[②]天然孳息主要是针对可再生资源,例如树木的自然生长使森林资源木材蓄积量增加,野生动物在自然条件下的生殖繁衍使其种群数量扩大等。根据民法所有权的有关理论,除非法律另有规定或当事人另有约定,天然孳息的所有权一般应由原物所有权人享有。因此,在国家拥有可再生资源所有权的前提下,也相应地取得对这些资源的天然孳息的所有权。自然添附是指自然资源在自然条件的作用下而使其产生或增加的情形。这种情况典型地体现在土地资源上。例如,由

[①] 参见王文革主编:《环境资源法》(第三版),中国政法大学出版社2020年版,第113—114页。

[②] 参见王利明等:《民法学》,法律出版社2005年版,第404页。

河流冲积而形成的成片土地,使国家所有的土地面积增加,从而成为自然添附物。

2. 自然资源集体所有权的取得

在我国,自然资源集体所有权的取得有法定取得、天然孳息、劳动生产取得三种方式。①

(1) 法定取得

法定取得是指集体组织根据法律的规定直接取得自然资源的所有权。我国的相关立法大多都在规定自然资源国家所有权的同时,通过列举或排除的方式明确规定集体可以取得的自然资源所有权的对象和范围。例如,《宪法》明确规定,集体可以依法取得森林、山岭、草原、荒地、滩涂等自然资源的所有权;农村和城市郊区的土地,除由法律规定属于国家所有的以外,属于集体所有;宅基地和自留地、自留山也属于集体所有。各相关自然资源单行法,包括《土地管理法》《森林法》《草原法》也都分别对集体取得土地、森林、草原资源所有权作出进一步详细规定。另外,国家和集体在取得自然资源所有权的确认方式上也不相同。国家依法取得的自然资源所有权不需要登记注册确认,而集体自然资源所有权的取得必须按照法定的程序,由一定的政府机构登记注册并核发证书。《土地管理法》第12条第1款明确规定,土地的所有权和使用权的登记,依照有关不动产登记的法律、行政法规执行。《森林法》《草原法》《渔业法》等也有类似规定。

(2) 天然孳息

集体组织作为自然资源所有权的主体,同样可以依法取得其所有的自然资源天然孳息的所有权。

(3) 劳动生产取得

劳动生产取得主要是指集体组织通过投入劳动而新产生的自然资源,比如集体组织通过植树造林而新产生的森林资源。这些自然资源是集体组织开发利用行为的劳动成果,集体组织当然取得对这些自然资源的所有权。对自然资源的集体所有权而言,这种取得方式具有重要意义,因为它从制度安排上鼓励和保

---

① 参见王文革主编:《环境资源法》(第三版),中国政法大学出版社2020年版,第114页。

障了集体组织对自然资源的劳动投入,这对于我国广大农村地区生态环境和自然资源状况的改善发挥了积极的促进作用。

(二) 自然资源所有权的变更和消灭

自然资源所有权的变更主要是指自然资源所有权主体或内容的变化,包括因征用、所有权主体的分立与合并、依法转让、对换或调换等原因发生的变更。[①] 自然资源所有权的消灭是指自然资源所有权因某种法律事实的出现而不复存在的情形。自然资源所有权消灭的原因主要有:因法律剥夺而消灭,例如没收土地;因自然资源的消灭而消灭,包括自然资源绝对消灭和自然资源相对消灭两种情形。

三、自然资源使用权

自然资源使用权是指单位和个人对国家所有或集体所有的自然资源不改变其所有权而依法实际使用并取得相应利益的权利。自然资源使用权的主体比所有权的主体广泛,但是其内容则受所有权及环境保护和生态规律的制约。

(一) 自然资源使用权的取得

自然资源使用权的取得是指自然资源的有关权利主体通过一定的方式取得对自然资源开发利用的权利。产权经济学家阿尔钦认为,"产权最重要的不是资源归谁所有,而是资源由谁使用。"对自然资源使用权的确定是自然资源产权结构中最重要的内容。从国际通行的做法来看,自然资源使用权的取得有两种方式:一是对于国计民生影响重大而且紧缺的自然资源,例如淡水、金、银、宝石、稀土、石油、天然气、生态林地、生态草地等,经过政府特许授权,由国有企业无偿取得开发经营权;二是对于国计民生影响不大、非紧缺的自然资源,例如经济林地、小矿山,以及荒山、荒水、荒滩、荒地、荒漠、荒岛等处于闲置、荒芜状态的自然资源,政府在规定用途的前提下,可以将这些自然资源的开发经营权拍卖,个人可以有偿取得开发经营权。从我国实践来看,自然资源使用权的取得主要通过登记授权、买卖承租等方式实现,可以将其归纳为四种情形:确认取得、授予取得、

---

① 参见金瑞林主编:《环境与资源保护法学》,北京大学出版社2006年版,第158页。

转让取得和开发利用取得。

(二) 自然资源使用权的变更和消灭

自然资源使用权的变更是指自然资源使用权的主体或内容所发生的变化。其变更的原因通常包括：主体的合并或分立、使用权的转让、破产或抵债、合同内容变更。① 自然资源使用权的消灭是指由于某种原因或法律事实的出现而使自然资源使用权人丧失使用权的情形。引起自然资源使用权消灭的原因主要有自然原因、开发自用、期限届满、闲置或弃置抛荒、非法使用或转让等。

第四节 环境监督管理制度

环境监督管理制度由国家进行环境监管与保护的一系列制度组成，具体包括环境监督管理组织制度、环境规划制度、环境影响评价制度、环境资源许可制度、环境标准制度、环境监测制度等。

一、环境监督管理组织制度

(一) 环境监督管理的含义

环境监督管理一般是指环境行政管理，是中央和地方各级人民政府及其主管部门，为了在不超出环境容量的前提下通过经济社会发展满足人类的基本需求，依照有关政策、法规对所辖区域内的环境保护工作进行统一监督管理的行政活动。环境管理是现代政府公共管理的基本职责之一。②

(二) 环境监督管理体制

1. 环境监督管理体制的含义和类型

环境监督管理体制是指各种环境行政管理机关的设置、相互权限划分及其

---

① 参见金瑞林主编：《环境与资源保护法学》，北京大学出版社2006年版，第160页。
② 参见张璐主编：《环境与资源保护法学》(第三版)，北京大学出版社2018年版，第59页。

运行协调机制。环境监督管理体制是公权力进行环境管理的组织保障。

环境监督管理体制一般有三种类型:分散型管理体制、单一型管理体制和综合管理体制。分散型管理体制是指没有设立专门的环境管理机关,环境管理权限分散于林业、水利、海洋和渔业等各政府部门。分散管理体制的弊端在于,环境问题有其综合性、复杂性,各部门协调时容易产生以牺牲环境为代价的利益博弈。单一型管理体制是在20世纪60年代环境污染和生态破坏加剧的背景下形成的,政府设立独立的环境行政管理机关总揽一切环境事务,该机关行使职权一般由宪法和环境专门立法提供法律保障,例如美国1970年成立的联邦环保局、日本1971年成立的环境厅(2001年升格为环境省)等。综合管理体制则是以上两种管理体制的结合,环境行政管理机关统一负责环境事务,拥有较大的环境管理职权,其他各相关行政机关拥有一定的环境管理权限,各部门相互协调,是当前主流的环境监督管理体制。

2. 国外环境监督管理体制

(1) 美国

美国联邦政府负责制定基本政策、法规和排放标准,由州政府实施。联邦政府和各州政府还分别设立了环境监督管理机构。联邦政府1970年设立了联邦环保局(Environmental Protection Agency,简称EPA),统管国家环境质量委员会,并由内政部、农业部、司法部等联邦政府部门行使环境监督管理职责。各州政府成立的环保局和环境质量委员会独立管理各州的环保工作,享有独立的环境行政管理权,但是要接受联邦环保局的监督,各州环境立法不得与联邦立法相抵触,但是可严于联邦法律。此外,美国在环境监督管理体制中引入了竞争机制。[①]联邦政府根据各州的环保效果给其一定的财政资助,鼓励各州执行环保法规;联邦政府还通过信息公开和环境教育等方式促进公众参与环保立法、环保监督和环保执法。

(2) 日本

1970年,日本召开"公害国会",成立了由首相直接领导的公害防治总部,并

---

① 参见张才谦:《中美环境监督管理体制比较研究及启示》,载《重庆电子工程职业学院学报》2020年第1期。

在第二年正式成立环境厅,负责统一监管全国的环境保护工作。① 环境厅成立之后,职能不断扩展,在2001年的机构改革中,环境厅升格为环境省,形成了以环境省为核心的中央环境管理体制,由环境省负责制定和实施国家环保基本政策和计划、环境基准等,统一管理各项环保业务。

日本实行地方自治制度,所以地方环境保护实行由地方政府主导的自主型管理体制。中央统一制定全国性法律和基本政策,地方在中央指导下制定本地环境政策法规和标准,负责具体的环境管理事务。在某些情况下,环境省授权地方政府实施部分环境管理职权,地方政府在授权范围内接受环境省的指导和监督。

3. 我国环境监督管理体制

我国实行统一管理与分部门管理相结合、中央管理和地方管理相结合的环境管理体制。《环境保护法》第10条规定,国务院环境保护主管部门对全国环境保护工作实施统一监督管理;县级以上地方人民政府环境保护主管部门对本行政区域环境保护工作实施统一监督管理;县级以上人民政府有关部门和军队环境保护部门,依照有关法律的规定对资源保护和污染防治等环境保护工作实施监督管理。

作为统一管理机构,国务院环境保护主管部门的历史沿革如下:1972年,官厅水库突然死了大量鱼类,在周恩来总理亲自过问下,国务院发了三个文件,由万里任组长的官厅水系水源保护领导小组(简称"领导小组")迅速成立,该领导小组也是国家成立的最早的环保部门。1973年成立了国家级机构——国务院环境保护领导小组办公室,简称"国环办"。1982年,国务院经过第一次机构改革,成立环境保护局,归属当时的城乡建设环境保护部,简称"建设部"。1984年,环境保护局更名为国家环保局,依旧在建设部的管理范围内。1988年,国务院再次进行机构改革,国家环保局从建设部中独立出来,成为国务院直属机构(副部级)。1998年,国家环保局升格为国家环保总局(正部级)。国家环保总局只是国务院的直属单位,不是国务院的组成部门,在制定政策的权限以及参与高

---

① 参见张璐主编:《环境与资源保护法学》(第三版),北京大学出版社2018年版,第64页。

层决策等方面,与作为国务院组成部门的部委有着很大不同。2008年,国家环保总局变成了国务院的组成部门,地位提升,职权扩大。2018年,第十三届全国人大一次会议通过《关于国务院机构改革方案的决定》,国务院在将环保部与国家发展和改革委员会、国土资源部、水利部、农业部、国家海洋局、国务院南水北调建设工程办公室等其他多个部门的职能进行重组的基础上,组建生态环境部,不再保留环保部。新成立的生态环境部统一行使生态和城乡各类污染排放监管与行政执法职责。与过去的环保部不同,生态环境部把原来分散的污染防治和生态保护职责统一起来,统筹山水林田湖草,进行系统治理。此外,生态环境部按照中央生态环境督察工作要求,成立了中央生态环境保护督察办公室,并积极推进省以下环保机构监测监察执法垂直管理制度。[①]

二、环境规划制度

(一) 环境规划制度的概念与特点

1. 环境规划制度的概念

环境规划制度是环境管理的一项基本法律制度。环境规划是指政府(或组织)根据环境保护法律和法规所作出的、今后一定时期内保护生态环境功能和环境质量的行动计划。[②] 环境规划制度是环境规划编制以及实施过程中所涉及的一系列法律规范的集合。环境规划可以分为广义和狭义的环境规划。广义的环境规划是指污染防治、生态保护和自然资源开发利用三个方面的规划,包括对各种环境要素例如土地、矿产资源的开发利用规划。狭义的环境规划包括污染防治和生态保护方面的规划,可以理解为对环境问题作出的预防性回应。

国家层面的环境规划包括国民经济和社会发展五年规划的环境保护篇章、全国主体功能区规划、环境保护规划、专项环境保护规划等,县级以上政府也可以制定相关规划。2014年《环境保护法》第13条第1—3款规定,县级以上政府应当将环境保护工作纳入国民经济和社会发展规划;国务院环境保护主管部门

---

① 参见贺骥、张闻笛:《生态环境、自然资源等领域监督管理体制现状及经验借鉴》,载《水利发展研究》2020年第4期。

② 参见宋国君、李雪立:《论环境规划的一般模式》,载《环境保护》2004年第3期。

会同有关部门,根据国民经济和社会发展规划编制国家环境保护规划,报国务院批准并公布实施;县级以上地方政府环境保护主管部门会同有关部门,根据国家环境保护规划的要求,编制本行政区域的环境保护规划,报同级政府批准并公布实施。

2. 环境规划制度的特点

环境规划制度主要有以下四个方面的特点:

一是系统性和综合性。由于环境是一个整体,各要素之间存在相互联系、相互制约的关系,因此环境问题是复杂的系统性问题,对特定地区或领域的环境规划必须运用系统化方法,综合利用各种手段,以达到良好的资源配置效果。

二是科学技术性。环境规划是环境预测和科学决策的产物。环境法的产生是由科学技术发展带来的环境问题所推动的,环境治理和环境规划也必须依靠科学技术手段的运用。例如,通过大量的基础性观测和研究获得科学、可靠的环境数据,运用科学手段进行规划等。

三是行政性。环境规划是政府对环境要素的分配和环境管理活动的提前统筹和安排,是政府履行环境管理职责的表现。因此,环境规划是一种行政规划,是国家环境行政的重要依据,与国家的环境行政政策保持一致。

四是法律性。环境规划属于政府的行政行为,具有法律属性。环境规划的法律性是保证环境规划科学性和有效性的基础,环境法律也对环境规划的编制和执行规定了相应的法律后果。

3. "多规合一"改革

长期以来,我国各种规划并存,涉及经济和社会发展规划、城乡规划、土地利用规划等,在规划的落实中多规并行,时有矛盾发生。为了解决无序规划问题,统筹空间规划体系,我国自 2014 年起,在 28 个市县开展市县空间规划改革试点,推动经济社会发展规划、城乡规划、土地利用规划、生态环境保护规划"多规合一",形成一个市县一本规划、一张蓝图。[①]在规划的期限、目标、任务等方面合理统筹规划,构建市县空间规划的衔接协调机制。自然资源部 2019 年发布《关

---

① 《关于开展市县"多规合一"试点工作的通知》,发改规划〔2014〕1971 号。

于以"多规合一"为基础推进规划用地"多审合一、多证合一"改革的通知》①,深入推进国土空间规划体系改革。

(二)环境规划的程序

环境规划包括编制、审批、发布、执行四方面的程序。

1. 编制

环境规划的编制工作属于政府工作的范畴。环境规划的编制以环境保护主管部门为主导,其他职能部门及地方政府也会参与相关规划的编制工作。环境规划的编制需要遵守相关政策和原则,例如经济建设、城乡建设和环境建设同步规划、同步实施、同步发展的政策,以及以人为本、全面协调可持续的科学发展观;坚持从实际出发,遵循自然规律、经济规律和社会发展规律的原则等。

环境规划的编制主要包括以下四个步骤:首先,进行规划的前期准备工作,例如基础调查、信息收集、课题研究及项目论证等,在其基础上形成规划编制的工作方案。其次,进行规划草案的正式编制,需要按照拟定的工作方案来完成。再次,规划意见的征集。规划草案编制完成后需要开展公众参与和专家论证,除了涉及国家秘密之外,规划编制部门应当公布规划草案或者举行听证会,广泛征集公众意见。最后,完成规划的衔接工作。根据《环境保护法》第13条第4款的规定,环境保护规划的内容应当包括生态保护和污染防治的目标、任务、保障措施等,并与主体功能区规划、土地利用总体规划和城乡规划等相衔接。根据《中共中央、国务院关于加快推进生态文明建设的意见》②提出的健全空间规划体系的要求,环境规划的编制必须遵循"多规合一",按照"统一标准、一致流程、一套规章、职责明确"的原则进行编制,以解决众多环境规划之间关系不明、多规并行的乱象。

2. 审批

环境规划的审批主体依照具体环境规划的效力范围有所不同。关系国民经

---

① 《关于以"多规合一"为基础推进规划用地"多审合一、多证合一"改革的通知》,自然资规〔2019〕2号。

② 《中共中央、国务院关于加快推进生态文明建设的意见》,中发〔2015〕12号。

济和社会发展全局、需要国务院审批核准的重大项目以及安排国家投资数额较大的国家级专项规划,由国务院审批;其他国家级专项规划由国务院有关部门批准,报国务院备案;跨省(区、市)的区域规划由国务院批准。

3. 发布

在国家层面,一般由国务院发布总体规划,编制机关发布专项规划;在地方层面,县级以上行政区域的环境保护规划由相关部门报同级政府批准后,由同级政府发布。

4. 执行

环境规划执行的关键是环境规划的执行主体和环境保护目标责任制的确立。环境规划作为政府的行政行为,其属性决定了环境规划的执行主要依靠政府机关,即各级政府、环境保护主管部门以及其他相关职能部门;环境保护目标责任制可以确保环境规划的具体举措落实到位。

三、环境影响评价制度

环境影响评价制度是我国环境法的基本制度之一,环境影响评价是某些规划实施或建设项目开工之前的必经程序。

(一)环境影响评价的概念

环境影响评价也称为环境质量预断评价,是指对规划和建设项目实施后可能造成的环境影响进行分析、预测和评估,提出预防或者减轻不良环境影响的对策和措施并进行跟踪监测的方法和制度。这个概念最初是在1964年加拿大召开的国际环境质量评价学术会议上提出的。[①] 根据联合国环境规划署《环境影响评价的目标和原则》,环境影响评价的目的是通过对拟议项目和活动进行检查、分析和评价,确保无害生态环境的可持续发展。

环境影响评价是一种技术性制度,具有行政许可的法律性质。生态系统中存在物物相关律,即自然界中各环境要素之间相互联系、相互制约、相互依存,改

---

① 参见张璐主编:《环境与资源保护法学》(第三版),北京大学出版社2018年版,第123页。

变其中的一个要素，必然会对其他要素产生直接或间接的影响。因此人类在开发利用某一种环境要素时，必须考虑此种开发行为对其他环境要素及生态平衡的影响。这在法律上的直接体现就是环境影响评价制度，通过对生态系统规律的研究与把握，对人类行为及其环境后果进行科学决策和预先评估，并采取措施以最大限度地减少人类行为对环境的有害影响。

（二）环境影响评价制度的内容

环境影响评价制度是有关环境影响评价的范围、形式、内容、法律程序、法律责任等方面的一系列法律规范。环境影响评价制度是预防原则的具体体现，是我国借鉴和吸收西方环境影响评价制度的产物。美国1969年《国家环境政策法》(National Environmental Policy Act，NEPA)最早确立了环境影响评价制度。我国1979年《环境保护法(试行)》引入了环境影响评价制度，1989年制定、2014年修订的《环境保护法》也作了简略规定。我国还有专门的环境影响评价立法，即全国人大常委会2002年制定、2016年和2018年两次修正的《环境影响评价法》，国务院1998年制定、2017年修订的《建设项目环境保护管理条例》，以及国务院2009年颁布的《规划环境影响评价条例》。根据这些法律法规，我国环境影响评价制度的主要内容是：

1. 环境影响评价的对象

根据评价对象的不同，我国环境影响评价制度包括规划环境影响评价制度和建设项目环境影响评价制度。其中，规划环境影响评价的对象包括综合性规划和专项规划，具体来说包括"一地三域"的综合性规划和十种专项规划。"一地三域"的综合性规划分别是指土地利用的有关规划，流域、区域和海域的建设、开发利用规划。十种专项规划分别是指工业、农业、畜牧业、林业、能源、水利、交通、城市建设、旅游、自然资源开发的有关专项规划。建设项目环境影响评价的对象是在中华人民共和国领域和中华人民共和国管辖的其他海域内建设的对环境有影响的项目。

2. 环境影响评价的内容

专项规划的环境影响报告书包括下列内容：一是实施该规划对环境可能造成影响的分析、预测和评估；二是预防或者减轻不良环境影响的对策和措施；三是环境影响评价的结论。

建设项目的环境影响评价,则根据建设项目对环境的影响程度实行分类管理。建设单位应当按照下列规定组织编制环境影响报告书、环境影响报告表或者填报环境影响登记表:一是可能造成重大环境影响的,应当编制环境影响报告书,对产生的环境影响进行全面评价;二是可能造成轻度环境影响的,应当编制环境影响报告表,对产生的环境影响进行分析或者专项评价;三是对环境影响很小、不需要进行环境影响评价的,应当填报环境影响登记表。建设项目的环境影响评价分类管理名录,由国务院环境保护行政主管部门制定并公布。建设项目的环境影响报告书应当包括以下列七项内容:建设项目概况;建设项目周围环境现状;建设项目对环境可能造成影响的分析、预测和评估;建设项目环境保护措施及其技术、经济论证;建设项目对环境影响的经济损益分析;对建设项目实施环境监测的建议;环境影响评价的结论。

3. 环境影响评价的程序

规划与建设项目环境影响评价的程序有所不同。在规划的环境影响评价程序中,首先需要编写环境影响篇章或说明或环境影响报告书,其次是对规划环境影响评价文件的审查与规划的审批。在建设项目的环境影响评价程序中,依照国家的分类管理要求,首先需筛选评价对象和决定评价范围,之后编制环境影响报告书、环境影响报告表或者填报环境影响登记表,最后进行环境影响报告文件的审批。

4. 违反环境影响评价制度的法律责任

环境影响评价必须按照法律的要求及时有序进行,否则相关主体需要承担法律责任。为了保障环境影响评价制度的实施,《环境影响评价法》第29条、31条、32条,《环境保护法》第63条、65条等分别对规划的编制机关、审查小组的召集部门和专家、建设单位、环境影响评价的技术服务机构、环境影响评价文件的审批部门等相关主体的法律责任问题作出规定。

四、环境资源许可制度

(一)环境资源许可的含义和分类

环境资源许可是指对环境和资源要素的利用活动需要事先经过当事人的申

请和行政主管部门的审批，由主管部门颁发许可证之后才能实施的行政许可规则体系。环境资源许可是减少产业活动的环境影响、推动产业活动符合环境要求以及促进技术创新的重要工具之一。[①] 特别是自20世纪70年代以来，环境资源许可制度被认为是世界范围内环境保护和污染防治法律的关键支柱。

许可证也称为执照、特许证、批准书等，根据我国多部环境法律的规定，主要包括以下几类：

一是适用于发展规划、选址等的规划许可，例如2019年修正的《城乡规划法》第37条、第38条、第40条和第41条中的环境许可规定。在城市、镇规划区内以划拨方式提供国有土地使用权的建设项目和以出让方式取得国有土地使用权的建设项目，需要核发建设用地规划许可证；在城市、镇规划区内进行建筑物、构筑物、道路、管线和其他工程建设的，需要办理建设工程规划许可证；在乡、村庄规划区内进行乡镇企业、乡村公共设施和公益事业建设的，需要核发乡村建设规划许可证。

二是适用于土地、森林、矿藏等自然资源开发利用的许可证。例如，《水法》第2条规定，国家对水资源依法实行取水许可制度和有偿使用制度，第39条规定，国家实行河道采砂许可制度。《森林法》第56条规定，采伐林地上的林木应当申请采伐许可证。《矿产资源法》第16条规定，对矿产资源的开采需要颁发采矿许可证。

三是适用于危险物质、有毒物品或严重危害环境的产品的生产销售许可证。例如，《危险化学品安全管理条例》中对危险化学品的许可管理。[②]

四是向环境排放各种污染物的排污许可证。这类许可证在环境管理中使用最为广泛，因此下文主要介绍排污许可制度。

[①] 参见胡晶娟：《环境许可制度：中国路径之建议》，载《中国政法大学学报》2017年第6期。

[②] 《危险化学品管理条例》第6条规定，"对危险化学品的生产、储存、使用、经营、运输实施安全监督管理的有关部门，依照下列规定履行职责……对新建、改建、扩建生产、储存危险化学品的建设项目进行安全条件审查，核发危险化学品安全生产许可证、危险化学品安全使用许可证和危险化学品经营许可证，并负责危险化学品登记工作。"

(二) 排污许可制度

排污许可是行政许可的一种，是指环境保护主管部门根据排污者的申请，经过依法审查，准予其从事符合法定条件和标准的排污活动的行政行为。排污许可制度是指向环境排放污染物的单位或者个人，应当依法事先进行污染物排放登记，经过环境影响评价审批和建设项目竣工环境保护验收合格，申请办理污染物排放许可证，经过批准并取得排污许可证之后，按照许可证核定的污染物排放种类、数量、浓度、期限和排放标准排放污染物的环境行政许可规则体系。①

排污许可证的作用主要体现在两个方面：一是作为排污权的权利凭证，无证不得排污；二是作为衡量排污者排污行为合法与否的标准之一。国务院2021年颁布的《排污许可管理条例》第17条规定，排污许可证是对排污单位进行生态环境监管的主要依据。

我国的排污许可实践始于1988年原国家环境保护局发布的《水污染物排放许可证管理暂行办法》。2008年《水污染防治法》第20条第1款规定，国家实行排污许可制度。2014年《环境保护法》第45条规定，国家依照法律规定实行排污许可管理制度，实行排污许可管理的企业事业单位和其他生产经营者应当按照排污许可证的要求排放污染物；未取得排污许可证的，不得排放污染物。2015年《生态文明体制改革总体方案》要求完善污染物排放许可制，尽快在全国范围建立统一公平、覆盖所有固定污染源的企业排放许可制，依法核发排污许可证；排污者必须持证排污，禁止无证排污或不按许可证规定排污，从而确立了排污许可制度作为环境治理核心制度的地位。②《排污许可管理条例》③第2条规定，依照法律规定实行排污许可管理的企业事业单位和其他生产经营者(以下称排污单位)，应当依照本条例规定申请取得排污许可证；未取得排污许可证的，不得排放污染物。根据该条例的规定，依据污染物产生量、排放量、对环境的影响程度等因素，对排污单位实行排污许可分类管理：第一，污染物产生量、排放量或者对

---

① 参见金瑞林主编：《环境法学》(第四版)，北京大学出版社2016年版，第98页。
② 参见梅宏：《排污许可制度何以成为点源环境治理的核心制度？》，载《郑州大学学报(哲学社会科学版)》2017年第5期。
③ 《排污许可管理条例》，中华人民共和国国务院令第736号。

环境的影响程度较大的排污单位,实行排污许可重点管理;第二,污染物产生量、排放量和对环境的影响程度都较小的排污单位,实行排污许可简化管理。

五、环境标准制度

(一)环境标准制度概述

1. 环境标准的概念和特点

广义的环境标准是指为了保障公共健康和维护生态平衡,就环境质量以及污染物的排放、环境监测方法以及其他相关事项,按照法律规定的程序制定的各种技术指标与规范的总称。狭义的环境标准仅指规定保障公共健康、公共福利与环境安全的环境质量标准。西方国家多采用狭义说,我国则采用广义说。

环境标准与一般法律的不同之处在于,它不是通过法律条文规定人们的行为模式和法律后果,而是通过一些定量性的数据、指标、技术规范来确立行为规则的界限,以此调整环境资源利用行为。[1] 环境标准制度的主要内容是技术要求和各种量值规定。它以客观科学的数据对相关领域的人类活动及其所产生的环境负荷进行定量分析,以量化的方法来预测、判断和说明环境承载能力,约束人类的环境资源利用行为,间接地实现对环境污染和生态破坏行为的事前控制。因此,环境标准是一种界定性规范,可以为实施环境法的其他规范提供准确、严格的范围和界限,对认定行为是否合法提供法定的技术依据。

2. 立法沿革

1973年,国内首个环境标准《工业"三废"排放试行标准》出台。1979年《环境保护法(试行)》第26条授权国务院环境保护机构会同有关部门拟定环境保护标准,并要求排放单位遵守国家制定的环境标准。1988年《标准化法》对应当制定标准的领域、标准的管理体制、标准的制定、标准的实施以及法律责任问题进行了系统的规定。1989年《环境保护法》对环境质量标准和污染物排放标准的制定进行了明确规定。1999年《环境标准管理办法》对环境标准的制定、实施以及对实施环境标准的监督进行了进一步规定。2014年修订的《环境保护法》对

---

[1] 参见金瑞林主编:《环境法学》(第四版),北京大学出版社2016年版,第76页。

环境标准进行了原则性规定。

(二)环境标准体系

从横向来看,环境标准体系由五部分组成,包括环境质量标准、污染物排放标准、环境监测方法标准、环境样品标准、环境基础标准。从纵向来看,环境标准体系分为国家环境标准和地方环境标准。

1. 环境质量标准

环境质量标准以维护一定的环境质量、保护人群健康和促进生态良性循环为目标,规定环境中各类有害物质或因素在一定时间和空间内的最大含量(容许含量),从某种意义上讲是环境质量的目标标准。例如《环境空气质量标准》《海水水质标准》《地面水环境质量标准》《土壤环境质量标准》《景观娱乐用水水质标准》等。

环境质量标准是国家制定污染物排放标准的依据,也是确认环境是否被污染以及污染者是否应当承担民事法律责任的依据之一。编制环境质量标准的主要依据是相关环境要素的使用功能、使用目的和保护目的,在此基础上将该环境要素所处的区域分为不同类别的功能区,分别确立污染物的最大数值或环境保护的项目。

2. 污染物排放标准

污染物排放标准是为了实现国家的环境目标和环境质量标准,对排放到环境中的污染物浓度或数量所作的限量规定,例如《污染物综合排放标准》《恶臭污染物排放标准》《大气污染物综合排放标准》等。污染物排放标准包括浓度控制标准和总量控制标准,前者规定污染物在其载体中的百分比,后者规定一定时间内排放污染物的总量。

污染物排放标准是衡量、评价污染者的排污行为的合法性以及是否应当承担行政法律责任的依据,与污染者是否需要承担民事法律责任无关(噪声污染除外)。据此,排污行为需承担的法律责任可以分为以下三种情况:

(1)达标排污并造成损害者,需要承担民事责任,不承担行政责任;

(2)超标排污并造成损害者,需要承担民事责任和行政责任;

(3)超标排污但是未造成损害者,需要承担行政责任,不承担民事责任。

3. 环境监测方法标准

环境监测方法标准是国家对环境保护工作中涉及的试验、检查、采样、分析、统计和其他作业的方法所作的规定,例如《锅炉烟尘测试方法》《工业企业厂界噪声测量方法》《车用汽油机排气污染物试验方法》等。

环境监测方法标准是各种环境监测和统计数据具有准确性、可靠性及可比性的保证,也是确定环境监测数据以及环境纠纷中有关各方出示的证据是否合法有效的根据。合法的数据及证据必须按照法定程序和方法收集。

4. 环境样品标准

环境样品标准是为了在环境保护工作和环境标准实施过程中标定仪器、检验测试方法、进行量值传递,而由国家法定机关制作的、能够确定一个或多个特性值的物质和材料。它是一种实物标准,例如《水质 COD 标准样品》《水质 BOD 标准样品》等。环境样品标准是判断环境监测仪器和环境保护设备性能的法定依据。只有监测仪器和设备的性能符合要求,其监测结果才是准确的,才具有法律效力。

5. 环境基础标准

环境基础标准是国家对在环境保护工作中具有普遍适用意义的名词术语、符号、规程、指南、导则等所作的规定,是制定其他环境标准的基础,例如《大气污染物排放标准制定原则》《国家空气质量词汇》《国家水质词汇》等。

(三)各标准之间的关系

在上述五种横向标准中,环境监测方法标准、环境样品标准和环境基础标准只有国家标准,环境质量标准和污染物排放标准同时拥有国家和地方标准。地方标准对国家标准起到补充和完善的作用。根据 2014 年《环境保护法》第 15—16 条的规定,国务院环境保护主管部门制定国家环境质量标准,并根据国家环境质量标准和国家经济、技术条件,制定国家污染物排放标准;省级政府对国家环境质量标准和污染物排放标准中未作规定的项目,可以制定地方环境质量标准和污染物排放标准。对国家环境质量标准和污染物排放标准中已作规定的项目,可以制定严于国家环境质量标准和污染物排放标准的地方环境质量标准和污染物排放标准。地方环境质量标准和污染物排放标准应当报国务院环境保护主管部门备案。

环境质量标准和污染物排放标准是强制性标准,必须执行;环境监测方法标准、环境样品标准、环境基础标准是推荐性标准;如果推荐性标准被强制性标准引用,也必须强制执行。根据《标准化法》第10—12条的规定,国务院有关行政主管部门依照职责负责强制性国家标准的项目提出、组织起草、征求意见和技术审查。国务院标准化行政主管部门负责强制性国家标准的立项、编号和对外通报。

六、环境监测制度

(一)环境监测的概念

环境监测是指根据环境保护的需要,运用物理、化学、生物等方法,对反映环境质量的某些代表值进行长时间的监视和测定,跟踪其变化及其对环境产生影响的过程。[①] 环境监测需要遵守环境监测方法标准,将得到的各项数据和环境质量标准等进行比对。我国已针对多个行业制定了国家环境监测方法标准,也在部分没有制定标准的行业实施了技术规范。

环境监测制度以环境标准制度为基础,是环境保护主管部门制定的环境监测技术和管理规范,以保障环境监测系统的正常运行,并保证获取的环境监测数据和信息准确、高效。环境监测制度包括监测组织机构体制、监测模式、监测技术规范、监测管理制度等。环境监测制度贯穿于环境监测活动的每一个环节,为环境监测系统的正常运行起到了保驾护航的作用。[②] 环境监测提供的科学数据为环境保护工作提供基础的数据支持,为公众知情、环保监管、政府决策提供了基本的保障。2014年《环境保护法》第17条规定,国家建立、健全环境监测制度;国务院环境保护主管部门制定监测规范,会同有关部门组织监测网络,统一规划国家环境质量监测站(点)的设置,建立监测数据共享机制,加强对环境监测的管理。

---

① 参见吕忠梅主编:《环境法学概要》,法律出版社2016年版,第173页。
② 参见杨涛:《环境监测制度规范化研究》,载《现代交际》2018年第23期。

（二）环境监测机构

1973年国务院颁布的《关于保护和改善环境的若干规定（试行草案）》对环境监测工作进行了专门规定，明确了环境监测机构的职责，提出"以现有卫生系统的卫生防疫单位为基础"承担监测任务。党的十一届三中全会以后，开始形成以环境保护部门的监测站为中心的环境监测网络。2008年，环保部成立了环境监测司，各省相继成立了专门的环境监测管理机构，实现了环境监测体制的政事分离。

环境检测机构必须经过严格的实验室认可，依照国际通用的ISO/IECI建立质量体系。监测工作依据国家有关法律法规和技术标准执行，以确保监测工作的公正性和合法性，及其数据的合法性和有效性。环境监测机构在进行环境监测时，要遵守"五个统一"原则：统一管理、统一标准、统一监测、统一质量、统一信息发布。《环境保护法》第17条规定，有关行业、专业等各类环境质量监测站（点）的设置应当符合法律法规规定和监测规范的要求；监测机构应当使用符合国家标准的监测设备，遵守监测规范；监测机构及其负责人对监测数据的真实性和准确性负责。

2015年，党的十八届五中全会提出实行省以下环保机构监测监察执法垂直管理制度，对环境监测机构原有管理体制进行改革。机构层级由原来的国家、省、市、县四级缩小至两级，即国家级和省级。原有的市级环境监测机构，调整为由省环境保护部门和当地人民政府双重管理，但是以省级环境主管部门管理为主，市级"人、事"由省级环境主管部门管理，"财权、物权"由当地政府负责。① 原有的县级环境监测机构，仍由县环境保护局直接领导和管理，但是县环境保护局调整为市环境保护局的派出分局。调整之后，我国县级层面不再设置环境保护局和环境监测机构。省以下环保机构监测监察垂直管理改革将环境监测和监察职权上收省级环保部门，由省级环保部门通过向市、县派驻方式进行环境监察和监测。市、县环境监测和监察人事任免由省级环保部门承担，从而将有效减少环

---

① 参见周隆基、高小满：《关于省以下环保监测监察执法垂直管理制度的思考和建议》，载《长春理工大学学报（社会科学版）》2019第2期。

境监测和环境监察机构对当地政府的依赖,增强环境监测和环境监察工作的权威性、独立性。

省以下环保机构监测监察执法垂直管理制度的实行具有重大意义。一是有利于提高政府的监管效能,一定程度上摆脱地方政府对环境监测机构的权力管控,避免地方出于经济发展的目的对环境监测工作的正常开展造成阻碍以及监测数据造假的可能,也有利于对跨地区、跨流域环境问题的治理;二是有利于进一步深化环保体制改革。地方政府尤其是基层政府对企业排污的监管往往无法迅速到位。一方面是地方环境监测机构的监测水平有限,另一方面是权限不足,政府对企业,尤其是县、乡企业的排污行为缺少行之有效的监督和处罚。实行垂直管理制度之后,县(区)级作为市级的派出分局,其环境许可权一并上收市级,由市级统一行使;同时环境执法权逐渐下放基层,并赋予环境执法队伍相应的职权,便于基层环境执法工作的有效开展。

第五节 生态保护制度

一、生态红线制度

(一)生态红线制度的概念

生态红线制度也称为生态保护红线制度,是指在自然生态服务功能、环境质量安全、自然资源利用等方面,实行严格保护的空间边界与管理限值,以维护国家和区域生态安全及经济社会可持续发展,保障公众健康的法律规定。

长期以来,基于经济发展的需要,我国一直保持较大的环境资源开发强度,国土空间开发格局没有充分考虑生态环境和资源承载的能力极限,这也是我国环境问题的根源所在。生态红线制度的最早出现,就是由于我国改革开放后一些环境保护问题凸显,政府试图从空间格局的角度提出基准线要求,以满足环境治理的整体性需要。广东省政府2005年制定的《珠江三角洲环境保护规划纲要》中首次提出"红线区域"概念,内容上涵盖了自然保护区等多种生态功能性区划,并提出了严格保护的要求,形成根据生态系统服务功能确定的"空间红线"和保护措施的结构,是我国第一个"生态保护红线"制度。国务院 2011 年发布的《国务院关于加强环境保护重点工作的意见》首次提出"生态保护红线"的概念。① 2013 年,党的十八届三中全会决议提出了"划定生态保护红线"的要求,形成按主体功能分区开发保护国土空间的制度和机制,包括国家公园体制、资源环境承载能力监测预警机制等。② 2014 年修订的《环境保护法》正式确立了生态保护红线制度。根据该法第 29 条的规定,国家在重点生态功能区、生态环境敏感区和脆弱区等区域划定生态保护红线,实行严格保护。

(二) 生态红线的划定与功能

1. 生态红线的划定

根据《生态保护红线划定指南》③,生态红线是指在生态空间范围内具有特殊重要生态功能、必须强制性严格保护的区域,是保障和维护国家生态安全的底线和生命线,通常包括具有重要水源涵养、生物多样性维护、水土保持、防风固沙、海岸生态稳定等功能的生态功能重要区域,以及水土流失、土地沙化、石漠化、盐渍化等生态环境敏感区域和脆弱区域。

生态红线的划定需要遵守以下四项原则:

(1) 科学性原则

以构建国家生态安全格局为目标,采取定量评估与定性判定相结合的方法划定生态保护红线。在资源环境承载能力和国土空间开发适宜性评价的基础上,按照生态系统服务功能的重要性、生态环境的敏感性识别生态红线的范围,并落实到国土空间,确保生态红线布局合理、落地准确、边界清晰。

---

① 《国务院关于加强环境保护重点工作的意见》规定,国家编制环境功能区划,在重要生态功能区、陆地和海洋生态环境敏感区、脆弱区等区域划定生态红线,对各类主体功能区分别制定相应的环境标准和环境政策。

② 参见肖峰、贾倩倩:《论我国生态保护红线制度的应然功能及其实现》,载《中国地质大学学报(社会科学版)》2016 年第 6 期。

③ 《关于印发〈生态保护红线划定指南〉的通知》,环办生态〔2017〕48 号。

(2) 整体性原则

统筹考虑自然生态的整体性和系统性,结合山脉、河流、地貌单元、植被等自然边界以及生态廊道的连通性,合理划定生态红线,应划尽划,避免生境破碎化,加强跨区域间生态红线的有序衔接。

(3) 协调性原则

建立协调有序的生态红线划定工作机制,强化部门联动,上下结合,充分与主体功能区规划、生态功能区划、水功能区划以及土地利用现状、城乡发展布局、国家应对气候变化规划等相衔接,与永久基本农田保护红线和城镇开发边界相协调,与经济社会发展需求和当前监管能力相适应,统筹划定生态红线。

(4) 动态性原则

根据构建国家和区域生态安全格局、提升生态保护能力和保护生态系统完整性的需要,生态红线布局应不断优化和完善,生态红线的面积只增不减。

2. 生态红线的功能

生态红线能够遏制生态环境退化形势,划定生态红线主要是为了保护生态系统,保障国家安全,优化国家生态安全格局,增强经济社会可持续发展能力。[1] 我国的环境资源问题近年来逐渐凸显,环境保护形势较为严峻,环境污染和生态破坏问题不断,生态系统退化明显。我国是能源供给大国,但也是能源消耗大国,根据2018年的数据,我国能源消费总量达到46.4亿吨标准煤,比1978年增长7.7倍,位居世界第一。[2] 能源的大量消耗为经济快速发展提供了强有力的支撑,但是区域性大气污染、流域(海域)水环境污染、土壤重金属污染、环境突发事件等问题突出,目前的生态保护措施效果有限。因此,在继耕地红线之后建立生态红线制度的,是当前环境保护情势的客观要求。生态红线制度以最为严格的生态底线限值,防止生态系统的根本性破坏,加大关键生态区域保护力度,减少人类活动对自然带来的不良影响,进一步促进经济社会可持续发展。

---

[1] 参见杨邦杰、高吉喜、邹长新:《划定生态保护红线的战略意义》,载《中国发展》2014年第1期。

[2] 参见电力规划设计总院:《中国能源发展报告2018》,http://www.eppei.ceec.net.cn/art/2019/4/30/art_50133_2320779.html,2021年5月19日访问。

(三)生态红线制度的未来发展

目前,我国的生态红线制度还存在一些问题。比如,主要实施依据是中央政策文件,缺乏专门性或可操作性立法,与其他相关制度之间缺乏衔接与协调等。由于生态红线所划定的范围较广,既包括依据《自然保护区条例》进行管理的自然保护区,又包括没有通过专门立法进行管理的重点生态功能区、生态环境敏感脆弱区、国家公园等,容易与自然保护区、国家公园等自然保护地制度发生重叠。因此,未来我国在生态红线制度方面的立法重点包括:一是由各地方、各自然保护区管理机构制定地方法规或管理条例、规章等,以增强生态红线制度的可操作性;二是建立分区分类管理和考核制度,按照生态红线的主导功能分别划定水源涵养区、水土保持区、生物多样性维持区等,实施分区分类管理和相应考核;三是处理好生态红线制度与自然保护地等相关制度之间的关系,确定不同制度的边界。[①]

二、自然保护地制度

作为生态建设的核心载体,自然保护地是中华民族的宝贵财富、美丽中国的重要象征,在维护国家生态安全中居于首要地位。

(一)自然保护地的概念、设立目的与体系

1. 自然保护地的概念与设立目的

自然保护地是由各级政府依法划定或确认,对重要的自然生态系统、自然遗迹、自然景观及其所承载的自然资源、生态功能和文化价值实施长期保护的陆域或海域。建立自然保护地的目的在于守护自然生态,保育自然资源,保护生物多样性与地质地貌景观多样性,维护自然生态系统的健康稳定;为人民提供优质生态产品,为全社会提供科研、教育、体验、游憩等公共服务,以更好地发挥生态系统的服务功能,维持人与自然的和谐共生。我国经过60多年的努力,已建立了数量众多、类型丰富、功能多样的各级各类自然保护地,包括自然保护区、森林公园、地质公园、海洋公园、湿地公园、国家公园等,在保护生物多样性、保存自然遗

---

① 参见何艳梅:《黄河法中生态保护制度的构建》,载《中国环境管理》2021年第2期。

产、改善生态环境质量和维护国家生态安全方面发挥了重要作用。

2. 自然保护地体系

2019年6月26日,中共中央、国务院发布《关于建立以国家公园为主体的自然保护地体系的指导意见》(以下简称《指导意见》),要求建立以国家公园为主体的自然保护地体系。《指导意见》指出,到2020年,提出国家公园及各类自然保护地总体布局和发展规划,完成国家公园体制试点,设立一批国家公园,完成自然保护地勘界立标并与生态保护红线衔接,制定自然保护地内建设项目负面清单,构建统一的自然保护地分类分级管理体制。到2025年,健全国家公园体制,完成自然保护地整合归并优化,完善自然保护地体系的法律法规、管理和监督制度,提升自然生态空间承载力,初步建成以国家公园为主体的自然保护地体系。到2035年,显著提高自然保护地管理效能和生态产品供给能力,自然保护地规模和管理达到世界先进水平,全面建成中国特色自然保护地体系;自然保护地占陆域国土面积18%以上。

《指导意见》按照自然生态系统原真性、整体性、系统性及其内在规律,依据管理目标与效能并且借鉴国际经验,将自然保护地按照生态价值和保护强度高低,依次分为以下三类:

(1) 国家公园

国家公园是指以保护具有国家代表性的自然生态系统为主要目的,实现自然资源科学保护和合理利用的特定陆域或海域,是我国自然生态系统中最重要、自然景观最独特、自然遗产最精华、生物多样性最富集的部分,保护范围大,生态过程完整,具有全球价值、国家象征,国民认同度高。《指导意见》规定,确立国家公园在维护国家生态安全关键区域中的首要地位,确保国家公园在保护最珍贵、最重要生物多样性集中分布区中的主导地位,确定国家公园保护价值和生态功能在全国自然保护地体系中的主体地位。国家公园建立后,在相同区域一律不再保留或设立其他自然保护地类型。

(2) 自然保护区

自然保护区是指保护典型的自然生态系统、珍稀濒危野生动植物种的天然集中分布区、有特殊意义的自然遗迹的区域。自然保护区具有较大面积,目的是确保主要保护对象的安全,维持和恢复珍稀濒危野生动植物种群数量及赖以生存的栖息环境。

(3) 自然公园

自然公园是指保护重要的自然生态系统、自然遗迹和自然景观,具有生态、观赏、文化和科学价值,可持续利用的区域,包括森林公园、地质公园、海洋公园、湿地公园等各类自然公园。

此外,《指导意见》提出以下两点要求:一是制定自然保护地分类划定标准。对现有的自然保护区、风景名胜区、地质公园、森林公园、海洋公园、湿地公园、冰川公园、草原公园、沙漠公园、草原风景区、水产种质资源保护区、野生植物原生境保护区(点)、野生动物重要栖息地等各类自然保护地开展综合评价,按照保护区域的自然属性、生态价值和管理目标进行梳理调整和归类,逐步形成以国家公园为主体、自然保护区为基础、各类自然公园为补充的自然保护地分类系统。二是结合自然资源资产管理体制改革,构建自然保护地分级管理体制。按照生态系统重要程度,将国家公园等自然保护地分为中央直接管理、中央地方共同管理和地方管理三类,实行分级设立、分级管理。其中,中央直接管理和中央地方共同管理的自然保护地由国家批准设立;地方管理的自然保护地由省级政府批准设立,管理主体由省级政府确定。另外,还要探索公益治理、社区治理、共同治理等保护方式。

全国人大常委会2020年通过的《长江保护法》已经纳入了《指导意见》的上述有关要求。该法第39条规定,国家统筹长江流域自然保护地体系建设。国务院和长江流域省级政府在长江流域重要典型生态系统的完整分布区、生态环境敏感区以及珍贵野生动植物天然集中分布区和重要栖息地、重要自然遗迹分布区等区域,依法设立国家公园、自然保护区、自然公园等自然保护地。

(二) 国家公园体制

1. 国家公园体制的建立

2013年,党的十八届三中全会提出"建立国家公园体制"。2015年,中共中央、国务院印发的《生态文明体制改革总体方案》为生态文明领域改革作出顶层设计,对建立国家公园体制提出了具体要求,强调"加强对重要生态系统的保护和永续利用,改革各部门分头设置自然保护区、风景名胜区、文化自然遗产、森林公园、地质公园等体制","保护自然生态系统和自然文化遗产原真性、完整性"。同年颁布的《中共中央、国务院关于加快推进生态文明建设的意见》首次提出国家公园实行"分级、统一管理"的管理体制。2016 年,三江源成为党中央、国务院批复的第一个国家公园体制试点,拉开了我国国家公园实践探索的序幕。此后多个国家公园体制先后纳入试点。截至 2019 年年底,全国已完成了 10 处国家公园体制试点,[①]涉及青海、吉林、黑龙江、四川、陕西、甘肃、湖北、福建、浙江、湖南、云南、海南等 12 个省,总面积约 22 万平方公里。《长江保护法》第 24 条规定,国家对长江干流和重要支流源头实行严格保护,设立国家公园等自然保护地,保护国家生态安全屏障。今后我国将加快国家公园立法进程,明确国家公园设立标准和程序要求,构建并完善国家公园标准规范体系。

2. 国家公园体制的未来发展

由于建设时间短,我国的国家公园制度还存在许多问题,比如主要实施依据仅为中央政策文件,缺乏专门立法,没有建立规划制度等,尤其是存在管理部门权限不明的问题。世界各国的国家公园主要有中央集中管理、地方自主管理和中央与地方双重管理三种管理体制。目前我国国家公园实行双重管理体制,中央层面的专门管理机构是国家林业和草原局(加挂国家公园管理局的牌子),三江源、祁连山等国家公园也设立了相应的国家公园管理局,接受中央国家公园管理局的监督指导,实践中还有地方政府进行管理。然而这种双重管理体制并未明确每个国家公园管理局与地方政府之间的权限划分,容易造成两者的关系混乱,难免会有权力交叉和重叠、部门之间相互推诿等情况发生。因此,我国未来在国家公园制度方面的立法重点有以下几个方面:一是由三江源国家公园管理局、祁连山国家公园管理局等因地制宜,制定专门的管理条例或规章;二是建立国家公园规划制度,在生态保护优先的理念下编制和实施规划;三是明确每个国

[①] 这 10 处国家公园体制试点分别是:东北虎豹国家公园、祁连山国家公园、大熊猫国家公园、三江源国家公园、海南热带雨林国家公园、武夷山国家公园、神农架国家公园、普达措国家公园、钱江源国家公园和南山国家公园。

家公园管理局和地方政府之间的权限划分,建立两者之间的协同机制。①

此外,为了进一步完善国家公园体制,中央政府在国家公园管理中需要承担首要责任,在国家公园体制中建立以财政投入为主的多元化资金保障机制。中央政府直接行使全民所有自然资源资产所有权的国家公园支出,由中央政府出资保障。委托省级政府代理行使全民所有自然资源资产所有权的国家公园支出,由中央和省级政府根据事权划分,分别出资予以保障。国家公园的财政投入应当以日常管理、保护监测和能力建设为主要方向,严控工程建设项目,避免不当基础设施投资可能造成的生态环境破坏。同时,国家公园作为全民公益事业,应当鼓励公众、社会组织和企业的资金支持,②在确保国家公园生态保护和公益属性的前提下,探索多渠道多元化的投融资模式。

三、生态补偿制度

生态补偿是以保护生态环境、促进人与自然和谐为目的,根据生态系统服务价值、生态保护成本、发展机会成本,综合运用行政和市场手段,由国家、生态受益地区或生态受益者、自然资源利用者或环境污染者向生态保护地区或生态保护者提供经济补偿的政策措施。生态补偿是一项对生态保护地区和生态保护者提供经济激励、实现环境公平和经济社会可持续发展的环境经济政策,甚至可以说是解决生态保护问题的关键手段,其核心是利益均衡。③

(一)生态补偿的含义与类型

1. 生态补偿的含义

有学者认为,有关资源物权和环境物权的有偿使用和污染者负担属于生态补偿,它通过对利用或损害环境资源的行为进行收费(或补偿),提高该行为的成本,从而刺激行为主体减少因其行为带来的负外部性,或者使负外部性内部化,达到保护环境资源的目的。本书认为,为了避免逻辑和制度混乱,这种有偿使用

---

① 参见何艳梅:《黄河法中生态保护制度的构建》,载《中国环境管理》2021年第2期。
② 参见杨锐:《中国国家公园治理体系:原则、目标与路径》,载《生物多样性》2021年第3期。
③ 参见何艳梅:《环境法的激励机制》,中国法制出版社2014年版,第300页。

和污染者负担不宜纳入生态补偿的范畴,对"生态补偿"应当狭义地界定为"生态受益者补偿",突出生态补偿的权利人是生态保护地区或生态受益者,应当仅仅局限于国家、生态受益地区或生态受益者对为生态保护作出贡献或牺牲的地区或行为主体,比如为生态功能区、流域上游、退耕还林者提供的经济补偿,即局限于对生态保护行为的正外部性的内部化,而不包括环境资源有偿使用、污染者负担等对环境污染或破坏行为的负外部性的内部化。当然环境资源有偿使用和污染者负担与生态补偿也有密切关系,环境资源的有偿使用者和污染者是生态补偿的义务人,他们通过缴纳资源税费、排污费等为生态补偿提供资金。

2. 生态补偿的类型

生态补偿包括生态功能区补偿、流域生态补偿、生态要素补偿等很多类型,都是通过对保护生态系统的行为主体进行补偿,提高该行为的收益,从而激励行为主体增加因其行为带来的正外部经济性,达到保护生态系统的目的。生态功能区生态补偿是指生态功能区因保护生态系统而丧失经济发展机会及其带来的收益,由国家或生态保护受益地区给予补偿的制度。流域生态补偿机制就是国家和生态保护受益地区对由于保护流域整体生态系统的良好和完整而失去发展机会的地区以优惠政策、资金、实物等形式的补偿制度,其实质是流域上中下游地区政府之间部分财政收入的再分配过程,目的是建立公平合理的激励机制,使整个流域能够发挥出整体的最佳效益。这是一种需要基于流域主体功能区划和生态系统服务功能而构建的生态补偿机制。生态要素补偿就是对森林、草原、野生动物等具体生态要素的保护实施补偿。

(二)我国关于生态补偿制度的政策、立法与实践

1. 生态补偿政策

我国生态补偿制度建设是一个复杂的系统工程,涉及法律法规体系、财政制度、生态工程建设、环境税费制度、市场交易制度等一系列制度的建设和配套问题。但是决策层对其推行高度重视。2010年12月,国务院将《生态补偿条例》正式列入立法程序。《国民经济和社会发展十二五规划纲要》明确指出,"按照谁开发谁保护、谁受益谁补偿的原则,加快建立生态补偿机制。加大对重点生态功能区的均衡性转移支付力度,研究设立国家生态补偿专项资金。推行资源型企

业可持续发展准备金制度。鼓励、引导和探索实施下游地区对上游地区、开发地区对保护地区、生态受益地区对生态保护地区的生态补偿。积极探索市场化生态补偿机制。加快制定实施生态补偿条例。"党的十八届三中全会决议指出,"实行资源有偿使用制度和生态补偿制度……坚持谁受益、谁补偿原则,完善对重点生态功能区的生态补偿机制,推动地区间建立横向生态补偿制度。"

2. 生态补偿立法

我国还没有关于生态补偿的单行国家立法。2014年修订的《环境保护法》规定建立生态补偿制度。该法第31条规定,国家建立、健全生态保护补偿制度;国家加大对生态保护地区的财政转移支付力度;有关地方政府应当落实生态保护补偿资金,确保其用于生态保护补偿;国家指导受益地区和生态保护地区政府通过协商或者按照市场规则进行生态保护补偿。《水污染防治法》第8条规定,国家通过财政转移支付等方式,建立健全对位于饮用水水源保护区区域和江河、湖泊、水库上游地区的水环境生态保护补偿机制。《长江保护法》第76条第1、2款规定,国家建立长江流域生态保护补偿制度;国家加大财政转移支付力度,对长江干流及重要支流源头和上游的水源涵养地等生态功能重要区域予以补偿。具体办法由国务院财政部门会同国务院有关部门制定。此外,《森林法》《草原法》《野生动物保护法》《水土保持法》《防沙治沙法》等规定了退耕还林还草、保护野生动物、治理水土流失、治理沙化土地等方面的生态补偿。①

3. 生态补偿实践

根据国务院2016年发布的《关于健全生态保护补偿机制的意见》,生态补偿的基本原则是:权责统一、合理补偿;政府主导、社会参与;统筹兼顾、转型发展;试点先行、稳步实施。在实践中,国务院大规模开展了退耕还林还草的生态要素补偿,部分跨流域的地方政府开展了流域生态补偿。流域生态补偿的研究和实践始于20世纪90年代初期,其内容主要包括上中下游跨区域调水的生态补偿、上中下游生态环境效益补偿等。采取的补偿方式主要有:财政转移支付、建立生

---

① 分别参见《森林法》第8条第2款、《草原法》第48条、《野生动物保护法》第14条、《水土保持法》第31条、《防沙治沙法》第35条的规定。

态补偿专项资金、水权交易、异地开发、排污权交易等。① 但是,对其他生态要素的补偿、对生态功能区生态补偿则起步较晚。

我国在生态补偿的财政转移支付方面已经设立了专项资金,即国家重点生态功能区转移支付资金。另外,财政部于 2011 年 7 月制定了《国家重点生态功能区转移支付办法》。该办法指出,为维护国家生态安全,引导地方政府加强生态环境保护力度,提高国家重点生态功能区所在地政府基本公共服务保障能力,促进经济社会可持续发展,中央财政在均衡性转移支付项下设立国家重点生态功能区转移支付。专项资金分配的范围和对象是以下三类:一是青海三江源自然保护区、南水北调中线水源地保护区、海南国际旅游岛中部山区生态保护核心区等国家重点生态功能区;二是《全国主体功能区规划》中限制开发区域(重点生态功能区)和禁止开发区域;三是生态环境保护较好的省区。对于环境保护部制定的《全国生态功能区划》中其他国家生态功能区,给予引导性补助。

(三)生态补偿制度的未来发展

在我国生态补偿的实践中,存在生态价值难以用货币衡量、生态补偿内容不明确、补偿对象不明确以及行业、部门之间的条块分割等问题。为了实现环境公平和利益均衡,我国应当尽快进行生态补偿立法,可以由国务院出台"生态补偿条例",在吸取实践中的成功经验和教训的基础上,系统建立生态补偿制度,明确生态补偿的原则、主体、对象、范围、标准及方式等。结合我国生态补偿的实际情况,这里强调以下几点:

1. 补偿义务主体

《环境保护法》《水污染防治法》等单行法律规定了各级政府提供和落实生态保护补偿资金的职责。然而,单纯依靠国家财政补偿,不利于生态系统的可持续保护和财政资金的合理分配。为了减轻财政压力,加强环境资源的直接利用者和受益者的环境保护责任以确保利益平衡,应当扩大补偿义务主体的范围。根据《国务院办公厅关于健全生态保护补偿机制的意见》,生态补偿的义务主体应

---

① 参见赵光洲、陈妍竹:《我国流域生态补偿机制探讨》,载《经济问题探索》2010 年第 1 期。

当严格根据"开发者保护、排污者付费、受益者负担"原则进行界定,形成受益者付费、保护者得到合理补偿的运行机制。具体而言,生态补偿的义务主体应当包括各级政府,以及环境资源的直接利用者和受益者。国家制定相应的补偿政策,对大型生态修复工程给予补贴,地方政府对其管辖范围内的重点生态修复工程提供财政补贴,环境资源的直接利用者和受益者通过缴纳资源税费、排污费或环境保护税等为政府主导的生态补偿提供资金。

2. 补偿标准

补偿标准应当主要从以下两方面进行考虑:一是生态效益标准,就是在制定生态补偿的最低标准时,应当体现出生态系统所创造的全部生态效益,即按照其生态价值进行倒推;二是劳动价值标准,就是在制定生态补偿的最低标准时考虑劳动价值理论。以森林生态系统为例,需要考虑其种植成本、养护成本、机会成本,以此来提高受偿主体保护生态系统的积极性,发挥导向作用。各级政府在制定补偿标准时,应当在综合考虑地区经济发展水平、财政承受能力、生态保护目标与质量等的基础上,将生态补偿标准进行划分,以提高生态补偿工作的科学性。

3. 补偿资金的来源

生态补偿的资金来源有政府财政、市场化补偿等。补偿资金的主要来源应当是纵向和横向的财政转移支付机制,即由中央政府和生态受益地区的政府向生态保护地区的政府、企业和个体进行财政转移支付,[①]同时鼓励吸引社会资金,建立市场化的补偿机制。《长江保护法》第 76 条第 4 款规定,国家鼓励社会资金建立市场化运作的长江流域生态保护补偿基金;鼓励相关主体之间采取自愿协商等方式开展生态保护补偿。

生态系统属于公共产品,由政府提供财政资金进行生态维护有其合理性。同时,市场化补偿也是生态补偿机制的重要组成部分。一是因为政府财政有其局限性,巨额的生态补偿专项资金加大了政府的财政负担,并且对广大环境利益受损者而言是一种额外支出和不合理税收。二是通过市场化补偿,例如自然资

---

① 参见何艳梅:《环境法的激励机制》,中国法制出版社 2014 年版,第 303—304 页。

源使用权交易、排污权交易、碳排放权交易,使环境资源的直接利用者和受益者为生态补偿提供资金,符合利益平衡和公平正义原则。

4. 补偿方式

补偿方式需要多元化,对不同情况采取不同的补偿方式。或者是资金补偿、实物补偿等"输血型"补偿方式,或者是政策补偿、技术补偿等"造血型"补偿方式。其中,资金补偿包括财政转移支付、环境资源税费、建立生态补偿基金等;实物补偿包括粮食补贴、机械设备补贴等;政策补偿包括生态标记、项目支持、异地开发、信贷优惠等;技术补偿包括技术投入等。

四、生态环保监督问责制度

(一)生态环保监督问责制度的含义

生态环保监督问责是为了保障党委、政府、有关工作部门以及党政负责人等履行环境监管职责,在其履行职责不力的情况下追究其责任的制度,又称为环保督政问责制度。当因决策错误或者监管不力导致重大生态环境问题出现时,必须追究相关党政领导人的责任,并且是终身追责制。

生态环保监督问责制度是在2009年原环境保护部发布的《环境违法案件挂牌督办管理办法》基础上发展起来的环保政策性制度。建立该制度的必要性在于:第一,长期以来,地方政府既有地方经济发展压力,又有环境保护和管理的责任。经济发展和实绩的需求使得很多地方都出现了重视经济发展,忽视环境保护,甚至为了单纯追求经济增长而破坏生态环境,出现重大环境事故的现象。第二,政府所属部门众多,对环保问题负有职责的主要是各级党委、政府及其环保、水利等相关职能部门,但是责任不清。第三,地方政府的执法能力偏弱,地方环保部门存在执法地位不明确、执法手段偏软、震慑效果不明显等情况。

(二)生态环保监督问责制度的主要内容

1. 环保行政监督问责

环保行政监督问责的具体手段包括约谈、区域限批、挂牌督办、综合督察和环保督察等。① 2009年《环境违法案件挂牌督办管理办法》出台后,对公众反映强烈、影响社会稳定的环境污染和生态破坏案件展开了挂牌督办、限期完成查处和整改任务。2014年《环境保护部约谈暂行办法》规定,环境保护部门可以约见未履行环境保护职责或履行职责不到位的地方政府及相关人员,加强了负有环境保护职责的所有行政人员的行政责任。2014年《环境保护法》第6条第2款正式明确地方各级政府应对本行政区域的环境质量负责。如果环境质量下降、生态遭受破坏,政府应当承担责任。②

2. 生态环境损害党政同责

中共中央、国务院2015年发布的《党政领导干部生态环境损害责任追究办法(试行)》第2条规定,该办法适用于县级以上地方各级党委和政府及其有关工作部门的领导成员、中央和国家机关有关工作部门领导成员,以及上列工作部门的有关机构领导人员。第3条规定,地方各级党委和政府对本地区生态环境和资源保护负总责,党委和政府主要领导成员承担主要责任,其他有关领导成员在职责范围内承担相应责任;中央和国家机关有关工作部门、地方各级党委和政府的有关工作部门及其有关机构领导人员按照职责分别承担相应责任。第4条规定,党政领导干部生态环境损害责任追究坚持权责一致、终身追究的原则。这不仅首次将党委对生态环保的责任纳入规范性文件,确立"党政同责",而且进一步明确了环保责任终身追究制。该办法第5—8条分别规定了应当追究相关地方党委和政府主要领导成员责任的具体情形、应当追究政府有关工作部门领导成员的责任的具体情形,以及党政干部利用职务影响应当追责的具体情形。根据该办法第10条的规定,党政领导干部生态环境损害责任追究形式包括:诫勉、责令公开道歉;组织处理,包括调离岗位、引咎辞职、责令辞职、免职、降职等;党纪政纪处分。

3. 生态文明建设目标责任制和考核评价制度

2016年,党中央、国务院发布《生态文明建设目标评价考核办法》,规定对各

---

① 参见葛察忠、翁智雄、董战峰:《环保督查制度:推动建立督政问责监管体系》,载《环境保护》2016年第7期。
② 参见吕忠梅主编:《环境法学概要》,法律出版社2016年版,第181页。

省、自治区、直辖市党委和政府生态文明建设目标的评价考核。生态文明建设目标评价考核实行党政同责,地方党委和政府领导成员生态文明建设一岗双责,按照客观公正、科学规范、突出重点、注重实效、奖惩并举的原则进行。生态文明建设目标评价考核在资源环境生态领域有关专项考核的基础上综合开展,采取评价和考核相结合的方式,实行年度评价、五年考核。考核内容是重点评估各地区上一年度生态文明建设进展总体情况,引导各地区落实生态文明建设相关工作,每年开展一次。考核目标是通过考查各地区生态文明建设重点目标任务完成情况,强化省级党委和政府生态文明建设的主体责任,督促各地区自觉推进生态文明建设。

(三)生态环保监督问责制度的实施

2019年6月,中共中央、国务院发布《中央生态环境保护督察工作规定》,明确了中央生态环保督察工作以解决突出生态环境问题、改善生态环境质量、推动高质量发展为重点,通过例行督察、专项督察和"回头看"等形式进一步强化督政问责。

1. 督察机构及职责

成立中央生态环保督察工作领导小组,负责贯彻国家有关生态环保督察的决策部署、组织协调中央生态环保督察工作,中央生态环保督察办公室承担中央生态环保督察的组织实施工作,指导省一级的生态环保督察工作;督察组承担具体的生态环保督察任务。

2. 督察对象和内容

督察对象包括承担重要生态环保职责的国务院有关部门,省级党委、政府及其相关部门,以及地市级党委、政府及其相关部门。督察内容则包括贯彻落实习近平生态文明思想、新发展理念的情况,贯彻落实国家生态文明建设、生态环保决策部署的情况,贯彻落实国家生态环保的法律、政策、标准、规划等情况,突出的生态环境问题、生态环境重点区域、流域的整治情况等

3. 督察程序和权限

中央生态环保督察的程序一般包括督察的准备、进驻、报告、反馈、移交移送、整改落实和立卷归档等,进驻以后开展工作的方式主要包括听取专题汇报、

环/境/法/学/理/论/与/实/务

个别谈话、受理举报、调阅文件、走访问询、调查取证、召开座谈会、约见约谈等。通过督政问责工作,对未履行(或未正确履行)职责而造成生态损害的党政干部依纪依法问责,涉嫌犯罪的移送监察机关或司法机关处理。

案例分析
上海鑫晶山建材开发有限公司诉上海市金山区环境保护局环保行政处罚纠纷案①

一、案情介绍

因群众举报,2016年8月17日,上海市金山区环保局执法人员前往上海鑫晶山建材开发有限公司(以下简称"鑫晶山公司")进行检查,并由金山区环境监测站工作人员对该公司厂界臭气和废气排放口进行气体采样。金山区环境监测站检测之后,在8月26日出具了编号为XF 26-2016的《测试报告》。报告内容显示,3号监测点臭气浓度一次性最大值为25,超出《恶臭污染物排放标准》(GB 14554-1993)规定的排放限值20。2016年9月5日,金山区环保局收到《测试报告》,遂于当日进行立案,开展调查。金山区环保局于2016年11月9日制作了金环保改字〔2016〕第224号《责令改正通知书》及《行政处罚听证告知书》,并送达鑫晶山公司。应鑫晶山公司的要求,金山区环保局于2016年11月23日组织了听证。2016年12月2日,金山区环保局作出第2020160224号《行政处罚决定书》:鑫晶山公司的行为违反了《大气污染防治法》第18条的规定,依据《大气污染防治法》第99条第2项的规定,决定对鑫晶山公司罚款人民币25万元。鑫晶山公司不服金山区环保局作出的行政处罚决定,于2017年1月3日向金山区人民法院提起行政诉讼。

二、争议焦点

本案争议焦点是,被告根据环境监测站出具的《监测报告》认定原告排放污染物且排放浓度超标的行为是否合法。原告鑫晶山公司诉称,被告作出处罚决

---

① (2017)沪0116行初3号判决书。

定所依据的《监测报告》未清晰界定原告所属的环境空气功能区及对应的恶臭污染物厂界标准值;三类环境空气功能区已并入二类区,但是不代表三类区已经取消,原告所在区域有可能适用《恶臭污染物排放标准》中三级恶臭污染物厂界标准值;同时,连续排放源排放监测采样频率与间歇排放源不同,《监测报告》也未明确采取何种采样频率。原告认为被诉行政处罚决定认定事实错误,请求予以撤销。被告金山区环保局辩称,其作为环境保护主管部门,有权对大气污染违法行为进行行政处罚;被告对原告无组织排放恶臭污染物进行了监督监测,在其厂界采样后,经检测,3号监测点臭气浓度一次性最大值超出了恶臭污染物排放国家标准,该事实证据确凿,原告调查时亦无异议;三类环境空气功能区已并入二类区,《监测报告》认定原告所在区域应执行二级恶臭污染物厂界标准限值20并无不当,而且监测时根据现场情况对原告厂界四个点位各采集三次并取其最大值的做法亦符合规定。被告认为被诉行政处罚决定认定事实清楚,请求依法驳回原告的诉讼请求。

三、裁判要旨

根据《大气污染防治法》第18条的规定,企业事业单位和其他生产经营者向大气排放污染物的,应当符合大气污染物排放标准,遵守重点大气污染物排放总量控制要求。本案中原告作为排污单位,生产活动全程排放的污染气体均应符合国家标准的要求,既包括有组织排放,也包括泄露、无组织排放。生产原料的处置、管理属于生产环节之一,原告作为生产单位对此负有环境管理的义务,因疏于管理而导致厂界臭气浓度超标亦应承担相应责任。

关于原告厂界执行何种恶臭污染物排放标准的问题,《恶臭污染物排放标准》将恶臭污染物厂界标准值分为三级,根据《环境空气质量标准》(GB 3095)中的一二三类区域执行相应标准。其中二级标准又分为两类,第一类为"新扩改建"类,臭气浓度标准限值为20;第二类为"现有"类,臭气浓度标准限值为30。金山区环境监测站结合原告厂区所在区域及原告已于2009年实施项目技术改造等情况,将原告厂界臭气浓度标准认定为二级标准"新扩改建"类限值20,并无不当。

关于环境监测机构出具的《监测报告》是否明显有误的问题,法院认定金山区环境监测站具有对臭气浓度进行检验检测的资质,其对监测对象厂界臭气浓度的采样、检测具有专业判断能力。金山区环境监测站根据现场情况,按照间歇排放源采样频率对原告厂界四个监测点位各采集三次样品进行检测,取其最大测定值,符合选择尽可能高的生产负荷及不利于污染物扩散稀释的条件进行检测的原则,没有违反《恶臭污染物排放标准》的要求。

四、裁判结果

法院判决被诉行政处罚决定认定事实清楚,证据确凿,程序合法,适用法律正确,原告诉讼请求缺乏事实根据和法律依据,不予支持;依照《行政诉讼法》第69条的规定,驳回原告鑫晶山公司的诉讼请求。

五、案件评析

本案是一例司法审查案件,即由法院审查行政行为的合法性并作出相应判决,涉及环境标准制度施行过程中双方对超标排污判定的纠纷。"超标排污"事实的认定是行政处罚的基础。污染物排放标准是为了实现国家的环境目标和环境质量标准,对污染源排放到环境中的污染物的浓度或数量所作的限量规定。本案所涉及的《恶臭污染物排放标准》是我国环境标准体系中一项基础的污染物排放标准,是必须执行的强制性标准。《恶臭污染物排放标准》将恶臭污染物厂界标准值分为三级,根据排放的区域进行分级适用。本案中原告厂域属于"新扩改建"类区域,应当适用二级标准。本案还涉及环境监测方法标准,它是确定环境监测数据以及环境纠纷中有关各方出示的证据是否合法有效的根据。合法的数据及证据必须按照法定程序和方法收集。本案中环保局依照环境监测方法标准进行监测,因此监测结果合法有效。

第四章
Chapter 4

环境法律责任

 案情导入

2020年7月,北京市昌平区生态环境局对位于昌平区小汤山镇尚信村南的北京河畔乡居农家乐旅游观光园进行检查。该单位主要从事餐饮服务,经营活动中产生的污水未经处理直接排入厂区外西侧4个污水坑中,其中2、3、4号污水坑未做防渗处理。经监测,通向污水坑的三个排放口排放的污水中,化学需氧量均超过了相应的污水排放标准。根据《水污染防治法》的规定,昌平区生态环境局责令该单位立即改正违法行为,并处以40万元罚款。同时,根据《环境保护法》和《环境保护主管部门实施限制生产、停产整治办法》的规定,责令该单位自2020年8月3日至10日期间停产整治;并根据《环境保护法》和《行政主管部门移送适用行政拘留环境违法案件暂行办法》的规定,将案件移送公安机关。本案涉及污染环境者的行政责任、对相关单位直接负责的主管人员和其他直接责任人员的行政拘留责任以及刑事责任。由此引发我们的案外思考:污染环境或破坏生态的法律责任如何承担?在同一起污染环境或破坏生态的案件中,相关责任人会不会同时承担民事责任、行政责任和刑事责任?这三种责任的归责原则和构成要件有何不同,以及它们之间的关系如何?

第一节　环境法律责任概述

一、环境法律责任的概念

环境法律责任,是指环境法主体因违反环境法律法规的规定,实施了污染环境、破坏生态的行为,造成了环境损害,或者给国家、集体、个人造成了财产或人身损害,因此应当承担的对其不利的法律后果。环境法律责任可以分为国内环境法上的责任和国际环境法上的责任。本章仅涉及国内环境法上的责任,国际环境法上的责任将在第八章进行讨论。根据引起责任的行为所违反的法律性质的不同,环境法律责任可以分为环境民事责任、环境行政责任和环境刑事责任。

二、环境法律责任的特点

与其他部门法的法律责任相比,环境法律责任具有如下特征:

第一,综合性。环境法是一个综合性法律部门,与行政法、民法、刑法等法律部门都有交叉、重叠,这决定了环境法律责任不是单一、独立的法律责任形式,而是由多种特定的法律责任组合在一起的综合性法律责任。

第二,责任构成要件上的特殊性。一般而言,法律责任的构成要件包括责任主体、主观过错、违反法律义务的行为即违法行为、损害结果,以及行为与损害之间的因果关系。但是,由于环境法律责任既有公法上的责任,又有私法上的责任,其责任构成要件极为复杂。简单来说,不同形式的环境法律责任的构成要件,应适用相应部门法的规定。

第二节 环境行政责任

一、环境行政责任概述

(一)环境行政责任的概念

环境行政责任是指违反环境法律法规,实施破坏生态或者污染环境的单位或者个人所应承担的行政方面的法律责任。环境行政责任的主体可以是行政相对人,也可以是环境行政主体。《环境保护违法违纪行为处分暂行规定》第2条规定,环境行政主体主要是指具有环境保护违法违纪行为的国家行政机关及其工作人员、企业中由国家行政机关任命的人员;法律、法规授权的具有管理公共事务职能的组织和国家行政机关依法委托的组织及其工作人员,以及其他事业单位中由国家行政机关任命的人员有环境保护违法违纪行为,应当给予处分的,参照本规定执行。

(二)环境行政责任的构成要件

环境行政责任的构成要件是指承担行政责任需要具备的法定条件,根据相关法律规定,可以分为必要要件和选择要件两类。前者是指承担环境行政责任必须具备的要件,包括行为违法和主观过错;后者是指只有在特定情况下才能成为环境行政责任的构成要件,包括危害后果和违法行为与危害后果之间有因果关系。

1. 行为违法

违法行为是指行为人实施了违反环境法律法规的行为。例如,《环境保护法》第60条规定的超过污染物排放标准或者超过重点污染物排放总量控制指标排放污染物的行为。《海洋环境保护法》第73条第1款第2项、《大气污染防治法》第99条、《水污染防治法》第83条第2项均作出相同的规定。

2. 行为的危害后果

危害后果不是承担行政责任的必要条件,除非法律有明确规定。例如,从事

1989年《环境保护法》第 35 条第 1 至 5 项规定所提及的行为,即使没有造成危害后果,也要承担行政责任。

3. 行为人的过错

行为人主观上具有故意或过失是承担行政责任的必要条件。实践中,对生态的破坏多表现为故意,对环境的污染多表现为过失。

4. 违法行为与危害后果之间具有因果关系

违法行为与危害后果之间必须存在内在的、必然的联系,而不是表面的、偶然的联系。当然,在不以危害后果为必要条件的情况下,则不存在因果关系的问题。

二、环境行政责任的形式

(一) 环境行政处罚

环境行政处罚是指环境监督管理部门依法对违反环境法律法规而破坏生态或污染环境但尚未构成犯罪的自然人、法人或其他组织所实施的一种惩戒行为。环境行政处罚的对象包括两类行为:一类是污染环境的行为,另一类是破坏生态的行为。污染环境一般是指侵权人向水、大气、土壤等自然界排放污染物的行为,诸如水污染、大气污染、土壤污染、海洋污染、光污染、噪声污染、辐射污染等。破坏生态一般是指因过度索取自然资源、破坏性开采或者因其他方式造成生态环境和自然资源损害,例如水土流失、生物多样性减少等。

1. 对污染环境行为的行政处罚

对污染环境行为的行政处罚,首先集中规定在我国的《环境保护法》中。该法规定了罚款、责令改正、责令限制生产、责令停产整治、责令停业、责令关闭、责令停止建设、责令恢复原状、责令公开等行政处罚形式。此外,对相关单位直接负责的主管人员和其他直接责任人员,还可以处以行政拘留。

2014 年修订的《环境保护法》还新增了"按日连续处罚"的法律规定。该法第 59 条第 1 款规定:"企业事业单位和其他生产经营者违法排放污染物,受到罚款处罚,被责令改正,拒不改正的,依法作出处罚决定的行政机关可以自责令改正之日的次日起,按照原处罚数额按日连续处罚。"2014 年 10 月 20 日,环境保

护部发布了《环境保护按日连续处罚暂行办法》,明确规定了按日连续处罚的适用范围和实施程序。对此需要说明的是:

第一,按日连续处罚并不是一种新的行政处罚形式,[①]它应当属于行政强制执行的执行罚,是对受到罚款处罚、被责令改正而拒不改正的违法排放污染物的企业事业单位和其他生产经营者,课以新的金钱给付处罚,以迫使其改正违法行为的强制执行。罚款必须遵循"一事不再罚"的原则,但是按日连续处罚从责任主体被责令改正违法行为之日的次日算起,按天数计算,可以反复适用;一旦责任主体改正了违法行为,则不得再继续实施。

第二,按照《环境保护法》第59条第1款和《环境保护按日连续处罚暂行办法》的相关规定,按日连续处罚仅适用于连续违法排放污染物的行为,但是《环境保护法》第59条第3款同时规定,"地方性法规可以根据环境保护的实际需要,增加第一款规定的按日连续处罚的违法行为的种类。"也即《环境保护法》以授权立法的方式,为将按日连续处罚的适用范围扩大至其他种类的生态破坏或污染环境的行为提供了可能性。

第三,虽然按日连续处罚可以反复适用,但是并不意味着对同一违法者长期连续采用这种执行罚形式。如果采用一定时间连续处罚后,违法者仍然拒不改正违法行为的,环保行政主管部门可以对其采取限制生产、停产整治等措施;情节严重的,可报经有批准权的人民政府批准,责令停业、关闭。

除了《环境保护法》规定的行政处罚形式外,《大气污染防治法》《水污染防治法》《海洋环境保护法》等环境污染防治单行法还规定了多种不同形式的行政处罚。这些单行法规定的行政处罚只能由特定的执法机关适用于特定的环境污染防治领域,否则就是越权,该行政处罚决定无效。

2. 对破坏生态行为的行政处罚

我国《环境保护法》作为环境保护的基本法律,本应对污染环境、破坏生态这两类环境违法行为分别规定对应的行政处罚,但是从其规定的责任形式来看,主要针对的是污染环境的行为,与其作为环境保护的基本法律的地位不相称。对

---

① 有学者认为按日连续处罚是比罚款更重的行政处罚形式,参见韩德培主编:《环境保护法教程》(第七版),法律出版社2015年版,第333页。

于破坏生态行为的行政处罚,散见于《水法》《土地管理法》《森林法》《草原法》《矿产资源法》《渔业法》《野生动物保护法》《水土保持法》《防沙治沙法》《野生植物保护条例》等自然资源法律法规中。整体而言,这些法律法规除了警告、罚款与环境污染防治单行法的规定类似之外,还规定了责令停止破坏行为、责令恢复被破坏的生态环境和自然资源、没收等特殊形式。其中,责令停止破坏行为是指对违反相关法律法规而破坏生态环境与自然资源者,由自然资源监督管理部门强令其停止破坏行为的行政处罚,例如《土地管理法》上的责令停止开垦。责令恢复被破坏的生态环境和自然资源是指对违反相关法律法规而破坏生态环境与自然资源者,由自然资源监督管理部门强令其在一定期限内恢复被破坏的生态功能、资源数量或者使生物繁衍、生殖或者持续发展的行政处罚形式,例如责令补种、责令恢复植被、责令恢复原状等。没收是指县级以上环境资源监督管理部门,强制将违反相关法律法规而破坏生态环境和自然资源的单位或者个人的部分或全部违法所得的财物收归国库。

(二)环境行政处分

环境行政处分是指国家机关、企事业单位按照行政隶属关系,依法对在保护和改善生活环境和生态环境、防治污染和其他公害中违法失职,但又不够刑事惩罚的所属人员的一种行政惩罚措施。根据《环境保护法》、各种自然资源和污染防治单行法的规定,以及《环境保护违法违纪行为处分暂行规定》等,环境行政处分的形式包括警告、记过、记大过、降级、降职、撤职和开除七种。实践中还有留用察看的处分形式。

行政处罚与行政处分都属于行政制裁,但是两者有明显的区别:

第一,被制裁的行为性质不同。行政处罚制裁的是公民、法人或其他组织违反法律法规的行为;行政处分制裁的则是国家机关和企事业单位内部工作人员的违法失职行为。行政处罚是行政机关的外部行政行为;行政处分则是国家机关和企事业单位的内部行政行为。

第二,实施的主体不同。行政处罚是由享有行政处罚权的主体作出,这些主体具有管理公共事务的职权,其行政处罚权已由法律法规明确规定。而行政处分是由受处分人员所在的国家机关或上级机关或监察机关或企事业单位作出的,也就是说,国家机关或企事业单位都具有对其内部工作人员的行政处分权。

第三,制裁的对象不同。行政处罚制裁的对象是违反行政法律规范的公民、法人或其他组织,与行政处罚的决定者和实施者存在管理与被管理的普通行政关系;而行政处分制裁的对象仅限于国家机关或企事业单位内部的工作人员,与行政处分的决定者和实施者存在一种基于组织关系所产生的领导与被领导的关系。

第四,制裁的形式不同。行政处罚主要包括以下几类:警告、罚款、责令停产停业、暂扣或者吊销许可证、暂扣或者吊销营业执照、没收非法财物、没收违法所得、行政拘留。不同行政机关能够作出的行政处罚种类也是不同的,需要根据法律的规定执行。行政处分的形式主要有警告、记过、记大过、降级、降职、撤职、留用察看、开除等八种。一般而言,每个国家机关或企事业单位都可以作出这八种形式的行政处分。

第五,救济的途径不同。行政处罚的救济途径是行政复议、行政诉讼及行政赔偿;行政处分的救济途径是向上一级机关或监察机关申诉。

三、环境行政问责制

行政问责制,是指一级政府对现任该级政府负责人、该级政府所属各工作部门和下级政府主要负责人在所管辖的部门和工作范围内由于故意或者过失,不履行或者未正确履行法定职责,以致影响行政秩序和行政效率,贻误行政工作,或者损害行政相对人的合法权益,给行政机关造成不良影响和后果的行为,进行内部监督和责任追究的制度。为了督促政府依法履行环境监管职责,环境法对违反环境保护职责的行政过错,规定了严格的行政问责制度。

环境行政问责是一种同体问责机制,作为行政系统内部的自我约束机制,环境行政问责的主要目标是在环境法治的基础上追求和实现环境善治。环境行政问责机制不仅要保证政府依法行政,而且要根据自身的环境保护目标和价值定位,实现良好的环境治理。政府对这种目标和价值的背离,是环境行政问责的起因。具体而言,环境行政问责制度包括问责事由、问责对象、问责主体、问责方式、问责程序等几个方面的内容。

(一) 问责事由

《环境保护法》第 68 条列举了九种环境行政法律问责事由,具体包括:(1) 不符合行政许可条件准予行政许可的;(2) 对环境违法行为进行包庇的;(3) 依法应当作出责令停业、关闭的决定而未作出的;(4) 对超标排放污染物、采用逃避监管的方式排放污染物、造成环境事故以及不落实生态保护措施造成生态破坏等行为,发现或者接到举报而未及时查处的;(5) 违反本法规定,查封、扣押企业事业单位和其他生产经营者的设施、设备的;(6) 篡改、伪造或者指使篡改、伪造监测数据的;(7) 应当依法公开环境信息而未公开的;(8) 将征收的排污费截留、挤占或者挪作他用的;(9) 法律法规规定的其他违法行为。

(二) 问责对象

根据《环境保护法》第 68 条的规定,问责对象是具有上列九种环境行政法律问责事由之一的、地方各级政府、县级以上政府环保主管部门和其他负有环保监督管理职责的部门中的直接负责的主管人员和其他直接责任人员。

(三) 问责主体

《环境保护法》第 68 条规定,上级政府及其环保主管部门应当加强对下级政府及其有关部门环保工作的监督;发现有关工作人员有违法行为,依法应当给予处分的,应当向其任免机关或者监察机关提出处分建议。依此规定,问责主体可以分为建议主体和实施主体,前者为有违法行为的工作人员的上级政府及其环保主管部门,后者为有违法行为的工作人员的任免机关或者监察机关。

(四) 问责方式

《环境保护法》第 68 条规定的责任形式包括记过、记大过、降级、撤职、开除、引咎辞职等。引咎辞职是该法新增的行政处分形式。《党政领导干部辞职暂行规定》第 14 条规定,"党政领导干部因工作严重失误、失职造成重大损失或者恶劣影响,或者对重大事故负有重要领导责任等,不宜再担任现职,本人应当引咎辞去现任领导职务。"

(五) 问责程序

记过、记大过、降级、撤职、开除等适用一般的行政处分程序。党政领导干部引咎辞职应当经过下列程序:第一,干部本人按照干部管理权限,以书面形式向党委(党组)提出辞职申请。辞职申请应当说明辞职原因和思想认识等。第二,组织(人事)部门对辞职原因等情况进行了解审核,并提出初步意见。审核中应当听取纪检机关(监察部门)的意见,并与干部本人谈话。第三,按照干部管理权限,党委(党组)集体研究,作出同意辞职、不同意辞职或者暂缓辞职的决定。党委(党组)的决定应当及时通知干部所在单位和干部本人。第四,党委(党组)作出同意辞职决定后,按照有关规定办理辞职手续。由人大、政协选举、任命、决定任命的领导干部,依照法律或者政协章程的有关规定办理。党委(党组)应当自接到干部引咎辞职申请三个月内予以答复;任免机关在同意干部引咎辞职后,应当将干部引咎辞职情况在一定范围内公布。

第三节 环境民事责任

环境民事责任是指单位或者个人因其环境侵权行为而应承担的民事方面的责任。所谓"环境侵权",是指自然人、法人或者其他组织的生活、生产活动导致环境污染或生态破坏,从而造成人身、财产或环境损害的一种特殊侵权方式,其原因行为、损害方式、价值判断具有与普通侵权行为不同的特征,适用不同于普通侵权行为的归责原则与填补方式。《民法典》第七编第七章专章规定了环境污染和生态破坏的民事责任。

一、环境民事责任的构成要件

(一)有污染环境或破坏生态的行为

只要有污染环境或破坏生态并造成他人损害的行为,并且没有法定免责事由,行为人就要承担环境民事责任,行为是否具有违法性不是环境民事责任的必备要件。例如,行为人即使达标排污,只要从事排污并发生了危害后果的,也须承担民事责任,不得以达标排放作为免除其民事责任的抗辩理由。最高人民法院《关于审理环境侵权责任纠纷案件适用法律若干问题的解释》(以下简称《环境侵权责任解释》)第1条第2款规定,"污染者以排污符合国家或者地方污染物排放标准为由主张不承担责任的,人民法院不予支持。"

(二)有损害后果的发生

根据损害担责原则和相关司法解释,"损害后果"包括切实发生的损害,也包括发生损害的风险。损害后果包括人身损害、财产损失、生态环境损害三种形态。中共中央、国务院2017年出台的《生态环境损害赔偿制度改革方案》对生态环境损害的界定为,"本方案所称生态环境损害,是指因污染环境、破坏生态造成大气、地表水、地下水、土壤、森林等环境要素和植物、动物、微生物等生物要素的不利改变,以及上述要素构成的生态系统功能退化"。

(三)污染环境或破坏生态的行为与损害后果之间具有因果关系

污染环境或破坏生态的行为与损害后果之间必须具有因果关系,这涉及当事人的举证责任分配问题。被侵权人应提供证据,证明侵权人有污染环境或破坏生态的行为和被侵权人有损害事实的发生,还要证明侵权人的行为与损害之间有关联性。但是这种关联性不等于一般民事责任的成立所要求的因果关系,其要求的证明标准较低,只要能证明有初步因果关系即可。根据因果关系推定规则,因污染环境、破坏生态发生纠纷,侵权人应当就其行为与损害之间不存在因果关系承担举证责任,如不能证明不存在因果关系,法官即可推定存在因果关系并判令侵权人承担侵权责任。

二、环境民事责任的归责原则与例外情形

在《民法典》颁布实施之前,代表性的观点为,对污染环境的行为采用过错责任原则,对破坏生态的行为采用无过错责任原则,即二元化的规则体系。[①] 此种观点已不符合现行法律的规定。

(一)环境民事责任的归责原则——无过错责任原则

无过错责任原则又称为危险责任原则,是指行为人承担的民事责任不以主

[①] 参见韩德培主编:《环境保护法教程》(第七版),法律出版社2015年版,第357页;周珂主编:《环境与资源保护法》(第三版),中国人民大学出版社2015年版,第102—103页。

观上存在过错为前提条件。只要损害事实客观存在,而且行为人的行为与所造成的损害之间具有因果关系,不论行为人有无过错,都应当承担侵权责任。该原则在对受害人进行倾斜保护的同时也加重了行为人的责任,因此其适用必须有法律的特别规定。

现代各国环境法对污染环境的行为普遍采用无过错责任原则,我国《民法典》《环境保护法》以及各项环境污染防治单行法对环境民事责任也都实行无过错责任原则。例如,《民法典》第1229条规定,"因污染环境、破坏生态造成他人损害的,侵权人应当承担侵权责任。"《环境侵权责任解释》第1条第1款明确规定,"因污染环境、破坏生态造成他人损害,不论侵权人有无过错,侵权人应当承担侵权责任。"

环境法之所以在对污染环境的行为追究民事责任时适用无过错责任原则,是出于以下原因:

第一,环境污染是现代工业的产物,大工业本身就属于高度危险的严重污染环境的行业,企业排放的废水、废气、废渣等污染物是环境污染的主要根源。由于现代科技水平的限制,企业无法完全消除污染以及污染造成的损害,也就是说,即使企业无过错,也可能造成环境污染及对他人的损害。

第二,实行无过错责任原则有利于保护受害者的合法权益。由于现代工业生产的复杂性和污染过程的错综复杂,环境污染涉及复杂的科学技术问题,受害者难以取得充足的证据证明致害者的故意或过失。如果受害者因此而不能得到赔偿,这既不合理,也不符合公平原则。

第三,实行无过错责任原则有利于强化污染原因控制者的责任,促使其切实履行环境保护义务,积极采取预防措施预防环境污染,并尽可能地将损害程度降到最低。从而实现经济效益、社会效益和环境效益的统一。如果说过错责任是从对个人主观方面的要求来体现公平原则的话,那么无过错责任则从社会整体利益的均衡,从不同社会群体力量强弱的对比来体现公平原则,它反映出高度现代化社会大生产条件下新的公平正义观。

环境法之所以在对破坏生态的行为追究民事责任时也适用无过错责任原则,主要包括以下理由:

第一,生态侵权与污染环境侵权的共性要求其适用无过错责任原则。虽然破坏生态行为与污染环境行为在行为方式上是不同的,污染环境强调"排入",破坏生态强调"索取",但是,两者都是对自然的不合理利用,"是环境问题的两种表现形式,互为因果"。两者在致害过程和适用特殊规则的内在机理上都高度相似。换言之,污染环境侵权适用无过错责任原则的理由,在破坏生态侵权中都能得到满足。因此,对破坏生态侵权适用无过错责任原则也是顺理成章的。

第二,相较于污染环境者,破坏生态的行为者"能力要求"更高,诉讼双方的地位失衡更为明显,因此也需要侵权法利益天平的倾斜。另外,在污染环境行为中,行为人对于行为后果的可预测性较低,因此其注意义务的程度也较低;但是在破坏生态行为中,行为人对于行为后果的可预测性较高,因此其注意义务的程度也较高。注意义务程度较低的污染环境侵权都要适用无过错责任原则,遑论注意义务程度较高的破坏生态侵权。[①]

(二)无过错责任原则的例外——环境民事责任的免责事由

实行无过错责任原则,并不意味着在任何情况下致害者都要承担民事责任。法律规定了一些可以不承担民事责任的情况,这些情况就是免责事由。《民法典》和《海洋环境保护法》《水污染防治法》《大气污染防治法》等环境保护单行法都对免责事由作出规定。根据特别法优于一般法的规则,致害者不承担责任或者减轻责任的情形,应当首先适用这些单行法的规定;相关单行法没有规定的,适用《民法典》的规定。因污染环境、破坏生态发生纠纷,行为人应当就法律规定的不承担责任或者减轻责任的情形承担举证责任,即实行举证责任倒置。

1.《民法典》规定的免责事由

《民法典》规定了以下三种免责事由:

(1)不可抗力。《民法典》第180条规定,"因不可抗力不能履行民事义务的,不承担民事责任。法律另有规定的,依照其规定。不可抗力是不能预见、不能避免且不能克服的客观情况。"

---

① 参见张新宝、汪榆森:《污染环境与破坏生态侵权责任的再法典化思考》,载《比较法研究》2016年第5期。

(2) 受害人故意。《民法典》第 1174 条规定,"损害是因受害人故意造成的,行为人不承担责任。"第 1173 条规定,"被侵权人对同一损害的发生或者扩大有过错的,可以减轻侵权人的责任。"该条规定严格意义上来讲属于减轻责任的事由,但就一定范围内不承担责任而言,也可以说是相对免责事由。

(3) 第三人过错。《民法典》第 1175 条规定,"损害是因第三人造成的,第三人应当承担侵权责任。"

2. 环境保护单行法关于免责事由的规定

《环境保护法》没有具体规定免责事由,但从第 64 条规定可以逻辑地推导出,《民法典》规定的免责事由当然适用。

《水污染防治法》规定了不可抗力、受害人过错、第三人过错三种免责事由。该法第 96 条规定,"因水污染受到损害的当事人,有权要求排污方排除危害和赔偿损失。由于不可抗力造成水污染损害的,排污方不承担赔偿责任;法律另有规定的除外。水污染损害是由受害人故意造成的,排污方不承担赔偿责任。水污染损害是由受害人重大过失造成的,可以减轻排污方的赔偿责任。水污染损害是由第三人造成的,排污方承担赔偿责任后,有权向第三人追偿。"

《海洋环境保护法》规定了战争、不可抗拒的自然灾害、有关主管部门的过失、第三人过错等免责事由。该法第 89 条规定,"造成海洋环境污染损害的责任者,应当排除危害,并赔偿损失;完全由于第三者的故意或者过失,造成海洋环境污染损害的,由第三者排除危害,并承担赔偿责任。"第 91 条规定,"完全属于下列情形之一,经过及时采取合理措施,仍然不能避免对海洋环境造成污染损害的,造成污染损害的有关责任者免予承担责任:(一)战争;(二)不可抗拒的自然灾害;(三)负责灯塔或者其他助航设备的主管部门,在执行职责时的疏忽,或者其他过失行为。"

三、环境民事责任的承担

(一) 环境民事责任的承担主体

1. 多因一果情况下的处理规则

《民法典》第 1231 条规定,"两个以上侵权人污染环境、破坏生态的,承担责任的大小,根据污染物的种类、浓度、排放量,破坏生态的方式、范围、程度,以及行为对损害后果所起的作用等因素确定。"适用该条规定时,应当处理好其与《民法典》侵权责任一般规定部分相关法条之间的关系。具体说来,在存在两个以上侵权人的情况下,应当分别按以下规则处理:(1)如果两个以上的侵权人基于共同过错实施了共同侵权行为,应当适用《民法典》第1168条的规定,由侵权人承担连带责任;(2)如果两个以上的侵权人没有共同过错,分别实施了侵权行为,而且每个人的侵权行为都足以造成全部损害的,应当适用《民法典》第1171条的规定,由侵权人承担连带责任;(3)如果两个以上的侵权人没有共同过错,分别实施了侵权行为,而且每个人的侵权行为都不足以造成全部损害的,应当适用《民法典》第1172条的规定,由侵权人承担按份责任,并且同时适用《民法典》第1231条的规定,确定侵权人承担责任的大小;(4)如果两个以上侵权人分别实施污染环境、破坏生态行为造成同一损害,部分侵权人的污染环境、破坏生态行为足以造成全部损害,部分侵权人的污染环境、破坏生态行为只造成部分损害,对于共同造成的损害部分,被侵权人可以根据《民法典》第1171条的规定,请求足以造成全部损害的侵权人与其他侵权人承担连带责任,同时可诉请足以造成全部损害的侵权人对全部损害承担责任。

2. 第三人过错情况下的处理规则

根据我国法律的规定,第三人在有过错的情况下需要承担民事责任,而且有三种不同的形式:

第一,环境污染或生态破坏完全是由于第三人的过错造成的情况,此时为非真正连带责任。环境侵权人承担的是替代责任,而且不得以第三人的过错为由主张不承担责任。侵权人赔偿后,有权向第三人追偿,第三人是最终的责任承担者。《民法典》第1233条规定,"因第三人的过错污染环境、破坏生态的,被侵权人可以向侵权人请求赔偿,也可以向第三人请求赔偿。侵权人赔偿后,有权向第三人追偿。"

第二,第三人只存在部分过错的情况下,第三人仅根据其过错程度的大小承担相应赔偿责任,此时实为按份责任。环境侵权人同样可能承担先行全部赔偿的责任,不得以第三人的过错污染环境、破坏生态造成损害为由主张不承担责任或者减轻责任。侵权人承担责任后,可以就第三人应当承担责任的部分行使追偿权。《环境侵权责任解释》第5条规定,"被侵权人根据民法典第一千二百三十三条规定分别或者同时起诉侵权人、第三人的,人民法院应予受理。被侵权人请求第三人承担赔偿责任的,人民法院应当根据第三人的过错程度确定其相应赔偿责任。侵权人以第三人的过错污染环境、破坏生态造成损害为由主张不承担责任或者减轻责任的,人民法院不予支持。"

第三,环境中介服务机构弄虚作假,对造成的环境污染和生态破坏负有责任的,与造成环境污染和生态破坏的其他责任者承担连带责任。《环境保护法》第65条规定,"环境影响评价机构、环境监测机构以及从事环境监测设备和防治污染设施维护、运营的机构,在有关环境服务活动中弄虚作假,对造成的环境污染和生态破坏负有责任的,除依照有关法律法规规定予以处罚外,还应当与造成环境污染和生态破坏的其他责任者承担连带责任。"

(二)环境民事责任的承担方式

1. 一般形式的环境民事责任

1989年《环境保护法》规定了排除危害和赔偿损失两种环境民事责任的承担方式。然而,2014年修订的《环境保护法》没有具体规定环境民事责任的承担方式,只是在第64条规定,因污染环境和破坏生态造成损害的,应当依照《侵权责任法》的有关规定承担侵权责任。目前《侵权责任法》的内容已经纳入《民法典》,而且《民法典》规定的十种民事责任形式中的停止侵害、排除妨碍、消除危险、恢复原状(可以具体化为修复生态环境)、赔礼道歉等都能适用于环境民事责任。这些一般形式民事责任的立法目的在于填补污染环境和破坏生态造成的损害。

赔偿损失是上述环境民事责任形式中应用最广泛的。应予赔偿的"损失"的范围既包括财产损害赔偿,也包括对人身损害引起的财产损失的赔偿;既包括直接损失,也包括间接损失。排除危害也是环境民事责任形式中经常使用的形式。赔偿损失是事后补救,排除危害则是针对环境侵害的特点所采用的典型的预防性民事责任形式。排除危害既包括对实际发生的危害的排除,也包括对可能发生但尚未发生的危害的排除。

2. 特殊形式的环境民事责任

(1) 惩罚性赔偿

惩罚性赔偿是指当侵权人(义务人)以恶意、故意、欺诈等方式实施加害行为而致使权利人受到损害的,权利人可以获得实际损害赔偿之外的增加赔偿。《民法典》建立了惩罚性赔偿制度。该法典第1232条规定,"侵权人违反法律规定故意污染环境、破坏生态造成严重后果的,被侵权人有权请求相应的惩罚性赔偿。"这种责任形式的立法目的既有填补污染环境和破坏生态造成的损害,也有对侵权人的惩罚。惩罚性赔偿在构成要件上具有其特殊性,主要表现在以下两个方面:

第一,主观要件必须为故意,这与一般形式的环境民事责任不以过错为要件明显不同。当然,故意的认定是一个非常复杂的问题,以下情况可以作为考量的因素:环境污染行为的持续时间长;污染物超标排放的倍数以及超过总量控制指标排放的倍数较高;侵权人多次非法排污并受到过行政机关的处罚;侵权人将未经处理的废水、废气、废渣直接排放或者倾倒;侵权人关闭环境在线监测系统或者故意干扰监测系统;侵权人在正常排污设施之外有偷排口等。

第二,客观要件为污染环境、破坏生态的行为必须造成了严重后果,而一般形式的环境民事责任只要求有损害后果就可以。至于何为"严重",可以参照最高人民法院、最高人民检察院2016年发布的《关于办理环境污染刑事案件适用法律若干问题的解释》第1条至第3条的规定进行认定。另外,《生态环境损害赔偿制度改革方案》的相关规定也可以作为判断后果是否严重的考虑因素。该方案第三部分(适用范围)第1项规定,有下列情形之一的,按本方案要求依法追究生态环境损害赔偿责任:发生较大及以上突发环境事件的;在国家和省级主体功能区规划中划定的重点生态功能区、禁止开发区发生环境污染、生态破坏事件的;发生其他严重影响生态环境后果的。

《民法典》对惩罚性赔偿的范围、额度、计算方法都没有作出具体规定,只是原则性地规定"被侵权人有权请求相应的惩罚性赔偿",其原因在于:首先,环境侵权行为具有复杂性,水、土壤、大气等环境要素及其损害的特征和后果不同,无法以统一的标准进行涵盖;其次,"抽象性、原则性"的另一面是灵活性,其意味着法院有自由裁量权,可以根据具体案情核定惩罚性赔偿金;最后,"相应的"措辞意味着行责一致,即最终确定的惩罚性赔偿金应当与侵权人的主观过错、行为后果等保持一致。这是从惩罚赔偿金角度对惩罚性赔偿制度所做的限制,也是英美法系国家(地区)的通行做法。

(2) 生态环境损害修复责任

《民法典》规定了生态环境侵权人的生态环境损害修复责任。该法典第1234条规定,"违反国家规定造成生态环境损害,生态环境能够修复的,国家规定的机关或者法律规定的组织有权请求侵权人在合理期限内承担修复责任。侵权人在期限内未修复的,国家规定的机关或者法律规定的组织可以自行或者委托他人进行修复,所需费用由侵权人负担。"依据这一规定,在破坏生态的情况下,生态环境能够进行修复的,应当修复。所谓"能够修复",是指以现有的科学技术水平,能够将生态环境恢复到损害发生之前的相应状态,恢复生态功能。生态环境损害修复责任实际上是一种行为责任,其本质上是恢复原状,要求侵权人尽可能地将所破坏的生态环境恢复到损害发生之前的状态。

生态环境损害修复责任有两种方式:第一,由行为人自己修复。修复责任以生态环境能够修复为要件,对于能够修复的由侵权人在合理期限内承担修复责任。对于生态环境的破坏,为了避免损害的扩大,必须在合理期限内进行修复。合理期限应当依据现有的科学技术水平,结合生态环境的破坏程度进行综合判断。由于侵权责任以恢复原状为首要目的,因此生态修复应当达到恢复原状的效果。第二,委托他人修复。此种方式也称为替代性修复,即行为人未在期限内完成修复时,应当由国家规定的机关或者法律规定的组织自行或者委托他人进行修复,同时由行为人承担费用。从实践来看,因为生态破坏的修复责任技术性非常强,最好由具有资质的组织进行修复。侵权行为人往往不具有相应的资质或能力,因此,在侵权人自行修复的情况下,有时不仅不可能按期完成修复,甚至可能导致二次污染。所以,委托修复是一种可行的方法,可以确保环境修复的及时性、有效性。在这种责任承担方式下,虽然修复的行为由他人完成,但是并不意味着修复责任的转移,相反,侵权人仍然是修复责任的承担者。

(3) 生态环境损害赔偿

《民法典》建立了生态环境损害赔偿制度,明确了生态环境损害赔偿的具体范围。依据《民法典》第1235条的规定,违反国家规定造成生态环境损害的,国家规定的机关或者法律规定的组织有权请求侵权人赔偿下列损失和费用:

第一,生态环境受到损害至修复完成期间服务功能丧失导致的损失。

第二,生态环境功能永久性损害造成的损失。这种损失针对的是不可逆转的生态破坏,相较于第一种损失更为严重。例如,地下水被污染后,需要经过数百年的自然净化才能使生态恢复,此种情况属于生态环境功能的永久性损害。需要注意的是,"永久性"是一个相对的概念,凡是需要经历漫长的生态自我修复过程的,均应认定为构成永久性损害。例如,大面积的森林砍伐造成植被破坏,无法在短时间内恢复植被,土壤大面积遭受有毒化学物质的严重污染,在现有技术条件下短期内无法恢复,均应当包括在内。由于生态环境功能的永久性损害是无法修复的,因此,侵权行为人无法通过生态修复的责任形式承担责任。在此情形下,行为人只能承担赔偿责任。

第三,生态环境损害调查、鉴定评估等费用。在生态环境损害发生之后,需要开展调查、鉴定评估等工作,以确定实际损害的范围,因此发生的费用应由侵权人承担。

第四,清除污染、修复生态环境的费用。污染清除费用是指对污染物进行清除、处理和处置的应急处置措施,包括清除、处理和处置被污染的环境介质以及回收应急物资等产生的费用。修复生态环境费用是指侵权行为人自己未能在合理期限内修复生态环境时,应当支付的由他人代为修复的费用。

第五,防止损害的发生和扩大所支出的合理费用。

《民法典》规定上述损失和费用的赔偿的目的,主要是致力于恢复生态环境,维护环境公益,索赔权利主体是国家规定的机关或者法律规定的组织,它们不得放弃或减让请求赔偿的数额。

第四节 环境刑事责任

一、环境刑事责任的概念和特点

环境刑事责任是指行为人故意或过失实施了严重危害环境的行为,造成了人身伤亡或公私财产的严重损失,依照法律的规定构成犯罪,需要接受刑事制裁的法律责任。我国《刑法》及其修正案规定的"破坏环境资源保护罪",就是关于环境刑事责任及其承担方式的明确规定。破坏环境资源保护罪不是一个单独的罪名,而是一系列罪名的总称。破坏环境资源保护罪或其他环境犯罪的构成要件与一般犯罪的构成要件没有实质上的区别,但是也有一些特点:

第一,犯罪主体。环境犯罪的主体已打破"个人刑罚观",除了达到法定年龄、具备刑事责任能力的自然人以外,还包括单位。

第二,犯罪客体。破坏环境资源罪的犯罪客体,是指侵害的各种环境要素和自然资源,从而侵犯财产权、人身权和环境权。环境犯罪的客体具有复合客体的特征。

第三,犯罪的客观方面。环境犯罪的客观方面是指有污染生态和破坏环境及自然资源的行为及其社会危害性。环境犯罪造成的危害后果可能特别严重,往往会造成重大污染事故,致使公私财产遭受重大损失或人身伤亡。未造成严重后果的环境违法行为,通常是追究行为人的行政责任。因此,危害后果是否严重是区别行政责任和刑事责任的重要依据。

第四,犯罪的主观方面。犯罪的主观方面是指犯罪主体进行犯罪行为时的故意或过失的主观心理状态。一般而言,破坏生态和自然资源的行为多为故意,而污染环境的行为多为过失。故意或过失是区别罪与非罪的重要界限。

二、破坏环境资源保护罪

(一) 常见罪名

1. 污染环境罪

本罪是指自然人或者单位违反国家规定排放、倾倒或者处置有放射性的废物、含传染病病原体的废物、有毒物质或者其他有害物质,严重污染环境的行为。犯本罪的,根据《刑法》第338条与第346条的规定处罚。根据《刑法修正案(十一)》第40条的规定,污染环境罪分为以下三种:

(1) 一般情形下的污染环境罪

违反国家规定,排放、倾倒或者处置有放射性的废物、含传染病病原体的废物、有毒物质或者其他有害物质,严重污染环境的,应当根据《刑法》第338条第1款的相应规定,处3年以下徒刑或者拘役,并处或者单处罚金。根据最高人民法院、最高人民检察院《关于办理环境污染刑事案件适用法律若干问题的解释》的规定,实施《刑法》第338条规定的行为,具有下列情形之一的,应当认定为"严重污染环境":在饮用水水源一级保护区、自然保护区核心区排放、倾倒、处置有放射性的废物、含传染病病原体的废物、有毒物质的;非法排放、倾倒、处置危险废物三吨以上的;排放、倾倒、处置含铅、汞、镉、铬、砷、铊、锑的污染物,超过国家或者地方污染物排放标准三倍以上的;排放、倾倒、处置含镍、铜、锌、银、钒、锰、钴的污染物,超过国家或者地方污染物排放标准十倍以上的;通过暗管、渗井、渗坑、裂隙、溶洞、灌注等逃避监管的方式排放、倾倒、处置有放射性的废物、含传染病病原体的废物、有毒物质的;二年内曾因违反国家规定,排放、倾倒、处置有放射性的废物、含传染病病原体的废物、有毒物质受过两次以上行政处罚,又实施前列行为的;重点排污单位篡改、伪造自动监测数据或者干扰自动监测设施,排放化学需氧量、氨氮、二氧化硫、氮氧化物等污染物的;违法减少防治污染设施运行支出一百万元以上的;违法所得或者致使公私财产损失三十万元以上的;造成生态环境严重损害的;致使乡镇以上集中式饮用水水源取水中断十二小时以上的;致使基本农田、防护林地、特种用途林地五亩以上,其他农用地十亩以上,其他土地二十亩以上基本功能丧失或者遭受永久性破坏的;致使森林或者其他林木死亡五十立方米以上,或者幼树死亡两千五百株以上的;致使疏散、转移群众五千人以上的;致使三十人以上中毒的;致使三人以上轻伤、轻度残疾或者器官组织损伤导致一般功能障碍的;致使一人以上重伤、中度残疾或者器官组织损伤导致严重功能障碍的;其他严重污染环境的情形。

(2) 情节严重的污染环境罪

违反国家规定,排放、倾倒或者处置有放射性的废物、含传染病病原体的废物、有毒物质或者其他有害物质,情节严重的,应当根据《刑法》第338条第1款的相应规定,处3年以上7年以下徒刑,并处罚金。具有以下情形之一的,可以认定为"情节严重":阻挠环境监督检查或者突发环境事件调查,尚不构成妨害公务等犯罪的;在医院、学校、居民区等人口集中地区及其附近,违反国家规定排放、倾倒、处置有放射性的废物、含传染病病原体的废物、有毒物质或者其他有害物质的;在重污染天气预警期间、突发环境事件处置期间或者被责令限期整改期间,违反国家规定排放、倾倒、处置有放射性的废物、含传染病病原体的废物、有毒物质或者其他有害物质的;具有危险废物经营许可证的企业违反国家规定排放、倾倒、处置有放射性的废物、含传染病病原体的废物、有毒物质或者其他有害物质的。

(3) 情节特别严重的污染环境罪

违反国家规定,排放、倾倒或者处置有放射性的废物、含传染病病原体的废物、有毒物质或者其他有害物质,情形特别严重的,处7年以上徒刑,并处罚金。所谓"情形特别严重",包括以下四种情况:在饮用水水源保护区、自然保护区核心区等依法确定的重点保护区域排放、倾倒、处置有放射性的废物、含传染病病原体的废物、有毒物质,情节特别严重的;向国家确定的重要江河、湖泊水域排放、倾倒、处置有放射性的废物、含传染病病原体的废物、有毒物质,情节特别严重的;致使大量永久基本农田基本功能丧失或者遭受永久性破坏的;致使多人重伤、严重疾病,或者致人严重残疾、死亡的。

排放、倾倒、处置行为构成污染环境罪的同时,触犯投放危险物质等犯罪的,依照处罚较重的犯罪定罪处罚。无危险废物经营许可证从事收集、贮存、利用、处置危险废物经营活动,严重污染环境的,按照污染环境罪定罪处罚;同时构成非法经营罪的,依照处罚较重的规定定罪处罚。明知他人无危险废物经营许可证,向其提供或者委托其收集、贮存、利用、处置危险废物,严重污染环境的,以共同犯罪论处。

2. 非法捕捞水产品罪

非法捕捞水产品罪,是指违反保护水产资源法律法规,在禁渔区、禁渔期或者使用禁用的工具、方法捕捞水产品,情节严重的行为。犯本罪的,根据《刑法》第340条与第346条的规定处罚。非法捕捞水产品的行为可以发生在有水产资源的任何水域,包括公海。犯罪主体既可以是自然人,也可以是单位。使用炸鱼、毒鱼等危险方法捕捞水产品,危害公共安全的,应以危害公共安全的有关犯罪论处。实行本罪行为同时触犯盗窃等罪的,应从一重罪论处。

3. 非法猎捕、杀害珍贵、濒危野生动物罪

本罪是指违反野生动物保护法律法规,猎捕、杀害国家重点保护的珍贵、濒危野生动物的行为。犯本罪的,根据《刑法》第341条第1款与第346的规定处罚。另外,根据《刑法修正案(十一)》第41条的规定,违反野生动物保护管理法规,以食用为目的非法猎捕国家重点保护的珍贵、濒危野生动物以外的在野外环境自然生长繁殖的陆生野生动物,情节严重的,以本罪论处。本罪属于行为犯,只要行为人实施了非法捕杀珍贵、濒危野生动物的行为,就构成犯罪,不将是否"情节严重"作为划分罪与非罪的界限。本罪的主体为一般主体,即凡是达到刑事责任年龄且具有刑事责任能力的人,均可构成本罪,单位也可以成为本罪主体。本罪在主观方面表现为故意。在野生动物侵害人的生命、身体的情况下,出于紧急避险而杀害野生动物的,不构成本罪。

本罪的犯罪对象主要是国家重点保护的珍贵、濒危野生动物。1988年通过、2018年第三次修正的《野生动物保护法》第10条第2款规定,"国家对珍贵、濒危野生动物实行重点保护。国家重点保护的野生动物分为一级保护野生动物和二级保护野生动物。"1989年1月,原林业部和农业部联合发布《国家重点保护野生动物名录》,共列入258种国家重点保护野生动物。2021年2月5日,新的《国家重点保护野生动物名录》正式公布,新增517种(类)野生动物,大斑灵猫等43种列为国家一级保护野生动物,狼等474种(类)列为国家二级保护野生动

物、豺、长江江豚等65种(类)由国家二级保护野生动物升级为国家一级保护野生动物。

使用爆炸、投毒、设置电网等危险方法破坏野生动物资源,构成非法猎捕、杀害珍贵、濒危野生动物罪或者非法狩猎罪;同时又构成《刑法》第114条或者第115条规定之罪的,依照处罚较重的规定定罪处罚。实施非法猎捕、杀害珍贵、濒危野生动物罪,又以暴力、威胁方法抗拒查处,又构成其他犯罪的,依照数罪并罚的规定处罚。故意伤害珍贵、濒危野生动物的,应以故意毁坏财物罪论处。但是杀害珍贵、濒危野生动物未遂的,应认定为非法杀害珍贵、濒危野生动物罪(未遂)。非法猎捕、杀害珍贵、濒危野生动物行为同时触犯盗窃罪的,属于竞合犯,应从一重罪论处。

4. 非法狩猎罪

本罪是指违反狩猎法规,在禁猎区、禁猎期或者使用禁用的工具、方法进行狩猎,破坏珍禽珍兽或者其他野生动物资源,情节严重的行为。犯本罪的,根据《刑法》第341条第2款与第346条的规定处罚。根据最高人民法院发布的《关于审理破坏野生动物资源刑事案件具体应用法律若干问题的解释》,违反狩猎法规,在禁猎区、禁猎期或者使用禁用的工具、方法狩猎,具有下列情形之一的,属于非法狩猎"情节严重":(1)非法狩猎野生动物20只以上的;(2)违反狩猎法规,在禁猎区或者禁猎期使用禁用的工具、方法狩猎的;(3)具有其他严重情节的。非法狩猎行为同时触犯非法猎捕、杀害珍贵、濒危野生动物罪的,应当根据行为性质与具体情况,以非法猎捕、杀害珍贵、濒危野生动物罪论处或者实行数罪并罚。

5. 盗伐林木罪

本罪是指盗伐森林或者其他林木,数量较大的行为。犯本罪的,根据《刑法》第345条第1款与第346条的规定处罚。本罪客观方面表现为盗伐森林或者其他林木,数量较大的行为,需要具备以下条件:(1)行为对象必须是森林或者其他林木。这里的"森林",是指大面积的原始森林和人造林,包括防护林、用材林、经济林、薪炭林和特种用途林等;"其他林木",是指小面积的树林和零星树木,但是不包括农村农民房前屋后个人所有的零星树木。(2)必须有盗伐行为。所谓盗伐，是指以非法占有为目的，擅自砍伐森林或者其他林木的行为。根据司法解释，盗伐行为包括：擅自砍伐国家、集体、他人所有或者他人承包经营管理的森林或者其他林木；擅自砍伐本单位或者本人承包经营管理的森林或者其他林木；在林木采伐许可证规定的地点以外采伐国家、集体、他人所有或者他人承包经营管理的森林或者其他林木。（3）要求数量较大。对于一年内多次盗伐少量林木未经处罚的，累计其盗伐林木的数量，构成犯罪的，依法追究刑事责任。犯罪主体既可以是自然人，也可以是单位。对雇用他人盗伐林木构成犯罪的案件，如果被雇者不知是盗伐他人林木的，应当由雇主承担刑事责任，雇主为间接正犯；如果被雇者明知是盗伐他人林木的，应按盗伐林木罪的共犯论处。本罪主观方面是故意，并具有非法占有的目的。以毁坏为目的砍伐国家、集体或者他人的林木的，应当认定为故意毁坏财物罪。

在认定本罪时，应当注意处理好以下几个问题：

（1）妥善处理聚众盗伐（哄抢）林木的事件。对聚众哄抢的首要分子、积极参加者，应当依法追究刑事责任；对于其他一般参加者，不宜认定为犯罪。

（2）正确区分本罪与盗窃罪的界限。对于将国家、集体或者他人所有并且已经伐倒的树木窃为己有的，以及偷砍他人房前屋后、自留地种植的零星树木数量较大或者多次偷砍的，应当认定为盗窃罪。非法实施采种、采脂、挖笋、掘根、剥树皮等行为，牟取经济利益数额较大的，以盗窃罪定罪处罚；同时构成其他罪的，依照处罚较重的规定定罪处罚。

（3）正确处理盗伐林木罪与非法采伐国家重点保护植物罪的关系。盗伐珍贵树木的行为，会触犯盗伐林木罪与非法采伐国家重点保护植物罪两个罪名，对此应从一重罪论处。对于盗伐林木数量较大，同时另有盗伐珍贵树木、重点保护植物行为的，应当实行数罪并罚。

6. 滥伐林木罪

滥伐林木罪，是指违反森林法的规定，滥伐森林或者其他林木，数量较大的行为。犯本罪的，根据《刑法》第345条第2款与第346条的规定处罚。这里的森林与其他林木的范围与盗伐林木罪的对象基本相同。但是，滥伐属于自己所有的林木的，也可能构成本罪，因为属于个人所有的林木，也是国家森林资源的一部分,虽然不能成为盗伐林木罪的对象,却可以成为滥伐林木罪的对象。根据有关司法解释,下列行为属于滥伐林木:未经林业行政主管部门及法律规定的其他主管部门批准并核发采伐许可证,或者虽持有采伐许可证,但是违背采伐证所规定的地点、数量、树种、方式而任意采伐本单位所有或者本人所有的森林或者其他林木的;超过林木采伐许可证规定的数量采伐他人所有的森林或者其他林木的。林木权属争议一方在林木权属确权之前,擅自砍伐森林或者其他林木,数量较大的,以滥伐林木罪论处。犯罪主体是一般主体,既包括自然人,也包括单位;主观方面只能是故意。

滥伐林木罪与盗伐林木罪的客体不完全相同:前者破坏了林业资源;后者不仅破坏了林业资源,而且侵犯了财产权。因此,两者的构成要件存在区别:第一,犯罪对象不完全相同,前者包括自己所有的林木;后者不包括自己所有的林木。第二,行为方式不同,前者针对不按要求任意砍伐的行为;后者针对盗伐行为。第三,主观故意不完全相同,前者不要求具有非法占有目的,而后者具有非法占有目的。

(二)其他罪名

非法处置进口的固体废物罪,是指自然人或者单位违反国家规定,将境外的固体废物进境倾倒、堆放、处置的行为。犯本罪的,根据《刑法》第339条第1款的规定处罚。本罪在主观方面是故意。最高人民法院、最高人民检察院《关于办理环境污染刑事案件适用法律若干问题的解释》第8条规定,"违反国家规定,排放、倾倒、处置含有毒害性、放射性、传染病病原体等物质的污染物,同时构成污染环境罪、非法处置进口的固体废物罪、投放危险物质罪等犯罪的,依照处罚较重的规定定罪处罚"。

擅自进口固体废物罪,是指未经国务院有关主管部门许可,擅自进口固体废物用作原料,造成重大环境污染事故,致使公私财产遭受重大损失或者严重危害人体健康的行为。犯本罪的,根据《刑法》第339条第2款的规定处罚。

非法收购、运输、出售国家重点保护的珍贵、濒危野生动物及其制品罪,是指自然人或者单位非法收购、运输、出售国家重点保护的珍贵、濒危野生动物及其制品的行为。根据《刑法修正案(十一)》第41条的规定,违反野生动物保护管理法规,以食用为目的非法收购、运输、出售国家重点保护的珍贵、濒危野生动物以外的在野外环境自然生长繁殖的陆生野生动物,情节严重的,以本罪论处。犯本罪的,根据《刑法》第341条第1款的规定处罚。

非法占用农地罪,是指违反土地管理法规,非法占用耕地、林地等农用地,改变被占用土地用途,数量较大,造成耕地、林地等农用地大量毁坏的行为。犯本罪的,根据《刑法》第342条的规定处罚。

自然保护区非法开发建设犯罪,是指违反自然保护地管理法规,在国家公园、国家级自然保护区进行开垦、开发活动或者修建建筑物,造成严重后果或者有其他恶劣情节的行为。犯本罪的,根据《刑法》第342条的规定处罚。

非法采矿罪,是指违反矿产资源保护法的规定,未取得采矿许可证擅自采矿的,擅自进入国家规划矿区、对国民经济具有重要价值的矿区和他人矿区范围采矿的,擅自开采国家规定实行保护性开采的特定矿种,情节严重的行为。犯本罪的,根据《刑法》第343条第1款的规定处罚。

破坏性采矿罪,是指违反矿产资源法的规定,采取破坏性的开采方法开采矿产资源,造成矿产资源严重破坏的行为。犯本罪的,根据《刑法》第343条第1款的规定处罚。

非法采伐、毁坏国家重点保护植物罪,是指违反国家规定,非法采伐、毁坏珍贵树木或者国家重点保护的其他植物的行为。犯本罪的,根据《刑法》第344条的规定处罚。但是,非法实施采种、采脂、挖笋、掘根、剥树皮等行为,牟取经济利益数额较大的,依照《刑法》第264条的规定,以盗窃罪定罪处罚。同时构成本罪或其他犯罪的,依照处罚较重的规定定罪处罚。

非法收购、运输、加工、出售珍贵树木或者国家重点保护的其他植物及其制品罪,是指违反国家规定,非法收购、运输、加工、出售珍贵树木、国家重点保护的其他植物及其制品的行为。犯本罪的,根据《刑法》第344条的规定处罚。但是,在珍贵树木、植物自然死亡后收购、运输、加工、出售该树木、植物及其制品的,不应认定为本罪。

非法引进、释放或者丢弃外来入侵物种罪,是指违反国家规定,非法引进、释放或者丢弃外来入侵物种,情节严重的行为。犯本罪的,根据《刑法》第344条的规定处罚。

非法收购、运输盗伐、滥伐的林木罪,是指以牟利为目的,在林区非法收购、运输明知是盗伐、滥伐的林木,情节严重的行为。犯本罪的,根据《刑法》第345条第3款的规定处罚。

三、环境渎职犯罪

环境渎职犯罪,是指负有环境保护监管职责或相关职责的国家工作人员因渎职行为而构成的一类犯罪,有的属于结果犯罪,有的属于行为犯罪。其具体罪名包括:环境监管失职罪;非法批准征用、占用土地罪;非法低价出让国有土地使用权罪;违法发放林木采伐许可证罪。例如,根据《刑法》第408条的规定,环境监管失职罪是指负有环境保护监管职责的国家机关工作人员严重不负责任,不履行或不认真履行环保监督管理职责,导致重大环境污染事故,致使公私财产遭受重大损失或者造成人员伤亡的严重后果的行为。

第五节 环境法律责任的比较与竞合

一、环境法律责任的比较

环境民事责任、环境行政责任和环境刑事责任在构成要件、责任性质、责任形式等方面有所区别,但是也有共通之处,这在构成要件方面表现得尤为明显。

(一)构成要件的区别

在主观过错要件方面,按照通说,环境行政责任和刑事责任必须坚持行为人主观上有故意或过失,而环境民事责任一般适用无过错责任原则,不以主观过错为构成要件,亦即不论行为人有无过错,只要造成了人身、财产或环境损害,就要承担相应的民事责任。但是也有学者提出了不同看法,甚至在刑法领域,有学者主张对污染环境罪适用无过错责任原则。① 这种观点显然违背我国《刑法》和世界上绝大多数国家的刑法,但是至少从侧面说明传统的过错责任理论在面对环境犯罪时遭遇的尴尬状况。

与主观要件相关的是行为的违法性问题。环境刑事责任、环境行政责任属于公法上的责任,必须以行为具有违法性为要件。但是就环境民事责任这种私法上的责任而言,即使是达标排放,不具有行政违法性,只要污染环境的行为造成损害事实的发生,而且没有法定的抗辩事由,就要承担相应的侵权责任。有学者提出,违法与违法性属于两个不同的概念,行为不违法不妨碍该行为具有违法性。② 本书仍按传统观点,将违法行为与行为的违法性在同等意义上使用。因此在民法领域,行为的违法性并非民事责任的构成要件。

(二) 构成要件的共通之处

总体而言,环境民事责任、环境行政责任和环境刑事责任都不一定以损害的实际发生为构成要件。例如污染环境罪的构成,根据最高人民法院、最高人民检察院《关于办理环境污染刑事案件适用法律若干问题的解释》,只要有该解释第1条第(一)至(八)项所列举的行为,就等于发生了"严重污染环境"的危害后果。这些行为本身在一般情况下确实具有造成严重污染环境的危害后果的必然性,但是由于环境污染的复杂性、潜伏性、持续性、广泛性等特点,在具体的犯罪案件中危害后果难以确定,因果关系的确定更具有复杂性。为了不放纵污染环境的犯罪分子,刑法上将污染环境罪规定为行为犯更具有合理性,法官只需查明被告人实施了某种要件行为,不必查证危害后果,即可直接对被告人予以定罪处刑。民法上的停止侵害、排除妨碍、消除危险等预防性的责任承担方式,行政法上的责令停止违法行为、责令改正等责任承担方式,都是风险预防原则的体现。这些都表明,当环境违法行为有造成环境侵害的可能时,即使实际危害后果尚未发生,也可以追究行为人的民事或行政法律责任。

---

① 参见赵秉志主编:《刑法修改研究综述》,中国人民公安大学出版社1990年版,第258页。
② 参见汪劲:《环境法学》(第三版),北京大学出版社2014年版,第304—306页。

二、环境法律责任的竞合

同一事实符合数个规范的要件,致使数个规范皆得以适用的现象,学理上称为"规范竞合"(Normenkurronz)。责任竞合是规范竞合的一种表现形式,它是因某一行为同时违反数个法条规定,符合多重法律责任的构成要件,导致多重法律责任的并存或冲突。多种法律责任的并存又叫责任聚合,即行为人的同一行为违反了不同法律部门规定的义务,符合两个以上的责任构成要件,法律因而对该行为人课以两种以上形态的法律责任的状态。多重法律责任的冲突又叫狭义的责任竞合,是指由于某一法律事实的出现,导致产生两种以上的责任形态,并且数个责任之间存在相互冲突的现象。这里所谓的冲突是指下列情况:法律主体因自己的同一个法律行为而应当同时承担和履行这些法律责任,导致产生了哪一种法律责任应当被优先承担和履行的问题。责任聚合与狭义的责任竞合的显著区别是多重法律责任是否可以并用。本应分而述之,但是考虑到两者的共同前提是有多重法律责任的存在,分别论述将使本节内容十分庞杂,故下文一并称之为"法律责任的竞合",也即采用广义的法律责任竞合的定义。

作为一种客观存在,责任竞合既可以发生在同一法律部门内部(例如民法中的违约责任与侵权责任的竞合),也可以发生在不同的法律部门之间(例如民事责任、行政责任、刑事责任的竞合)。本章所讨论的环境法律责任竞合仅限于后者,即民事责任、行政责任、刑事责任的竞合。环境法是整合了多部门法律规范的综合法律部门,其责任竞合的形式和内容都显得更为复杂。出于充分、周密地保护环境权利的立法目的,不同性质的环境法律责任增加了对环境权利的保护与救济力度和方法。但是,环境侵权者多重、多次承担法律责任,则违背了法律的公平和正义的基本理念,因此正确处理责任竞合问题有其重要意义。

从环境法律责任的渊源分析,环境刑事责任和行政责任属于公法范畴,环境民事责任则归属于私法领域。解决环境法律责任竞合的思路应当侧重于两个方面:公法责任与公法责任的竞合,公法责任与私法责任的竞合。

(一)公法责任的竞合

在公法领域,环境行政责任与环境刑事责任具有共性,都是以国家机关作为执法主体,以公权力保护环境权益产生的法律后果。这两者的竞合以行政处罚与刑罚的竞合为多,在实践中主要表现为环境刑事责任与环境行政责任如何衔接的问题。可能出现以下三种情况:第一,互为替代,理论上称为"替代主义",认为对违法行为的制裁,只能在行政处罚和刑罚中选择一种。至于如何选择又有不同观点,一是按"重责吸收轻责"的观点,选择刑罚,另一种是根据从轻的原则或有利于行为者的原则,选择行政处罚。第二,并列适用,主张对同一违法行为既要适用刑罚,又要适用行政处罚。第三,附条件并课,认为行政处罚与刑罚可以并课,但是任何一个执行后,没有必要再执行另一个时,可以免除执行。

本书原则上赞成采用"重责吸收轻责"的方法加以解决,但是在具体的环境违法责任承担过程中,各个具体的环境法规内容不同,对于此类竞合不能简单采用吸收原则,而是应当以吸收原则为原则,以法律规定为例外。在依法行政和法无明文规定不处的理念下,对环境违法行为进行双重处罚应有明确的法律依据,而且必须在有必要时才能给予双重处罚。另外,性质不同的处罚可以并行适用。例如,环境行政部门可以对违法行为责令限期整改,依据环境执法权对环境违法行为进行行政处罚,同时,如果该环境违法行为触犯刑法,则环境侵权者应同时承担刑事责任。

在实践中,执法机关在处理环境行政责任与刑事责任竞合问题时,针对不同的情况,要抓住不同的重点:

1. 先刑事责任后行政处罚的处理方法

2011年中办发〔2011〕8号《关于加强行政执法与刑事司法衔接工作的意见》明确指出,"行政执法机关在移送案件时已经作出行政处罚决定的,应当将行政处罚决定书一并抄送公安机关、人民检察院;未作出行政处罚决定的,原则上应当在公安机关决定不予立案或者撤销案件、人民检察院作出不起诉决定、人民法院作出无罪判决或者免予刑事处罚后,再决定是否给予行政处罚。"对此,本书的理解是,如果法院作出了刑事处罚的判决,则行政机关原则上不得再给予行政处罚。但既然是"原则上"就应当允许有例外,在司法机关仅判处了自由刑和罚金刑的情况下,行政机关仍然可以对违法行为施以行为罚和申诫罚。对此,最高人民法院〔2008〕行他字第1号"答复"[①]和《中国行政审判指导案例》第1卷第14号案例都给予明确肯定。对于司法机关免予刑事处罚的行为人,行政机关还可以追究其行政责任,给予行政处罚。当然,行政机关并非对所有免予刑事处罚的行为人都要给予行政处罚,这需要结合行为人的主观恶性程度和犯罪案件的具体情况具体分析。对于需要追究行政责任的,对行为人依法作出行政处罚,可以有效地发挥法律的惩戒作用。但是,在作出行政处罚时,不能以违法行为构成刑事犯罪为由,作出法定行政法规规定范围以外的处罚,而应当以法定范围为限。

2. 先行政处罚后刑事责任的处理方法

先行政处罚后刑事责任的处理方法主要涉及行政处罚与刑事处罚之间的折抵问题。《行政处罚法》第35条明确规定,行政拘留可以折抵拘役或有期徒刑的相应刑期,罚款应当折抵相应罚金。对于申诫罚、行为罚在案件移送后的执行问题,国务院《行政执法机关移送涉嫌犯罪案件的规定》第11条第2款规定,"行政执法机关向公安机关移送涉嫌犯罪案件前经作出的警告,责令停产停业,暂扣或者吊销许可证、暂扣或者吊销执照的行政处罚决定,不停止执行。"

(二)公法责任与私法责任的竞合

环境资源刑事责任、行政责任与民事责任是两类不同性质的责任,在强制性与环境权益保护方面有诸多差异。它们之间在强制程度、责任性质、承担方式及免除主体、情形上的特征相异,决定了环境刑事责任、行政责任与民事责任之间是一种互不排斥的关系,前两者责任的适用并不意味着民事责任的豁免,因而对此类竞合问题的解决应当以排斥主义下的合并适用为理想模式。《民法典》第187条规定:"民事主体因同一行为应当承担民事责任、行政责任和刑事责任的,承担行政责任或者刑事责任不影响承担民事责任;民事主体的财产不足以支付的,优先用于承担民事责任。"

---

① 该"答复"的全称是:《最高人民法院关于在司法机关对当事人虚开增值税专用发票罪立案侦查之后刑事判决之前,税务机关又以同一事实以偷税为由对同一当事人能否作出行政处罚问题的答复》。

环/境/法/学/理/论/与/实/务

案例分析
江苏省徐州市人民检察院诉苏州其安工艺品有限公司等环境民事公益诉讼案

一、案情介绍

2015年5—6月,苏州其安工艺品有限公司(以下简称"其安公司")将其工业生产活动中产生的83桶硫酸废液,以每桶1300—3600元不等的价格,交由黄某某处置。黄某某将上述硫酸废液运至苏州市区其租用的场院内,后来以每桶2000元的价格委托何某某处置。何某某又以每桶1000元的价格委托王某某处置。王某某到物流园马路边等处随机联系外地牌照货车车主或司机,分多次将上述83桶硫酸废液直接从黄某某存放处运出,要求他们带出苏州后随意处置,共支出运费43000元。其中,魏某某将15桶硫酸废液从苏州运至沛县经济开发区后,在农地里倾倒3桶,余下12桶被丢弃在某工地上。除了以上15桶之外,其余68桶硫酸废液王某某无法说明去向。2015年12月,沛县环保部门巡查时发现12桶硫酸废液。经鉴定,确定该硫酸废液是危险废物。2016年10月,其安公司将12桶硫酸废液合法处置,支付费用116740.08元。

2017年8月2日,江苏省沛县人民检察院对其安公司、江某某、黄某某、何某某、王某某、魏某某(以下简称"五被告"),向徐州铁路运输法院提起公诉。该案经江苏省徐州市中级人民法院二审后,终审判决认定五被告构成污染环境罪。

江苏省徐州市人民检察院在履行职责中发现以上破坏生态环境的行为后,依法公告了准备提起诉讼的相关情况,公告期内未有法律规定的机关和有关组织提起诉讼。2018年5月,江苏省徐州市人民检察院向江苏省徐州市中级人民法院提起诉讼,请求判令五被告连带赔偿倾倒3桶硫酸废液和非法处置68桶硫酸废液造成的生态环境修复费用,承担其为本案支付的专家辅助人咨询费、公告费,要求五被告共同在省级媒体上公开赔礼道歉。

二、争议焦点

本案的争议焦点是:第一,在沛县经济开发区倾倒3桶硫酸废液造成的生态环境损害,五被告应否承担连带赔偿责任。第二,五被告能否以其安公司已向沛县经济开发区管理委员会赔偿20万元为由,免除本案中的赔偿责任。五被告主张其在本案中的赔偿责任应当免除。检察院认为,其安公司虽然向当地政府赔偿了20万元,但是没有证据证明该笔费用实际用于生态环境修复,五被告仍应在本案中承担赔偿责任。第三,五被告应否就其余68桶硫酸废液承担生态环境损害赔偿责任。双方当事人主要就其余68桶硫酸废液是否污染了环境、污染后果如何等存在分歧。检察院主张,被告不能说明68桶硫酸废液的流向和处置情况,应当推定68桶硫酸废液污染了环境。被告辩称,68桶硫酸废液的情况无法查明,不能证明污染了环境,也不能证明污染的环境介质类别,故不应承担赔偿责任。此外,本案还涉及赔偿金额的确定问题。

三、裁判要旨

对于第一个争议焦点,即五被告应否承担连带赔偿责任,法院认为,依据《固体废物污染环境防治法》第55条、第57条的规定,其安公司明知黄某某无危险废物经营许可证,仍将危险废物硫酸废液交由其处置;黄某某、何某某、王某某、魏某某明知自己无危险废物经营许可证,仍接收其安公司的硫酸废液并非法处置。五被告分别实施违法行为,层层获取非法利益,最终导致危险废物被非法处置,对此造成的生态环境损害,应当承担赔偿责任。五被告的行为均系生态环境遭受损害的必要条件,构成共同侵权,应当在各自参与非法处置危险废物的数量范围内承担连带责任。

关于第二个争议焦点,法院认为,污染环境行为人依法应承担的民事赔偿责任,非因法定事由不能免除。对上述20万元,检察机关有权监督沛县经济开发区管理委员会使用,如果沛县经济开发区管理委员会能够将该笔费用用于生态环境修复,五被告的民事赔偿责任应当相应免除。鉴于徐州市人民检察院认为目前无法确定该20万元已经用于生态环境修复,五被告在本案中暂时无法免除该部分赔偿责任。如果判决生效后,在徐州市人民检察院的监督下,该20万元实际用于生态环境修复,可以在执行中予以相应折抵。

关于第三个争议焦点,即五被告应否就其余68桶硫酸废液承担生态环境损害赔偿责任,根据《固体废物污染环境防治法》等法律法规,我国实行危险废物转移联单制度。申报登记危险废物的流向、处置情况等,是危险废物产生单位的法定义务；如实记载危险废物的来源、去向、处置情况等，是危险废物经营单位的法定义务；产生、收集、贮存、运输、利用、处置危险废物的单位和个人，均应设置危险废物识别标志，均有采取措施防止危险废物污染环境的法定义务。本案中，其安公司对硫酸废液没有履行申报登记义务，未依法申请领取危险废物转移联单；黄某某、何某某、王某某三被告非法从事危险废物经营活动，没有记录硫酸废液的流向及处置情况等；其安公司、黄某某、何某某、王某某四被告逃避国家监管，非法转移危险废物，不能说明68桶硫酸废液的处置情况，没有采取措施防止硫酸废液污染环境，而且68桶硫酸废液均没有设置危险废物识别标志，而容器上又留有出水口，即使运出苏州后被整体丢弃，也存在液体流出污染环境甚至危害人身财产安全的极大风险。因此，根据最高人民法院《环境民事公益诉讼解释》第13条的规定，即"原告请求被告提供其排放的主要污染物名称、排放方式、排放浓度和总量、超标排放情况以及防治污染设施的建设和运行情况等环境信息，法律、法规、规章规定被告应当持有或者有证据证明被告持有而拒不提供，如果原告主张相关事实不利于被告的，人民法院可以推定该主张成立"，法院推定其余68桶硫酸废液被非法处置并污染环境的事实成立。

四、裁判结果

江苏省徐州市中级人民法院于2018年9月28日作出(2018)苏03民初256号民事判决书：(1)五被告于判决生效后30日内，连带赔偿因倾倒3桶硫酸废液所产生的生态环境修复费用204415元，支付至徐州市环境保护公益金专项资金账户；(2)其安公司、黄某某、何某某、王某某于判决生效后30日内，连带赔偿因非法处置68桶硫酸废液所产生的生态环境修复费用4630852元，支付至徐州市环境保护公益金专项资金账户；(3)五被告于判决生效后30日内，连带支付江苏省徐州市人民检察院为本案支付的合理费用3800元；(4)五被告于判决生效后30日内，共同在省级媒体上就非法处置硫酸废液行为公开赔礼道歉。一审宣判后，当事人均未上诉，判决已发生法律效力。

五、案件评析

产生、收集、贮存、运输、利用、处置危险废物的单位和个人，必须严格履行法律义务，切实采取措施防止危险废物对环境的污染。本案中，五被告没有履行法律义务,逃避国家监管,非法转移、处置危险废物,任由危险废物污染环境,对此造成的生态环境损害,应当依法承担侵权责任。在环境民事公益诉讼中,原告有证据证明被告产生危险废物并实施了污染物处置行为,被告拒不提供其处置污染物情况等环境信息,导致无法查明污染物去向的,人民法院可以推定原告主张的环境污染事实成立。一审法院对此作出了正确认定,同时对于行政罚款与民事责任的承担,在法律没有明文规定的情况下,也作出了较为妥善的处理。我们由此案引发的进一步思考是:

1. 环境污染刑事责任、行政责任、民事责任的同时承担问题。环境污染者已承担行政责任,但是其行为构成犯罪的,仍应追究其刑事责任。行政处罚中的行政拘留和罚款,应在自由刑和罚金刑中相应折抵。环境污染者已承担行政责任、刑事责任,一般不影响其民事责任的承担,但是要分两种情况区别对待:(1)如果侵害的是自然人、法人或者非法人组织的人身权益或财产权益,民事责任的承担不受影响;(2)如果侵害的是国家、社会公共利益而引发民事公益诉讼,则如本案判决,行政罚款可以在民事判决的执行中相应折抵。至于刑事处罚中的罚金可否折抵,本案未涉及,也未见相关法律规定或司法解释,我们认为可以折抵,道理与行政罚款的折抵相同。

2. 在数人侵权的情况下,应在区分共同侵权还是分别实施侵权行为的基础上,确定各侵权人的责任承担。本案判决一方面认定各被告"分别实施违法行为",另一方面又认定"五被告的行为均系生态环境遭受损害的必要条件,构成共同侵权,应当在各自参与非法处置危险废物的数量范围内承担连带责任",显然自相矛盾。如果是共同侵权,应当适用《侵权责任法》第8条(现为《民法典》第1168条)的规定,由行为人承担连带责任。如果是"分别实施违法行为"即"无意思联络的数人侵权",则又分为两种情况:(1)每个人的侵权行为都足以造成全部损害的,适用《侵权责任法》第11条(现为《民法典》第1171条)的规定,行为人承担连带责任;(2)每个人的侵权行为都不足以造成全部损害的,适用《侵权责任法》第12条(现为《民法典》第1172条)的规定,还应同时适用《侵权责任法》第67条(现为《民法典》第1231条)的规定,分别确定各侵权人的责任。

第五章
Chapter 5

环境法律救济

案情导入

2012年1月至2013年2月,江苏省泰州市常隆公司、锦汇公司、施美康公司、申龙公司、富安公司、臻庆公司(以下简称"六家化工企业")违反国家环境保护法律和危险废物管理规定,将其生产过程中所产生的废盐酸、废硫酸等危险废物交给无危险废物处理资质的主体偷排进泰兴市如泰运河、泰州市高港区古马干河,导致水体严重污染,造成重大环境损害。江苏省泰州市环保联合会向泰州市中级人民法院提起环保公益诉讼,要求六家化工企业赔偿环境修复费用。2014年9月10日,泰州市中级人民法院判决六家化工企业赔偿环境修复费用1.6亿余元,用于泰兴地区的环境修复。常隆公司、锦汇公司、施美康公司、申龙公司不服一审判决,向江苏省高级人民法院上诉。2014年12月29日,江苏省高级人民法院判决维持一审判决的赔偿金额。锦汇公司不服,向最高人民法院申请再审。2016年1月21日,最高人民法院裁定驳回锦汇公司的再审申请。

该案是《环境保护法》2014年修订后,我国首例由环保组织提起的环境民事公益诉讼案,法院判赔1.6亿余元,也是迄今国内判赔额度最高的环保民事公益诉讼案。① 在本案中，泰州市环保联合会是否具有诉讼主体资格？环境修复费用如何计算？环境污染的危害结果是否存在？六家化工企业偷排危险废物的行为与环境损害之间有无因果关系？这些问题涉及环境资源诉讼救济的许多规则，例如诉讼主体资格的认定、环境侵权的构成要件、生态修复费用的计算等。

第一节　环境法律救济概述

一、环境法律救济的概念与意义

从语义上来说，"救济"有两层含义，第一层含义是指物质帮助，例如救济粮、救济款等；第二层含义是指对已经受到损害的权利的一种补救。法律意义上的救济是第二层含义，是指由于原权利受到侵害而产生的权利，例如请求赔偿的权利，请求防止侵害的权利，请求恢复原状或返还原物的权利等。"没有救济，就没有权利"。法律救济的意义包含两个层面：第一，法律救济蕴含着权利得到保障和冲突得到解决的含义；第二，解决纠纷的目的是实现权利的规范行使和义务的履行，这是法律救济的意义。法律救济的过程实际上是把规范权利转化为现实权利的过程之一。

环境法律救济是指环境法律法规对因环境污染和生态破坏而使其权利受到侵害的受害者所提供的救济。环境法律救济与环境法律责任是一枚硬币的两面，国家依法对环境污染者和生态破坏者追究责任的过程，就是依法对受害者提供救济的过程。

二、环境法律救济的类型

环境法律救济可以进行不同的分类。有的学者认为，环境法律救济包括环

---

① 江苏省高级人民法院(2014)苏环公民终字第00001号民事判决书。

境民事救济、环境行政救济和环境侵权社会化救济三大部分。①

环境民事救济是指加害人通过赔偿损失、排除侵害等方式,赔偿受害人所遭受的与环境相关的财产和人身损害,或者承担其他民事责任的法律救济手段。它的基本功能是对已造成的损害予以填补,使其恢复到未受损害的状态。民事救济主要体现在排除侵害和损害赔偿两个方面。前者意在事前防止将来可能发生的环境侵害,排除当事人的人身权、财产权或环境权益因环境污染、生态破坏而遭受损害的事实或损害的可能。后者主要是通过诉讼或者仲裁途径,为已经发生的环境损害提供事后补救性措施。在一些特殊情况下,当侵害发生而公力救济方式无法及时、充分地为受害者提供救济时,私力救济也可以作为环境法律救济的补充。

环境行政救济是指在环境资源行政法律关系中,作为行政相对人的公民、法人或其他组织认为环境资源行政机关及其工作人员不履行法定职责或不依法履行法定职责,侵犯自己的合法权益,请求有关国家机关给予救济的法律制度的总称。环境行政救济是社会民主政治和市场经济发展的产物,体现了国家对公民环境权的保护和对行政权力的限制。我国环境行政救济的途径包括行政调解、行政裁决、行政复议、行政监察及信访等。其中,行政裁决和行政复议为我国目前环境行政救济的主要途径。

环境侵权社会化救济是指将因环境侵权造成的损害赔偿视为社会赔偿,即将个人行为社会化,从而转移赔偿责任,而不是仅由侵权行为人承担赔偿。环境侵权社会化救济制度由环境责任保险、提存金、政府救助基金等组成,是世界各国在侵权救济领域内的创新实践,得到多数国家的提倡,也为我国环境法律救济制度的发展和完善提供有益借鉴。②

有的学者认为,环境法律救济分为行政救济、诉讼救济、仲裁三类。其中行政救济包括行政调解、行政裁决、行政复议等方式,诉讼救济包括行政诉讼、民事

---

① 参见陈泉生:《环境权之辨析》,载《中国法学》1997年第2期。
② 参见陈冬:《美国环境公民诉讼研究》,中国人民大学出版社2014年版,第45页。

诉讼、刑事诉讼三种方式。① 本书以下内容的结构安排采用此种分类方法。

第二节　环境行政救济

一、环境行政救济的概念

行政救济是指对行政权力侵犯公民权利所造成的损害给予补救的法律制度的总称,包括对违法或不当的行政行为加以纠正,对因行政行为而遭受的人身和财产损失给予弥补等。环境行政救济制度是指在环境行政法律关系中,作为环境行政相对人的公民、法人或其他组织认为环境行政机关及其工作人员不履行法定职责或者不依法行政,侵犯自己的合法权益,请求有关国家机关给予救济的法律制度的总称。

二、环境行政救济的特点

（一）环境行政救济是一种事后补救

环境行政救济是国家为了补救环境行政行为给环境行政相对人造成的损害而采取的事后补救手段或措施。为防止环境行政行为侵犯相对人的合法权益而进行的事先规范和调控,不属于环境行政救济。

（二）环境行政救济以保护环境行政相对人的合法权益为根本目的

随着工业的高速发展,以环境保护为核心的人类可持续发展问题日益成为整个社会关注的焦点,负责管理公共事务的政府也不得不对环境问题给予关注。因此,从20世纪中叶以来,政府环境管理职能的日益加强成为现代服务型政府职能的一大特色。另外,在政府行使环境管理职能的过程中,环境行政相对人合法权益的保护问题也凸显出来。因此,各国一方面加强政府的环境管理职能,另

---

① 参见王文革主编:《环境资源法》(第三版),中国政法大学出版社2020年版,第311页。

一方面加强环境行政救济制度的建设。从环境行政救济的起点来看,它是以保护环境行政相对人的合法权益为根本目的的。

(三)环境行政救济具有法定性

环境行政救济作为国家保护环境行政相对人合法权益的事后救济手段,其所能采用的具体方式、途径、条件等必须有明确的法律规定,有关主体必须严格按照法律法规的规定提供或获得救济,否则无法得到法律的保护。

(四)救济对象的特定性

环境行政救济的救济主体或者说是环境行政救济的对象恒定,即为环境行政相对人,环境行政主体不能成为救济主体。①

三、环境行政救济的种类

(一)环境行政调解

环境行政调解是指当事人之间因环境污染而发生了关于赔偿责任和赔偿金额的纠纷,可以请求环保行政主管部门或者其他依照法律规定行使环境监督管理权的部门作出调解处理。行政调解原则上基于传统民法的原理,行政机关站在调解人的中间立场,出面进行行政调解,劝导双方当事人在自愿的情况下尽早达成赔偿协议。行政调解具有解决纠纷时间短、花费少,受害者不必提供其没有能力提供的各种正式证据等优点。然而,行政机关的调解行为不构成具体行政行为,调解协议也不具有法律约束力,只能由当事人自觉履行。如果一方当事人不执行调解协议,另一方可以就该环境污染纠纷向法院提起民事诉讼。

1989年《环境保护法》第41条第2款规定,赔偿责任和赔偿金额的纠纷,可以根据当事人的请求,由环境保护行政主管部门或者其他依照法律规定行使环境监督管理权的部门处理;当事人对处理决定不服的,可以向人民法院起诉。当事人也可以直接向人民法院起诉。由于我国环境污染防治单行法大都规定了类似条款,只是把"处理"改为"调解处理",因此2014年修订的《环境保护法》删除

---

① 参见蔡守秋:《中国环境资源法学的基本理论》,中国人民大学出版社2019年版,第137页。

了这一条款。例如,2000年修订的《大气污染防治法》第62条第2款规定,赔偿责任和赔偿金额的纠纷,可以根据当事人的请求,由环境保护行政主管部门调解处理;调解不成的,当事人可以向人民法院起诉。当事人也可以直接向人民法院起诉。2004年修订的《固体废物污染环境防治法》第84条第2款规定,赔偿责任和赔偿金额的纠纷,可以根据当事人的请求,由环境保护行政主管部门或者其他固体废物污染环境防治工作的监督管理部门调解处理;调解不成的,当事人可以向人民法院提起诉讼。当事人也可以直接向人民法院提起诉讼。2017年修正的《水污染防治法》第97条规定:"因水污染引起的损害赔偿责任和赔偿金额的纠纷,可以根据当事人的请求,由环境保护主管部门或者海事管理机构、渔业主管部门按照职责分工调解处理;调解不成的,当事人可以向人民法院提起诉讼。当事人也可以直接向人民法院提起诉讼。"

(二)环境行政裁决

行政裁决是指行政机关依照法律法规的授权,对当事人之间发生的、与行政管理活动密切相关的、与合同无关的民事纠纷进行审查,并作出裁决的行政行为。环境行政裁决对发生在行政管理活动中的平等主体之间的特定环境资源争议,例如自然资源权属争议、环境污染所致赔偿责任和赔偿金额的争议进行审查并作出裁决,属于具有法律约束力的具体行政行为。当事人对行政裁决不服的,可以提起行政复议或行政诉讼。

环境行政裁决以当事人之间发生了与环境行政管理活动密切相关但是与合同无关的民事纠纷为前提,主要用以解决因诉讼拖延,受害赔偿缓不济急的难题。环境行政裁决制度有利于发挥环境行政机关的专业才干、节约司法资源、减轻当事人诉讼之累、弥补其他纠纷解决方式的不足等特有优势,是非诉讼争端解决机制中最为重要的一种,对于制止环境侵权行为,保障当事人的合法环境权益,化解环境纠纷,建设资源节约型、环境友好型社会有着重要作用。因此,它被各国视为与司法救济具有同等的重要性,从而成为当代各国解决环境纠纷的主要手段之一。

(三)环境行政复议

环境行政复议是指法律规定的环境行政主体根据公民、法人或其他组织的申请,依照法定程序对引起争议的具体环境行政行为和部分抽象环境行政行为进行审查并重新作出处理的活动,它是解决行政争议的一种重要途径和手段。环境行政复议实际上是行政复议在环境行政管理领域的具体化,它以解决环境行政争议为目的。行政相对人可以通过这种途径维护自己的合法环境权益;各级环境行政主管部门可以通过这种途径纠正下级部门违法或不当的环境行政行为,保证环境行政执法的准确性和严肃性。同时,环境行政复议还有助于减少环境行政诉讼之累,减轻法院行政审判工作的压力。

根据环境保护部 2008 年通过的《环境行政复议办法》第 2 条第 1 款的规定,公民、法人或者其他组织认为地方环保行政主管部门的具体行政行为侵犯其合法权益的,可以向该部门的本级政府申请行政复议,也可以向上一级环保行政主管部门申请行政复议;认为国务院环保行政主管部门的具体行政行为侵犯其合法权益的,向国务院环保行政主管部门提起行政复议。根据该办法第 7 条的规定,有下列情形之一的,公民、法人或者其他组织可以申请行政复议:对环境保护行政主管部门作出的查封、扣押财产等行政强制措施不服的;对环境保护行政主管部门作出的警告、罚款、责令停止生产或者使用、暂扣、吊销许可证、没收违法所得等行政处罚决定不服的;认为符合法定条件,申请环境保护行政主管部门颁发许可证、资质证、资格证等证书,或者申请审批、登记等有关事项,环境保护行政主管部门没有依法办理的;对环境保护行政主管部门有关许可证、资质证、资格证等证书的变更、中止、撤销、注销决定不服的;认为环保行政主管部门违法征收排污费或者违法要求履行其他义务的;认为环保行政主管部门的其他具体行政行为侵犯其合法权益的。该办法第 8 条同时规定,有下列情形之一的,环境行政复议机关不予受理并说明理由:申请行政复议的时间超过了法定申请期限又无法定正当理由的;不服环保行政主管部门对环境污染损害赔偿责任和赔偿金额等民事纠纷作出的调解或者其他处理的;申请人在申请行政复议前已经向其他行政复议机关申请行政复议或者已向人民法院提起行政诉讼,其他行政复议机关或者人民法院已经依法受理的;法律、法规规定的其他不予受理的情形。

(四)环境行政监察

行政监察是指行政监察机关通过主动调查和接受行政相对人的申诉、控告、检举,发现国家工作人员的违法违纪行为,并直接处分或建议相应主管行政机关处分违法、违纪的国家工作人员,以纠正违法、腐败现象,保障整个行政系统的廉政、勤政。任何人都可以以公民的身份对任何国家行政机关、国家工作人员和国家行政机关任命的其他人员的违法失职行为向监察机关提出检举,检举人对检举事项可以有权益关系,也可以没有权益关系。环境行政监察机关还可以受理公民对环境行政机关的控告,通过提出监察建议为特定公民的环境权益提供法律救济。环境行政监察制度是一种保护环境的监督救济制度,设立环境行政监察制度的目的,是保证政令畅通,维护行政纪律,促进廉政建设,改善环境行政管理,提高环境行政效能。

(五)环境信访

环境信访是指公民、法人和其他组织在其合法的环境权益受到公权力的侵害时,选择以书信、电话、走访等形式向有关国家机关,包括各级人民政府及其所属部门,各级人民代表大会及其常务委员会,人民法院和人民检察院等反映事实、表达意愿、寻求补救,接受来信来访的机关通过各种直接或间接的方式予以协调、督促和帮助,促成其获得及时有效的权利救济的法律制度。它是公民、法人和其他组织法定环境行政救济制度的重要补充。

(六)环境行政赔偿

环境行政赔偿制度是指国家环境行政机关及其工作人员违法行使职权,侵犯公民、法人或其他组织的合法环境权益并且造成损害,由国家承担损害赔偿的制度。在环境行政赔偿中,侵权主体是环境行政机关及其工作人员。1995年《国家赔偿法》的颁布实施,标志着我国国家赔偿制度正式全面建立,对于保障公民、法人和其他组织的合法权益,促进国家机关及其工作人员依法行使职权,具有极其重要的作用,也奠定了我国环境行政赔偿法律制度的基础。

四、环境行政救济的功能

(一)保护环境行政相对人的合法权益

对公民、法人或其他组织的合法权益提供法律保障既是现代环境行政法治的要求,也是落实《宪法》关于保护公民合法权益的需要。环境行政救济的对象是不服环境行政主体作出的行政行为的环境行政相对人,即公民、法人或其他组织。作为管理者的环境行政主体和相对人之间由于环境法律规范的调整而形成环境法上的权利义务关系。这种关系具有非对等性,环境行政主体可以单方作出环境行政处理决定而无须经过相对人的同意,决定了相对人处于弱者地位。通过有关国家机关改变或撤销违法或不当的环境行政行为,责令环境行政主体赔偿给相对人造成的损失,使行政争议最终获得解决,构成了环境行政救济的功能之一。

(二) 监督环境行政主体依法行使职权

行政权本身具有双重性:一方面,行政权的存在是保障个人自由和社会发展的需要;另一方面,行政权又存在着被滥用的可能。各级环境行政主管部门和其他协同管理部门依照环境法律、法规和规章,享有相当广泛的行政管理权限。例如,作出警告、罚款、责令停业关闭等行政处罚,审批环境影响报告书,现场检查,验收污染防治设施,征收排污费,处理污染事故等。因此,如何监督环境行政主体依法行使职权显得尤为重要。环境行政救济通过对合法环境行政行为的维持,对违法和不当的环境行政行为予以确认、变更或撤销,保证环境行政主体的合法决定能够得到执行,从而提高行政效率,也可以有效地保护相对人的合法权益。

(三) 维护环境公益

随着我国经济的快速发展,在"经济优先"思想的指导下,政府往往以牺牲环境为代价,片面追求经济效益,忽视了社会效益和生态效益,造成环境污染和生态破坏,侵害了公民、法人和其他组织的合法环境权益,也侵害了环境公益。环境的公益性、整体性特征决定了既要加强对公民合法环境权益的保护,又要重视对环境公共利益的维护,否则可能造成局部环境状况有所改善,整体环境状况不断恶化的严重后果。环境行政救济通过环境行政复议、行政监察等方式,监督环境行政机关的行政行为,促使其切实履行保护公民的合法环境权益、维护社会环境公益的职责,有助于实现经济社会的可持续发展。

第三节 环境诉讼

环境诉讼是负有环境保护职责的行政机关的行政行为和个人或组织的环境侵权行为或违法行为而引起的诉讼的总称,按其保护的法益、起诉的目的和提起诉讼的主体的不同,可以分为环境私益诉讼、环境公益诉讼和生态环境损害赔偿诉讼三类。

一、环境私益诉讼

(一)环境私益诉讼的概念与特征

环境私益诉讼,是指因为环境污染或生态破坏而遭受财产损失或人身伤亡的受害人,为了维护私人权益而向法院提起的诉讼。按照侵权主体的不同,可以将其分为环境民事私益诉讼和环境行政私益诉讼。环境私益诉讼具有以下特征:

1. 起诉主体与环境侵权行为有直接的利害关系

环境私益诉讼是平等的民事主体之间,或者民事主体与行政主体之间的诉讼活动,因此对起诉资格的要求与一般的民事诉讼与行政诉讼并无不同。2021年修正的《民事诉讼法》第122条第1款规定,原告是与本案有直接利害关系的公民、法人和其他组织。2017年修订的《行政诉讼法》第25条规定,行政行为的相对人以及其他与行政行为有利害关系的公民、法人或其他组织,有权提起诉讼。

2. 环境私益诉讼的目的在于维护私人的合法权益

环境私益诉讼的原告是其实际利益受到损害的利益相关者,因此原告提起环境私益诉讼的目的主要是为了主张侵权行为人停止实施侵权行为,并且对已经造成的人身、财产损害进行赔偿。

(二)环境民事私益诉讼

环境民事私益诉讼,是指环境民事主体在其环境民事权益受到侵害时,依据民事诉讼法的规定对侵权行为人提出诉讼请求,请求法院依法进行审理并作出裁判的活动。

1. 环境民事私益诉讼的立法概况

环境民事私益诉讼是平等民事主体之间因环境侵权纠纷而提起的诉讼,因此相关的法律适用与一般的民事诉讼相同,诉讼活动主要依照民事诉讼法的规定进行。

因同一环境污染、生态破坏行为而提起的环境民事私益诉讼与公益诉讼,虽然在诉讼目的上存在区别,但是在诉讼请求、审理对象、认定事实等方面又存在密切的联系。[1] 因此,做好环境民事私益诉讼与公益诉讼在案件审理和判决执行程序中的衔接,具有充分保护个人权利和有效维护社会公共利益的双重意义。对此,最高人民法院于2020年修正的《环境民事公益诉讼解释》对环境民事私益诉讼与公益诉讼的衔接作出了相应的规定。该解释第29条规定,环境民事公益诉讼的提起不影响环境民事私益诉讼的提起,这有助于使私益诉讼原告的权益得到及时有效的保护。该解释第30条规定,环境民事公益诉讼生效裁判认定的事实对私益诉讼的原、被告具有免予举证的效力,但是原告对此有异议并有相反证据足以推翻的除外。这样规定既提高了私益诉讼的审判效率,又可以防止法院作出相互矛盾的裁判。该解释第31条规定,被告因污染环境、破坏生态在环境民事公益诉讼和其他民事诉讼中均承担责任,其财产不足以履行全部义务的,应当先履行其他民事诉讼生效裁判所确定的义务,这体现了法律的人文精神。

2. 环境民事私益诉讼的特征

环境民事私益诉讼具有以下特征:

(1) 适用举证责任倒置原则

一般的民事诉讼遵循"谁主张谁举证"的原则,即原告需要提供证据证明自己的诉讼主张,否则需要承担举证不能的法律后果。而环境诉讼适用举证责任倒置原则,即原告在提起环境诉讼时,只需要提供存在污染环境、破坏生态的侵

---

[1] 参见秦天宝:《我国环境民事公益诉讼与私益诉讼的衔接》,载《人民司法(应用)》2016年第19期。

权行为、存在损害事实以及两者之间存在因果关系的初步证据,被告如果否认,就必须提出反证。最高人民法院于2020年修正的《关于审理生态环境损害赔偿案件的若干规定》(以下简称《若干规定》)对此作出了明确的规定。《若干规定》第6条第3款规定,原告需要对被告污染环境、破坏生态的行为与生态环境损害之间具有关联性承担举证责任。此处的关联性的证明标准属于低度盖然性标准,原告提交的证据只要能够证明侵权行为与损害后果可能存在因果关系即可,并不要求证明因果关系确切存在。① 此外,《民法典》第1230条规定,因污染环境、破坏生态发生纠纷,行为人应当就法律规定的不承担责任或减轻责任的情形及其行为与损害之间不存在因果关系承担举证责任。适用举证责任倒置的原因在于,在环境侵权案件中,受害者不具备专业的科学技术知识,很难提出对自己有利的证据,如果因为原告举证不能而使大量的环境侵权案件被驳回,将极大地损害环境权益的实现。因此,由被告对自己不承担责任或减轻责任的事由进行证明,不仅有利于平衡诉讼当事人的地位,还能有效制止与惩处环境侵权行为。

(2)适用因果关系推定原则

传统的因果关系理论是"必然因果关系",否则将很难保障行为人的活动自由,"怀疑不罚"原则是以尊重个人自由为基调的近代法的一般原则。② 但是,如果将此原则严格适用于环境侵权领域,将使环境侵权纠纷无法得到及时解决。因此,许多国家将因果关系推定作为确定环境侵权行为与环境损害后果之间具有因果关系的方法。例如,德国《环境责任法》第6条第1款规定,对单一设备所造成的个别环境污染事件实行因果关系推定,即如果依照个案的具体情形,某一设备很可能引起既有的损害,则推定该损害是由该设备造成。在因果关系推定原则的具体适用中,可以依据疫病学上的要件对因果关系进行认定。即污染物在受害人发病前就已存在且发生作用,该污染物在环境中的数量和浓度越大发病率越高,该污染物含量或排放量少的地区其发病率也低,那么这种污染物作为该疾病的原因就可以得到生物学上的合理说明。

---

① 参见吴一冉:《生态环境损害赔偿诉讼举证责任相关问题探析》,载《法律适用》2020年第7期。

② 参见〔日〕原田尚彦:《环境法》,于敏译,法律出版社1999年版,第26页。

(3) 适用较长的诉讼时效

诉讼时效是民事权利受到侵害的权利人请求法院保护其民事权利的有效期间。从法理的角度来看,诉讼时效是一种消灭时效,权利人在法定期间内如果不行使权利,期间届满后向法院提起诉讼的,其所主张的权利不能得到法律保障,即丧失了胜诉权。2014年修订的《环境保护法》第66条规定,"提起环境损害赔偿诉讼的时效期间为三年,从当事人知道或者应当知道其受到损害时起计算。"之所以将"当事人知道或应当知道其受到损害"作为环境损害赔偿诉讼时效的起算点,主要是因为环境污染行为致害的潜伏期较长且难以被察觉。人们对于某些污染物的性质、迁移转化规律的认识是一个循序渐进的过程,因此将受到实质性损害作为环境损害赔偿诉讼时效的起算点,能够更有效地保护受害人的合法权益。此外,对于一些周期较长的环境侵权行为,为了防止"损害尚未发生、时效已经消灭"这一情形的出现,可以将其视为特殊情况,延长诉讼时效以充分救济受害人的权利。《民法典》第188条第2款规定,自权利受到损害之日起超过20年的,人民法院不予保护,有特殊情况的,人民法院可以根据权利人的申请决定延长。

3. 环境民事私益诉讼的司法应用

在司法实践中,环境民事私益诉讼的审理与判决在极大程度上依赖于环境民事公益诉讼所认定的事实与裁判结果,因而在厘清两者的区别的同时,还应当关注两者在诉讼请求、事实认定与证据证明等方面的共通性,①以实现环境民事私益诉讼与公益诉讼的制度衔接。

第一,诉讼请求的共通性。环境民事私益诉讼原告的诉讼请求主要包括停止侵害、排除妨碍、消除危险、赔偿损失等,环境民事公益诉讼原告的诉讼请求主要包括停止侵害、排除妨碍、消除危险、生态修复、赔偿损失等。因此,如果环境民事公益诉讼原告的诉讼请求已经获得支持,那么环境民事私益诉讼的诉讼目的自然也就得到了满足。

第二,事实认定的共通性。环境民事公益诉讼的生效裁判的效力及于私益诉讼,即已经被公益诉讼生效裁判认定的事实,因同一环境侵权行为而提起私益

---

① 参见吴如巧、雷嘉、郭成:《论环境民事公益诉讼与私益诉讼的共通性——以最高人民法院相关司法解释为视角的分析》,载《重庆大学学报(社会科学版)》2019年第5期。

诉讼的原、被告无须再举证证明。生效裁判既判力扩张的法理基础是，被告的程序性权利在公益诉讼中已经得到了保障。但是，私益诉讼的原告并未参与公益诉讼的审理程序，因此赋予私益诉讼原告对已经认定的事实提出异议并进行反驳的权利。

第三，证据与证明的共通性。基于环境民事私益诉讼与公益诉讼在事实认定上具有共通性，因此用于证明案件事实的证据也应当具备共通性。但是，只有经过质证程序且被法院采信作为裁判依据的证据资料才具有证明力。此外，环境民事私益诉讼与公益诉讼在证明对象、证明责任分配、证明标准等方面具有共通之处。具体表现为：证明对象为侵权行为、损害结果与免责事由，证明责任适用"举证责任倒置"，证明标准适用"高度盖然性"。

环境民事私益诉讼与环境民事公益诉讼所具备的共通性，具有统一裁判基础、简化审判程序、降低证明难度、促进制度通约的程序功能，但是在具体实践中仍然存在一定的缺陷。例如，未体现环境民事私益诉讼对公益诉讼的影响，环境民事私益诉讼与公益诉讼的审理顺位不明确，对证据与证明共通性的关注不足。为此，需要在立法层面对这些缺陷加以修补，以促进司法实践的有序运行。

第一，明确环境民事私益诉讼对公益诉讼的影响。如果私益诉讼提起在先，公益诉讼提起在后，那么私益诉讼的生效裁判所认定的事实可以作为公益诉讼裁判的基础，但是公益诉讼原告有异议并提出反对意见的除外。此外，私益诉讼原告自认的事实如果损害社会公共利益的，不应对公益诉讼原告产生拘束力。

第二，确定环境民事私益诉讼与公益诉讼的审理顺位。在公益诉讼与私益诉讼同时提起的情况下，对同一案件进行重复审理不仅会浪费司法资源，还会不可避免地出现矛盾判决。为此，可以通过合并审理的方式避免重复审理及矛盾判决的出现，并且更好地保障私益诉讼原告程序权利与实体权利的实现。

第三，明确证据与证明方面的共通性。尽管公益诉讼的原告相较于私益诉讼的原告具有更强的举证能力，但是环境诉讼的目的在于对实施环境侵权行为的被告施加更多的举证责任，以促使其主动承担环境修复的责任，因此不应当根据环境民事诉讼的原告主体的不同，分别适用不同的举证责任分配规则。

（三）环境行政私益诉讼

环境行政私益诉讼，是指法院依据公民、法人或其他组织的请求，对依法负有环境行政管理职责的行政机关及其工作人员的具体行政行为侵犯其合法权益的案件,依法进行审理的活动。①

1. 环境行政私益诉讼的分类

环境行政私益诉讼是行政诉讼的一种,在诉讼范围、管辖、审判程序、执行等方面,与一般的行政诉讼没有原则性的区别,诉讼活动主要依照行政诉讼法的规定进行。

环境行政私益诉讼的目的是解决环境行政争议,其对象是具体环境行政侵权行为。根据原告的诉讼请求的不同,可以将其分为司法审查之诉、请求履行职责之诉、行政侵权赔偿之诉。

司法审查之诉是指环境行政相对人认为环境行政管理机关及其工作人员的具体行政行为不合法或显失公正,而要求法院对具体行政行为的合法性以及是否具有超越职权、滥用职权或显失公正的情形进行司法审查,进而作出维持、变更或撤销其具体行政行为的判决。受案范围主要包括:第一,对环境行政机关作出的罚款、吊销许可证和营业执照、责令限期治理、没收财物等行政处罚行为不服的;第二,对限制人身自由或对财产的查封、扣押、冻结等行政强制措施不服的;第三,认为环境行政机关的行为侵犯法律法规规定的经营自主权的。将行政行为置于司法审查之下,能够和平地解决行政主体与行政相对人之间的冲突,在保障公民合法权益的同时也使司法公正得到了体现。

请求履行职责之诉是指因环境行政管理机关及其工作人员违法不作为,环境行政相对人要求其履行法定职责而向法院提起的诉讼。其受案范围主要包括:第一,认为环境行政机关无理拒不发放有关执照、许可证或对于其申请拒绝给予答复的;第二,认为环境行政机关不依法履行保护公民人身权与财产权的法定职责的;第三,申请环境行政机关履行保护环境、防治污染和其他公害的职责,环境行政机关拒绝履行或不给予答复的。近年来,环境行政不作为的案件逐年递增,这在一定程度上影响了政府的公信力,应当予以重视。通过司法审判纠正行政机关的违法不作为并强制其履行法定职责,虽然不能从源头上起到制约作

---

① 参见蔡守秋主编:《环境资源法教程》(第二版),高等教育出版社2010年版,第388页。

用,但是也对行政行为起到了监督作用,有助于保障行政权在合法的轨道上有序运行。

行政侵权赔偿之诉是指公民、法人或其他组织的合法权益受到环境行政机关或其工作人员的侵犯而造成损害时,向法院提起的要求赔偿的诉讼。其受案范围主要包括环境行政机关或其工作人员的下列行为:第一,违法作出行政处罚决定造成损害的;第二,违法实施行政强制措施造成损害的;第三,违法侵犯行政相对人经营自主权造成损害的;第四,违法颁发行政许可证造成损害的;第五,不依法保护环境,对行政相对人人身、财产权造成损害的。环境行政侵权赔偿之诉的作用主要体现在两个方面:一是有助于督促环境行政管理机关及其工作人员依法履行职责;二是使行政相对人的权利得到应有的救济。环境污染大多是由工业化造成的,一些地方政府为了招商引资或谋求经济的快速发展而牺牲环境利益,对排污行为给予庇护,由此给当地的环境和居民带来了极大的损害,对负有环境保护职责的行政机关施加赔偿责任能够起到警示作用。

2. 环境行政私益诉讼的司法应用

在司法实践中,通过环境行政私益诉讼,可以有效地监督环保机关履行职责、纠正违法行政行为,从而解决环境争议并保护行政相对人的合法权益。但是,通过对环境行政私益诉讼案件进行分析,可以发现存在诸如利害关系人参与听证的权利被限制、未明确规定行政程序的违法或瑕疵情形,以及未充分落实信赖保护原则等问题,需要予以重视和解决。

第一,利害关系人参与听证的权利被限制。公众参与听证的前提是与相关具体行政行为具有直接利害关系,但是并非所有的利益相关人都可以成为利害关系人,因为必须达到重大利益关系的标准。现有机制往往将重大利益关系认定的裁量权赋予行政机关,这很容易造成行政机关怠于执法,限缩重大利益关系的考量范围。因此,在环境行政私益诉讼中应当综合考量各项法律法规的规定,由法院确定利害关系人是否有参与听证的权利,以实现充分保护公民、法人和其他组织合法权益的目的。

第二,未明确规定行政程序违法或瑕疵的情形。违反行政程序的程度不同,会产生不同的法律效果。行政程序严重违法会导致行政行为无效,行政程序存在瑕疵则不影响行政行为的效力。但是,对于哪些程序构成严重违法,哪些程序构成瑕疵并无明确的成文法标准,这要求法院在裁判中应当综合考量行政程序的价值以及行政程序对实体权利的影响来确定。①

第三,未充分落实信赖保护原则。信赖保护原则是指行政机关对行政相对人的合理信赖应当予以保护,行政机关不得擅自改变已经生效的行政行为,确需改变的,应当补偿由此给行政相对人造成的损失。信赖保护原则适用的条件为存在信赖基础、存在信赖表现以及信赖值得保护,因此当行政机关确需改变已经生效的具体行政行为时,应当对满足上述三个条件的行政相对人给予相应的补偿。

二、环境公益诉讼

(一) 环境公益诉讼的概念与特征

1. 环境公益诉讼的概念

环境公益诉讼是指在环境受到污染或生态受到破坏时,符合法律规定的机关和有关组织为了维护社会环境公益而向法院提起的诉讼。按照侵权主体的不同,可以将其分为环境民事公益诉讼和环境行政公益诉讼。

此外,我国还建立了环境刑事附带民事公益诉讼制度。环境刑事附带民事公益诉讼是指检察院对污染环境和破坏生态的犯罪行为提起刑事公诉时,发现该行为损害社会公共利益的,可以向法院一并提起附带民事公益诉讼,本质上仍然属于环境民事公益诉讼。环境刑事附带民事公益诉讼是一项兼具效率与公正的制度设计,该制度自设立以来,在实践中的适用也较为广泛,已经成为检察公益诉讼开展的主要方式,具有极大的理论与实践意义。首先,环境刑事附带民事公益诉讼有效地衔接了刑事公诉与民事公益诉讼的检察职能,在依法追究违法行为人刑事责任的同时,一并追究其损害公共利益的民事责任,有利于节约司法资源、提高诉讼效率。其次,刑事检察部门与公益诉讼检察部门共享案件线索,

---

① 参见王敬波:《环境行政诉讼的三个理论问题——基于最高人民法院公布的十大环境行政诉讼案件的讨论》,载《人民司法(案例)》2015年第6期。

既解决了举证困难的问题,又避免了相互矛盾的判决的出现,有利于维护司法的公信力。

2. 环境公益诉讼的特征

根据我国法律规定和相关司法解释,环境公益诉讼具有以下特征:

第一,起诉主体多元化。环境公益诉讼的起诉主体不限于与环境污染或生态破坏有直接利害关系的当事人,符合条件的社会组织和检察院可以提起环境公益诉讼。

第二,检察院提起环境公益诉讼应当严格履行诉前程序。检察院拟提起环境民事公益诉讼的,应当依法公告,公告期为三十日,公告期满,法律规定的机关和有关组织不提起诉讼的,检察院才可以向法院提起诉讼;检察院拟提起环境行政公益诉讼的,应当向行政机关提出检察建议,督促其依法履行职责,行政机关不依法履行职责的,检察院才可以向法院提起诉讼。

(二) 环境民事公益诉讼

根据我国法律规定和相关司法解释,环境民事公益诉讼是指符合条件的社会组织和检察院认为环境公益受到侵犯时,以自然人或单位(包括法人组织和非法人组织)为被告而向法院提起的诉讼。与环境民事私益诉讼相同,环境民事公益诉讼也具有适用举证责任倒置原则、适用因果关系推定原则、适用较长的诉讼时效等特征。

1. 环境民事公益诉讼的立法概况

第一,起诉主体。包括法律规定的特定机关(比如《海洋环境保护法》规定的海洋环境监督管理部门)、有关社会组织和检察院三类。其中,检察院在环境民事公益诉讼中起到兜底与辅助作用。《民事诉讼法》第58条规定,对污染环境、侵害众多消费者合法权益等损害社会公共利益的行为,法律规定的机关和有关组织可以向法院提起诉讼;在没有前款规定的机关和组织或前款规定的机关或组织不提起诉讼的情况下,检察院可以向法院提起诉讼;前款规定的机关或组织提起诉讼的,检察院可以支持起诉。根据《海洋环境保护法》第89条第2款的规定,对破坏海洋生态、海洋水产资源、海洋保护区,给国家造成重大损失的,由依照本法规定行使海洋环境监督管理权的部门代表国家对责任者提出损害赔偿要求，包括提起民事公益诉讼。《环境保护法》第58条规定，对于污染环境、破坏生态、损害社会公共利益的行为，依法在设区的市级以上政府民政部门登记且专门从事环境保护公益活动连续五年以上且无违法记录的社会组织，可以向法院提起诉讼。

第二，起诉条件。《环境民事公益诉讼解释》第8条第2项规定，提起环境民事公益诉讼应当提交被告的行为已经损害社会公共利益或具有损害社会公共利益重大风险的初步证明材料。根据最高人民法院、最高人民检察院于2020年修正的《关于检察公益诉讼案件适用法律若干问题的解释》（以下简称《检察公益诉讼司法解释》）第14条的规定，检察院提起环境民事公益诉讼应当提交下列三类材料：民事公益诉讼起诉书，并按照被告人数提出副本；被告的行为已经损害社会公共利益的初步证明材料；检察机关已经履行公告程序的证明材料。

第三，管辖法院。环境民事公益诉讼的管辖法院需要根据起诉主体与起诉情形分别确定，主要有以下三种方式：第一，根据《环境民事公益诉讼解释》第6条第1—2款的规定，社会组织提起的第一审环境民事公益诉讼案件由污染环境、破坏生态行为发生地、损害结果地或者被告住所地的中级以上人民法院管辖；中级人民法院认为确有必要的，可以在报请高级人民法院批准后，裁定将本院管辖的第一审环境民事公益诉讼案件交由基层法院审理。第二，根据《检察公益诉讼司法解释》第5条第1款的规定，市级检察院提起的第一审环境民事公益诉讼案件，由侵权行为地或者被告住所地中级人民法院管辖。第三，根据《检察公益诉讼司法解释》第20条的规定，检察院提起的刑事附带民事公益诉讼案件由审理刑事案件的法院管辖。

第四，判决类型。根据《环境民事公益诉讼解释》第19—20条的规定，法院的判决主要是结合原告的诉讼请求与环境侵权的具体情形而作出，主要有以下两种：第一，原告为防止生态环境损害的发生和扩大，请求被告停止侵害、排除妨碍、消除危险的，法院可以依法予以支持。第二，原告请求恢复原状的，法院可以依法判决被告将生态环境修复到损害发生之前的状态和功能；无法完全修复的，可以准许采用替代性修复方式。法院可以在判决被告修复生态环境的同时，确定被告不履行修复义务时应当承担的生态环境修复费用，也可以直接判决被告承担生态环境修复费用。

2. 环境民事公益诉讼的司法应用

作为在民事诉讼制度框架下为了维护环境公共利益而设计的新型诉讼,环境民事公益诉讼与传统类型的诉讼相比,为生态环境和自然资源提供了新的保护路径,具有补充性、预防性和修复性的功能。补充性体现在保护范围的扩大与规制行为的扩张;预防性体现在保护方式由传统的事后规制向事前预防转变;修复性体现在从关注生态环境的经济价值向关注生态环境的生态价值转变。环境民事公益诉讼在司法实践中已经得到大量运用,但是仍然存在一些法律适用上的问题,需要予以重视和解决。

第一,近年来,检察机关提起公益诉讼呈现强劲的发展势头,成为环境民事公益诉讼的主力军,这与检察院在环境民事公益诉讼中的兜底与辅助作用相背离。检察院目前缺乏支持环保组织提起环境民事公益诉讼的动力,因为上级检察院对基层检察院经手的公益诉讼案件的数量有一定指标要求。

第二,当前公益诉讼的制度设计不利于社会组织有效提起诉讼。据民政部民间组织管理局统计,到2014年第三季度,我国生态环保类社会组织约7000家,但是符合《环境保护法》和有关司法解释规定的具有环境公益诉讼原告资格的社会组织仅700多。从实际起诉情况来看,全部环保组织中仅有13家提起过环境公益诉讼,且主要集中在中华环保联合会、绿发会等有限的几家。[①] 由此可见,如果不能有效降低公益诉讼对环保组织的潜在门槛,激发广大环保组织的诉讼动力,环境公益诉讼很难在全国范围内得到实质性的推进。

第三,判决执行阶段存在修复资金管理不规范以及执行联动机制缺失的问题。公益诉讼的目的在于尽可能使生态恢复到损害之前的状态,赔偿资金的管理与利用是执行过程中需要关注的重点。但是,法院的判决书对赔偿款项如何使用往往并无明确规定,多数管理机关也并未制定与此相关的实施细则,关于如何保障赔偿资金用于生态环境修复工作以及生态环境修复工作能够有效运行,仍然存在制度空白。此外,公益诉讼判决的执行是一个复杂的系统性工程,不仅

---

① 参见李琳:《论环境民事公益诉讼之原告主体资格及顺位再调整》,载《政法论坛》2020年第1期。

需要侵权人积极主动履行、检察机关及时监督,还需要专业机构与专业人员对生态环境的修复工作给予指导,因此,需要构建系统的执行联动机制,着力破解执行难的问题。

(三)环境行政公益诉讼

根据我国法律的规定,环境行政公益诉讼是指由于环境行政机关的违法行政行为或者不作为,对公共环境权益造成侵害时,法律允许检察院为维护环境公共利益而向法院提起行政诉讼,要求行政机关履行法定职责或纠正、停止其侵害行为的制度。

1. 环境行政公益诉讼的立法概况

我国有关环境行政公益诉讼的立法主要是《行政诉讼法》,此外还有《检察公益诉讼司法解释》。《行政诉讼法》简略规定了行政公益诉讼的起诉主体、对象与范围,《检察公益诉讼司法解释》对行政公益诉讼的起诉条件、管辖法院、判决类型等作了详尽规定。

第一,起诉主体。《行政诉讼法》第25条第4款规定,检察院在履行职责中发现生态环境和资源保护领域负有监督管理职责的行政机关违法行使职权或者不作为,致使国家利益或者社会公共利益受到侵害的,应当向行政机关提出检察建议,督促其依法履行职责;行政机关不依法履行职责的,检察院依法向法院提起诉讼。将起诉主体限于检察院的规定主要出于两方面的考量:一方面,行政公益诉讼的被告为行政机关,普通公民或社会组织对其违法行为的证据调取或收集存在困难,不利于对公共利益的维护;另一方面,在法庭审理的过程中,检察机关与行政机关作为双方当事人的诉讼结构更加平衡。

第二,起诉条件。《检察公益诉讼司法解释》第22条规定,检察院提起行政公益诉讼应当提交下列三类材料:行政公益诉讼起诉书,并按照被告人数提出副本;被告违法行使职权或者不作为,致使国家利益或者社会公共利益受到侵害的证明材料;检察机关已经履行诉前程序,行政机关仍不依法履行职责或者纠正违法行为的证明材料。

第三,管辖法院。《检察公益诉讼司法解释》第5条第2款规定,基层检察院提起的第一审行政公益诉讼案件,由被诉行政机关所在地基层法院管辖。与环境民事公益诉讼案件一般由中级人民法院管辖不同,环境行政公益诉讼案件由基层检察院向基层法院提起,这有利于各地检察机关及时发现环保行政部门的违法行为,加大监督力度。

第四,判决类型。《检察公益诉讼司法解释》第 25 条规定,法院应当区分情形作出行政公益诉讼判决,主要包括以下情形:判决确认违法或确认无效,并可以同时判决责令行政机关采取补救措施;判决撤销或者部分撤销,并可以判决被诉行政机关重新作出行政行为;判决在一定期限内履行;判决予以变更;判决驳回诉讼请求。

2. 环境行政公益诉讼的司法应用

检察机关提起环境行政公益诉讼,是借助诉讼的形式实现对违法行政行为和不作为的法律监督。环境行政公益诉讼在制度设计方面已经有所完善,例如通过诉前检察建议督促行政机关履行法定职责,有助于克服环境诉讼救济的滞后性、诉讼成本高以及司法资源有限性的问题。但是,环境行政公益诉讼在实际运行中仍然存在诉前程序不规范、具体权能不明确以及判决结果受限等现实困境,需要加以克服。

第一,诉前检察建议未能得到有效落实。首先,检察院履行职责的范围难以确定,来自群众举报和新闻媒体报道中的信息应否属于检察院履行职责的范围仍未明晰。其次,诉前审查的标准不明确,这涉及如何判定行政机关是否依法履行了职责。有的行政机关可能仅在形式上完成了检察建议,但是没有将应当履行的职责落实到位。最后,行政机关履行职责后,是否应当公开履职方案与履职情况,以供检察院和公众对其进行后续监督亦须明确。

第二,检察机关调查取证权薄弱,影响诉讼过程中的举证能力。《检察公益诉讼司法解释》第 6 条规定,检察院办理公益诉讼案件,可以向有关行政机关以及其他组织、公民调查收集证据材料;有关行政机关以及其他组织、公民应当配合。该条关于"有关行政机关及其他组织、公民应当配合"的表述,可以视为强制性规定,但是并未赋予检察机关调查取证的权力。环境行政公益诉讼中需要提供的证据材料大多掌握在行政机关手中,调查取证权的缺失严重影响检察机关在案件审理过程中的举证能力,不利于对公共利益的维护。

第三,案件的判决结果主要是确认违法和责令履行职责,而且确认违法判决的形式主义较为明显,履行职责的判决往往没有具体的内容。在司法实践中,行政机关因未能及时履行法定职责而接到检察建议,在检察机关提起行政公益诉讼后履行法定职责的情形较为普遍。面对此种情况,检察机关往往变更诉讼请求,请求确认纠正之前的行政行为违法,因此,法院作出违法判决的形式意义大于实质意义。此外,对于确实无法撤销的违法行政行为,确认违法的判决仅仅是对行政行为的合法性作了否定性评价,却不能改变违法行政行为所形成的法律关系。履行职责的判决通常表述为"责令被告依法履行法定职责",过于笼统且不利于检察院监督职责的实际履行。

三、生态环境损害赔偿诉讼

生态环境损害赔偿诉讼始于党中央、国务院2015年出台的《生态环境损害赔偿制度改革试点方案》。在试点的基础上,党中央、国务院2017年出台的《生态环境损害赔偿制度改革方案》(以下简称《改革方案》)明确了生态环境损害赔偿的范围、责任主体、索赔主体等,正式构建了生态环境损害赔偿制度。最高人民法院2019年发布并于2020年修正了《关于审理生态环境损害赔偿案的若干规定(试行)》(以下简称《若干规定》),对生态环境损害赔偿诉讼的管辖法院、举证责任分配、赔偿范围等问题予以明确。

(一)生态环境损害赔偿诉讼的概念与特征

1. 生态环境损害赔偿诉讼的概念

生态环境损害赔偿诉讼,是指省级、市地级政府及其指定的相关部门、机构,或者受国务院委托行使全民所有自然资源资产所有权的部门,因与造成生态环境损害的自然人、法人或其他组织经磋商未达成一致或无法进行磋商的,作为原告提起的生态环境损害赔偿诉讼。这是一种特殊的环境民事私益诉讼。

2. 生态环境损害赔偿诉讼的特征

第一,以政府作为赔偿权利人,体现了公权性。国家所有的自然资源及其构成的生态系统受到损害时,由政府作为赔偿权利人提起诉讼,使行政权的公益性与权威性得到了有效的发挥。此外,各省、市党委和政府在加强对生态环境损害赔偿制度改革统一领导的基础上,能够保障改革措施落到实处。

第二,以磋商前置为索赔条件,体现了程序性。根据《改革方案》,生态环境损害发生后,赔偿权利人应当积极主动地与赔偿义务人进行磋商,磋商未达成一致的,才可以依法提起诉讼。将磋商作为诉讼的前置程序,有助于避免经历冗长的诉讼周期,使生态环境损害得到及时有效的修复。

第三,以修复受损生态环境为目的,体现了救济性。生态环境损害赔偿诉讼最主要的诉求是对受损生态环境进行修复,主要表现在以下三个方面:首先,在诉讼提起前,政府已经制订了生态修复方案;其次,在审判阶段,法院根据被告的生态修复能力与生态修复的可能性,判决由被告开展修复工作或赔偿修复费用;最后,在判决作出后,政府需要及时对生态修复效果进行评估。

此外,与环境民事私益诉讼和环境民事公益诉讼相同,生态环境损害赔偿诉讼也应当具有适用举证责任倒置原则、适用因果关系推定原则、适用较长的诉讼时效等特征。

(二)生态环境损害赔偿诉讼的主要内容

《改革方案》从制度层面对生态环境损害赔偿工作进行了顶层设计,《若干规定》则从案件的审理层面,对审判工作的实施作出了具体规定。以下根据《改革方案》和《若干规定》,分析生态环境损害赔偿诉讼的主要内容。

1. 生态环境损害赔偿诉讼的适用范围

根据《若干规定》第 1 条的规定,可以提起生态环境损害赔偿诉讼的情形包括以下三种:第一,发生较大、重大、特别重大突发环境事件的;第二,在国家和省级主体功能区规划中划定的重点生态功能区、禁止开发区发生环境污染、生态破坏事件的;第三,发生其他严重影响生态环境后果的。同时,《若干规定》第 2 条明确规定了不能提起生态环境损害赔偿诉讼的两种情形:因污染环境、破坏生态造成人身损害、个人和集体财产损失要求赔偿的;因海洋生态环境损害要求赔偿的。

2. 生态环境损害赔偿权利人

根据《改革方案》第四部分("工作内容")的规定,省级、市地级政府及其指定的相关部门、机构,或者受国务院委托行使全民所有自然资源资产所有权的部门,有权作为生态环境损害赔偿权利人。具体的职责分工如下:第一,省级、市地级政府是本行政区域内生态环境损害赔偿权利人。第二,省域内跨市地的生态环境损害,由省级政府管辖;其他工作范围划分由省级政府根据本地区实际情况确定。第三,省级政府可指定统一行使全民所有自然资源资产所有者职责的部门负责生态环境损害赔偿具体工作。第四,国务院直接行使全民所有自然资源资产所有权的,由受委托代行该所有权的部门作为赔偿权利人开展生态环境损害赔偿工作。

3. 生态环境损害赔偿义务人

根据《改革方案》第四部分("工作内容")的规定,违反法律法规,造成生态环境损害的单位或个人,应当承担生态环境损害赔偿责任,做到应赔尽赔;各地区可根据需要扩大生态环境损害赔偿义务人的范围。

4. 生态环境损害赔偿诉讼与环境民事公益诉讼的衔接

《若干规定》第16—18条明确了生态环境损害赔偿诉讼与环境民事公益诉讼的衔接方式,具体包括以下四个方面的内容:第一,在生态环境损害赔偿诉讼案件的审理过程中,同一损害生态环境行为又被提起民事公益诉讼,符合起诉条件的,应当由受理生态环境损害赔偿诉讼案件的法院受理并由同一审判组织审理(第16条)。第二,法院受理因同一损害生态环境行为提起的生态环境损害赔偿诉讼案件和民事公益诉讼案件,应先中止民事公益诉讼案件的审理,待生态环境损害赔偿诉讼案件审理完毕后,就民事公益诉讼案件未被涵盖的诉讼请求依法作出裁判(第17条)。第三,生态环境损害赔偿诉讼案件的裁判生效后,有权提起民事公益诉讼的机关或者社会组织就同一损害生态环境行为有证据证明存在前案审理时未发现的损害,并提起民事公益诉讼的,法院应予受理(第18条第1款)。第四,民事公益诉讼案件的裁判生效后,有权提起生态环境损害赔偿诉讼的主体就同一损害生态环境行为有证据证明存在前案审理时未发现的损害,并提起生态环境损害赔偿诉讼的,法院应予受理(第18条第2款)。

5. 生态环境损害赔偿诉讼的责任承担

根据《若干规定》第11条的规定,生态环境损害赔偿诉讼的被告违反国家规定造成生态环境损害的,应当承担修复生态环境、赔偿损失、停止侵害、排除妨碍、消除危险、赔礼道歉等民事责任。生态环境损害赔偿诉讼的责任承担方式以"生态修复为主、货币赔偿为辅"。因此,如果受损生态环境能够修复,法院应当依法判决被告承担修复责任,并同时确定被告不履行修复义务时应承担的生态环境修复费用;受损生态环境无法修复或者无法完全修复的,法院根据具体案情,判决被告承担生态环境功能永久性损害的赔偿责任。

6. 磋商协议与司法判决的效力与执行

《若干规定》规定了磋商协议与司法判决的效力与执行问题。第20条规定了磋商协议的效力问题:生态环境损害赔偿权利人与义务人经过磋商达成生态环境损害赔偿协议的,当事人可以向法院申请司法确认;法院受理申请后,应当公告协议内容,公告期间不少于30日;公告期满后,法院经审查认为协议的内容不违反法律法规强制性规定且不损害国家利益、社会公共利益的,裁定确认协议有效。第21条规定了磋商协议与司法判决的执行问题:与一方当事人拒绝履行、未全部履行发生法律效力的生态环境损害赔偿诉讼案件裁判或者经司法确认的生态环境损害赔偿协议的,对方当事人可以向法院申请强制执行。

(三)生态环境损害赔偿诉讼的司法应用

与检察机关提起的环境公益诉讼不同,生态环境损害赔偿诉讼保护的法益是国家对自然资源的所有权,因而,在政府作为赔偿权利人无法与赔偿义务人达成磋商协议时,即可提起生态环境损害赔偿诉讼,而无须履行诉前公告这一前置程序。社会组织提起环境民事公益诉讼并无前置程序,发现被告的行为已经损害社会公共利益或具有损害社会公共利益的重大风险时,即可向法院提起公益诉讼。这就导致在司法实践中,环境民事公益诉讼与生态环境损害赔偿诉讼同时提起的情形时有发生。《若干规定》第16—17条关于生态环境损害赔偿诉讼与环境民事公益诉讼的衔接方式的规定,不仅减损了环境民事公益诉讼权利人的权利,也阻碍了对生态环境的全面保护。具体而言,生态环境损害赔偿诉讼与环境民事公益诉讼在适用中的冲突主要表现在以下两个方面:

第一,当"两诉"的损害后果与诉求相同时,存在重复起诉的问题。对此可以在《若干规定》第16条中增加相应的条款予以限制,具体表述为:"在生态环境损害赔偿诉讼案件审理的过程中,其他主体以全民自然资源所有权受到损害为由提起环境民事公益诉讼的,法院可以直接拒绝受理"。

第二,当"两诉"的损害后果和诉讼请求不同时,存在后诉的诉讼请求得不到保障的问题。生态环境损害赔偿诉讼保护的法益是国家对自然资源的所有权,而环境民事公益诉讼保护的法益是社会公众享有的保障基本生存与宜居的环境权。在"两诉"同时被提起时,《若干规定》第 17 条赋予生态环境损害赔偿诉讼以优先权,这导致环境民事公益诉讼权利人参与案件审理的程序性权利与质证、辩论的实质性权利的缺失。例如,在山东弘聚新能源有限公司生态环境损害赔偿诉讼案、中国生物多样性保护与绿色发展基金会(以下简称"中国绿发会")与山东金诚重油化工有限公司等侵权责任纠纷案中,济南中院在对生态环境损害赔偿诉讼作出判决后,以诉讼目的已经实现为由,终止审理环境民事公益诉讼。然而,法院对中国绿发会关于是否遗漏生态服务功能期间损失以及合理费用的主张均未进行实质审理,阻碍了生态修复工作的有序开展与有效监督。因此,可以在《若干规定》第 17 条增加相应的条款,以确立"支持起诉"制度,具体表述为:"在生态环境损害赔偿诉讼案件的审判过程中,社会团体、民办非企业单位以及基金等可以为诉讼提供支持,例如补充证据以证明损害后果等"。这样规定一方面维持了行政机关作为前诉当事人的优势地位,另一方面也保障了其他主体的充分参与。

第四节 环 境 仲 裁

一、环境仲裁的概念

环境仲裁是指根据环境纠纷当事人的仲裁协议,由仲裁机构作出对双方均有约束力的裁决,从而解决纠纷的程序。

二、环境仲裁的域外经验

美国、日本、巴西等国在法律中明确规定环境纠纷可以适用仲裁,起到了良好的效果。根据美国于 1980 年制定的《综合环境反应补偿与责任法》,为了保证仲裁的中立性,美国联邦环境署通常会选择民间机构完成仲裁程序,该法允许通过仲裁解决"小额"环境纠纷。日本的《公害纠纷处理法》等法律对公害纠纷规定了斡旋、调解、仲裁及裁决制度等处理方式,旨在公正、迅速、有效地解决公害纠纷。日本《公害纠纷处理法》第41条和《民事诉讼法》第800条、第801条规定,纠纷当事人可以事先约定委托第三者进行仲裁。纠纷当事人一旦缔结仲裁契约要求审查会等仲裁后,该仲裁即具有与确定判决同等的效力,可以约束双方当事人。除了特殊情况外,当事人不得对仲裁裁决提出不服。① 为了解决环境纠纷,巴西于2001年10月在里约热内卢成立了全球首家环境仲裁院,为环境纠纷提供了一个快捷方便的解决手段。环境仲裁院由环保领域的律师和专家组成,在保障仲裁裁决公正性的同时,还保证了专业性与权威性。

在国际层面,《保护臭氧层维也纳公约》《联合国气候变化框架公约》《生物多样性公约》等国际条约都规定了仲裁条款。仲裁在国际环境纠纷中被广泛应用,通过仲裁解决国际环境纠纷的案件众多,例如"特雷尔冶炼厂仲裁案""北大西洋海岸捕鱼仲裁案"等。

三、我国环境仲裁制度的构建

我国除了海事纠纷之外,既没有环境纠纷的仲裁法规,也没有环境纠纷的仲裁机构。② 同时,海事纠纷的仲裁仅限于涉外性的海洋污染损害赔偿案件,因此国内各地仲裁委员会尚未将环境纠纷作为其受案范围。环境仲裁制度的构建,首先需要论证在环境纠纷解决机制中引入仲裁的可行性,进而探索环境仲裁的具体模式。

(一)环境仲裁的可行性

1. 双方当事人有达成仲裁协议的可能性

对受害者而言,由于环境侵权原因的复杂性与诉讼周期的漫长,受害者不愿意选择耗时耗财的诉讼程序,如果侵权者愿意对此作出积极的回应并给予合理

---

① 参见〔日〕原田尚彦:《环境法》,于敏译,法律出版社1999年版,第40页。
② 参见金瑞林主编:《环境法学》,北京大学出版社2002年版,第150页。

的赔偿,仲裁可以及时有效地满足受害者的诉求。对侵权者而言,出于维护企业信誉与商业秘密的考量,他们更愿意选择仲裁这种非公开的方式进行处理。从两者的心理期待可以看出,双方选择仲裁解决纠纷存在共同的基础。

2. 仲裁人员的选择有例可循

对于环境纠纷的解决而言,选择具有环境专业知识的专业人员作为第三方进行仲裁是一个可行的方案。例如,巴西在里约热内卢成立的环境仲裁院的仲裁员就是来自环境保护领域的专业人士,日本公害调整委员会与公害审查委员会的仲裁员也是由环境保护领域的专业人士和从事环境管理、环境监测的技术人员构成的。值得注意的是,无论仲裁员如何选择,在环境仲裁中都应当允许环境保护团体的参与,以起到适当的监督作用。①

(二)环境仲裁制度的构建路径

1. 将环境纠纷的仲裁纳入《仲裁法》

我国《仲裁法》分别从积极和消极的角度规定了可以仲裁和禁止仲裁的情形,即平等主体的公民、法人和其他组织之间发生的合同纠纷和其他财产权益纠纷,可以仲裁;涉及婚姻、收养、监护、扶养、继承的纠纷以及应当由行政机关处理的行政争议不能仲裁。《仲裁法》对环境仲裁既未明确承认也未明确禁止,但是在环境纠纷解决中引入仲裁制度具有理论基础与实践意义,因此,应当在《仲裁法》中将环境纠纷列入可以仲裁的情形。

2. 设立专门的环境仲裁机构

专门的环境仲裁机构有利于最大限度地保证环境仲裁的独立性,其形式可以是民间的环境纠纷仲裁委员会,也可以是不依附于环境行政主管部门的行政机关环境纠纷解决机构。此外,与民商事仲裁、劳动仲裁相比,环境仲裁具有很高的技术性,因此要求仲裁员具备丰富的专业知识。可以建立环境纠纷仲裁员资格认证制度,这样既可以保障仲裁员的专业性,又能取得当事人对仲裁的信任,有助于环境仲裁工作的顺利推进。

---

① 参见吴勇:《论环境纠纷仲裁》,载吕忠梅、徐祥民主编:《环境资源法论丛》(第5卷),法律出版社2005年版,第245页。

案例分析
广东省东莞市人民检察院支持东莞市环境科学学会诉袁某某等三人环境污染民事公益诉讼案[①]

一、案情介绍

2016年6月至2017年1月期间,袁某某等三人通过私设的暗管,将约700吨电镀废水直接排放到市政下水道,电镀废水流入中心涌,并最终流向东江、中堂水道。经检测,倾倒点电镀废水各类重金属超出《电镀水污染排放标准》(DB 44/1597-2015)排放限值700—8000多倍,偷排的废水被认定为有毒物质。该行为严重破坏生态环境,损害社会公共利益。东莞市人民检察院对该线索依法立案,于2017年8月9日在《检察日报》上发表公告,督促适格机关和有关组织起诉。2017年8月10日,东莞市环境科学学会函复将对此案提起民事公益诉讼,并请求检察机关支持起诉。2018年7月24日,检察机关支持东莞市环境科学学会向广州市中级人民法院对袁某某三人提起水污染责任环境民事公益诉讼,袁某某等三人不服一审法院判决,又向广东省高级法院提起上诉。

二、争议焦点

根据上诉人的上诉理由与被上诉人的答辩意见,可以归纳出本案的争议焦点主要有三个,法院主要围绕争议焦点进行审理并作出裁判。第一,广东省环境科学研究院对案涉电镀废水事件环境损害评估后出具的《环境损害评估报告》(下称简称《报告》)可否作为定案依据。上诉人认为,被上诉人在一审中提交的《报告》存在没有加盖鉴定单位公章及鉴定人签名等多处违法事项,不应作为证据采纳。第二,《报告》将《东莞市价格认定结论书》(以下简称《结论书》)中的报价作为计算生态环境损害赔偿数额的依据是否合理。上诉人提出《结论书》所采用的电镀废水的处理报价超过市场标准约40倍,该报价不能代表当地的市场行情,不应将其作为计算依据。第三,东莞市环境科学学会提起诉讼前是否具有与上诉人进行磋商的义务。上诉人认为,东莞环境科学学会应当与其进行磋商,磋

[①] 广东省高级人民法院(2019)粤民终字第2169号判决书。

商未达成一致的才可依法提起诉讼。

三、裁判要旨

针对第一个争议焦点,最高人民法院2015年发布的《环境侵权责任解释》第8条规定,"对查明环境污染案件事实的专门性问题,可以委托具备相关资格的司法鉴定机构出具鉴定意见或者由国务院环境保护主管部门推荐的机构出具检验报告、检测报告、评估报告或者监测数据。"广东省环境科学研究院是原环境保护部确定的环保系统内第一批环境损害鉴定评估推荐机构,具备相关的鉴定资格。另外,上诉人未提供证据推翻《报告》的鉴定结论,故法院认可广东省环境科学研究院的鉴定资质并对鉴定结果予以采纳。

针对第二个争议焦点,2014年《环境损害鉴定评估推荐方法(第Ⅱ版)》附录中规定,"虚拟治理成本法适用于环境污染所致生态环境损害无法通过恢复工程完全恢复、恢复成本远远大于其收益或缺乏生态环境损害恢复评价指标的情形。"广东省环境科学研究院接受委托时,因为水体扩散、稀释等原因,无法再次监测提取证据,故采用虚拟治理成本法量化生态环境损害数额,废水的处理价格是专业的评估机构在对废水的排放量、污染程度以及处理难度等因素综合考量后,出具专业的意见确定的,因此,最终计算出的生态环境损害数额是符合规定的。

针对第三个争议焦点,《环境保护法》第58条规定,对污染环境、破坏生态、损害社会公共利益的行为,符合下列条件的社会组织可以向法院提起诉讼:(一)依法在设区的市级以上政府民政部门登记;(二)专门从事环境保护公益活动连续五年以上且无违法记录。符合前款规定的社会组织向法院提起诉讼,法院应当依法受理。东莞环境科学学会在一审时提交了其在东莞市民政局登记的《社会团体法人登记证书》、2013年度工作报告书和2014年度至2017年度检查报告书,而且出具了成立五年以上没有违法记录的《未受处罚声明书》及《东莞市环境科学学会章程》等,足以证明东莞环境科学学会作为社会组织提起本案环境民事公益诉讼符合法律规定的原告主体资格。《环境保护法》并未规定社会组织提起环境民事公益诉讼应当先与赔偿义务人进行磋商的前置程序,东莞环境科学学会作为社会组织提起本案环境民事公益诉讼属于依法行使诉讼权利,并无不当。

四、裁判结果

2019年7月23日,广州市中级人民法院作出判决,认定袁某某等三人偷排的废水为有毒物质,该行为严重破坏生态环境,损害社会公共利益。判决三被告共同赔偿生态环境修复费用875万元、环境损害鉴定评估费用22万元及其他各项费用合计共927万余元,由三被告共同承担。2020年2月25日,广东省高级人民法院经审理认定一审程序合法,而且一审法院认定的案件事实及阐述理由正确,适用的法律依据充分,故作出驳回上诉、维持原判的判决。

五、案件评析

本案是检察机关在环境民事公益诉讼中支持起诉的典型案例。2017年《民事诉讼法》第55条第2款规定,法律规定的机关和有关组织提起公益诉讼的,检察院可以支持起诉。本案中东莞市人民检察院在诉前公告、案件前期的证据收集以及案件材料移交方面的工作都非常规范,具有很强的示范意义。

法院在审理过程中,积极组织双方进行质证,并根据《环境侵权责任解释》与《关于生态环境损害鉴定评估虚拟治理成本法运用有关问题的复函》,对鉴定机构的鉴定资质、鉴定方法及鉴定结果予以认定,保证了裁判的公正性。《环境民事公益诉讼解释》第20条规定,原告请求恢复原状的,法院可以依法判决被告将生态环境修复到损害发生之前的状态和功能,无法完全修复的,可以准许采用替代性修复方式;法院可以在判决被告修复生态环境的同时,确定被告不履行修复义务时应承担的生态环境修复费用,也可以直接判决被告承担生态环境修复费用;生态环境修复费用包括制订、实施修复方案的费用和监测、监管等费用。本案中,法院根据生态环境受损的程度以及恢复的可能性,判决被告承担生态环境修复费用,保障了诉讼目的的实现。

下编

分 论

第六章
Chapter 6

环境污染防治法

案情导入

2015年8月,洛阳市孟津县汇某某有限公司在孟津县某镇开展了一项污水处理的建设工程项目。2019年2月,孟津县人民政府发现汇某某公司污水处理厂配套的污染防治设施未经验收便投入生产使用,有违"三同时"制度,且存在超标排放水污染物的行为。县政府随即进行了环保督察,汇某某公司表明将进行整改。2019年4月,孟津县人民政府发现该污水处理厂将未完全处理的污水运输至厂区东北角,后通过水泥管排放到厂区外围玉米地内。由于污染较为严重,而且汇某某公司拒不改正,洛阳市生态环境局介入本案,经过再次督察,对汇某某公司作出了360万元的行政处罚决定,并在本部门的官网进行了公示。

金华绿色生态中心为依法成立的环保型公益组织,在知晓前述情形后,于2020年1月21日以汇某某公司为被告向洛阳市中级人民法院提起民事公益诉讼,要求被告消除废水等污染物对环境公益的损害风险,并就其损害环境公益的行为公开向社会公众赔礼道歉,同时请求被告赔偿对环境公益造成的损失和赔偿环境受到损害至恢复原状期间的服务功能损失等。2020年11月25日,洛阳市中级人民法院公开开庭审理了本案。就本案而言,什么是"三同时"制度?超标水污染物有哪些危害?为什么在环保局作出行政处罚之后,还有环保公益组织就水污染提出消除影响的诉讼请求？这就涉及环境污染防治的法律体系和主要制度，也是本章的重点内容。

第一节 环境污染防治法概述

从环境科学的角度分析，环境污染主要是指某种物质或能量由于人为活动不当进入特定环境，引发原有环境质量破坏的现象。即环境污染主要是指人类在生产和生活中向环境排入了超过环境自净能力的物质和能量，致使环境的化学、物理性质发生变异，从而导致环境质量下降，破坏生态平衡，危及人类正常的生存和发展。[①] 对于该定义中的环境，并非局限于自然形成的天然环境，例如山川、河流、海洋，也涵盖人类活动形成的人工环境，例如农田、村落、城市群等。据此而言，环境污染的概念可以从环境危害的表现、引发环境污染现象的成因、主要污染物等要素进行多个角度的分析。从单一要素和综合性要素来看，我国的环境污染防治法也有广义和狭义之分。广义的环境污染防治法是指所有与预防和减少污染物排放、恢复和治理环境污染有关的法律的总称。狭义的环境污染防治法则主要是指以污染物控制为目的的法律，例如《大气污染防治法》《水污染防治法》《土壤污染防治法》《噪声污染防治法》等单行法律。本章所述内容主要是指狭义的环境污染防治法。

一、环境污染防治法的形成与发展

环境污染防治法也称为污染控制法、污染防治法，主要是指以防治环境要素的污染以及污染源控制和管理为立法对象的一类法律规范。我国的环境保护工作最早主要是针对"废水、废气以及固体废弃物"等污染要素的治理，随后由于环

[①] 参见周珂、谭柏平、欧阳杉主编：《环境法》（第五版），中国人民大学出版社2016年版，第113页。

境理论的不断发展和对生态环境保护的重视,环境污染防治工作逐步进入快速发展的轨道,环境污染防治法律体系也在不断地完善。① 从立法历史来看,我国的环境污染防治法经历了一个从无到有,从单一到全面的过程。此外,从我国的立法现状来看,已经出台了针对大气、水、土壤、海洋、固体废弃物等特定环境媒介污染防治的专项立法,以及固体废物、环境噪声等污染源的控制和管理立法,并且不同法律条文之间相互配合和补充,共同促进了环境污染防治工作的开展。目前,我国的环境污染防治法形成以《环境保护法》为核心,其他单项立法并存的法律体系构造。

二、环境污染防治法的主要制度

环境污染防治法律制度以防治环境污染为目的,在形式上表现为环境管理基本制度之下的具体污染控制制度。它们作为环境法的重要组成部分,既是对环境管理基本制度的具体化,又是对环境污染防治的综合性规定,是针对环境污染的预防、治理或污染物控制所确立的一系列制度,既包含以污染发生源为基点、旨在预防污染发生而建立的预防性控制制度,又涉及为治理已经发生的环境污染而建立的治理性控制制度。根据现行立法和实践,我国目前的污染防治制度主要有:排污总量控制制度、"三同时"制度、排污许可制度、排污权交易制度、环境影响评价制度等。由于前文已经涉及环境影响评价等制度,本章将就以下制度进行评述。

(一)排污总量控制制度

排污总量控制制度是指国家环境管理机关依据所勘定的区域环境容量决定区域中的重点污染物质排放总量,根据排放总量削减计划,向区域内的企业分配各自的重点污染物排放总量额度的一项法律制度。②

我国自20世纪末开始实行污染物排放总量控制制度。根据"十一五"及"十二五"国民经济和社会发展规划,在将重点污染物减排指标列为约束性指标的同

---

① 参见吕忠梅:《环境法学》,法律出版社2004年版,第334页。
② 参见吕忠梅主编:《环境法原理》(第二版),复旦大学出版社2017年版,第287页。

时,还制订了全国主要污染物排放总量控制计划。《水污染防治法》和《大气污染防治法》也对重点污染物的总量控制做了规定。《环境保护法》第44条第1款明确规定国家实行重点污染物排放总量控制制度,从而确立了排污总量控制制度作为环境保护法基本制度的地位。根据该条第2款的规定,重点污染物排放总量控制指标由国务院下达,省级政府分解落实。

排污总量控制是将某一控制区域作为一个完整的系统,采取措施将排入该区域的污染物总量控制在一定数量之内,以满足该区域的环境质量要求的一项措施,其核心在于确定污染物的排放总量。我国现阶段的关键任务是遏制污染物排放增量、实现总量减排及环境质量的改善,建立面向环境质量改善的总量控制制度是我国环境管理的终极目标。总量减排应当以改善环境质量为重点,根据环境质量改善需求实施区域排污总量控制制度,以排污许可证为主要手段,提高针对性和有效性,逐步实现由结合环境质量现状的任务目标导向的污染减排模式向以环境质量目标为导向的控制模式转变。

在排污总量控制制度中,针对污染源的有效管控是总量控制的核心任务。要完成这一任务,排污总量控制制度与环境规划、环境影响评价、排污许可、环境标准、环境监测等制度必须有效衔接、密切配合,形成制度合力。① 根据《环境保护法》第44条第2款的规定,对超过国家重点污染物排放总量控制指标或者未完成国家确定的环境质量目标的地区,省级以上政府环保主管部门应当暂停审批其新增重点污染物排放总量的建设项目环境影响评价文件。

(二)"三同时"制度

我国《环境保护法》第41条规定了"三同时"制度,"建设项目中防治污染的设施,应当与主体工程同时设计、同时施工、同时投产使用;防治污染的设施应当符合经批准的环境影响评价文件的要求,不得擅自拆除或者闲置。"我国其他污染防治的单行法律中也有相关规定。

"三同时"制度是国务院于1973年在《关于保护和改善环境的若干规定(试

---

① 参见崔桂台主编:《中国环境保护法律制度》,中国民主法制出版社2020年版,第41—46页。

行草案)》中首创的,后来在环境管理实践中不断改革和完善,并将其由"防治污染的措施"扩大到"环境保护的措施"。目前"三同时"制度适用于一切新建、改建和扩建的建设项目、技术改造项目以及可能对环境造成污染和破坏的工程建设项目。主要包括以下三方面的内容:

1. 同时设计

同时设计是指在对有关建设项目的主体工程进行设计时,设计单位必须按照国家规定的设计程序进行,执行环境影响报告书(表)的编审制度,并且环境保护的设施必须与主体工程同时进行设计。"三同时"制度中的同时设计程序与环境影响评价程序基本上相重叠,对违反者可以适用《环境影响评价法》等法律的规定处理。

2. 同时施工

在建设项目的初步设计与施工图设计完成后,建设项目就开始进入施工阶段。同时施工是指建设项目中有关环境保护的设施必须与主体工程同时进行施工。依照《建设项目环境保护管理条例》的规定,对违反同时施工义务者可以处以责令停止建设、限期恢复原状以及 10 万元以下的罚款。

3. 同时投产使用

同时投产使用是指建设项目在正式投产或使用前,建设单位必须向负责审批的环保部门提交环保设施的竣工验收报告,经验收合格后才能发放相应的合格证书,该环保设施才能正式投产使用。此外,非经环保审批部门的许可,该环保设施不能无故停止运营。

(三)排污许可制度

排污许可制度主要是针对企业的排污行为进行规范的制度,对环境有不利影响的各种开发、建设项目的排污设施以及经营活动,均需要事先提交排污许可的申请,在经过主管部门的审核批准后,予以颁发许可证,最终按规定进行建设和排污活动。

排污许可制度因其可以由管理机关针对不同的对象"量身定制",并且可以实行跟踪管理,而被认为是环境管理的"支柱性"制度。这项制度在中国的许多环保法律法规中均有体现,主要内容包括:国家实行排污许可管理制度,完善污染物排放许可制,在全国范围建立统一公平、覆盖所有固定污染源的企业排放许可制,依法核发排污许可证;排污者必须持证排污,禁止无证排污或不按许可证规定排污。排污许可制度贯穿排污单位建设、生产、污染控制、现场监理等环境管理的全过程,能从源头上解决环保中的"搭便车"和外部性问题。

排污许可是污染源排放和环境质量改善两者关联的基础和中介,通过将排污行为与环境质量挂钩,与环境功能区划挂钩,建立他们之间的相应关系,以此确定允许污染源排放的浓度与总量限值。未来可以在环境质量超标的区域(流域)或具体控制单元中,根据需要改善的环境指标需求,确定排污许可量,以环境质量约束排污许可量。此外,需要建立以许可证为核心的污染源管理制度体系,协调其与环境影响评价、总量控制、排污收费等制度的关系,打破现有管理制度相对各自独立、缺乏统筹的局面,弥补制度衔接机制的缺失,提高政府环境治理能力,降低环境管理成本,发挥制度组合的整体效能。

(四)排污权交易制度

在排污总量控制和排污许可证的基础上,为确保环境治理质量和实效的提升,排污权交易制度应运而生,最先由美国创立,目前在我国还处于试点阶段。排污权交易制度主要是指,排污单位在环保行政主管部门的监督管理下,以排污指标为交易标的物进行的交易,属于排污指标的有偿转让,本质上是通过市场发挥配置作用,促使企业采用低费用、少污染的生产方式进行生产。目前我国在部分省市地区开展了排污权交易试点。例如,在广东佛山,依托公共资源交易信息化综合平台,为该地区的排污权交易提供场所、平台、设施、信息化等服务,通过对排污指标进行归类,将排污权交易划分为竞价交易和定向出让交易两种方式,并在综合平台发布出让(转让)公告,公开披露排污权交易信息。

排污权交易异于排污收费制度。两者都是基于市场的经济手段,但是排污收费是先确定价格然后让市场确定总排放水平,而排污权交易则是先确定排污总量后再让市场确定价格,市场确定价格的过程也是优化资源配置的过程。

第二节 环境媒介污染防治法

我国的环境媒介污染防治法包括大气污染防治法、水污染防治法、土壤污染防治法、海洋环境保护法等,分别由单行法律法规对相关环境媒体的污染防治进行规范。

一、大气污染防治法

(一)大气污染防治法概述

大气污染是指由于人们的生产活动和其他活动,使有毒有害物质进入大气,导致其物理、化学、生物或者放射性等方面的特性改变,使生活环境和生态环境受污染,危害人体健康、生命安全的现象。大气污染扩散速度快,影响范围大,持续时间长,是人类社会常见的公害之一。

国务院于1956年5月31日颁布的《关于防止厂、矿企业中矽尘危害的决定》,是我国最早的大气污染防治法律文件。该决定主要是为了保护厂、矿企业的空气,消除矽尘对职工的危害。1962年,国家计委和卫生部颁发了《工业企业设计卫生标准(试行)》。20世纪70年代,大气污染防治以改造锅炉和消烟除尘为主要内容。20世纪80年代以来,除了继续做好锅炉改造和消烟除尘工作之外,大气污染防治工作的重点转向了改变城市能源结构和煤炭的加工改造,特别是大力发展成型煤燃烧,这是符合我国国情的。在这期间,国家颁布了《关于结合技术改造防治工业污染的几项规定》《关于防治煤烟型污染技术政策的规定》《大气环境质量标准》《锅炉烟尘排放标准》《汽油车怠速污染物排放标准》《柴油车自由加速烟度排放标准》《汽车柴油机全负荷烟度排放标准》《硫酸工业污染物排放标准》《关于发展民用型煤的暂行办法》《城市烟尘控制区管理办法》等,这些法规和标准对我国防治大气污染工作起到了积极作用。

为了加强大气环境管理,防治大气污染,第六届全国人大常委会第二十二次会议于1987年9月5日通过《大气污染防治法》,自1988年6月1日起施行。

1995年，第八届全国人大常委会第十五次会议对《大气污染防治法》进行了第一次修改。修改后的《大气污染防治法》从原来的6章41条增加到6章50条，扩大了大气污染物治理的范围，即从控制燃煤烟尘扩大为燃煤产生的烟尘、二氧化硫和氮氧化物等污染物；增加了清洁利用方面的规定，如推行煤炭洗选加工，限制高硫分、高灰分煤炭的开采等。该法2000年进行了第二次修改，修改内容包括：进一步明确禁止超标排放污染物；划定大气污染防治重点城市，限期达到环境质量标准；实行大气主要污染物排放的总量控制和许可制度；进一步加强防治燃煤污染的力度；加强机动车排气污染防治；控制扬尘污染等。2015年进行了第三次修改，主要内容包括：以改善大气环境质量为目标，强化地方政府的责任；健全许可证制度，逐步推行重点大气污染物排污权交易；对超总量和未完成达标任务的地区实行区域限批；落实排污权交易制度；建立高污染燃料禁燃区制度；增加绿色电力调度规定；规定挥发性有机物污染控制措施；建立机动车和非道路移动机械环境保护召回制度；细化监测手段，增加自动监测、遥感监测、远红外摄像等方式；加强农业生产污染控制；实行重点区域大气污染联防联治；建立重污染天气应急管理制度；加大对企业违法污染行为的惩罚力度，对造成大气污染事故的环保罚款为倍数计罚，对拒不改正的企事业单位实施按日连续处罚等。

（二）大气污染防治法的一般制度

《大气污染防治法》主要以维护大气环境，提升环境质量为目标；坚持源头治理的规划设计，并从社会经济发展方式上对涉及大气污染的相关活动进行规范与调整，从而提升大气环境质量。《大气污染防治法》建立的一般制度包括：

1. 燃煤和其他能源污染防治

《大气污染防治法》第31条规定，国务院有关部门和地方各级政府应当采取措施，调整能源结构，推广清洁能源的生产和使用；优化煤炭使用方式，推广煤炭清洁高效利用，逐步降低煤炭在一次能源消费中的比重，减少煤炭生产、使用、转化过程中的大气污染物排放。

此外，城市政府可以划定并公布高污染燃料禁燃区，并根据大气环境质量改善要求，逐步扩大高污染燃料禁燃区范围。高污染燃料的目录由国务院生态环境主管部门确定。在禁燃区内，禁止销售、燃用高污染燃料；禁止新建、扩建燃用高污染燃料的设施,已经建成的,应当在城市政府规定的期限内改用天然气、页岩气、液化石油气、电或者其他清洁能源。

2. 工业污染防治

《大气污染防治法》第 43 条规定,钢铁、建材、有色金属、石油、化工等企业在生产过程中排放粉尘、硫化物和氮氧化物的,应当采用清洁生产工艺,配套建设除尘、脱硫、脱硝等装置,或者采取技术改造等其他控制大气污染物排放的措施。对于生产、进口、销售和使用含挥发性有机物的原材料和产品的,其挥发性有机物含量应当符合质量标准或者要求。此外,我国鼓励生产、进口、销售和使用低毒、低挥发性有机溶剂。产生含挥发性有机物废气的生产和服务活动,应当在密闭空间或者设备中进行,并按照规定安装、使用污染防治设施;无法密闭的,应当采取措施减少废气排放,从而针对性地治理工业产生的废气污染。

3. 机动车船等污染防治

我国是机动车船大国,国家倡导低碳、环保出行,根据城市规划合理控制燃油机动车保有量,大力发展城市公共交通,提高公共交通出行比例。国家及地方政府主要采取财政、税收、政府采购等措施推广应用节能环保型和新能源机动车船、非道路移动机械,限制高油耗、高排放机动车船、非道路移动机械的发展,减少化石能源的消耗。在部分条件具备的地区,提前执行国家机动车大气污染物排放标准中相应阶段排放限值,并报国务院生态环境主管部门备案。城市政府应当加强并改善城市交通管理,优化道路设置,保障人行道和非机动车道的连续、畅通。机动车船、非道路移动机械不得超过标准排放大气污染物。禁止生产、进口或者销售大气污染物排放超过标准的机动车船、非道路移动机械。

4. 扬尘污染防治

扬尘污染主要是灰尘等物质过量进入大气环境中,引起空气质量下降的情形。地方各级政府应当加强对建设施工和运输的管理,保持道路清洁,控制料堆和渣土堆放,扩大绿地、水面、湿地和地面铺装面积,防治扬尘污染。住房城乡建设、市容环境卫生、交通运输、国土资源等有关部门,应当根据本级政府确定的职责,做好扬尘污染防治工作。《大气污染防治法》第 69 条规定,建设单位应当将防治扬尘污染的费用列入工程造价,并在施工承包合同中明确施工单位扬尘污染防治责任;施工单位应当制定具体的施工扬尘污染防治实施方案。

(三)大气污染防治法的区域制度

由于大气污染具有区域性特点,需要跨区域采取大气污染防治措施,以有效缓解区域性大气污染问题。目前来看,我国主要有两种区域性治理制度,即区域性联合防治以及重污染天气应对制度。

1. 区域性联合防治

《大气污染防治法》第86条确立了大气污染防治的联防联控机制,以统筹协调重点区域内大气污染防治工作。国务院生态环境主管部门根据主体功能区划、区域大气环境质量状况和大气污染传输扩散规律,划定国家大气污染防治重点区域,报国务院批准;重点区域内有关省级政府应当确定牵头的地方政府,定期召开联席会议,按照统一规划、统一标准、统一监测、统一的防治措施的要求,开展大气污染联合防治,落实大气污染防治目标责任;国务院生态环境主管部门应当加强指导、督促。

此外,国务院生态环境主管部门会同国务院有关部门、国家大气污染防治重点区域内有关省级政府,根据重点区域经济社会发展和大气环境承载力,制定重点区域大气污染联合防治行动计划,明确控制目标,优化区域经济布局,统筹交通管理,发展清洁能源,提出重点防治任务和措施,以促进重点区域大气环境质量改善。

2. 重污染天气应对

针对偶发性的重污染天气,我国还建立了一套针对重污染天气的监测预警体系。国务院生态环境主管部门会同国务院气象主管机构等有关部门、国家大气污染防治重点区域内有关省级政府,建立重点区域重污染天气监测预警机制,统一预警分级标准。可能发生区域重污染天气的,应当及时向重点区域内有关省级政府通报;省级政府以及设区的市政府生态环境主管部门会同气象主管机构等有关部门建立本行政区域重污染天气监测预警机制。

此外,制定应急预案是应对重污染天气的重要措施和手段。环保部2013年出台了《城市大气重污染应急预案编制指南》,明确重污染天气应急预案编制的主体、内容、管理以及应急响应措施。各地都已经制定了相应的应急预案,将重污染天气应急响应纳入了政府突发事件应急管理体系,成立了指挥部,明确任务分工,建立工作机制,在重污染天气应急管理方面取得初步成效。地方政府应急预案实行备案制度,要求向上一级政府环保部门备案。备案可以便于上级政府环保部门及时掌握下级政府制定的预案信息,及时做到上下级政府预案衔接工作。

二、水污染防治法

水是生命之源,水体质量关乎每个人的身体健康。从地理范围看,我国水资源在地理位置上分布不均,呈南多北少、沿海多内陆少的情况。从时空范围看,我国主要以季风型气候为主,水资源季节性分布不均匀。由于庞大的人口总量,我国人均水资源拥有量不足,约为世界人均水量的四分之一,加之多年来的经济高速发展,水质受污染的现象突出。为了保护和改善水环境,防治水污染,保护水生态,保障饮用水安全,维护公众健康,推进生态文明建设,促进经济社会可持续发展,我国出台和修订了水污染防治的单行法律和相关法规、标准等。

(一)水污染防治法概述

1984年5月,第六届全国人大常委会第五次会议通过了《水污染防治法》,这是我国防治陆地水体污染方面的单行法。为了贯彻该法,国务院于1989年发布了《水污染防治法实施细则》《地面水水质标准》等。1996年5月,全国人大常委会对《水污染防治法》进行了第一次修正,又分别于2008年、2017年进行了修订和修正,对于水污染防治的规定渐趋合理、全面。

我国水污染防治法中的水环境污染简称"水污染",主要是指陆地水污染,即由于人类在生产和生活中将有害的物质或能量排入陆地水体,导致其化学、物理、生物或者放射性等方面特性的改变,造成水质恶化,从而影响水的有效利用,危害人体健康或者破坏生态环境的现象。水污染所指的水体,主要是针对我国域内的江河、湖泊、运河、渠道、水库等地表水体以及地下水体。水污染也呈现出污染影响的范围大、涉及地区广、污染持续的时间长等特点。此外,水污染物质种类繁多、危害潜伏期很长,而且水污染治理费用高、费时长、代价大,治理费用往往要比预防费用高出许多。因此,《水污染防治法》确立了预防为主、防治结合、综合治理的原则。优先保护饮用水水源,严格控制工业污染、城镇生活污染,防治农业面源污染,积极推进生态治理工程建设,预防、控制和减少水环境污染和生态破坏。

(二)水污染防治法的主要制度

我国水污染防治法律侧重于对水体环境的预防性保护,并且区分工业水污染、城镇水污染、农村水污染等,分类进行针对性的污染防治。

1. 工业水污染防治

排放工业废水的企业应当采取有效措施,收集和处理产生的全部废水,防止污染环境。含有毒有害水污染物的工业废水应当分类收集和处理,不得稀释排放。《水污染防治法》第45条第2、3款对工业集聚区的工业水污染防治进行了规定:工业集聚区应当配套建设相应的污水集中处理设施,安装自动监测设备,与环保主管部门的监控设备联网,并保证监测设备正常运行;向污水集中处理设施排放工业废水的,应当按照国家有关规定进行预处理,达到集中处理设施处理工艺要求后方可排放。

此外,《水污染防治法》第46条规定,对严重污染水环境的落后工艺和设备实行淘汰制度;国务院经济综合宏观调控部门会同国务院有关部门,公布限期禁止采用的严重污染水环境的工艺名录和限期禁止生产、销售、进口、使用的严重污染水环境的设备名录;生产者、销售者、进口者或者使用者应当在规定的期限内停止生产、销售、进口或者使用列入前述设备名录中的设备;工艺的采用者应当在规定的期限内停止采用列入前述的工艺名录中的工艺。第48条规定,企业应当采用原材料利用效率高、污染物排放量少的清洁工艺,并加强管理,减少水污染物的产生。

2. 城镇水污染防治

为了防治城镇水污染,《水污染防治法》第49—51条规定了以下措施:

县级以上地方政府应当通过财政预算和其他渠道筹集资金,统筹安排建设城镇污水集中处理设施及配套管网,提高本行政区域城镇污水的收集率和处理率;国务院建设主管部门应当会同国务院经济综合宏观调控、环保主管部门,根据城乡规划和水污染防治规划,组织编制全国城镇污水处理设施建设规划;县级以上地方政府组织建设、经济综合宏观调控、环境保护、水行政等部门编制本行政区域的城镇污水处理设施建设规划;县级以上地方政府建设主管部门应当按照城镇污水处理设施建设规划,组织建设城镇污水集中处理设施及配套管网,并加强对城镇污水集中处理设施运营的监督管理。城镇污水集中处理设施的运营单位按照国家规定,向排污者提供污水处理的有偿服务,收取污水处理费用,保证污水集中处理设施的正常运行。收取的污水处理费用应当用于城镇污水集中处理设施的建设运行和污泥处理处置,不得挪作他用。城镇污水集中处理设施的污水处理收费、管理以及使用的具体办法,由国务院规定。

向城镇污水集中处理设施排放水污染物,应当符合国家或者地方规定的水污染物排放标准。城镇污水集中处理设施的运营单位,应当对城镇污水集中处理设施的出水水质负责。环保主管部门应当对城镇污水集中处理设施的出水水质和水量进行监督检查。

城镇污水集中处理设施的运营单位或者污泥处理处置单位应当安全处理处置污泥,保证处理处置后的污泥符合国家标准,并对污泥的去向等进行记录。

3. 农业和农村水污染防治

第一,防治农药和化肥污染。《水污染防治法》第54条规定,使用农药应当符合国家有关农药安全使用的规定和标准。运输、存贮农药和处置过期失效农药,应当加强管理,防止造成水污染。第55条规定,县级以上地方政府农业主管部门和其他有关部门,应当采取措施,指导农业生产者科学、合理地施用化肥和农药,推广测土配方施肥技术和高效低毒低残留农药,控制化肥和农药的过量使用,防止造成水污染。

第二,防治畜禽和水产养殖污染。《水污染防治法》第56条规定,国家支持畜禽养殖场、养殖小区建设畜禽粪便、废水的综合利用或者无害化处理设施;畜禽养殖场、养殖小区应当保证其畜禽粪便、废水的综合利用或者无害化处理设施正常运转,保证污水达标排放,防止污染水环境;畜禽散养密集区所在地县、乡级政府应当组织对畜禽粪便污水进行分户收集、集中处理利用。第57条规定,从事水产养殖应当保护水域生态环境,科学确定养殖密度,合理投饵和使用药物,防止污染水环境。

第三,确保农田灌溉用水的水质。《水污染防治法》第58条规定,农田灌溉用水应当符合相应的水质标准,防止污染土壤、地下水和农产品。禁止向农田灌溉渠道排放工业废水或者医疗污水。向农田灌溉渠道排放城镇污水以及未综合利用的畜禽养殖废水、农产品加工废水的,应当保证其下游最近的灌溉取水点的水质符合农田灌溉水质标准。

4. 船舶水污染防治

根据《水污染防治法》第59—62条的规定,船舶水污染防治的具体措施包括:

(1) 船舶污染物排放控制

船舶排放含油污水、生活污水,应当符合船舶污染物排放标准。从事海洋航运的船舶进入内河和港口的,应当遵守内河的船舶污染物排放标准。船舶的残油、废油应当回收,禁止排入水体。船舶应当按照国家有关规定配置相应的防污设备和器材,并持有合法有效的防止水域环境污染的证书与文书。船舶进行涉及污染物排放的作业,应当严格遵守操作规程,并在相应的记录簿上如实记载。禁止向水体倾倒船舶垃圾。船舶装载运输油类或者有毒货物,应当采取防止溢流和渗漏的措施,防止货物落水造成水污染。

(2) 船舶污染物、废弃物的接收、转运及处理处置

港口、码头、装卸站和船舶修造厂所在地的市、县级政府应当统筹规划建设船舶污染物、废弃物的接收、转运及处理处置设施。港口、码头、装卸站和船舶修造厂应当备有足够的船舶污染物、废弃物的接收设施。从事船舶污染物、废弃物接收作业,或者从事装载油类、污染危害性货物船舱清洗作业的单位,应当具备与其运营规模相适应的接收处理能力。

(3) 船舶及有关作业活动的污染防治和监督管理

船舶及有关作业单位从事有污染风险的作业活动,应当按照有关法律法规和标准,采取有效措施,防止造成水污染。海事管理机构、渔业主管部门应当加强对船舶及有关作业活动的监督管理。船舶进行散装液体污染危害性货物的过驳作业,应当编制作业方案,采取有效的安全和污染防治措施,并报作业地海事管理机构批准。

5. 水污染物名录

水污染防治的主要目的在于防治水体环境中的污染因子,因此我国还建立了水污染物名录制度。《水污染防治法》第 32 条规定,国务院环保主管部门应当会同国务院卫生主管部门,根据对公众健康和生态环境的危害和影响程度,公布有毒有害水污染物名录,实行风险管理;排放名录中所列有毒有害水污染物的企业事业单位和其他生产经营者,应当对排污口和周边环境进行监测,评估环境风险,排查环境安全隐患,并公开有毒有害水污染物信息,采取有效措施防范环境风险。

三、土壤污染防治法

(一)土壤污染防治法概述

土壤污染主要是指因人为因素导致某种物质进入陆地表层土壤,引起土壤化学、物理、生物等方面特性的改变,影响土壤功能和有效利用,危害公众健康或者破坏生态环境的现象。我国的土壤污染防治法经历了一个由零散分布到集中成文的历程。自 1979 年《环境保护法(试行)》和 1989 年《环境保护法》颁行以来,大气、水等环境要素的污染防治管理逐渐被重视,相关单行法律法规逐步健全并形成体系,但是关于土壤污染的防治,始终未形成专门的单行法进行调整。随着我国环保事业的发展,针对土壤污染防治的法律诉求也在不断增强。

防治土壤污染直接关系到农产品质量安全和公众身体健康。近年来,土壤污染防治作为重大环保和民生工程,已经纳入国家环境治理体系。为了保护和改善生态环境,防治土壤污染,保障公众健康,推动土壤资源永续利用,推进生态文明建设,促进经济社会可持续发展,全国人大常务委员会 2018 年正式通过专门的《土壤污染防治法》,用以规范我国的土壤污染防治活动。根据该法第 3 条的规定,我国土壤污染防治坚持预防为主、保护优先、分类管理、风险管控、污染担责、公众参与的原则。根据该法第 7 条的规定,国务院和地方政府生态环境主管部门分别对全国和本行政区域土壤污染防治工作实施统一监督管理;国务院和地方政府农业农村、自然资源、住房城乡建设、林业草原等主管部门在各自职责范围内对土壤污染防治工作实施监督管理。

(二)土壤污染防治法的主要制度

1. 土壤污染风险管控和修复

《土壤污染防治法》第四章专门规定了土壤污染风险管控和修复制度,具体包括土壤污染状况调查和土壤污染风险评估、风险管控、修复、风险管控效果评估、修复效果评估、后期管理等。实施土壤污染状况调查活动,应当编制土壤污染状况调查报告,主要包括地块基本信息、污染物含量是否超过土壤污染风险管控标准等内容。污染物含量超过土壤污染风险管控标准的,土壤污染状况调查报告还应当包括污染类型、污染来源以及地下水是否受到污染等内容。实施土壤污染风险评估活动,应当编制土壤污染风险评估报告,主要包括下列内容:主要污染物状况、土壤及地下水污染范围、农产品质量安全风险、公众健康风险或者生态风险、风险管控、修复的目标和基本要求等。实施风险管控、修复活动,应当因地制宜、科学合理,提高针对性和有效性;同时,不得对土壤和周边环境造成新的污染。

2. 农用地土壤污染防治

(1)农用地分类管理

《土壤污染防治法》第49—50条规定:国家建立农用地分类管理制度;按照土壤污染程度和相关标准,将农用地划分为优先保护类、安全利用类和严格管控类;县级以上地方政府应当依法将符合条件的优先保护类耕地划为永久基本农田,实行严格保护。

(2)农用地地块污染防治和生态修复

根据《土壤污染防治法》第52条的规定,对于土壤污染状况普查、详查和监测、现场检查表明有土壤污染风险的农用地地块,地方政府农业农村、林业草原主管部门应当会同生态环境、自然资源主管部门进行土壤污染状况调查。对土壤污染状况调查表明污染物含量超过土壤污染风险管控标准的农用地地块,地方政府农业农村、林业草原主管部门应当会同生态环境、自然资源主管部门组织进行土壤污染风险评估,并按照农用地分类管理制度管理。

根据《土壤污染防治法》第57条第1—3款的规定,对产出的农产品污染物含量超标,需要实施修复的农用地地块,土壤污染责任人应当编制修复方案,报地方政府农业农村、林业草原主管部门备案并实施。修复方案应当包括地下水污染防治的内容。修复活动应当优先采取不影响农业生产、不降低土壤生产功能的生物修复措施,阻断或者减少污染物进入农作物食用部分,确保农产品质量安全。风险管控、修复活动完成后,土壤污染责任人应当另行委托有关单位对风险管控效果、修复效果进行评估,并将效果评估报告报地方政府农业农村、林业草原主管部门备案。

3. 建设用地土壤污染防治

(1) 土壤污染风险管控和修复名录

《土壤污染防治法》第58条第1、2款规定,国家实行建设用地土壤污染风险管控和修复名录制度;建设用地土壤污染风险管控和修复名录由省级政府生态环境主管部门会同自然资源等主管部门制定,按照规定向社会公开,并根据风险管控、修复情况适时更新。该法第66条第1款规定,对达到土壤污染风险评估报告确定的风险管控、修复目标的建设用地地块,土壤污染责任人、土地使用权人可以申请省级政府生态环境主管部门移出建设用地土壤污染风险管控和修复名录。

(2) 土壤污染状况调查

根据《土壤污染防治法》第59条第1、2款的规定,对土壤污染状况普查、详查和监测、现场检查表明有土壤污染风险的建设用地地块,地方政府生态环境主管部门应当要求土地使用权人按照规定进行土壤污染状况调查;用途变更为住宅、公共管理与公共服务用地的,变更前应当按照规定进行土壤污染状况调查。该法第67条规定,土壤污染重点监管单位生产经营用地的用途变更或者在其土地使用权收回、转让前,应当由土地使用权人按照规定进行土壤污染状况调查。土壤污染状况调查报告应当作为不动产登记资料送交地方政府不动产登记机构,并报地方政府生态环境主管部门备案。

(3) 土壤污染风险评估

根据《土壤污染防治法》第60—62条的规定,对土壤污染状况调查报告评审表明污染物含量超过土壤污染风险管控标准的建设用地地块,土壤污染责任人、土地使用权人应当按照国务院生态环境主管部门的规定进行土壤污染风险评估,并将土壤污染风险评估报告报省级政府生态环境主管部门;省级政府生态环境主管部门应当会同自然资源等主管部门按照国务院生态环境主管部门的规定,对土壤污染风险评估报告组织评审,及时将需要实施风险管控、修复的地块纳入建设用地土壤污染风险管控和修复名录,并定期向国务院生态环境主管部门报告;对建设用地土壤污染风险管控和修复名录中的地块,土壤污染责任人应当按照国家有关规定以及土壤污染风险评估报告的要求,采取相应的风险管控措施,并定期向地方政府生态环境主管部门报告。该法第 66 条第 3 款还规定,未达到土壤污染风险评估报告确定的风险管控、修复目标的建设用地地块,禁止开工建设任何与风险管控、修复无关的项目。

四、海洋环境保护法

海洋即海和洋的总称,是地球上除大陆以外的辽阔水域。其中,中心部分称为洋,约占海洋总面积的 89%,边缘部分称为海,约占海洋总面积的 11%。我国海洋蕴藏着丰富的自然资源,主要包括海水资源、生物资源、矿产资源、旅游和自然人文遗迹资源等,也是人类倾倒废物的场所。此外,海洋还具有巨大的经济潜力。例如,海上油田可以成为油气田的战略接替区,海水直接利用有可能代替沿海地区 70% 以上的工业用水。海洋产业的发展对于我国综合国力的提升至关重要,海洋强国已经是当前国家战略新目标。但是,我国在海洋资源的开发利用中存在许多问题,特别是影响海洋可持续开发利用的环境和资源问题越来越突出。例如,海洋综合管理机制尚未建立,海洋资源与环境的严重浪费及破坏,沿海地区经济发展和海上开发活动对海洋环境的威胁越来越大。因此,我国通过制定和修订专门的海洋环境保护法,预防和控制对海洋资源的不当利用以及倾废活动造成的海洋环境污染,保护海洋生态系统。

(一)海洋环境保护法概述

海洋环境污染主要是指由于人类直接或间接地向海洋释放物质或能量,使海洋的水质发生不利改变,使海洋的生产力、其他服务功能丧失或严重受损。根据《海洋环境保护法》第 94 条的规定,海洋环境污染损害是指直接或间接地把物质或能量引入海洋环境,产生损害海洋生物资源、危害人体健康、妨害渔业和海上其他合法活动、损害海水使用素质和减损环境质量等有害影响。"①

《海洋环境保护法》由全国人大常委会于1982年通过,并于1999年修订,2013年、2016年、2017年三次修正。该法第2条规定:"本法适用于中华人民共和国内水、领海、毗连区、专属经济区、大陆架以及中华人民共和国管辖的其他海域。在中华人民共和国管辖海域内从事航行、勘探、开发、生产、旅游、科学研究及其他活动,或者在沿海陆域内从事影响海洋环境活动的任何单位和个人,都必须遵守本法。在中华人民共和国管辖海域以外,造成中华人民共和国管辖海域污染的,也适用本法。"除了总则、法律责任、附则等三章之外,《海洋环境保护法》第2—8章分别对海洋环境监督管理、海洋生态保护、防治陆源污染物对海洋环境的污染损害、防治海岸工程建设项目对海洋环境的污染损害、防治海洋工程建设项目对海洋环境的污染损害、防治倾倒废弃物对海洋环境的污染损害、防治船舶及有关作业活动对海洋环境的污染损害问题作出专门规定。

(二)海洋环境保护法的主要制度

1. 海洋环保管理体制

根据《海洋环境保护法》第5条的规定,国务院和地方环保行政主管部门作为对全国和地方环保工作实施统一监督管理的部门,分别对全国和地方海洋环保工作实施指导、协调和监督,并负责防治陆源污染物和海岸工程建设项目对海洋污染损害的环保工作。国家海洋行政主管部门负责海洋环境的监督管理,组织海洋环境的调查、监测、监视、评价和科学研究,负责全国防治海洋工程建设项目和海洋倾倒废弃物对海洋污染损害的环保工作。国家海事行政主管部门负责所辖港区水域内非军事船舶和港区水域外非渔业、非军事船舶污染海洋环境的监督管理,并负责污染事故的调查处理;对在中国管辖海域航行、停泊和作业的外国籍船舶造成的污染事故登轮检查处理。船舶污染事故给渔业造成损害的,应当吸收渔业行政主管部门参与调查处理。国家渔业行政主管部门负责渔港水域内非军事船舶和渔港水域外渔业船舶污染海洋环境的监督管理,负责保护渔业水域生态环境工作,并调查处理渔业污染事故。军队环保部门负责军事船舶

---

① 徐祥民主编:《海洋环境保护法》,法律出版社2020年版,第8页。

污染海洋环境的监督管理及污染事故的调查处理。

2. 海洋功能区划制度

《海洋环境保护法》涉及海洋资源的开发利用和管理,在第7条规定了海洋功能区划制度:国家海洋行政主管部门会同国务院有关部门和沿海省级政府根据全国海洋主体功能区规划,拟定全国海洋功能区划,报国务院批准;沿海地方各级政府应当根据全国和地方海洋功能区划,保护和科学合理地使用海域。

3. 海洋生态保护和补偿制度

《海洋环境保护法》建立了一系列海洋生态保护和补偿制度,包括生态保护红线、重点海域排污总量控制、海洋生态整治和恢复、海洋生态保护补偿制度等。例如,该法第3条规定,我国在重点海洋生态功能区、生态环境敏感和脆弱区等海域划定生态保护红线,实行严格保护;建立并实施重点海域排污总量控制制度,确定主要污染物排海总量控制指标,并对主要污染源分配排放控制数量。第20条规定,国务院和沿海地方各级政府应当采取有效措施,保护红树林、珊瑚礁、滨海湿地、海岛、海湾、入海河口、重要渔业水域等具有典型性、代表性的海洋生态系统,珍稀、濒危海洋生物的天然集中分布区,具有重要经济价值的海洋生物生存区域及有重大科学文化价值的海洋自然历史遗迹和自然景观;对具有重要经济、社会价值的已遭到破坏的海洋生态,应当进行整治和恢复。第24条规定,国家建立健全海洋生态保护补偿制度;开发利用海洋资源,应当根据海洋功能区划合理布局,严格遵守生态保护红线,不得造成海洋生态环境破坏。

4. 防治陆源及海岸工程污染

陆源污染主要是来自入海排污口的污染,根据《海洋环境保护法》第30条的规定,入海排污口位置的选择,应当根据海洋功能区划、海水动力条件和有关规定,经科学论证后,报设区的市级以上政府环保行政主管部门备案。环保行政主管部门应当在完成备案后15个工作日内,将入海排污口设置情况通报海洋、海事、渔业行政主管部门和军队环保部门。在海洋自然保护区、重要渔业水域、海滨风景名胜区和其他需要特别保护的区域,不得新建排污口。在有条件的地区,应当将排污口深海设置,实行离岸排放。设置陆源污染物深海离岸排放排污口,应当根据海洋功能区划、海水动力条件和海底工程设施的有关情况确定,具体办法由国务院规定。此外,禁止向海域排放油类、酸液、碱液、剧毒废液和高、中水平放射性废水,排放含热废水、含病原体的医疗污水、生活污水和工业废水必须经过处理且符合标准才能进行。

新建、改建、扩建海岸工程建设项目,必须遵守国家有关建设项目环保管理的规定,并把防治污染所需资金纳入建设项目投资计划。在依法划定的海洋自然保护区、海滨风景名胜区、重要渔业水域及其他需要特别保护的区域,不得从事污染环境、破坏景观的海岸工程项目建设或者其他活动。根据《海洋环境保护法》第43条的规定,海岸工程建设项目单位,必须对海洋环境进行科学调查,根据自然条件和社会条件,合理选址,编制环境影响报告书(表)。在建设项目开工前,将环境影响报告书(表)报环保行政主管部门审查批准。环保行政主管部门在批准环境影响报告书(表)之前,必须征求海洋、海事、渔业行政主管部门和军队环保部门的意见。此外,禁止在沿海陆域内新建不具备有效治理措施的化学制浆造纸、化工、印染、制革、电镀、酿造、炼油、岸边冲滩拆船以及其他严重污染海洋环境的工业生产项目。兴建海岸工程建设项目,必须采取有效措施,保护国家和地方重点保护的野生动植物及其生存环境和海洋水产资源;严格限制在海岸采挖砂石;露天开采海滨砂矿和从岸上打井开采海底矿产资源,必须采取有效措施,防止污染海洋环境。

5. 防治海洋工程及海洋倾废污染

海洋工程建设项目必须符合全国海洋主体功能区规划、海洋功能区划、海洋环保规划和国家有关环保标准。海洋工程建设项目单位应当对海洋环境进行科学调查,编制海洋环境影响报告书(表),并在建设项目开工前,报海洋行政主管部门审批。海洋工程建设需要遵守"三同时"制度,即海洋工程建设项目的环保设施必须与主体工程同时设计、同时施工、同时投产使用;环保设施未经海洋行政主管部门验收,或者经过验收不合格的,建设项目不得投入生产或者使用;拆除或者闲置环保设施,必须事先征得海洋行政主管部门的同意。

海洋倾废污染需要严格依照审批制度进行,任何单位未经国家海洋行政主管部门批准,不得向中国管辖的海域倾倒任何废弃物。需要倾倒废弃物的单位,必须向国家海洋行政主管部门提出书面申请,经其审批发给许可证后方可倾倒。

禁止中国境外的废弃物在中国管辖海域倾倒。《海洋环境保护法》第57条明确规定，"国家海洋行政主管部门按照科学、合理、经济、安全的原则选划海洋倾倒区，经国务院环保行政主管部门提出审核意见后，报国务院批准。临时性海洋倾倒区由国家海洋行政主管部门批准，并报国务院环保行政主管部门备案。国家海洋行政主管部门在选划海洋倾倒区和批准临时性海洋倾倒区之前，必须征求国家海事、渔业行政主管部门的意见。"

6. 防治船舶及有关作业活动污染

《海洋环境保护法》第62—66条规定，在中国管辖的海域，任何船舶及相关作业不得违反本法规定向海洋排放污染物、废弃物和压载水、船舶垃圾及其他有害物质；从事船舶污染物、废弃物、船舶垃圾接收、船舶清舱、洗舱作业活动的，必须具备相应的接收处理能力；船舶航行需要持有防止海洋环境污染的证书与文书，配置相应的防污设备和器材；完善并实施船舶油污损害民事赔偿责任制度，按照船舶油污损害赔偿责任由船东和货主共同承担风险的原则，建立船舶油污保险、油污损害赔偿基金制度。

除了对于船舶自身的污染防治要求外，根据《海洋环境保护法》第69条的规定，港口、码头、装卸站和船舶修造厂也需要遵循相关的环保要求，必须按照有关规定备有足够的用于处理船舶污染物、废弃物的接收设施，并使该设施处于良好状态；装卸油类的港口、码头、装卸站和船舶必须编制溢油污染应急计划，并配备相应的溢油污染应急设备和器材。

第三节　污染源控制和管理法

我国的污染源控制和管理法包括放射性污染防治法、固体废物污染环境防治法、噪声污染防治法等，分别由单行法律法规对相关污染源的控制和管理进行规范。

一、放射性污染防治法

放射性污染主要是指由于人类活动造成物料、人体、场所、环境介质表面或者内部出现超过国家标准的放射性物质或者射线,改变了环境中的放射性水平,从而危害人体健康的现象。放射性污染源主要来自三方面:一是核利用过程中的核污染,例如日本福岛核电站泄漏事件;二是放射性同位素和射线装置使用引发的放射性污染,例如工业、农业、医疗等;三是伴生放射性矿物开发利用中的放射性污染,例如一些煤矿、稀土矿产中的铀元素含量过高,致使尾矿、矿渣成为环境中的污染源。由于放射性物质难以通过肉眼识别,所以其污染呈现出影响面广、危害性大、对人体健康损害严重的特点,而且由于放射性污染难以短时间消除,其危害时间往往较长。

(一)放射性污染防治法概述

我国较为重视放射性污染的防治与立法工作。国务院卫生部1979年颁布了《放射性同位素工作卫生防护管理办法》。国务院1986年发布了《民用核设施安全监督管理条例》,1987年发布了《核材料管理条例》,1989年发布了《放射性药品管理办法》和《放射性同位素与射线装置放射防护条例》,1993年发布了《核电站核事故应急管理条例》。城乡建设环境保护部1984年发布了《核电站建设环境保护管理办法》。2001年,卫生部发布了《放射工作卫生防护管理办法》和《放射防护器材与含放射性产品卫生管理办法》,卫生部和公安部发布了《放射事故管理规定》。为了进一步做好放射性污染防治工作,全国人大常委会2003年通过了《放射性污染防治法》。2005年《国务院关于落实科学发展观加强环境保护的决定》指出,要确保核与辐射环境安全。此外,我国还陆续出台了《核辐射环境质量评价一般规定》《辐射防护规定》《低中水平放射性固体废物的浅地层处置规定》《放射性废物分类标准》等放射性环境保护标准。2019年,生态环境部发布了国家放射性污染防治标准《放射性物品安全运输规程》,进一步完善了我国放射性污染防治法律体系。根据《放射性污染防治法》的规定,我国对放射性污染的防治实行预防为主、防治结合、严格管理、安全第一的方针,并且鼓励、支持放射性污染防治的科学研究和技术开发利用,推广先进的放射性污染防治技术。

(二)防治放射性污染的主要制度

依据《放射性污染防治法》第11条的规定,国务院环保行政主管部门和国务院其他有关部门,以及县级以上地方政府环保行政主管部门和同级其他有关部门,按照职责分工,各负其责,互通信息,密切配合,分别对全国和对本行政区域内核技术利用、伴生放射性矿开发利用中的放射性污染防治进行监督检查。国家级的放射性污染防治标准由国务院环保行政主管部门根据环境安全要求、国家经济技术条件制定。建立放射性污染监测制度,由国务院环保行政主管部门会同国务院其他有关部门组织环境监测网络,对放射性污染实施监测管理。

《放射性污染防治法》第 12 条还对核设施相关制度进行了规定。核设施营运单位、核技术利用单位、铀(钍)矿和伴生放射性矿开发利用单位,负责本单位放射性污染的防治,接受环保行政主管部门和其他有关部门的监督管理,并依法对其造成的放射性污染承担责任;在开发过程中对其工作人员进行放射性安全教育、培训,采取有效的防护安全措施,预防发生可能导致放射性污染的各类事故,避免放射性污染危害。例如,对核设施的选址应当进行科学论证,在办理核设施选址审批手续前,应当编制环境影响报告书,报国务院环保行政主管部门审批,须按照国务院有关核设施安全监督管理的规定,申请领取核设施建造、运行许可证和办理装料、退役等审批手续。除此之外,与核设施相配套的放射性污染防治设施,还需按照"三同时"制度,与主体工程同时设计、同时施工、同时投产使用。放射性污染防治设施应当与主体工程同时验收;验收合格的,主体工程方可投入生产或者使用。

二、固体废物污染环境防治法

"固体废物"主要是指在生产、生活和其他活动中产生的丧失原有利用价值或者虽未丧失利用价值,但是被抛弃或者放弃的固态、半固态和置于容器中的气态的物品、物质以及法律、行政法规规定纳入固体废物管理的物品、物质;但是,经过无害化加工处理,并且符合强制性国家产品质量标准,不会危害公众健康和生态安全,或者根据固体废物鉴别标准和鉴别程序认定为不属于固体废物的除外。固体废物依据其不同来源和性质,可以分为生活垃圾、建筑垃圾、工业固体废物、农业固体废物、危险废物等不同种类。与废水、废气相比,固体废物具有量大面广、种类繁多、兼顾环境污染和可重复利用的双重属性等特征。

(一)固体废物污染环境防治法概述

为了防治固体废物的污染,我国于 1991 年制定了《防止含多氯联苯电力装置及其废物污染环境的规定》,1992年颁布了《防治尾矿污染环境管理规定》《关于防治铬化合物生产建设中环境污染的若干规定》和《城市市容和环境卫生管理条例》,1993年颁布了《城市生活垃圾管理办法》。全国人大常委会1995年通过了《固体废物污染环境防治法》,并于2004年进行了修订,2013年、2015年、2016年以及2020年进行了四次修正,确立了保护和改善生态环境,防治固体废物污染环境,推进生态文明建设,促进经济社会可持续发展的立法宗旨。除了总则和附则之外,该法第二至第八章分别对监督管理、工业固体废物污染防治、生活垃圾污染防治、建筑垃圾、农业固体废物等的污染防治、危险废物污染防治、保障措施、法律责任问题进行了规定。

(二) 固体废物污染环境防治法的主要内容

1. 管理机构

根据《固体废物污染环境防治法》第7—9条的规定,国务院生态环境主管部门和地方政府生态环境主管部门分别对全国和本行政区域固体废物污染环境防治工作实施统一监督管理。地方各级政府对本行政区域固体废物污染环境防治负责,通过建立固体废物污染环境防治目标责任制和考核评价制度,将固体废物污染环境防治目标完成情况纳入考核评价的内容。

2. 防治原则

针对固体废物污染的预防和治理,根据《固体废物污染环境防治法》第4条的规定,坚持减量化、资源化和无害化的原则。任何单位和个人都应当采取措施,减少固体废物的产生,促进固体废物的综合利用,降低固体废物的危害性。根据该法第5条的规定,固体废物污染防治坚持污染担责的原则。产生、收集、贮存、运输、利用、处置固体废物的单位和个人,应当依法采取措施,防止或者减少固体废物对环境的污染,对所造成的环境污染依法承担责任。此外,该法第6条规定,我国在推进生活垃圾分类中坚持政府推动、全民参与、城乡统筹、因地制宜、简便易行的原则。

3. 管理制度

《固体废物污染环境防治法》第17条规定了环境影响评价制度。涉及建设产生、贮存、利用、处置固体废物的项目,应当依法进行环境影响评价,并遵守国家有关建设项目环保管理的规定。该法第18条也规定了"三同时"制度,即建设项目的环境影响评价文件确定需要配套建设的固体废物污染环境防治设施,应当与主体工程同时设计、同时施工、同时投产使用。建设项目的初步设计,应当按照环保设计规范的要求,将固体废物污染环境防治内容纳入环境影响评价文件,落实防治固体废物污染环境和破坏生态的措施以及固体废物污染环境防治设施投资概算。建设单位同时应对配套建设的固体废物污染环境防治设施进行验收,编制验收报告,并向社会公开。该法第19—20条规定,收集、贮存、运输、利用、处置固体废物的单位和其他生产经营者,应当加强对相关设施、设备和场所的管理和维护,保证其正常运行和使用,并应当采取防扬散、防流失、防渗漏或者其他防止污染环境的措施,不得擅自倾倒、堆放、丢弃、遗撒固体废物。

三、噪声污染防治法

(一)噪声污染防治法概述

噪声主要是指在工业生产、建筑施工、交通运输和社会生活中所产生的干扰周围生活环境的声音。噪声污染是指超过噪声排放标准或者未依法采取防控措施产生噪声,并干扰他人正常生活、工作和学习的现象。因而,噪声污染具备须由人为因素引起、干扰周围生活环境两大前提条件。

与其他类型的环境污染相比,噪声污染具有以下特征:

1. 感觉性污染

噪声可通过人的感觉器官为人们直接感知并对人们的心理产生作用,从而引起烦恼,影响健康。由于每个人的身体健康状况、生理素质有差异,以及所处的环境条件的不同,同等强度的声音对不同的人有不同影响。这就使噪声的危害性难以衡量,致使噪声污染评估具有复杂性。

2. 局部性和分散性污染

噪声污染的局部性是指它仅影响周围环境及附近区域,不像大气污染或海洋污染那样影响范围非常广;噪声污染的分散性是指噪声源的分布多而分散,给集中管理和控制带来困难。

3. 暂时性污染

噪声污染具有瞬时性,只有当声源振动产生噪声时才能存在。噪声源一旦停止或经过之后,污染就会立即停止,不会像其他污染物持续地影响环境质量。

我国对噪声污染的防治始于 20 世纪 50 年代。1956 年,劳动部颁发《工厂安全卫生规程》,对防治劳动场所的噪声危害作出规定。1957 年《治安管理处罚条例》也有关于环境噪声的规定。然而,我国实质意义上的噪声污染防治工作是从 20 世纪 70 年代开始的,这一时期正是我国环境法制建设的起步时期。国务院 1973 年颁布《关于保护和改善环境的若干规定(试行草案)》,其中专门对工业和交通噪声作出规定。

1989 年,国务院发布《环境噪声污染防治条例》,对防治工业、建筑施工、交通运输和社会生活中所产生的噪声作出具体规定,为全面防治噪声污染提供了法律依据。1994 年,为防治军队环境噪声污染,解放军总后勤部颁布了《军队环境噪声污染防治规定》。为了进一步控制噪声污染,保护和改善生活环境,保障人体健康,促进经济和社会发展,全国人大常委会 1996 年通过《环境噪声污染防治法》,并于 2018 年进行修订,这是我国防治环境噪声污染的基本法律。2021 年 12 月 24 日,第十三届全国人民代表大会常务委员会第三十二次会议通过《噪声污染防治法》,自 2022 年 6 月 5 日起施行。目前,我国的噪声污染防治法律体系已基本建立,并在不断健全和完善。

(二)噪声污染防治法的主要制度

1. 工业噪声污染防治

工业噪声主要是指在工业生产活动中产生的干扰周围生活环境的声音。《噪声污染防治法》第 35 条规定,工业企业选址应当符合国土空间规划以及相关规划要求,县级以上地方人民政府应当按照规划要求优化工业企业布局,防止工业噪声污染;在噪声敏感建筑物集中区域,禁止新建排放噪声的工业企业,改建、扩建工业企业的,应当采取有效措施防止工业噪声污染。第 36 条规定,排放工业噪声的企业事业单位和其他生产经营者,应当采取有效措施,减少振动、降低噪声,依法取得排污许可证或者填报排污登记表;实行排污许可管理的单位,不得无排污许可证排放工业噪声,并应当按照排污许可证的要求进行噪声污染防治。第38条规定,实行排污许可管理的单位应当按照规定,对工业噪声开展自行监测,保存原始监测记录,向社会公开监测结果,对监测数据的真实性和准确性负责;噪声重点排污单位应当按照国家规定,安装、使用、维护噪声自动监测设备,与生态环境主管部门的监控设备联网。

2. 建筑施工噪声污染防治

建筑施工噪声主要是指在建筑施工过程中产生的干扰周围生活环境的声音。《噪声污染防治法》第40条规定,建设单位应当按照规定将噪声污染防治费用列入工程造价,在施工合同中明确施工单位的噪声污染防治责任。施工单位应当按照规定制订噪声污染防治实施方案,采取有效措施,减少振动、降低噪声。建设单位应当监督施工单位落实噪声污染防治实施方案。

在噪声敏感建筑物集中区域施工作业,建设单位应当按照国家规定,设置噪声自动监测系统,与监督管理部门联网,保存原始监测记录,对监测数据的真实性和准确性负责。禁止夜间进行产生噪声的建筑施工作业,但抢修、抢险施工作业,因生产工艺要求或者其他特殊需要必须连续施工作业的除外。因特殊需要必须连续施工作业的,应当取得地方人民政府住房和城乡建设、生态环境主管部门或者地方人民政府指定的部门的证明,并在施工现场显著位置公示或以其他方式公告附近居民。

3. 交通运输噪声污染防治

交通运输噪声主要是指机动车、铁路机车车辆、城市轨道交通车辆、机动船舶、航空器等交通运输工具在运行时产生的干扰周围生活环境的声音。《噪声污染防治法》第45条规定,各级人民政府及其有关部门制定、修改国土空间规划和交通运输等相关规划,应当综合考虑公路、城市道路、铁路、城市轨道交通线路、水路、港口和民用机场及其起降航线对周围声环境的影响。新建公路、铁路线路选线设计,应当尽量避开噪声敏感建筑物集中区域。新建民用机场选址与噪声敏感建筑物集中区域的距离应当符合标准要求。

机动车的消声器和喇叭应当符合国家规定。禁止驾驶拆除或者损坏消声器、加装排气管等擅自改装的机动车以轰鸣、疾驶等方式造成噪声污染。地方人民政府生态环境主管部门会同公安机关根据声环境保护的需要,可以划定禁止机动车行驶和使用喇叭等声响装置的路段和时间,向社会公告,并由公安机关交通管理部门依法设置相关标志、标线。

民用航空器应当符合国务院民用航空主管部门规定的适航标准中的有关噪声要求。民用机场管理机构负责机场起降航空器噪声的管理,会同航空运输企业、通用航空企业、空中交通管理部门等单位,采取低噪声飞行程序、起降跑道优化、运行架次和时段控制、高噪声航空器运行限制或者周围噪声敏感建筑物隔声降噪等措施,防止、减轻民用航空器噪声污染。

4. 社会生活噪声污染防治

社会生活噪声主要是指人为活动所产生的除了工业噪声、建筑施工噪声和交通运输噪声之外的干扰周围生活环境的声音,包括商业经营噪声、娱乐噪声、家庭噪声等。

(1) 商业经营噪声污染防治

文化娱乐、体育、餐饮等场所的经营管理者应当采取有效措施,防止、减轻噪声污染。使用空调器、冷却塔、水泵、油烟净化器、风机、发电机、变压器、锅炉、装卸设备等可能产生社会生活噪声污染的设备、设施的企业事业单位和其他经营管理者等,应当采取优化布局、集中排放等措施,防止、减轻噪声污染。禁止在商业经营活动中使用高音广播喇叭或者采用其他持续反复发出高噪声的方法进行广告宣传。对商业经营活动中产生的其他噪声,经营者应当采取有效措施,防止噪声污染。

(2) 娱乐和家庭噪声污染防治

在街道、广场、公园等公共场所组织或者开展娱乐、健身等活动,应当遵守公共场所管理者有关活动区域、时段、音量等规定,采取有效措施,防止噪声污染;不得违反规定使用音响器材产生过大音量。

家庭及其成员应当培养形成减少噪声产生的良好习惯,乘坐公共交通工具、饲养宠物和其他日常活动尽量避免产生噪声对周围人员造成干扰,互谅互让解决噪声纠纷,共同维护声环境质量。使用家用电器、乐器或者进行其他家庭场所活动,应当控制音量或者采取其他有效措施,防止噪声污染。对已竣工交付使用的住宅楼、商铺、办公楼等建筑物进行室内装修活动,应当按照规定限定作业时间,采取有效措施,防止、减轻噪声污染。

案例分析
郑某诉绍兴市环境保护局环保行政验收案

一、案情介绍

2014年9月22日,郑某与第三人绍兴景湖置业有限公司(以下简称"景湖公司")签订购买涉案建设项目荣御上府第14幢×单元×号商品房合同一份,景湖公司为该建设项目的建设单位。绍兴市环境保护局根据景湖公司的申请,于2014年12月11日对涉案建设项目环评报告作出绍市环审〔2014〕188号《关于绍兴景湖置业有限公司荣御上府建设项目环境影响报告书的审查意见》(以下简称《审查意见》)。《审查意见》第三点第(三)项明确要求,"做好废水污染防治工作。建设雨污分流、清污分流的排水处理系统。粪便污水经标准化粪池处理、地下车库冲洗废水经隔油沉砂池处理后,与其他生活废水一并接入城市截污管网,纳入城市污水处理系统……本项目在污水管网贯通前不得交付使用。"2014年12月23日,景湖公司提交《审查意见》、环保工作总结、排水合同等材料,申请对该建设项目进行竣工环保验收。绍兴市环保局越城分局于同日出具建设项目环保"三同时"监察结果单。绍兴市环保局亦于当日对拟通过验收意见上网公示。2014年12月30日,绍兴市环保局作出《验收意见》,原则同意通过项目(一期)竣工环保验收。

后来,郑某在交房验收时与景湖公司产生纠纷,并向绍兴市柯桥区人民法院提起民事诉讼。2016年12月20日,一审法院开庭审理了本案,在该案审理过程中,景湖公司向郑某提供《验收意见》。郑某认为绍兴市环保局作出的《验收意见》违法,故在2016年向绍兴市柯桥区人民法院提起行政诉讼,要求撤销被告对荣御上府建设项目作出的《验收意见》。在一审法院作出《验收意见》违法并应撤销的判决后,绍兴市环保局不服,向绍兴市中级人民法院提起上诉。

二、争议焦点

本案在一审中的主要争议焦点为:一是本案是否超出法定起诉期限;二是被

告绍兴市环保局作出的《验收意见》是否符合法律规定。本案在二审中的主要争议焦点为：第一，被上诉人的起诉资格是否适格；第二，被上诉人提起诉讼是否超过起诉期限；第三，被诉环保竣工验收行为事实依据是否充分、程序是否合法；第四，一审判决适用法律是否正确。绍兴市环保局认为自己作出的行政行为合法：涉案荣御上府的建设单位为景湖公司，因项目设计方案优化，该项目分两期建设。根据相关环保法律法规的规定，绍兴市环保局于2014年12月11日依法作出《审查意见》，要求景湖公司于项目建成后报绍兴市环保局组织竣工环保验收，验收合格后方可投入使用。景湖公司于2014年12月23日提出竣工环保验收申请。绍兴市环境保护局根据相关法律法规的规定，对涉案建设项目组织现场核查、审议、公示后，于2014年12月30日依法作出《验收意见》，原则同意通过该项目（一期）竣工环保验收。

三、裁判要旨

（一）一审裁判要旨

关于第一个争议焦点，一审法院认为，原告与第三人的商品房买卖合同中对交房条件的约定，并不能当然推定原告已经知晓被诉行政行为的内容。本案中，涉案《验收意见》并非针对原告作出，不存在被告告知原告诉权或者起诉期限的情形，故起诉期限应当为自原告知道或者应当知道被诉行政行为内容之日起2年。原告系在（2015）绍越民初字第3500号民事诉讼中才知道涉案《验收意见》，故原告于2016年3月2日提起行政诉讼并未超过法定起诉期限。

关于第二个争议焦点，一审法院认为，排水合同仅是第三人景湖公司与案外人绍兴市排水管理有限公司就涉案建设项目排水问题等签订的协议，即使真实，也不能当然地证明该协议已经实际履行，也不能作为该建设项目排污管网已经实际接入城市截污管网的依据，更不能作为污水管网已贯通的依据。在本案中，被告虽然主张在第三人申请竣工环保验收当日，即成立验收组并组织现场检查，但是未能提供其组成验收组对涉案建设项目进行现场检查和审议并提出验收组意见的依据，而且被告也未能提供房产项目属于验收程序简化项目、建设项目环保"三同时"监察结果单可以视作验收组意见的相应依据，故被告作出的《验收意见》违反法定程序。

(二) 二审裁判要旨

关于第一个争议焦点,1998年国务院发布的《建设项目环境保护管理条例》第23条规定:"建设项目需要配套建设的环境保护设施经验收合格,该建设项目方可正式投入生产或者使用。"被上诉人与景湖公司2014年9月22日签订的《镜湖新区商品房买卖合同》第9条约定将"环保部门出具的认可文件或准许使用文件"作为交房条件之一。由此可知,被上诉人与绍兴市环保局于2014年12月30日作出的被诉环保竣工验收意见存在利害关系。根据《行政诉讼法》第25条第1款的规定,与行政行为有利害关系的公民有权提起诉讼。因此,二审法院认为被上诉人的起诉资格适格。关于第二个争议焦点,二审法院认为,本案没有证据证明绍兴市环保局于2014年12月30日作出被诉环保竣工验收意见时,将诉权或起诉期限告知过被上诉人,因此被上诉人在2016年3月2日提起行政诉讼,并未超过2年的起诉期限。

关于第三个争议焦点,本案中,绍兴市环保局提供《建设项目环保"三同时"监察结果单》等证据,证明环保设施验收的现场检查情况。二审法院认为,该监察结果单上虽然盖的是绍兴市环保局越城分局的印章,但是因其系绍兴市环保局的派出机构,两者存在相关行政委托关系,故该监察结果单可以作为证明绍兴市环保局现场检查情况的证据,其明确记载"一期项目场内排水管网已建成,建设单位已提供与排水公司签订的排水合同"等内容,可以证明涉案建设项目场内排水管网已建成等情况。本案关于实体方面的最大争议是,涉案居民小区在环保验收时,其外围城市截污管网因为一个泵站未建好而未正式投入使用,绍兴市环保局在此情形下予以"原则通过",其依据是否充分。绍兴市环保局主张城市截污管网建设情况不属于此次环保验收的范围。二审法院认为,因为环保验收的通过是房产公司交付使用的条件之一,故在城市截污管网未建好时便通过小区环保验收,有可能导致后续排污不畅等环保问题,绍兴市环保局的这一做法与环保设施验收的目的与初衷有一定的相悖之处。绍兴市环保局虽然在庭审时辩称成立了验收组,但是未提供充分的证据予以证明,故其作出被诉验收意见的程序存在不当之处。

对于第四个争议焦点,《建设项目竣工环境保护验收管理办法》第15条规定,"环境保护行政主管部门在进行建设项目竣工环境保护验收时,应组织建设项目所在地的环境保护行政主管部门和行业主管部门等成立验收组（或验收委员会）。验收组（或验收委员会）应对建设项目的环境保护设施及其他环境保护措施进行现场检查和审议，提出验收意见。建设项目的建设单位、设计单位、施工单位、环境影响报告书（表）编制单位、环境保护验收监测（调查）报告（表）的编制单位应当参与验收。"本案中，被告虽然主张在第三人申请竣工环保验收当日，即成立验收组并组织现场检查，但是未能提供其组成验收组对涉案建设项目进行现场检查和审议并提出验收组意见的依据，而且被告也未能提供房产项目属于验收程序简化项目、建设项目环保"三同时"监察结果单可以视作验收组意见的相应依据，故被告作出的《验收意见》显然违反法定程序，验收行为的法律性质存在一定的瑕疵。

二审法院认为，被诉环保验收行为虽然在实体和程序方面均存在一定不当之处，但是鉴于涉案小区在环保验收时其本身的环保设施如期建成，小区的后续环保问题暂时通过交通措施得到解决，以及小区外围城市截污管网目前的运行状态，被诉环保验收行为已无撤销、重作的现实必要，因而对一审法院判决予以纠正。

四、裁判结果

2017年4月17日，绍兴市中级人民法院作出判决，上诉人绍兴市环保局于2014年12月30日作出的《验收意见》，在实体和程序方面均存在一定不当之处，依法应确认违法，但是不撤销该行政行为。一审判决认定事实有误、法律适用不当，依法应予撤销。依照《行政诉讼法》第89条第1款第2项、第74条第1款第1项之规定：撤销浙江省绍兴市柯桥区人民法院（2016）浙0603行初61号行政判决；确认上诉人绍兴市环保局于2014年12月30日作出的《验收意见》违法。

五、案例评析

本案涉及居民小区类建设项目的"三同时"制度。依照《建设项目竣工环境保护验收管理办法》，居民小区在建设主体建筑过程中，需要修建配套的污染处理设施，该设施的建设情况也是居民小区能否通过验收的重要评价因素，该小区的污染处理设施应当与小区主体工程同时设计、同时施工并同时投入使用。原告也据此认为，环保验收的通过是房产公司交付使用的条件之一，故在小区环保设施未建设完善之前,即城市截污管网未建好时便通过小区环保验收,有可能导致后续排污不畅等环保问题。但是,原国家环保局对此进行了规定,"房地产建设项目在居民未入住前,难以对环保设施进行验收,可对环保设施进行预验收,待居民入住率达75%以上时,再进行正式验收。"本案中环保局在满足居民入住率的前提下,可以通过预验收的方式对小区的环保设施进行验收,但前提是该环保设施需要建设完毕,环保局可以预检但不能不检,更不能盲目检测。

  因此,本案的核心争议在于涉案居民小区在环保验收时,其外围城市截污管网因为一个泵站未建好而未正式投入使用,违背了环境污染防治的"三同时"制度。法院在本案的审理过程中也对环保局是否合理、合法预检进行了质证和分析,作出了《验收意见》违法的判决。

第七章

自然资源和生态保护法

案情导入

2003年至2018年,被告人伍某甲纠集被告人伍某乙、周某,并与被告人江某等人,形成垄断林业资源、称霸乡村山场、扰乱市场秩序的恶势力犯罪团伙。该团伙成员多次结伙实施故意毁坏财物、盗伐林木、滥伐林木、强迫交易、妨害作证等一系列犯罪行为,共计盗伐林木117.07立方米,滥伐林木2541.39立方米,故意毁坏林木256.04立方米。此外,团伙成员伍某乙还在团伙外分别伙同伍某甲等人盗伐林木115.56立方米,滥伐林木37.05立方米,故意毁坏林木12.75立方米。福建省武夷山市人民法院一审认为,被告人伍某甲等人应被定性为恶势力犯罪团伙。伍某甲系主犯,以盗伐林木罪、滥伐林木罪、故意毁坏财物罪、强迫交易罪、妨害作证罪数罪并罚,判处有期徒刑20年,并处罚金25万元。案件涉及的其他14名被告人也被分别以不同罪名,判处有期徒刑10年至6个月不等,并处罚金5.5万元至0.5万元不等。本案涉及我国自然资源和生态保护的立法和制度,这是本章的主要内容。限于篇幅,本章对相关立法和制度中的法律责任问题不再阐述。

第一节 概　　述

一、自然资源保护法概述

（一）自然资源的概念、特点和种类

1. 自然资源的概念

在《辞海》中，资源的基本含义是指资财的来源。[①] 可以据此将自然资源理解为人们在自然界中能够从中获得资财的自然物质和能量，例如水、土地、矿藏、森林、草原、空气、野生动植物、阳光等。环境学者认为，自然资源是指一切能够为人类提供生存、发展、享受的自然物质与自然条件，及其相互作用而形成的自然生态环境和人工环境。[②]

2. 自然资源的特点

自然资源具有以下特点：一是整体性。各类自然资源往往相互联系、相互制约，形成一个整体系统。二是地域性。自然资源的空间分布不均衡，从我国的南水北调工程和西气东输工程即可看出。三是稀缺性。许多自然资源本身是有限的，而人类的需求往往是无限的，供需关系的不平衡决定了自然资源的稀缺性。四是功能多样性。各类自然资源具有多种功能和用途，例如一条河流的水资源同时具有饮用、灌溉、航运、水力发电等多种功能。五是变动性。自然资源受到人类社会的利用、影响和干预，本身处在不断变化之中，例如滥伐森林加剧资源退化、水土流失，甚至造成严重的灾害。

3. 自然资源的种类

自然资源概念宽泛，可以根据不同的划分标准进行多种分类。

第一，生物资源和非生物资源。根据自然资源是否具有生命，可以分为生物

[①] 参见辞海编辑委员会：《辞海》，上海辞书出版社1989年版，第2122页。
[②] 参见刘文等编著：《资源价格》，商务印书馆1996年版，第4页。

资源与非生物资源。生物资源包括森林、草原、野生动物群落,以及由动物、植物、微生物及其与周围环境相互作用形成的不同层次的生态系统;非生物资源包括水、土地、矿藏等。

第二,地表资源和地下资源。根据自然资源的形成条件、组合情况等地理特征,可以分为地表资源和地下资源。地表资源包括水资源(水圈)、土地资源(地表)、生物资源(生物圈)和气候资源(大气圈)。地下资源又称地壳资源,主要是指赋存于地表以下的金属、非金属原料资源和石化燃料等矿产资源,包括铝、铁、石油、煤炭、天然气等。当然这种分类是相对的,有些所谓的"地表"资源也储藏在地下,例如地下水资源。

第三,可再生资源、不可再生资源和恒定资源。根据自然资源的再生程度,可以分为可再生资源、不可再生资源和恒定资源。可再生资源主要是指基于自身特质,在适宜的外部条件下能够自我更新、自我恢复,具有可循环、可再生能力的自然资源,包括水、土地、森林、草原、野生动物群落,以及由动物、植物、微生物及其与周围环境相互作用形成的不同层次的生态系统。不可再生资源主要是指那些不可循环、不可更新的自然资源。这些资源往往是经历过若干地质年代形成的,目前在人类可预期的时限内无法再生,而且会随着人类开发强度的增大而不断枯竭,包括各种金属和非金属矿物以及石化燃料矿物等。恒定资源主要是指按照人类的时间尺度来看是无穷无尽的,也不会因为人类利用而耗竭的资源,包括太阳能、风能、潮汐能、原子能、气候资源等。

此外,根据自然资源的存续状态,可以分为存量资源和流量资源;根据自然资源在人类社会的用途,可以分为工业资源、农业资源、旅游资源等。

(二)自然资源保护法的概念和特征

1. 自然资源保护法的概念

从内涵来看,自然资源保护法是指调整自然资源保护和管理过程中所发生的各种社会关系的法律规范的总称。从外延来看,自然资源保护法主要包括各种自然资源中的保护和管理规范,从"合理利用就是保护"的观点来看,明确自然资源权属、对自然资源利用施加许可证、开发利用税费等各种限制的法律规范,也应当纳入自然资源保护法的范畴。自然资源保护法律规范主要包含在水法、土地管理法、矿产资源法、森林法、草原法、渔业法、野生动植物资源法等单行法，以及相关行政法规、部门规章和地方性法规中。

2. 自然资源保护法的特征

自然资源保护法具有法律的一般特征——法律规定性、行为准则性、普遍性、抽象性、可操作性、稳定性等。同时，它也具有自己的特征。[①] 自然资源保护法所调整的社会关系不同于经济法、行政法等所调整的社会关系。自然资源保护法的调整对象包括自然资源的合理利用、保护及管理环节所涉及的各方面关系，包括自然资源行政管理部门与行政相对人之间的纵向关系，自然资源行政管理部门与其他相关部门之间的横向协作关系等。国家通过自然资源保护的立法规范明确各部门监管自然资源利用的权利和义务，以实现自然资源的合理利用和有效保护。

3. 自然资源利用与生态保护的一体性

自然资源安全既包括传统的自然资源供给安全，也包含温室效应、气候变化与生态保护等新因素。自然资源和生态保护是一个问题的两个方面，自然资源问题从另一个方面来看也是生态保护问题，自然资源法中的资源合理利用、保护和管理规范也是生态保护规范，我国自然资源利用也在逐渐从以牺牲环境为代价的"黑色经济"向经济增长与生态保护兼顾的"绿色经济"转变。

4. 法律部门的交叉性

自然资源法与环境法是两个不同的法律部门，其立法目的具有明显区别。环境法的目的是维持人类社会发展的外部条件，为人类的繁衍和健康奠定生存基础；自然资源法的目的是维持人类经济发展的外部条件，为人类福利的持续增长奠定物质基础。[②] 然而，两者在调整对象和适用范围方面具有共通性。环境法调整的环境社会关系，其客体包括作为环境要素的自然物，而自然资源法调整的自然资源保护关系，其客体就是作为环境要素的自然物。因此，自然资源保护法既是自然资源法的组成部分，也是环境法的组成部分。

---

① 参见王文革主编：《自然资源法——理论·实务·案例》，法律出版社2016年版，第4—6页。

② 参见汪劲：《环境法学》（第四版），北京大学出版社2018年版，第4页。

(三) 自然资源保护法的基本制度

1. 自然资源权制度

根据现行有关法律、法规的规定,我国的自然资源权主要包括自然资源所有权和自然资源使用权。

自然资源所有权是指所有权人依法独占自然资源,并表现为占有、使用、收益、处分等四种权能。我国实行生产资料公有制,自然资源的所有权包括国家所有权和集体所有权,不存在严格意义上的企业或个人所有权。国家和集体之外的权利主体只可能享有资源产品的所有权,而不可能享有对自然资源的所有权。

自然资源使用权是指自然资源的非所有权人对自然资源享有的以开发利用为主要内容的各种权利的统称。根据自然资源单行法的有关规定,我国的自然资源使用权主要有以下类型:《水法》中的取水权,《土地管理法》中的土地使用权,《矿产资源法》中的探矿权和采矿权,《森林法》中对林地、森林、林木的使用权和承包经营权,《草原法》中对草原的使用权和承包经营权,《野生动物保护法》《野生植物保护条例》等野生动植物保护法中的狩猎权、采集权和驯养繁殖权,《渔业法》中的养殖权和捕捞权,《海域使用管理法》中的海域使用权等。有学者提出,自然资源使用权根据其取得和行使目的的不同,应当分为经营性使用权、公益性使用权、生活性使用权等三种类型,分别进行规范和管理。①

2. 自然资源禁限开发利用制度

各类自然资源既是可以供人类利用的具有经济价值和私益属性的"财产",也是具有生态价值、美学价值、文化价值和公益属性的"共有资源",因此,对这种财产的不当使用会引发负外部性,特别是对生态系统和人类健康的不利影响。尤其是自然资源经营性使用权以营利为目的,因此着眼于自然资源的经济价值,容易与自然资源的生态价值发生冲突。如果不对这种权利的取得和行使进行适当制约,会产生严重的负外部性,甚至引发生态破坏。自然资源禁限开发利用制度就是对自然资源经营性使用权的制约,法律通过建立对行使这种权利的生态

---

① 参见何艳梅:《自然资源经营性使用权及其"用益物权化"变革》,载《福建江夏学院学报》2016年第3期。

约束机制,包括自然资源利用的总量控制、行政许可、有偿使用制度等,①促使自然资源得到合理利用,相关生态系统得到保护。

(四)自然资源行政管理体制和制度

自然资源行政管理体制是指自然资源管理机构的设立、组成、职能及其分工与协调关系。我国的自然资源管理机构可以分为专门主管部门和辅助性管理部门两大类,包括自然资源部门、林业部门、水利部门、农业部门等。除了禁限开发利用制度之外,自然资源行政管理制度还包括自然资源规划制度、自然资源调查与档案制度、自然资源权属确认制度、自然资源行业监管制度、法律责任制度等。

二、生态保护法概述

(一)生态系统的类型与功能

生态系统(ecosystem)是指在自然界的一定空间内,生物与无生命环境构成的统一整体,在这个整体中,生物与无生命环境之间相互影响、相互制约,维持着特定的物质循环与能量流动。根据《生物多样性公约》第 2 条的规定,生态系统是指植物、动物和微生物群落与它们的无生命环境交互作用形成的、作为一个功能单位的动态复合体。因此,生态系统与自然资源关系密切,各类自然资源是生态系统的基础因子,各类自然资源交互作用形成了生态系统。

生态系统根据其形成原因,可以分为自然生态系统和人工生态系统。其中,自然生态系统是指全部由自然要素组成的生态系统,可以分为海洋生态系统、淡水生态系统等水域生态系统,以及森林生态系统、草原生态系统、冻原生态系统等陆地生态系统。人工生态系统是指自然生态系统与人类社会的经济系统复合而成的生态系统,例如农田生态系统、城市生态系统。

生态系统内部各要素之间相互联系、相互制约并在一定条件下保持的平衡关系,称为生态平衡。生态平衡维持着正常的生物循环,一旦排入环境的废物超过其维系平衡的"自净容量"时,生态系统就会失衡,不仅会威胁各生物群落的生

---

① 参见何艳梅:《自然资源经营性使用权及其"用益物权化"变革》,载《福建江夏学院学报》2016 年第 3 期。

存,也威胁到人类的生存和发展,因为生态系统向人类提供各种服务。① 生态系统服务是指人类从生态系统获得的所有惠益,包括以下四个方面:一是供给服务,例如产生与维护生物多样性、提供食物、药材和水;二是调节服务,例如调节气候、控制洪水和疾病;三是文化服务,例如精神、娱乐和文化收益;四是支持服务,例如维持地球生命生存环境的养分循环。

(二)生态保护法的含义与类型

生态保护法是指保护生态系统、维持生态平衡、预防和解决生态破坏问题的法律规范的总称。从我国现有立法体系来看,生态保护法可以分为两类。第一类是相关生态保护法,即环境综合法、自然资源法和环境污染防治法中涉及或体现生态保护的规范。第二类是专项生态保护法,又可以分为以下三种:一是自然地域保护法,即对河湖流域、自然保护区、湿地等在生态、科学、旅游、美学等方面具有特殊价值的自然地域予以特殊保护的法律,例如《长江保护法》《自然保护区条例》《湿地保护法》;二是人文生态保护法,即对风景名胜区、森林公园、城市、文物等人文遗迹或人工生态系统予以特别保护的法律,例如《风景名胜区条例》《城市规划法》《文物保护法》;三是生物多样性法,是对物种多样性、遗传多样性或生态系统多样性予以特别保护的法律,例如《生物安全法》《野生动物保护法》《野生植物保护条例》。

三、生态保护法与自然资源保护法的关系

由于生态系统与自然资源的密切关联,生态保护法也与自然资源保护法密切关联,同时也有区别。

(一)相关生态保护法与自然资源保护法的包含关系

相关生态保护法中包括自然资源保护法,或者说是自然资源法中涉及或体现生态保护的规范。自然资源保护法是对以物的形式天然存在的、具有经济价值的环境要素进行保护的法律或法律规范,在我国主要是指自然资源法中的相

---

① 参见何艳梅:《中国跨界水生态系统保护的国际法视角》,载《河北法学》2013年第3期。

关法律规范。自然资源法以利用某一类自然资源为主要规范内容，也包括保护和管理该类自然资源、防治对该类自然资源的污染和生态破坏的法律规范，能够间接地起到保护相关生态系统的作用。这些规范在一定程度上具有生态保护法的性质，可以纳入生态保护法的范畴。

（二）专项生态保护法与自然资源保护法的区别

专项生态保护法与自然资源保护法具有明显区别，主要表现在以下方面：

第一，目的不同。专项生态保护法的目的是遵循整体观和系统观保护生态系统，实质性地协调人类环境利用行为与其生存环境之间的关系。因此，其重点是维持生态系统的多样性以及自然的原生状态，防止人类活动对生态系统造成不良的影响或破坏；自然资源保护法的目的是保护自然资源对人类的外在经济价值，维持人类对自然资源的可持续开发和利用，为人类福利的持续增长奠定物质基础，同时间接实现自然资源和生态系统保护的功能。[1]

第二，适事范围不同。专项生态保护法既适用于全部由自然资源和自然生态空间组成的自然生态系统的保护，也适用于自然生态系统与人类社会的经济系统复合而成的人工生态系统或人文遗迹的保护，例如通过合理的城市规划保护城市生态系统，通过特别措施保护风景名胜区、文物等人文遗迹。自然资源保护法仅适用于各类自然资源的合理利用、保护和管理事宜，不涉及人工生态系统或人文遗迹的维持和保护。

第三，保护要求和手段不同。由生态系统的整体性和系统性所决定，专项生态保护法的保护要求比自然资源保护法严格，保护手段也更为多样。比如对于生物多样性的保护，除了自然资源保护法中的动物猎捕许可制度、植物采集许可制度、濒危动植物保护名录制度等常规手段之外，专项生态保护法中还有禁止在特定水域航行以保护水生动物，禁止在特定季节和水域捕鱼以修复渔业资源，划定自然保护区、国家公园、湿地公园等特定自然地域予以特别保护的制度和措施。这在《长江保护法》中有充分反映。

---

[1] 参见汪劲：《环境法学》（第四版），北京大学出版社2018年版，第4、229、231页。

第二节 生物资源保护法

我国的生物资源保护法主要是指森林法、草原法、渔业法等生物资源法中的资源合理利用与保护类措施,分别由单行法律、行政法规和部门规章对相关生物资源的利用、保护和管理进行规范。

一、森林法中的资源保护措施

(一)森林资源的概念和特点

1. 森林与森林资源的概念

森林在生态学上是指存在于一定区域内,以树木或者其他木本植物为主体的一个群落生态系统。森林是一种十分重要的环境要素,它对人类生态系统的保护和改善起着重要的作用。其重要环境效能包括:调节气候、净化大气;蓄水保土、防风固沙;降低噪声;保存生物物种;美化环境;提供各种林产品等。

我国立法将森林分为以下五类:一是防护林,即以防护为主要目的的森林、林木和灌木丛,包括水源涵养林、水土保持林、防风固沙林、农田、牧场防护林、护岸林、护路林;二是用材林,即以生产木材为主要目的的森林和林木,包括以生产竹料为主要目的的竹林;三是经济林,即以生产果品、食用油料、饮料、调料、工业原料和药材等为主要目的的林木;四是薪炭林,即以生产燃料为主要目的的林木;五是特种用途林,即以国防、环境保护、科学实验等为主要目的的森林和林木,包括国防林、实验林、母树林、环境保护林、风景林、名胜古迹和革命纪念地的林木、自然保护区的森林。

森林资源是一个国家或地区林地面积、树种及木材蓄积量的总称。根据国务院 2018 年修订的《森林法实施条例》的规定,森林资源是林地及其所生长的森林有机体的总称。该条例第 2 条规定,森林资源包括森林、林木、林地以及依托森林、林木、林地生存的野生动物、植物和微生物。

2. 森林资源的特点

森林资源具有以下特点：一是生长的周期性。森林抚育成林需要经历较长的时期，这使得森林资源容易遭受自然灾害和人为破坏，并且需要培养大量后备储蓄，以保证其可持续发展。二是可再生性。森林资源是可再生资源，包括自然再生和人工培育再生，只要遵循森林的生长规律并做到"生产经营规模小于生长规模"，便有可能达到永续利用的目的。三是利用的多功能性。作为人类可以利用的资源之一，森林具有巨大的经济效益；作为生物圈重要组成部分和人类生存环境的决定性因素之一，森林具有蓄水保土、调节气候、改善环境等重要作用，在改善人类生存环境与质量方面发挥着不可替代的生态效益。

（二）我国森林资源的立法概况

目前，我国森林资源立法主要有《森林法》及其实施条例、《森林病虫害防治条例》《退耕还林条例》《森林防火条例》等。《宪法》《刑法》《环境保护法》等相关立法也对森林资源的开发利用、保护及法律责任问题作了规定。此外，还有相关行政规章、地方性法规和地方政府规章。

（三）我国森林法中的资源保护措施

1. 森林保护的制度和措施

《森林法》第28条规定，国家加强森林资源保护，发挥森林蓄水保土、调节气候、改善环境、维护生物多样性和提供林产品等多种功能。该法第31条规定，国家在不同自然地带的典型森林生态地区、珍贵动物和植物生长繁殖的林区、天然热带雨林区和具有特殊保护价值的其他天然林区，建立以国家公园为主体的自然保护地体系，加强保护管理；国家支持生态脆弱地区森林资源的保护修复；县级以上政府应当采取措施，对具有特殊价值的野生植物资源予以保护。

2. 植树造林的主要规定

《森林法》第43条规定，各级政府应当组织各行各业和城乡居民造林绿化。宜林荒山荒地荒滩属于国家所有的，由县级以上政府林业主管部门和其他有关主管部门组织开展造林绿化；属于集体所有的，由集体经济组织组织开展造林绿化。城市规划区内、铁路公路两侧、江河两侧、湖泊水库周围，由各有关主管部门按照有关规定，因地制宜组织开展造林绿化；工矿区、工业园区、机关、学校用地，部队营区以及农场、牧场、渔场经营地区,由各该单位负责造林绿化。国家所有和集体所有的宜林荒山荒地荒滩,可以由单位或者个人承包造林绿化。

3. 森林经营与限制采伐的规定

根据《森林法》第53条的规定,国有林业企业事业单位应当编制森林经营方案,明确森林培育和管护的经营措施,报县级以上政府林业主管部门批准后实施;重点林区的森林经营方案由国务院林业主管部门批准后实施;国家支持、引导其他林业经营者编制森林经营方案。该法第54条规定,国家严格控制森林年采伐量;省级政府林业主管部门根据消耗量低于生长量和森林分类经营管理的原则,编制本行政区域的年采伐限额,在征求国务院林业主管部门的意见,报本级政府批准后公布实施,并报国务院备案;重点林区的年采伐限额由国务院林业主管部门编制,报国务院批准后公布实施。

二、草原法中的资源保护措施

(一)草原资源的概念和功能

1. 草原的概念与分类

草原是指在温带干旱、半干旱的气候、土壤条件下形成的,以中温、旱生或半旱密丛禾草为主的植物、动物等构成的地带性生态系统。草原资源是指由草及其附着生长的土地构成的自然综合体。根据我国《草原法》的规定,草原分为天然草原和人工草地。其中,天然草原包括草地、草山和草坡;人工草地包括改良草地和退耕还草地,但是不包括城镇草地。

2. 草原资源的功能

草原作为生态系统,具有多种重要的生态和社会功能,主要包括以下方面:第一,维持生物多样性。草地生物之间相生相克、优胜劣汰的相互作用,构成了生物多样性的生态平衡。第二,保护水资源。草地是一个天然的大蓄水库,接纳大量的降水,防止地下水的蒸发,防止水土流失,对整个地区乃至整个地球的水循环具有积极意义。第三,保护野生动植物。有些草原构成野生动物赖以生存的栖息地,对物种多样性的保护有益。第四,生态调节。草地对空气中的二氧化碳、氮、氧等气体的平衡起着重要的调节作用。草地释放出大量氧气,吸收大量的二氧化碳,消除人口密集的城市地区产生的二氧化碳,维持了地球大气环境的平衡。第五,作为畜牧业饲草基地。第六,作为旅游资源。草原特有的民族特色是宝贵的旅游资源,旅游业的发展潜力极大。①

3. 我国草原资源的状况

我国是一个草原资源大国,天然草原面积 3.928 亿公顷,约占国土面积的 40.9%,占全球草原面积的 12%,居世界第一位。② 我国草原资源现状为:草原类型多;牧草资源丰富;分布集中;以天然草原为主,草地质量较低;草原退化严重。

(二) 我国草原资源的立法概况

目前,我国草原资源方面的法律法规和部门规章主要有《草原法》《草原治虫灭鼠实施规定》《草畜平衡管理办法》《草原防火条例》等。《环境保护法》等相关立法和一些地方性法规、地方政府规章也对草原资源的开垦、利用、保护等作出了规定。

(三) 我国草原法中的资源保护制度与措施

1. 草原资源权属制度

《草原法》第 9 条规定,草原属于国家所有,由法律规定属于集体所有的除外;国家所有的草原,由国务院代表国家行使所有权;任何单位或者个人不得侵占、买卖或者以其他形式非法转让草原。

2. 草原规划制度

根据《草原法》第 17 条的规定,国家对草原保护、建设、利用实行统一规划制度。国务院草原行政主管部门会同国务院有关部门编制全国草原保护、建设、利用规划,报国务院批准后实施;县级以上地方政府草原行政主管部门会同同级有关部门依据上一级草原保护、建设、利用规划编制本行政区域的草原保护、建设、利用规划,报本级政府批准后实施;经批准的草原保护、建设、利用规划确需调整或者修改时,须经原批准机关批准。

---

① 参见王文革主编:《自然资源法——理论·实务·案例》,法律出版社 2016 年版,第 229 页。

② 参见黄俊毅:《我国天然草原面积名列世界第一》,https://baijiahao.baidu.com/s?id=1606249040977474563&wfr=spider&for=pc,2022 年 7 月 7 日访问。

3. 草原自然保护区制度

《草原法》第 43 条规定,国务院草原行政主管部门或者省级政府可以按照自然保护区管理的有关规定,在下列三类地区建立草原自然保护区:具有代表性的草原类型、珍稀濒危野生动植物分布区、具有重要生态功能和经济科研价值的草原。

4. 执法监督检查制度

根据《草原法》第 56 条的规定,国务院草原行政主管部门和草原面积较大的省、自治区的县级以上地方政府草原行政主管部门设立草原监督管理机构,负责草原法律、法规执行情况的监督检查,对违反草原法律、法规的行为进行查处;草原行政主管部门和草原监督管理机构应当加强执法队伍建设,提高草原监督检查人员的政治、业务素质。

三、渔业法中的资源保护措施

(一) 渔业资源的概念和分类

渔业是指从事采捕、养殖水产动植物的产业。按其作业的区域不同,可分为淡水渔业和海洋渔业;按其生产的特点不同,可分为捕捞业和养殖业。渔业资源是指具有经济开发价值的、可供渔业养殖和采捕的水生动植物资源及其适于发展渔业的自然条件,例如水面、滩涂等。我国《渔业法》第 2 条规定,在中国的内水、滩涂、领海、专属经济区以及中国管辖的一切其他海域从事养殖和捕捞水生动物、水生植物等渔业生产活动,都必须遵守本法。

作为一个渔业生产大国,我国有着广阔的江河水体和辽阔的海域,在内陆水域、浅海滩涂和海洋拥有丰富的渔业资源。整体而言,由于资源的过度利用和粗放经营加速了水域环境恶化和资源衰退,我国的渔业资源已遭受严重破坏,渔业发展面临着危机。

(二) 我国渔业资源的立法概况

目前,我国渔业资源方面的法律法规主要有《渔业法》及其实施细则、《水产资源繁殖保护条例》《渔港监督管理规则(试行)》《海洋捕捞渔船管理暂行办法》等,此外还有相关地方性法规和地方政府规章。

(三)我国渔业法的资源保护制度与措施

1. 渔业管理体制

《渔业法》第6条规定,国务院渔业行政主管部门主管全国的渔业工作;县级以上地方政府渔业行政主管部门主管本行政区域内的渔业工作,并可以在重要渔业水域、渔港设立渔政监督管理机构。县级以上政府渔业行政主管部门及其所属的渔政监督管理机构可以设置渔政检查人员,执行渔业行政主管部门及其所属的渔政监督管理机构交付的任务。第7条规定,国家对渔业实行统一领导、分级管理。海洋渔业除国务院划定由国务院渔业行政主管部门及其所属的渔政监督管理机构监督管理的海域和特定渔业资源渔场外,由毗邻海域的省级政府渔业行政主管部门监督管理。江河、湖泊等水域的渔业,按照行政区划由有关县级以上政府渔业行政主管部门监督管理;跨行政区域的,由有关县级以上地方政府协商制定管理办法,或者由上一级政府渔业行政主管部门及其所属的渔政监督管理机构监督管理。

2. 养殖许可与承包经营制度

根据《渔业法》第11条的规定,国家对水域利用进行统一规划,确定可以用于养殖业的水域和滩涂;单位和个人使用国家规划确定用于养殖业的全民所有的水域、滩涂的,使用者应当向县级以上地方政府渔业行政主管部门提出申请,由本级政府核发养殖证,许可其使用该水域、滩涂从事养殖生产。集体所有的或者全民所有由农业集体经济组织使用的水域、滩涂,可以由个人或者集体承包,从事养殖生产。

3. 捕捞限额制度

《渔业法》第22条规定,国家根据捕捞量低于渔业资源增长量的原则,确定渔业资源的总可捕捞量,实行捕捞限额制度。国务院渔业行政主管部门负责组织渔业资源的调查和评估,为实行捕捞限额制度提供科学依据。我国内海、领海、专属经济区和其他管辖海域的捕捞限额总量由国务院渔业行政主管部门确定,报国务院批准后逐级分解下达;国家确定的重要江河、湖泊的捕捞限额总量由有关省级政府确定或者协商确定,逐级分解下达。捕捞限额总量的分配应当体现公平、公正的原则,分配办法和分配结果必须向社会公开,并接受监督。国务院渔业行政主管部门和省级政府渔业行政主管部门应当加强对捕捞限额制度实施情况的监督检查,对超过上级下达的捕捞限额指标的,应当在其次年捕捞限额指标中予以核减。

4. 渔业资源增殖与保护的有关规定

《渔业法》第 28 条规定,县级以上政府渔业行政主管部门应当对其管理的渔业水域统一规划,采取措施,增殖渔业资源;县级以上政府渔业行政主管部门可以向受益的单位和个人征收渔业资源增殖保护费,专门用于增殖和保护渔业资源;渔业资源增殖保护费的征收办法由国务院渔业行政主管部门会同财政部门制定,报国务院批准后施行。

第三节　非生物资源保护法

一、水法中的资源保护措施

(一)水资源的概念、特点与状况

1. 水资源的概念与地位

水作为环境的基本要素,是人类活动及其他生物生存不可缺少的自然资源。水的面积约占地球总面积的 71%,总量约为 139 亿立方米,但是 97.5% 的水是海洋中的咸水,淡水大部分是人类不能直接利用的南北极冰盖、高山冰川、750 米以下深层地下水。与人类关系最密切、参与全球水循环、在陆地逐年可以得到恢复和更新的淡水,其数量不到地球总水量的 1%,也是我国《水法》的主要适用对象。该法第 2 条第 2 款规定,"本法所称水资源,包括地表水和地下水。"地表水包括河流、冰川、湖泊、沼泽等水体中的水;地下水是地下含水层的动态含水量,包括地表水的下渗水和降水补给,土壤中所含的水不包括在内。

水资源既具有经济价值,又具有生态环境价值,对人类具有基础性的不可替代的地位和作用。作为自然资源,它是人类可以利用、天然形成的物质和能量,是人类生存的物质基础、生产资料和劳动对象;作为生态环境资源,它是生命诞生和进化的条件,是生态系统不可或缺的要素,对调节气候、稳定气温、维持生态平衡、净化环境等起着不可替代的巨大作用;作为经济资源,它是一切生产的基础。无论是在食品、造纸、印染、纺织等轻工业,还是冶金、机械、采煤、发电等重工业,都需要大量的水用作原料、动力、冷却介质等。在农业生产中,水资源更是能否获得收成的关键要素之一。① 因此,2011年中央一号文件开篇就指出,"水是生命之源、生产之要、生态之基。"

2. 水资源的特点

水资源具有以下特点:一是利害双重性。水资源既能兴利,造福人类,又会带来自然灾害。水量过大会造成洪涝灾害,缺水又会形成干旱,影响居民日常生活、农作物生长等。二是多功能性。水资源不但可以用于生活、灌溉、渔业养殖、工业发电、航运,而且对维持生态系统的平衡有巨大作用。三是变化复杂性。水资源在地区上的分布极不均匀,年内年际变化较大。另外,还有季节之间、地区之间的时空分布不均。四是循环性。水资源可以得到大气降水的不断补给,开采和消耗之后能够得到一定程度的补给和恢复。五是流动性。地表水和地下水之间、陆地水和海洋水之间、江河左右岸之间及上下游之间,水资源都是相通的。

3. 我国水资源的状况

一方面,我国水资源的总量丰富,但是时空分布不均,季节差异和区域差异较大;另一方面,水资源的浪费现象严重,水污染问题严重。随着资源危机的加剧,水资源已从一种基础性的自然资源,演变成为稀缺的战略资源。水资源与国民经济和社会发展日益紧密联系,水问题关系到经济社会发展和国家利益的大局。水问题既是资源环境问题,更是关系到社会经济可持续发展和国家长治久安的重大战略问题。综合我国降水资源时空格局变化、气候变化的影响和我国经济社会发展趋势等多种因素来看,我国未来的旱涝形势日益复杂,水资源供需矛盾日益加剧,因此未来我国水问题将会日益严峻,需要从战略高度有针对性地

---

① 参见何艳梅:《国际水资源利用和保护领域的法律理论与实践》,法律出版社2007年版,第3页。

加以应对。① 例如,我国东南和西南地区水资源相对丰富,然而有11个省份(干旱11区)是类似于中东地区的水短缺地区,其中包括经济强省江苏和山东,农业大省河南、河北、宁夏,煤炭大省山西,以及北京、天津、上海等直辖市。我国GDP的近一半来自干旱11区,目前这些省份中有7个(北京、河北、河南、江苏、宁夏、上海和天津)出现了水赤字,②也即用水总量超过了其可更新的水资源,影响到这些省份甚至国家的经济安全、能源安全、粮食安全、生态安全和国民安全。③

(二)我国水资源的立法概况

目前,我国水资源立法主要有《水法》《水土保持法》《防洪法》《水污染防治法》《长江保护法》《河道管理条例》《取水许可和水资源费征收管理条例》《水文条例》等。此外,有些地区根据当地水资源的具体情况制定了相应的地方性法规和地方政府规章。

(三)我国水法中的资源保护制度与措施

1. 水资源权属制度

水资源属于国家所有。我国《宪法》第9条第1款规定,矿藏、水流、森林、山岭、草原、荒地、滩涂等自然资源,都属于国家所有,即全民所有;由法律规定属于集体所有的森林和山岭、草原、荒地、滩涂除外。水资源的所有权由国务院代表国家行使,单位和个人可以依法取得水资源的使用权。农村集体经济组织的水塘和由农村集体经济组织修建管理的水库中的水,归各农村集体经济组织使用。

2. 水资源管理体制

国家对水资源实行流域管理与行政区域管理相结合的管理体制。根据《水法》第12条的规定,国务院水行政主管部门负责全国水资源的统一管理和监督

---

① 参见王伟光、郑国光主编:《应对气候变化报告(2014):科学认知与政治争锋》,社会科学文献出版社2014年版,第211—223页。

② See Debra Tan, Feng Hu, Hubert Thieriot & Dawn McGregor, Toward a Water & Energy Secure China: Tough Choices Ahead in Power Expansion with Limited Water Resources, published by China Water Risk, Apr. 2015, p.28.

③ 参见何艳梅:《中国水安全的政策和立法保障》,法律出版社2017年版,第12页。

工作;国务院水行政主管部门在国家确定的重要江河、湖泊设立的流域管理机构,在所管辖的范围内行使法律、行政法规规定的和国务院水行政主管部门授予的水资源管理和监督职责;县级以上地方政府水行政主管部门按照规定的权限,负责本行政区域内水资源的统一管理和监督工作。《水法》第13条规定,国务院有关部门和县级以上地方政府有关部门,分别按照职责分工负责全国和本行政区域内水资源开发、利用、节约和保护的有关工作。

3. 水资源规划制度

水资源规划是对水资源在未来时期的发展目标、实现目标的行动方案和保障措施预先进行的统筹安排和总体设计。《水法》第14条规定,水资源规划分为流域规划和区域规划。流域规划包括流域综合规划和流域专业规划;区域规划包括区域综合规划和区域专业规划。其中,综合规划是指根据经济社会发展需要和水资源开发利用现状编制的开发、利用、节约、保护水资源和防治水害的总体部署;专业规划是指防洪、治涝、灌溉、航运、供水、水力发电、竹木流放、渔业、水资源保护、水土保持、防沙治沙、节约用水等特定领域或方面的规划。

4. 水资源开发利用的基本要求

《水法》第20条规定,开发、利用水资源,应当坚持兴利与除害相结合,兼顾上下游、左右岸和有关地区之间的利益,充分发挥水资源的综合效益,并服从防洪的总体安排。第21条规定,开发、利用水资源,应当首先满足城乡居民生活用水,并兼顾农业、工业、生态环境用水以及航运等需要。在干旱和半干旱地区开发、利用水资源,应当充分考虑生态环境用水需要。

5. 饮用水水源保护区制度

省级政府应当划定饮用水水源保护区,采取措施防止水源枯竭和水体污染,保证城乡居民饮用水安全。《水法》第34条规定,禁止在饮用水水源保护区内设置排污口;在江河、湖泊新建、改建或者扩大排污口,应当经过有管辖权的水行政主管部门或者流域管理机构同意,由环保行政主管部门负责对该建设项目的环境影响报告书进行审批。

6. 用水总量控制和定额管理相结合的制度

《水法》第47条规定,省级政府有关行业主管部门应当制订本行政区域内的行业用水定额,报同级水行政主管部门和质量监督检验行政主管部门审核同意后,由省级政府公布,并报国务院水行政主管部门和国务院质量监督检验行政主管部门备案。县级以上地方政府发展计划主管部门会同同级水行政主管部门,根据用水定额、经济技术条件以及水量分配方案确定的可供本行政区域使用的水量,制订年度用水计划,对本行政区域内的年度用水实行总量控制。

7. 取水许可和有偿使用制度

《水法》第48条规定,直接从江河、湖泊或者地下取用水资源的单位和个人,应当按照国家取水许可制度和水资源有偿使用制度的规定,向水行政主管部门或者流域管理机构申请领取取水许可证,并缴纳水资源费,取得取水权;但是,家庭生活和零星散养、圈养畜禽饮用等少量取水的除外。另外,农村集体经济组织及其成员使用本集体经济组织的水塘、水库中的水的除外。

8. 节约用水的基本要求

《水法》第50条规定,各级政府应当推行节水灌溉方式和节水技术,对农业蓄水、输水工程采取必要的防渗漏措施,提高农业用水效率。第51条规定,工业用水应当采用先进技术、工艺和设备,增加循环用水次数,提高水的重复利用率;国家逐步淘汰落后的、耗水量高的工艺、设备和产品,具体名录由国务院经济综合主管部门会同国务院水行政主管部门和有关部门制定并公布。

二、土地法中的资源保护措施

(一)土地资源的含义与特点

1. 土地资源的含义

土地是地球陆地表面由地貌、土壤、岩石、水文、气候和植被等要素组成的自然历史综合体,它包括了人类过去和现在的各种活动结果。土地给人类和动植物提供了生存、繁殖的场所和空间,是人类进行物质生产,特别是农业生产不可缺少的资源。土地具有分解、净化功能,很多废弃物和生物残体在土地资源和系统中经过生物、物理、化学的作用,可以分解和转化为无害物质。

2. 土地资源的特点

土地资源具有以下特点:一是不可再生性。从地球形成时起,土地面积就基本固定了,对土地一种用途用量的增加必然导致另一种用途用量的减少。二是地域性。各种类型土地资源的地理位置是固定不变的,不能移动的土地和特定的社会经济条件结合在一起,从而使土地利用具有明显的地域差异性,因此形成了宜农则农、宜牧则牧的土地利用传统。三是不可替代性。由于土地资源不可再生,一旦土地资源因为人为污染或其他原因遭到破坏而丧失,将无法用别的要素替代。四是利用的长期性。只要在使用土地资源的过程中真正做到"合理",注重投入,不断培育其肥力,土地资源不但不会像其他生产资料那样被"磨损"变旧甚至报废,相反可以使土质状况更好,使土地作物的产量提高。

3. 我国土地资源的现状

我国土地资源总量丰富,类型多样,但是以山地、丘陵为主,实际可利用面积少,后备土地资源不足。具体表现为:第一,耕地总面积绝对值数量大,但是人均耕地面积少,而且呈下降趋势;第二,土地类型多样化,但是可利用的土地资源所占比例较小;第三,耕地面临污染严重、土壤质量下降等问题;第四,土地资源供需矛盾突出,主要是在经济发展和资源保护中的利益博弈。

(二) 我国土地资源的立法概况

目前,我国土地资源立法主要有《土地管理法》及其实施条例、《城市房地产管理法》《水土保持法》《基本农田保护条例》《土地复垦条例》等。《宪法》《森林法》《草原法》《渔业法》等相关立法也对土地的开发利用及保护管理作出了规定。此外,各地区也制定了相关地方性法规和地方政府规章。

(三) 我国土地法中的资源保护措施

1. 有关土地权属的主要规定

《土地管理法》第2条规定,我国实行土地的社会主义公有制,即全民所有制和劳动群众集体所有制。第9条具体规定,城市市区的土地属于国家所有;农村和城市郊区的土地,除由法律规定属于国家所有的以外,属于农民集体所有;宅基地和自留地、自留山属于农民集体所有。

2. 防止土地污染、破坏、浪费和退化的规定

《土地管理法》对我国土地资源的利用提出了防止土地污染、破坏、浪费和退化的要求。该法第36条规定,各级政府应当采取措施,引导因地制宜轮作休耕,

改良土壤,提高地力,维护排灌工程设施,防止土地荒漠化、盐渍化、水土流失和土壤污染。第 37 条第 1 款规定,非农业建设必须节约使用土地,可以利用荒地的,不得占用耕地;可以利用劣地的,不得占用好地。第 38 条第 1 款规定,禁止任何单位和个人闲置、荒芜耕地。第 39 条第 1 款规定,国家鼓励单位和个人按照土地利用总体规划,在保护和改善生态环境、防止水土流失和土地荒漠化的前提下,开发未利用的土地;适宜开发为农用地的,应当优先开发成农用地。第 40 条规定,国家禁止毁坏森林、草原开垦耕地,禁止围湖造田和侵占江河滩地;根据土地利用总体规划,对破坏生态环境开垦、围垦的土地,有计划有步骤地退耕还林、还牧、还湖。

3. 土地利用总体规划制度

根据《土地管理法》第 15 条的规定,土地利用总体规划是指各级政府依据国民经济和社会发展规划、国土整治和资源环境保护的要求、土地供给能力以及各项建设对土地的需求,对一定区域范围内的土地利用情况作出的总体安排。该法还对土地利用总体规划的制定、规划的编制要求、规划的基本内容、规划的实施等问题作出规定。

4. 土地分类管理制度

我国《土地管理法》第 4 条将土地分为农用地、建设用地和未利用地三类,实行分类管理。其中,农用地包括耕地、林地、草地、农田水利用地、养殖水面等;建设用地即建造建筑物、构筑物的土地,包括城乡住宅和公共设施用地、工矿用地、交通水利设施用地、旅游用地、军事设施用地等;未利用地是指农用地和建设用地以外的土地。

5. 耕地保护制度

《土地管理法》第 30 条第 2 款规定,国家实行占用耕地补偿制度。非农业建设经批准占用耕地的,按照"占多少,垦多少"的原则,由占用耕地的单位负责开垦与所占用耕地的数量和质量相当的耕地;没有条件开垦或者开垦的耕地不符合要求的,应当按照省、自治区、直辖市的规定缴纳耕地开垦费,专款用于开垦新的耕地。

6. 土地复垦和整治制度

《土地管理法》第 43 条规定,因挖损、塌陷、压占等造成土地破坏,用地单位和个人应当按照国家有关规定负责复垦;没有条件复垦或者复垦不符合要求的,应当缴纳土地复垦费,专项用于土地复垦;复垦的土地应当优先用于农业。同时,《土地复垦条例》也对土地复垦的原则、具体要求和措施作了明确规定。

三、气候资源法中的保护措施

(一)气候资源的概念和特点

1. 气候资源的概念

气候资源与大气资源、天空资源、空气资源等自然资源经常混用或交叉使用,本书不作严格区分。气候资源包括太阳辐射、热量、降水、空气及其运动等要素,是地球上生命赖以生存和发展的基本条件,也是人类生存和工农业生产的物质基础。1979年第一次世界气候大会提出把气候作为一种资源。《辞海》将气候资源定义为"有利于人类经济活动的气候条件",例如自然界的热量、光照、水分和风能等,是合理进行农业区划和工业布局的依据之一。①

2. 气候资源的特点

气候资源具有以下特点:第一,气候资源年复一年循环更新,永不枯竭;第二,由于无法贮存,气候资源具有稀缺性和有限性;第三,气候资源中的光、热、水等要素,虽然在概念上属于不同功能和类型的资源,实际上却不可分割;第四,气候资源是一种非线性资源,并非越多越好,其资源价值体现为数量适中为宜,过量或过少都会造成某些灾害;第五,气候资源和气候灾害往往是一个问题的两个方面,两者相互关联、相互制约。②

(二)我国气候资源的立法概况

我国的气候资源十分丰富。目前,我国还没有气候资源方面的国家立法,只有地方性法规、政府规章、规范性文件等,主要在气候资源的保护和开发利用方面进行规定。此外,我国还有气象方面的全国性法律法规,例如《气象法》《气象

---

① 参见林俊英、卢广建:《气候资源的特性及开发利用和保护——对河南省气候资源工作的思考》,载《河南气象》1998年第1期。
② 参见蔡守秋主编:《新编环境资源法学》,北京师范大学出版社2009年版,第251页。

设施和气象探测环境保护条例》《气象灾害防御条例》《气象预报发布与传播管理办法》等。

(三)我国气候资源法中的保护措施

1. 气象设施和气象探测环境保护

根据《气象设施和气象探测环境保护条例》第5条的规定,国务院气象主管机构负责全国气象设施和气象探测环境的保护工作;地方各级气象主管机构在上级气象主管机构和本级政府的领导下,负责本行政区域内气象设施和气象探测环境的保护工作;设有气象台站的国务院其他有关部门和省级政府其他有关部门应当做好本部门气象设施和气象探测环境的保护工作,并接受同级气象主管机构的指导和监督管理;发展改革、国土资源、城乡规划、无线电管理、环境保护等有关部门按照职责分工,负责气象设施和气象探测环境保护的有关工作。

2. 气象探测的有关规定

根据《气象设施和气象探测环境保护条例》第15条的规定,高空气象观测站、天气雷达站、气象卫星地面站、区域气象观测站和单独设立的气象探测设施探测环境的保护,应当严格执行国家规定的保护范围和要求;具体的保护范围和要求由国务院气象主管机构公布,涉及无线电频率管理的,国务院气象主管机构应当征得国务院无线电管理部门的同意。

3. 气象预报与灾难性天气警报

《气象预报发布与传播管理办法》第8条规定,各级政府应当组织气象等有关部门建立气象灾害预警信息快速发布和传播机制;可能或已经发生重大灾害性天气时,媒体和单位应当根据气象主管机构所属的气象台的要求,及时增播、插播重要灾害性天气警报和气象灾害预警信号;灾害性天气警报和气象灾害预警信号解除时,媒体和单位应当及时更新,不得传播过时的灾害性天气警报和气象灾害预警信号。

4. 气候资源合理利用和保护的措施

新疆维吾尔自治区于2021年1月1日开始施行的《新疆维吾尔自治区气候资源保护和开发利用条例》第28条规定,县级以上政府应当根据气候资源区划、气候资源保护和开发利用规划,因地制宜选择气候资源开发利用项目,促进气候资源科学、合理利用;县级以上气象主管机构应当为气候资源开发利用项目的设计、勘察选址、建设和运行提供气象探测、评估和预报等技术指导服务。第20条规定,自治区政府应当根据气候资源区划、气候资源保护和开发利用规划、生态保护红线以及区域性气候资源特点,划定气候资源保护区域;气候资源保护区域的划分标准和技术规范,按照国家有关规定执行。

四、矿产资源法中的保护措施

（一）矿产资源的概念和特点

1. 矿产资源的概念和分类

根据我国国务院1994年颁布的《矿产资源法实施细则》的规定,矿产资源是指由地质作用形成的,具有利用价值的,呈固态、液态、气态的自然资源。按照物理性质和化学性质的不同,矿产资源可以分为能源矿产（例如煤、石油、地热）、金属矿产（例如铁、锰、铜）、非金属矿产（例如金刚石、石灰岩、黏土）以及水气矿产（例如地下水、矿泉水、二氧化碳气）等四类。值得注意的是,地下水资源具有水资源和矿产资源的双重属性,其勘查适用《矿产资源法》,其开发、利用、保护和管理适用《水法》和有关的行政法规。

2. 矿产资源的特点

矿产资源具有以下特点:一是不可再生性。矿产资源是地壳形成后经过亿万年地质年代的地质作用形成的,在人类能够预见的历史时期内无法再生。二是有限性。由于人类长期以来对矿产资源的任意开采和挥霍无度,多种矿产资源的储量急剧下降,金、汞、银、钨、铜、锡等诸多矿种的需求增长迅速,资源面临枯竭。三是分布的非均衡性。由于复杂的地质作用,矿产资源在地壳上的分布极不均匀。四是赋存状态的多样性。矿产资源大多数埋藏在地下的不同深度,地质条件复杂多样,一般必须经过勘查、开采和加工,才能为人类所利用。

（二）我国矿产资源的立法概况

目前,我国矿产资源立法主要有《矿产资源法》及其实施细则、《矿山安全法》及其实施条例、《煤炭法》《探矿权采矿权转让管理办法》《对外合作开采陆上石油资源条例》等。《宪法》《刑法》《环境保护法》等相关立法也对矿产资源的开发利用、保护及法律责任问题作出规定。此外,各地区制定了相关地方性法规和地方政府规章。

(三)我国矿产资源法的保护措施

1. 矿产资源规划制度

《矿产资源法》第 7 条规定,国家对矿产资源的勘查、开发实行统一规划、合理布局、综合勘查、合理开采和综合利用的方针。该法第 17 条规定,国家对国家规划矿区实行有计划的开采;未经国务院有关主管部门批准,任何单位和个人不得开采。

2. 探矿权、采矿权有偿取得制度

《矿产资源法》第 5 条规定,国家实行探矿权、采矿权有偿取得的制度;但是,国家对探矿权、采矿权有偿取得的费用,可以根据不同情况规定予以减缴、免缴,具体办法和实施步骤由国务院规定。另外,开采矿产资源,必须按照国家有关规定缴纳资源税和资源补偿费。

3. 矿产资源勘查管理制度

根据《矿产资源法》第 12 条的规定,国家对矿产资源勘查实行统一的区块登记管理制度。矿产资源勘查登记工作由国务院地质矿产主管部门负责;特定矿种的矿产资源勘查登记工作,可以由国务院授权有关主管部门负责。根据该法第 14 条的规定,对矿产资源勘查成果档案资料和各类矿产储量的统计资料实行统一管理,按照国务院规定汇交或者填报。

4. 矿产资源开采审批制度

《矿产资源法》第 15 条规定,设立矿山企业必须符合国家规定的资质条件,并依照法律和国家有关规定,由审批机关对其矿区范围、矿山设计或者开采方案、生产技术条件、安全措施和环境保护措施等进行审查;审查合格的,方予批准。该法第 17 条还规定,国家对国家规划矿区、对国民经济具有重要价值的矿区和国家规定实行保护性开采的特定矿种,实行有计划的开采;未经国务院有关主管部门批准,任何单位和个人不得开采。

5. 煤炭资源合理开发利用和保护制度

为了合理开发利用和保护煤炭资源,规范煤炭生产、经营活动,促进和保障煤炭行业的发展,《煤炭法》对煤炭生产开发规划与煤矿建设、煤炭生产与煤矿安全、煤炭经营、煤矿矿区保护、监督检查、法律责任等问题作了专章规定。例如,在煤炭生产开发规划方面,《煤炭法》第 15 条规定,国务院煤炭管理部门根据全国矿产资源规划规定的煤炭资源,组织编制和实施煤炭生产开发规划;省级政府煤炭管理部门根据全国矿产资源规划规定的煤炭资源,组织编制和实施本地区煤炭生产开发规划,并报国务院煤炭管理部门备案。在煤炭生产与煤炭安全方面,《煤炭法》第 22 条规定,开采煤炭资源必须符合煤矿开采规程,遵守合理的开采顺序,达到规定的煤炭资源回采率;煤炭资源回采率由国务院煤炭管理部门根据不同的资源和开采条件确定;国家鼓励煤矿企业进行复采或者开采边角残煤和极薄煤。

五、能源法中的资源节约与保护措施

(一)能源的概念、分类和特点

1. 能源的概念

有关能源的概念,学界存在以下几种不同的观点:

第一,能力说,是指一系列能够产生外部活动的能力。[1] 这个定义最为宽泛。例如,美国学者特斯特和德雷克认为,"能源即做功的能力"。[2]

第二,能量说。《大英百科全书》指出,"能源是一个包括所有燃料、流水、阳光和风的术语,人类用适当的转换手段便可让它为自己提供所需的能量"。《日本大百科全书》认为,"在各种生产活动中,我们利用热能、机械能、光能、电能等来做功,可以用来作为这些能量源泉的自然界中的各种载体就是能源"。

第三,物质和物质运动说。肖乾刚和肖国兴认为,"能源是能够提供某种形式能量的物质或物质运动"[3]。左玉辉认为,"能源是比较集中而又易转化的含

---

[1] 参见世界能源会议编:《能源术语词汇集》,能源出版社 1989 年版,第 1 页。
[2] 参见〔美〕约瑟夫·P.托梅因、理查德·D.卡达希:《美国能源法》,万少廷译,法律出版社 2008 年版,第 27 页。
[3] 肖乾刚、肖国兴编著:《能源法》,法律出版社 1996 年版,第 21 页。

能物质"①。

第四,能量说与资源说的混合。吕振勇认为,能源是能够直接取得或者通过转换产生而获取有用能量的各种资源。刘辉认为,"能源是指能够通过物理或化学过程提供能量,并为人类所控制和利用的物质资源"②。

考虑到能源本身的特点及其对人类的意义,本书赞同第四种观点,认为界定能源的概念需要将能量说和资源说相结合。能源与矿产资源的关系是,矿产资源属于自然资源,故自然资源完全包含矿产资源;能源与自然资源和矿产资源之间都是部分相交关系。能源既包括来自自然界的煤炭、石油、天然气等矿产资源,以及水能、风能、地热能等天然能量,又包括人类加工生产的能源产品,例如电力、汽油、焦炭等。

2. 能源的分类

能源可以从不同角度进行分类。按照能源的形式和再生性,可以分为可再生能源和不可再生能源;按照能源的利用情况,可以分为常规能源和新能源;按照能源的生成方式,可以分为一次能源和二次能源;按照能源的使用方式,可以分为燃料型能源和非燃料型能源。

3. 能源的特点

能源具有以下特点:一是自然性。能源是在自然界自然生成的,经过人类的开发,转化为人类需要的形式供人类使用。二是社会性。能源的社会性与人类不可分离,人类的有效利用造就了能源的社会性。三是有限性。世界上的能源存量是有限的,特别是一些不可再生能源。四是分布的非均衡性。③

(二)我国能源的立法概况

形式意义上的能源法是指能源规范借以表现的各种形态,主要是指综合性能源法律、石油法、煤炭法、电力法、原子能法、可再生能源法,以及有关具体能源

---

① 龚向前:《气候变化背景下能源法的变革》,中国民主法制出版社2008年版,第9页。
② 刘辉:《对我国〈能源法〉立法问题的思考》,载《国际石油经济》2006年第7期。
③ 参见王文革主编:《环境资源法——理论·实务·案例》,法律出版社2016年版,第384—385页。

行政法规、规章和地方法规。① 目前,我国能源立法有两类:一是专门性能源法律,包括《节约能源法》《可再生能源法》《电力法》;二是相关性能源法律,包括《矿产资源法》《水法》《环境保护法》《清洁生产促进法》《循环经济促进法》等。

(三)我国能源法中的资源节约与保护措施

1. 节约能源法

为了推动全社会节约能源,提高能源利用效率,保护和改善环境,促进经济社会全面协调可持续发展,《节约能源法》就节能管理、合理使用与节约能源、工业节能、建筑节能、交通运输节能、公共机构节能、重点用能单位节能、节能技术进步、激励措施、法律责任等问题进行了专章规定,建立了节能标准体系、强制性能耗标准等制度。例如,该法第13条规定,国务院标准化主管部门和国务院有关部门依法组织制定并适时修订有关节能的国家标准、行业标准,建立健全节能标准体系。国务院标准化主管部门会同国务院管理节能工作的部门和国务院有关部门制定强制性的用能产品、设备能源效率标准和生产过程中耗能高的产品的单位产品能耗限额标准。国家鼓励企业制定严于国家标准、行业标准的企业节能标准。省、自治区、直辖市制定严于强制性国家标准、行业标准的地方节能标准,由省、自治区、直辖市政府报经国务院批准。

2. 可再生能源法

为了促进可再生能源的开发利用,减少对不可再生的矿产资源的消耗,在保障能源安全的同时保护环境,实现经济社会的可持续发展,《可再生能源法》规定了能源资源调查与发展规划、可再生能源产业指导与技术支持、推广与应用、价格管理与费用补偿等各方面的制度和措施,以及相关经济激励与监督措施。例如,在能源资源调查与发展规划方面,《可再生能源法》第6条规定,国务院能源主管部门负责组织和协调全国可再生能源资源的调查,并会同国务院有关部门组织制定资源调查的技术规范;国务院有关部门在各自的职责范围内负责相关可再生能源资源的调查,调查结果报国务院能源主管部门汇总。

---

① 参见江伟钰、陈方林主编:《资源环境法词典》,中国法制出版社2005年版,第326页。

第四节　生态保护法

一、长江保护法

首先需要说明的是,这里的"长江保护法"仅指全国人大常委会于2020年12月26日通过,并于2021年3月1日开始施行的《长江保护法》。作为全国人大常委会制定的我国第一部流域专门法律,其立法理念、制度设计和立法工作经验对黄河等其他流域立法具有重要借鉴意义。

(一)《长江保护法》概述

长江干支流跨越19个省级行政区,[①]是我国重要的自然资源宝库和生态保护区域,其河湖、水库、湿地面积约占全国的20%,水资源总量约占全国的35%,淡水鱼类总量占全国的33%,珍稀濒危植物总量占全国的39.7%,森林覆盖率达41.3%。[②] 长江流域也是世界上人口和城镇数量最多、产业体系最为完整的流域,长江经济带所覆盖的11个省级行政区域,其人口和产值均超过全国的40%。然而近年来,随着经济的高速发展,尤其是长江经济带建设国家战略的实施,流域资源开发利用、经济发展和生态环境保护之间的利益冲突日趋尖锐。另外,全国性流域环境保护和管理立法非常薄弱,现行保护和管理制度大多分散在水事和流域法律法规中。为了加强长江流域生态环境保护和修复,促进资源合理高效利用,保障生态安全,实现人与自然和谐共生、中华民族永续发展,第十三届全国人大常委会第二十四次会议通过了《长江保护法》。

《长江保护法》是一部保护长江全流域生态系统,促进流域资源合理利用,推进长江经济带绿色发展、高质量发展的流域综合性法律,涉及流域水量、水质、水

[①] 具体包括:青海省、四川省、西藏自治区、云南省、重庆市、湖北省、湖南省、江西省、安徽省、江苏省、上海市,以及甘肃省、陕西省、河南省、贵州省、广西壮族自治区、广东省、浙江省、福建省。

[②] 参见张涛、席鹭军:《〈长江保护法〉应处理好几种关系?》,载《中国环境报》2019年8月8日第4版。

运、水能、渔业、防洪、河道、岸线、生态系统保护等多个领域和部门。《长江保护法》遵循系统论和整体观,有利于实现流域综合管理。该法共九章96条,除了总则和附则之外,还包括规划与管控、资源保护、水污染防治、生态环境修复、绿色发展、保障与监督、法律责任七章。《长江保护法》流域立法的特点和特色主要体现在以下四个方面:一是坚持生态优先、绿色发展的战略定位;二是突出共抓大保护、不搞大开发的基本要求;三是做好统筹协调、系统保护的顶层设计;四是坚持责任导向,加大处罚力度。①

(二)《长江保护法》与其他法律的关系

《长江保护法》与水事四法——《水法》《水污染防治法》《防洪法》《水土保持法》,以及《环境保护法》《森林法》《草原法》《渔业法》《野生动物保护法》《清洁生产促进法》《循环经济促进法》等法律相比,有不同的侧重领域,也有密切的衔接关系。《长江保护法》的施行不影响这些法律在长江流域的适用,《长江保护法》重在解决这些法律没有涉及或者规定较为原则化,但是影响长江流域污染防治、生态环境保护和修复的重点领域与关键问题。因此,《长江保护法》相对于这些法律而言,属于特殊法、专门法,是补充型、细化型和加强型的规定。所有这些法律相互补充、相互支撑,共同构成长江生态保护的完整的法律体系。

(三)《长江保护法》的主要内容

为了实现立法目的,《长江保护法》对流域资源合理利用和保护、水污染防治、生态环境保护和修复、产业绿色化发展、相关保障措施、法律责任等问题作了全面规定。本部分主要对该法中开创性和特色性的内容进行介评。

1. 全流域的统筹协调机制

目前长江流域面临着突出的生态环境问题,同时长江保护也存在部门分割、地区分割等体制问题。为了加强对长江流域的生态环境治理和综合管理,实施规划和政策的统筹协调,《长江保护法》在维持流域管理与区域管理相结合的管

---

① 参见刘诗平:《长江保护法实施在即!官方回应7大关注》,http://www.gov.cn/xinwen/2021-02/24/content_5588546.htm,2021年6月6日访问。

理体制的基础上,①设立了长江流域协调机制。根据该法第 4 条的规定,长江流域协调机制的任务是统一指导、统筹协调长江保护工作,审议长江保护重大政策、重大规划,协调跨地区跨部门重大事项,督促检查长江保护重要工作的落实情况。第 5 条规定,国务院有关部门和长江流域省级政府负责落实国家长江流域协调机制的决策,按照职责分工负责长江保护相关工作。此外,为了发挥专家的作用,依法科学治江,该法第 12 条规定,国家长江流域协调机制设立专家咨询委员会,组织专业机构和人员对长江流域重大发展战略、政策、规划等开展科学技术等专业咨询。

2. 生态保护宏观规划与管控制度

(1) 规划体系

为了充分发挥规划对推进长江流域生态保护和绿色发展的引领、指导和约束作用,《长江保护法》第 17 条建立了以国家发展规划为统领,以空间规划为基础,以专项规划、区域规划为支撑的长江流域规划体系。根据第 18—19 条的规定,"国家发展规划"是指国务院制订的国民经济和社会发展规划中的长江保护篇章,以及国务院发展改革部门会同国务院有关部门编制的长江流域发展规划;"空间规划"是指国务院自然资源主管部门会同国务院有关部门组织编制的长江流域国土空间规划,其任务是科学有序统筹安排长江流域生态、农业、城镇等功能空间,划定生态保护红线、永久基本农田、城镇开发边界,优化国土空间结构和布局,统领长江流域国土空间利用;"专项规划"是指依照有关法律、行政法规的规定编制的长江流域水资源规划、生态环境保护规划等。

(2) 国土空间用途管制

根据《长江保护法》第 20 条的规定,国家对长江流域国土空间实施用途管制;长江流域县级以上地方政府自然资源主管部门依照国土空间规划,对所辖长江流域国土空间实施分区、分类用途管制。

---

① 参见何艳梅:《〈长江保护法〉关于流域管理体制立法的思考》,载《环境污染与防治》2020 年第 8 期。

(3) 生态环境分区管控方案和生态环境准入清单

根据《长江保护法》第 22 条的规定,长江流域省级政府根据本行政区域的生态环境和资源利用状况,制订与国土空间规划相衔接的生态环境分区管控方案和生态环境准入清单,报国务院生态环境主管部门备案后实施。长江流域产业结构和布局应当与长江流域生态系统和资源环境承载能力相适应;禁止在长江流域重点生态功能区布局对生态系统有严重影响的产业;禁止重污染企业和项目向长江中上游转移。

(4) 水能资源开发利用的管理

水能资源的不当开发利用会对流域生态环境带来不利影响。《长江保护法》第 23 条规定,国家加强对长江流域水能资源开发利用的管理。因为国家发展战略和国计民生的需要,在长江流域新建大中型水电工程,应当经过科学论证,并报国务院或者国务院授权的部门批准;对长江流域已建小水电工程,不符合生态保护要求的,县级以上地方政府应当组织分类整改或者采取措施逐步退出。

(5) 河湖岸线的特殊管制

根据《长江保护法》第 26 条第 1 款的规定,国家对长江流域河湖岸线实施特殊管制。"特殊"管制的具体措施包括:一是由国家长江流域协调机制统筹协调国务院自然资源、水行政、生态环境等职能部门和长江流域省级政府划定河湖岸线保护范围,制订河湖岸线保护规划,严格控制岸线开发建设;二是禁止在长江干支流岸线一公里范围内新建、扩建化工园区和化工项目;三是禁止在长江干流岸线三公里范围内和重要支流岸线一公里范围内新建、改建、扩建尾矿库,但是以提升安全、生态环境保护水平为目的的改建除外。

(6) 水生生物重要栖息地禁航和限航

为了保护流域水生生物,需要加强对其重要栖息地的保护,包括禁航和限航,以减少对水生生物的干扰。《长江保护法》第 27 条规定,国务院交通运输主管部门会同国务院自然资源、水行政、生态环境等主管部门,在长江流域水生生物重要栖息地科学划定禁止航行区域和限制航行区域。因为国家发展战略和国计民生的需要,在水生生物重要栖息地禁止航行区域内航行的,应当由国务院交通运输主管部门商国务院农业农村主管部门同意,并应当采取必要措施,减少对重要水生生物的干扰。另外,严格限制在长江流域生态保护红线、自然保护地、水生生物重要栖息地水域实施航道整治工程;确需整治的,应当经科学论证,并依法办理相关手续。

(7) 划定禁止采砂区和禁止采砂期

过量采砂首先对水生态系统造成了严重破坏,对长江生物多样性特别是底栖生物带来了很大影响,其次改变了自然的水文特征,使得水流冲刷加剧,甚至引起堤岸坍塌,影响行洪安全等。为了管控采砂活动,《长江保护法》第28条在建立长江流域河道采砂规划和许可制度的同时,要求国务院水行政主管部门有关流域管理机构和长江流域县级以上地方政府依法划定禁止采砂区和禁止采砂期,严格控制采砂区域、采砂总量和采砂区域内的采砂船舶数量。

3. 资源保护制度

(1) 生态流量保障

水流量是维持河湖生态系统的保障。一段时期以来,长江流域一些地方人与自然争水,生态流量难以保障,出现了河湖生态系统萎缩、生境退化等问题。《长江保护法》在我国现行法律中首次建立了生态流量保障制度,提升了河湖生态系统的质量和稳定性。该法第29条原则性地规定,长江流域水资源保护与利用,应当根据流域综合规划,优先满足城乡居民生活用水,保障基本生态用水,并统筹农业、工业用水以及航运等需要。为了切实保障生态流量,《长江保护法》第31条对有关政府及其主管部门、相关工程的建设者规定了具体措施和要求。首先,提出了生态流量管控指标;①其次,将生态水量纳入年度水量调度计划;②最后,将生态用水调度纳入工程日常运行调度规程。③《长江保护法》第84条还对

---

① 《长江保护法》第31条第1款规定,国务院水行政主管部门会同国务院有关部门提出长江干流、重要支流和重要湖泊控制断面的生态流量管控指标,其他河湖生态流量管控指标由长江流域县级以上地方政府水行政主管部门会同本级人民政府有关部门确定。

② 《长江保护法》第31条第2款规定,国务院水行政主管部门有关流域管理机构将生态水量纳入年度水量调度计划,保证河湖基本生态用水需求,保障枯水期和鱼类产卵期生态流量、重要湖泊的水量和水位,保障长江河口咸淡水平衡。

③ 《长江保护法》第31条第3款规定,长江干流、重要支流和重要湖泊上游的水利水电、航运枢纽等工程应当将生态用水调度纳入日常运行调度规程,建立常规生态调度机制,保证河湖生态流量;其下泄流量不符合生态流量泄放要求的,由县级以上政府水行政主管部门提出整改措施并监督实施。

水利水电、航运枢纽等工程未将生态用水调度纳入日常运行调度规程的行为规定了行政处罚措施。这些条款都为生态流量管理提供了法律依据。目前,长江流域已经编制完成了 20 条重点河湖生态流量保障实施方案。①

(2) 自然地域的保护

《长江保护法》特别规定了对一些自然地域的保护措施,包括以下方面:

一是自然保护地体系建设。《长江保护法》第 39 条规定,国家统筹长江流域自然保护地体系建设;国务院和长江流域省级政府在长江流域重要典型生态系统的完整分布区、生态环境敏感区以及珍贵野生动植物天然集中分布区和重要栖息地、重要自然遗迹分布区等区域,依法设立国家公园、自然保护区、自然公园等自然保护地。

二是湿地的保护和管理。《长江保护法》第 40 条第 3 款规定,国务院林业和草原主管部门和长江流域省级政府林业和草原主管部门会同本级政府有关部门,根据不同生态区位、生态系统功能和生物多样性保护的需要,发布长江流域国家重要湿地、地方重要湿地名录及保护范围,加强对长江流域湿地的保护和管理,维护湿地生态功能和生物多样性。

(3) 生物资源的保护

为了保护生物资源和相关生态系统,《长江保护法》特别规定了一些具体制度和措施,包括以下方面:

一是公益林和天然林的保护。第 40 条第 1 款规定,国务院和长江流域省级政府应当依法在长江流域重要生态区、生态状况脆弱区划定公益林,实施严格管理;国家对长江流域天然林实施严格保护,科学划定天然林保护重点区域。

二是水生生物完整性指数评价体系。第 41 条规定,国务院农业农村主管部门会同国务院有关部门和长江流域省级政府建立长江流域水生生物完整性指数评价体系,组织开展长江流域水生生物完整性评价,并将结果作为评估长江流域生态系统总体状况的重要依据;长江流域水生生物完整性指数应当与长江流域水环境质量标准相衔接。

---

① 参见刘诗平:《长江保护法实施在即!官方回应 7 大关注》,http://www.gov.cn/xinwen/2021-02/24/ content_5588546.htm,2021 年 6 月 6 日访问。

三是珍贵、濒危水生野生动植物的重点保护。根据《长江保护法》第42条的规定,这些"重点保护"措施包括:第一,国务院农业农村主管部门和长江流域县级以上地方政府应当制订长江流域珍贵、濒危水生野生动植物保护计划,对长江流域珍贵、濒危水生野生动植物实行重点保护;第二,国家鼓励有条件的单位开展对长江流域江豚、白鱀豚、白鲟、中华鲟、长江鲟和葛仙米、弧形藻、眼子菜、水菜花等水生野生动植物生境特征和种群动态的研究,建设人工繁育和科普教育基地,组织开展水生生物救护;第三,禁止在长江流域开放水域养殖、投放外来物种或者其他非本地物种种质资源。

4. 水污染防治制度

(1) 水环境质量标准

作为稳定和提升水质的基本标准,水环境质量标准是流域立法的核心内容之一。《长江保护法》第44条规定,国务院生态环境主管部门负责制定长江流域水环境质量标准,对国家水环境质量标准中未作规定的项目可以补充规定,对国家水环境质量标准中已经规定的项目可以作出更加严格的规定;长江流域省级政府可以制定严于长江流域水环境质量标准的地方水环境质量标准,报国务院生态环境主管部门备案。

(2) 地方水污染物排放标准

为了完成水质目标,跨省流域立法需要以河湖流域为单位建立水污染物排放标准,包括国家标准和地方标准。一方面,《长江保护法》强调了地方水污染物排放标准对国家水污染物排放标准的补充关系。该法第45条第1款规定,长江流域省级政府应当对没有国家水污染物排放标准的特色产业、特有污染物,或者国家有明确要求的特定水污染源或者水污染物,补充制定地方水污染物排放标准,报国务院生态环境主管部门备案。另一方面,根据《长江保护法》第45条第2款的规定,有下列三种情形之一的,长江流域省级政府应当制定严于国家水污染物排放标准的地方水污染物排放标准,报国务院生态环境主管部门备案:产业密集、水环境问题突出的;现有水污染物排放标准不能满足所辖长江流域水环境质量要求的;流域或者区域水环境形势复杂,无法适用统一的水污染物排放标准的。

（3）总磷污染控制

磷矿、磷肥、磷化工和相关尾矿污染是长江流域的突出问题，因此，对总磷这类特定污染物的排放实施总量控制是对流域污染实现源头治理的基础性生态保护制度。根据《长江保护法》第46条的规定，总磷污染控制的具体措施包括政府管控和企业管控两类。首先，长江流域省级政府制订本行政区域的总磷污染控制方案，并组织实施；对磷矿、磷肥生产集中的长江干支流，有关省级政府应当制定更加严格的总磷排放管控要求，有效控制总磷排放总量。其次，磷矿开采加工、磷肥和含磷农药制造等企业，应当按照排污许可要求，采取有效措施控制总磷排放浓度和排放总量；对排污口和周边环境进行总磷监测，依法公开监测信息。

5. 生态环境修复制度

（1）修复原则与修复规划

为了加强对流域生态环境修复工作的政策指导和宏观调控，《长江保护法》要求对流域生态环境进行系统治理，编制和实施修复规划。该法第52条规定，国家对长江流域生态系统实行自然恢复为主、自然恢复与人工修复相结合的系统治理；国务院自然资源主管部门会同国务院有关部门编制长江流域生态环境修复规划，组织实施重大生态环境修复工程，统筹推进长江流域各项生态环境修复工作。

（2）自然地域的生态修复

《长江保护法》对一些特定的自然地域特别规定了相应的生态修复制度和措施，主要包括以下方面：

第一，长江干流和重要支流的河湖水系连通修复。为了逐步改善长江流域河湖连通状况，恢复河湖生态流量，维护河湖水系生态功能，《长江保护法》第54条规定，国务院水行政主管部门会同国务院有关部门制定并组织实施长江干流和重要支流的河湖水系连通修复方案，长江流域省级政府制定并组织实施本行政区域的长江流域河湖水系连通修复方案。

第二，河湖岸线修复。为了保障自然岸线的比例，恢复河湖岸线的生态功能，《长江保护法》第55条规定，国家长江流域协调机制统筹协调国务院自然资源、水行政、生态环境等部门和长江流域省级政府制定长江流域河湖岸线修复规范,确定岸线修复指标;长江流域县级以上地方政府按照长江流域河湖岸线保护规划、修复规范和指标要求,制订并组织实施河湖岸线修复计划。

第三,湿地修复。为了科学推进湿地修复工作,加大受损湿地修复力度,《长江保护法》第57条规定,长江流域县级以上地方政府林业主管部门负责组织实施长江流域湿地修复计划。

第四,湖泊生态环境修复。根据《长江保护法》第58条的规定,主要针对以下三类湖泊开展和加强生态环境修复:一是对于太湖、鄱阳湖、洞庭湖、巢湖、滇池等重点湖泊,国家加大实施生态环境修复的支持力度;二是对于营养化湖泊,长江流域县级以上地方政府应当组织开展生态环境修复,采取调整产业布局规模、实施控制性水工程统一调度、生态补水、河湖连通等综合措施,改善和恢复湖泊生态系统的质量和功能;三是对于氮磷浓度严重超标的湖泊,应当在影响湖泊水质的汇水区,采取措施削减化肥用量,禁止使用含磷洗涤剂,全面清理投饵、投肥养殖。

第五,长江河口生态环境修复。为了维护长江河口的良好生态功能,《长江保护法》第60条规定,国务院水行政主管部门会同国务院有关部门和长江河口所在地政府按照陆海统筹、河海联动的要求,制订实施长江河口生态环境修复和其他保护措施方案,加强对水、沙、盐、潮滩、生物种群的综合监测,采取有效措施防止海水入侵和倒灌。

(3) 生物资源的修复

《长江保护法》特别规定了生物资源的修复制度和措施,主要包括以下方面:

第一,渔业资源的修复——划定禁渔区和禁渔期。《长江保护法》第53条规定,国家对长江流域重点水域实行严格捕捞管理;在长江流域水生生物保护区全面禁止生产性捕捞;在国家规定的期限内,长江干流和重要支流、大型通江湖泊、长江河口规定区域等重点水域全面禁止天然渔业资源的生产性捕捞,具体办法由国务院农业农村主管部门会同国务院有关部门制定;长江流域其他水域禁捕、限捕管理办法由县级以上地方政府制定。这一重要条文的入法,也为2021年1月1日开始实施的长江十年禁渔计划提供了坚实的法律保障。

第二,森林、草原修复。为了科学推进森林、草原修复工作,加大退化天然林、草原的修复力度,《长江保护法》第57条规定,长江流域县级以上地方政府林业和草原主管部门负责组织实施长江流域森林、草原修复计划。

第三,野生动植物及其栖息地的修复。根据《长江保护法》第59条的规定,政府和相关工程的建设者在野生动植物及其栖息地的修复方面应当采取以下措施:第一,国务院林业和草原、农业农村主管部门对长江流域数量急剧下降或者极度濒危的野生动植物和受到严重破坏的栖息地、天然集中分布区、破碎化的典型生态系统制订修复方案和行动计划,修建迁地保护设施,建立野生动植物遗传资源基因库,进行抢救性修复;第二,在长江流域水生生物产卵场、索饵场、越冬场和洄游通道等重要栖息地实施生态环境修复和其他保护措施;第三,对鱼类等水生生物洄游产生阻隔的涉水工程结合实际采取建设过鱼设施、河湖连通、生态调度、灌江纳苗、基因保存、增殖放流、人工繁育等多种措施,充分满足水生生物的生态需求。

(4) 人文生态环境的修复

《长江保护法》特别规定了重点库区消落区、历史遗留矿山等人文生态环境的修复措施。为了加强库区水土保持和地质灾害防治工作,保障消落区良好生态功能,该法第56条规定,国务院有关部门会同长江流域有关省级政府加强对三峡库区、丹江口库区等重点库区消落区的生态环境保护和修复,因地制宜实施退耕还林还草还湿,禁止施用化肥、农药,科学调控水库水位。对于历史遗留矿山,《长江保护法》第62条规定,长江流域县级以上地方政府应当因地制宜采取消除地质灾害隐患、土地复垦、恢复植被、防治污染等措施,加快历史遗留矿山生态环境修复工作,并加强对在建和运行中矿山的监督管理,督促采矿权人切实履行矿山污染防治和生态环境修复责任。

(5) 水土保持

根据《长江保护法》第61条的规定,有关地方政府应当采取以下水土保持措施:第一,长江流域水土流失重点预防区和重点治理区的县级以上地方政府应当采取措施,防治水土流失。生态保护红线范围内的水土流失地块,以自然恢复为主,按照规定有计划地实施退耕还林还草还湿;划入自然保护地核心保护区的永久基本农田,依法有序退出并予以补划。第二,禁止在长江流域水土流失严重、生态脆弱的区域开展可能造成水土流失的生产建设活动;确因国家发展战略和国计民生需要建设的,应当经科学论证,并依法办理审批手续。第三,长江流域县级以上地方政府应当对石漠化的土地因地制宜采取综合治理措施,修复生态系统,防止土地石漠化蔓延。

6. 绿色发展促进政策和机制

为了推进长江流域绿色发展,《长江保护法》第64条一般性地规定,国务院有关部门和长江流域地方各级政府应当按照长江流域发展规划、国土空间规划的要求,调整产业结构,优化产业布局。该法第64—74条详细规定了各级政府及其职能部门推动和促进绿色发展的措施和要求,具体包括以下方面:建立健全全民覆盖、普惠共享、城乡一体的基本公共服务体系;推动钢铁、石油、化工等产业升级改造;推动造纸、制革、电镀等企业实施清洁化改造;加快重点地区危险化学品生产企业搬迁改造;建立开发区绿色发展评估机制;实施重点行业和重点用水单位节水技术改造;加强节水型城市和节水型园区建设;建设美丽城镇和美丽乡村;组织实施厕所改造;加强对城市新区、各类开发区等使用建筑材料的管理;建设废弃土石渣综合利用信息平台;编制并组织实施养殖水域滩涂规划;强化水产养殖投入品管理;加强长江流域综合立体交通体系建设;统筹建设船舶污染物接收转运处置设施、船舶液化天然气加注站,制订港口岸电设施、船舶受电设施建设和改造计划,并组织实施;对长江流域港口、航道和船舶升级改造,液化天然气动力船舶等清洁能源或者新能源动力船舶建造,港口绿色设计等按照规定给予资金支持或者政策扶持;对长江流域港口岸电设施、船舶受电设施的改造和使用按照规定给予资金补贴、电价优惠等政策扶持;支持、引导居民绿色消费。

二、自然保护区法

(一)自然保护区法概述

自然保护区是一种就地保护,就是通过划分各种层级的保护区域以及风景名胜区,对有价值的自然生态系统和野生生物及其生存环境予以保护,以保持生态系统内生物的繁衍进化,维持系统内的物质能量流动和生态过程。

1987年,国务院环境保护委员会发布的《中国自然保护纲要》首次对自然保护的概念作出了定义,自然保护即保护人类生活其中的自然环境和自然资源,使之免遭破坏。自然保护的目的是为了给当代和后代人建立最适合的生活、工作和生产条件,以保证经济的持续发展和社会的繁荣进步。当时的自然保护涵盖自然环境和自然资源的保护。2014年修订的《环境保护法》将自然保护的范围扩大到生态系统,称作"生态保护"。

我国自然保护区的设立始于20世纪50年代,当时虽然没有生态保护的概念,但是对重点区域的自然环境进行保护的理念已经开始付诸实践。1994年,国务院制定了《自然保护区条例》,并于2017年进行修订。根据该条例第2条的规定,自然保护区是指对有代表性的自然生态系统、珍稀濒危野生动植物物种的天然集中分布区、有特殊意义的自然遗迹等保护对象所在的陆地、陆地水体或者海域,依法划出一定面积予以特殊保护和管理的区域。进入21世纪,在自然保护概念不断完善的基础上,国务院发布《全国主体功能区规划》,要求对特定自然区域和物种进行划区保护。

(二)自然保护区法的主要内容

1. 自然保护区的建立条件

根据《自然保护区条例》第10条的规定,应当建立自然保护区的条件有:第一,典型的自然地理区域、有代表性的自然生态系统区域、已经遭受破坏但是经过保护能够恢复的同类自然生态系统区域;第二,珍稀、濒危野生动植物物种的天然集中分布区域;第三,具有特殊保护价值的海域、海岸、岛屿、湿地、内陆水域、森林、草原和荒漠;第四,具有重大科学文化价值的地质构造、著名溶洞、化石分布区、冰川、火山、温泉等自然遗迹;第五,经过国务院或者省级政府批准,需要予以特殊保护的其他自然区域。满足上述条件之一的,应当建立自然保护区对其生态区域进行保护。

2. 自然保护区的管理体制

根据《自然保护区条例》第8条的规定,我国对自然保护区实行综合管理和分部门管理相结合的管理体制。国务院环境保护行政主管部门负责全国自然保护区的综合管理;国务院林业、农业、地质矿产、水利、海洋等有关行政主管部门在各自的职责范围内,主管有关自然保护区;县级以上地方政府负责自然保护区管理的部门设置及相应职责,由省级政府根据当地具体情况确定。

3. 自然保护区的等级和类别

自然保护区分为国家级、省(自治区、直辖市)级、市(自治州)级和县(自治县、旗、县级市)级四级。后三种属于地方级自然保护区。根据《自然保护区条例》第11条的规定,国家级自然保护区是在国内外有典型意义、在科学上有重大国际影响或者有特殊科学研究价值的自然保护区,由其所在地的省级政府有关自然保护区行政主管部门或者国务院有关自然保护区行政主管部门管理。地方级自然保护区是除了列为国家级自然保护区以外,其他具有典型意义或者重要科学研究价值的自然保护区,由其所在地的县级以上政府有关自然保护区的行政主管部门管理。此外,自然保护区所在地的公安机关可以根据需要在自然保护区设置公安派出机构,维护自然保护区内的治安秩序。

我国《自然保护区类型与级别划分原则》规定,根据保护的自然资源的特点和保护对象的性质,自然保护区可以划分为生态系统、野生生物和自然遗迹三大类别九种类型。

4. 自然保护区的分区管理

根据《自然保护区条例》第18条及其他法规的规定,我国对自然保护区实行分区管理制度,自然保护区按照其功能划分为核心区、缓冲区和实验区,对未划分功能的自然保护区比照核心区和缓冲区的规定进行管理。其中,核心区是最具有保护价值或者在生态进化中起到关键作用的保护地区,所占面积不得低于该自然保护区总面积的1/3;实验区所占面积不得超过总面积的1/3。三种功能区的划分不应人为隔断自然生态的连续性,可尽量利用山脊、河流、道路等地形地物作为区划界限。划分为核心区的区域,应当是有保存完好的天然状态的生态系统以及珍惜、濒危野生动植物的集中分布地。在核心区采取最为严格的保护和管理措施,除因科学研究需要并依法经批准之外,任何单位和个人不得进入。在核心区外围,可划定一定面积的缓冲区,只准进入从事科学研究和观测活动,禁止开展旅游和生产经营活动。缓冲区的外围是实验区,实验区可以进入从事科学试验、教学实习、参观考察、旅游以及驯化、繁殖珍稀、濒危野生动植物等活动,但是与自然保护区保护方向不一致的参观旅游项目除外。批准建立自然保护区的政府认为有必要时,在实验区的外围还可划定外围保护地带,当地居民可以照常生产生活,但是不得从事危害自然保护区功能的活动。

三、湿地保护法

(一)湿地保护法概述

在我国,湿地是指具有显著生态功能的自然或者人工的、常年或者季节性积水地带、水域,包括低潮时水深不超过六米的海域,但是水田以及用于养殖的人工的水域和滩涂除外。广义的湿地还包括重点保护野生植物原生地等人工湿地。自然湿地与森林、海洋并列为全球三大生态系统,不仅保护繁衍珍稀野生动植物,维持生物多样性,还可以蓄水滞洪、调节气候、净化水质、保持水土,具有不可替代的生态功能,因此被誉为"地球之肾"。然而由于气候变暖、过度放牧、工农业污染等自然和人为原因,我国自然湿地面积萎缩严重,造成湿地蓄水量减少,生态恶化,动物栖息地丧失,鱼鸟种群等生物多样性减少,人工营造大面积景观水域对流域生态构成破坏。因此,需要通过立法对湿地进行保护和生态修复。

1971年2月2日,来自18个国家的代表在伊朗的拉姆萨尔共同签署了《关于特别是作为水禽栖息地的国际重要湿地公约》(以下简称《国际湿地公约》),我国于1992年加入该公约。为了加强湿地保护管理,履行《国际湿地公约》,根据法律法规和国务院有关规定,原国家林业局于2013年制定了《湿地保护管理规定》,并于2017年修改,对湿地的管理体制、建设和管理措施、法律责任等问题作了系统规定。

2021年12月24日,第十三届全国人民代表大会常务委员会第三十二次会议通过了《中华人民共和国湿地保护法》(以下简称《湿地保护法》),该法自2022年6月1日起施行。首部专门保护湿地的法律出台,标志着我国湿地保护走向法制化。《湿地保护法》第3条规定,湿地保护应当坚持保护优先、严格管理、系统治理、科学修复、合理利用的原则,发挥湿地涵养水源、调节气候、改善环境、维护生物多样性等多种生态功能。第4条第2款规定,县级以上地方人民政府对本行政区域内的湿地保护负责,采取措施保持湿地面积稳定,提升湿地生态功能。第 5 条规定,国务院林业草原主管部门负责湿地资源的监督管理,负责湿地保护规划和相关国家标准拟定、湿地开发利用的监督管理、湿地生态保护修复工作。国务院自然资源、水行政、住房城乡建设、生态环境、农业农村等其他有关部门,按照职责分工承担湿地保护、修复、管理有关工作。

另外,早在《湿地保护法》出台之前,各地方政府根据本地区湿地保护的需要,已陆续出台地方性湿地保护条例和规定。截至 2021 年年底,已有 28 个省(自治区、直辖市)出台了湿地保护的地方性法规和规章,建立了一系列湿地保护制度措施。

(二)湿地保护的主要制度

1. 湿地保护规划

《湿地保护法》规定有关部门负责编制湿地保护综合规划,该规划应当明确湿地保护的目标任务、总体布局、保护修复重点和保障措施等内容。该法第 15 条第 1、2 款规定:"国务院林业草原主管部门应当会同国务院有关部门,依据国民经济和社会发展规划、国土空间规划和生态环境保护规划编制全国湿地保护规划,报国务院或者其授权的部门批准后组织实施。县级以上地方人民政府林业草原主管部门应当会同有关部门,依据本级国土空间规划和上一级湿地保护规划编制本行政区域内的湿地保护规划,报同级人民政府批准后组织实施。"

2. 湿地资源调查、监测和评估

湿地资源调查、监测和评估是制订湿地保护规划以及开展其他湿地保护工作的基础和依据。《湿地保护法》第 12 条规定,国家建立湿地资源调查评价制度。国务院自然资源主管部门应当会同国务院林业草原等有关部门定期开展全国湿地资源调查评价工作,对湿地类型、分布、面积、生物多样性、保护与利用情况等进行调查,建立统一的信息发布和共享机制。第 22 条规定,国务院林业草原主管部门应当按照监测技术规范开展国家重要湿地动态监测,及时掌握湿地分布、面积、水量、生物多样性、受威胁状况等变化信息。国务院林业草原主管部门应当依据监测数据,对国家重要湿地生态状况进行评估,并按照规定发布预警信息。省、自治区、直辖市人民政府林业草原主管部门应当按照监测技术规范开展省级重要湿地动态监测、评估和预警工作。县级以上地方人民政府林业草原主管部门应当加强对一般湿地的动态监测。

3. 湿地分级分类管理

《湿地保护法》第14条规定,国家对湿地实行分级管理,按照生态区位、面积以及维护生态功能、生物多样性的重要程度,将湿地分为重要湿地和一般湿地。重要湿地包括国家重要湿地和省级重要湿地,重要湿地以外的湿地为一般湿地。重要湿地依法划入生态保护红线。国务院林业草原主管部门会同国务院自然资源、水行政、住房城乡建设、生态环境、农业农村等有关部门发布国家重要湿地名录及范围,并设立保护标志。国际重要湿地应当列入国家重要湿地名录。省、自治区、直辖市人民政府或者其授权的部门负责发布省级重要湿地名录及范围,并向国务院林业草原主管部门备案。一般湿地的名录及范围由县级以上地方人民政府或者其授权的部门发布。

4. 国际重要湿地及其特别保护

"国际重要湿地"是指符合《国际湿地公约》框架下的国际重要湿地标准的,经申请指定为国际重要湿地,予以特别保护。《湿地保护法》第14条第2款规定,国际重要湿地应当列入国家重要湿地名录。根据《湿地保护管理规定》第15条的规定,列入国际重要湿地的程序如下:申请指定国际重要湿地的,首先由国务院有关部门或者湿地所在地省级政府林业主管部门向国家林业局提出;其次,国家林业局组织论证、审核,对符合国际重要湿地条件的,在征得湿地所在地省级政府和国务院有关部门同意后,报《国际湿地公约》秘书处核准列入《国际重要湿地名录》。

为了加强对国际重要湿地的保护,《湿地保护管理规定》建立了国际重要湿地的生态修复制度,包括因自然原因造成生态退化的补救制度、因人类活动造成生态退化甚至消失的限期恢复制度。其中,第18条第1款规定,因气候变化、自然灾害等造成国际重要湿地生态特征退化的,省级政府林业主管部门应当会同同级政府有关部门进行调查,指导国际重要湿地保护管理机构制订实施补救方案,并向同级政府和国家林业局报告。第2款规定,因工程建设等造成国际重要湿地生态特征退化甚至消失的,省级政府林业主管部门应当会同同级政府有关部门督促、指导项目建设单位限期恢复,并向同级政府和国家林业局报告;对逾期不予恢复或者确实无法恢复的,由国家林业局会商所在地省级政府和国务院有关部门后,按照有关规定处理。

5. 禁止在湿地开展活动的清单

《湿地保护法》第 28 条规定:"禁止下列破坏湿地及其生态功能的行为:(一)开(围)垦、排干自然湿地,永久性截断自然湿地水源;(二)擅自填埋自然湿地,擅自采砂、采矿、取土;(三)排放不符合水污染物排放标准的工业废水、生活污水及其他污染湿地的废水、污水,倾倒、堆放、丢弃、遗撒固体废物;(四)过度放牧或者滥采野生植物,过度捕捞或者灭绝式捕捞,过度施肥、投药、投放饵料等污染湿地的种植养殖行为;(五)其他破坏湿地及其生态功能的行为。"

四、野生动植物保护法

(一)野生动植物的概念、分类和状况

1. 野生动植物的概念

野生动物是指在自然状态下生长且未被驯化的动物。根据我国《野生动物保护法》第 2 条第 2 款的规定,受法律保护的野生动物是指"珍贵、濒危的陆生、水生野生动物和有重要生态、科学、社会价值的陆生野生动物"。野生植物是指在自然状态下生长且无法证明为人工栽培的植物。根据我国《野生植物保护条例》第 2 条第 2 款的规定,受法律保护的野生植物是指"原生地天然生长的珍贵植物和原生地天然生长并具有重要经济、科学研究、文化价值的濒危、稀有植物"。野生动植物既是重要的物种和环境因素,又是人类不可缺少的自然资源。

2. 我国野生动植物的分类

野生动物按其受保护程度,可以分为国家重点保护野生动物(分为一级和二级)、地方重点保护野生动物和非重点保护野生动物。野生植物按其品种可以分为藻类、菌类、地衣、苔藓、蕨类和种子植物,按其受保护程度的不同,可以分为国家重点保护野生植物(分为一级和二级)和地方重点保护野生植物(分为一级和二级)。

3. 我国野生动植物的状况

我国幅员辽阔,自然环境复杂,拥有从寒带、温带至热带的各种森林、荒漠、湿地、草原和海洋生态系统,孕育着丰富的野生动物资源。我国野生植物种类丰富且特有性较高,但是流失情况严重,生境退化、分布区域萎缩、物种濒危程度加剧,有些植物面临着减少或灭绝的危险。①

(二)我国野生动植物保护立法的概况

目前,我国野生动植物保护法律法规主要有《野生动物保护法》《野生植物保护条例》《濒危野生动植物进出口管理条例》等,还有一系列相关部门规章。其中《濒危野生动植物进出口管理条例》是我国为了加强对濒危野生动植物及其产品的进出口管理,保护和合理利用野生动植物资源,履行《濒危野生动植物种国际贸易公约》的义务而制定的。

(三)我国野生动植物保护法的主要内容

根据上述法律法规的规定,我国野生动植物法的主要内容如下:

1. 国家所有制度

《野生动物保护法》第3条规定,野生动物资源属于国家所有;国家保障依法从事野生动物科学研究、人工繁育等保护及相关活动的组织和个人的合法权益。《野生植物保护条例》未对野生植物资源的所有权问题进行规定。

2. 控制捕猎措施

《野生动物保护法》第20条规定,在相关自然保护区域和禁猎(渔)区、禁猎(渔)期内,禁止猎捕以及其他妨碍野生动物生息繁衍的活动,但是法律法规另有规定的除外;野生动物迁徙洄游期间,在前款规定区域外的迁徙洄游通道内,禁止猎捕并严格限制其他妨碍野生动物生息繁衍的活动;迁徙洄游通道的范围以及妨碍野生动物生息繁衍活动的内容,由县级以上政府或者其野生动物保护主管部门规定并公布。

3. 保护遗传资源的规定

《野生动物保护法》第17条规定,国家加强对野生动物遗传资源的保护,对濒危野生动物实施抢救性保护;国务院野生动物保护主管部门应当会同国务院

---

① 参见王文革主编:《自然资源法——理论·实务·案例》,法律出版社2016年版,第312—315页。

有关部门制订有关野生动物遗传资源保护和利用规划,建立国家野生动物遗传资源基因库,对原产我国的珍贵、濒危野生动物遗传资源实行重点保护。

4. 保护生长环境的规定

《野生植物保护条例》第12条规定,野生植物行政主管部门及其他有关部门应当监视、监测环境对国家和地方重点保护野生植物生长的影响,并采取措施,维护和改善国家和地方重点保护野生植物的生长条件。由于环境影响对国家和地方重点保护野生植物的生长造成危害时,野生植物行政主管部门应当会同其他有关部门调查并依法处理。

5. 进出口限制的规定

《濒危野生动植物进出口管理条例》第6条规定,禁止进口或者出口《濒危野生动植物种国际贸易公约》禁止以商业贸易为目的进出口的濒危野生动植物及其产品,因科学研究、驯养繁殖、人工培育、文化交流等特殊情况,需要进口或者出口的,应当经国务院野生动植物主管部门批准;禁止出口未定名的或者新发现并有重要价值的野生动植物及其产品,以及国务院或者国务院野生动植物主管部门禁止出口的濒危野生动植物及其产品。

案例分析
全某等6人非法收购、运输、出售珍贵、濒危野生动物案

一、案情介绍

全某某、周某某是夫妻,均为湖南省衡阳市衡南县茅市镇人。2009年左右,两人到广州市从化区谋生,周某某主要以开出租车为业,经常出入从化区太平镇三鸟市场。2017年1月以来,全某某、周某某夫妻认为贩卖穿山甲利润大,遂进行收购和贩卖。全某某负责联系上线和下线。因周某某吸毒,收钱主要由全某某负责,周某某主要负责接送穿山甲。华某某是湖南省衡阳市衡南县人。全某某、周某某有时请华某某送穿山甲给下线,偶尔让其代为收钱。2017年1月至2018年3月间,全某某、周某某先后多次向苏某某(已判刑)等非法收购穿山甲

35只,其中29只完成交易。2017年12月29日3时许,唐某与黄某(均另案处理)为苏某某非法运输穿山甲至广州市从化区,在与另一个收购人交易时被抓获,现场查获唐某、黄某非法运输活体穿山甲27只,其中6只为全某某、周某某从苏某某处所预定;另出售给李某某6只、林某某4只穿山甲,以及罗某、刘某(均另案处理)等人,共31只穿山甲,违法所得人民币190980元。全某某负责联系货源、收付货款,周某某负责接送货。华某某2017年10月至2018年3月帮全某某、周某某非法运输9次共9只穿山甲,得运费3700余元;李某某将从全某某、周某某处购得的穿山甲出售给陈某某4只,出售给黄某(与前述黄某同姓)、秦某(均另案处理)各1只,共6只,违法所得人民币46047元。

2019年5月27日,湖南省石门县人民检察院以石环刑诉〔2019〕6号起诉书,向湖南省石门县人民法院提起公诉,指控2017年1月至2018年3月间,被告人全某某、周某某在明知穿山甲属于国家重点保护野生动物且未取得特许经营许可证的情况下,非法收购、出售穿山甲32只及穿山甲鳞片3.5斤牟利。湖南省石门县人民检察院认为:被告人全某某、周某某、林某某、李某某、陈某某违反野生动物保护法规,非法收购、出售珍贵、濒危野生动物及其制品,华某某非法运输珍贵、濒危野生动物,全某某、周某某违法情节特别严重,华某某违法情节严重,全某某、周某某、林某某构成非法收购、出售珍贵、濒危野生动物及其制品罪,李某某构成非法收购、出售珍贵、濒危野生动物罪,陈某某构成非法收购珍贵、濒危野生动物罪,华某某构成非法运输珍贵、濒危野生动物罪。被告人全某某、周某某不服,提出上诉。

二、争议焦点

本案的争议焦点有两个:一是现有证据能否排除合理怀疑;二是将交易物鉴定为穿山甲的意见是否有效。

全某某对检方提供的证据表示质疑。全某某在一审时辩称,其没有被现场查获与他人进行交易穿山甲,现有证据不能排除合理怀疑;交易数量不确定,数量存疑;湖南省野生动物救助繁殖中心及其工作人员不是《国家司法鉴定人和司法鉴定机构名册》载明的司法鉴定人和司法鉴定机构,其出具的鉴定为穿山甲的意见无效;请求改判。全某某在二审时辩称,一审缺乏现场物证,中国裁判文书网几十例刑事判决无一例外都有现场查获的穿山甲作为定罪证据,无法排除合理怀疑。全某某的辩护人又提出,湖南省野生动物救助繁殖中心及其工作人员不具有法定鉴定资质;全某某是初犯,家有三个年幼的孩子和多病的母亲需要照顾,请求判处缓刑并处一定数额的罚金。

周某某对证据事实及案件起诉期间质疑,并请求对自己减轻处罚。周某某在一审时辩称:本案中没有一只穿山甲是在交易现场查获的,证据没有达到确实、充分的要求;认定交易的穿山甲数量事实不清;其本人吸毒,长期处于迷糊状态,只负责接送货物,是从犯;请求减轻处罚。周某某在二审时辩称:其本人吸毒,只负责接送货物,对具体情况不清楚,只起次要、辅助作用,应为从犯;一审查明"6只穿山甲在交易过程中被民警抓获"与事实不符,没有证据证明周某某在交易过程中被抓获;起诉书指控的时间上是出售在前,收购在后,对此明显的矛盾未予查实;周某某、全某某有三个年幼的孩子无人教育、抚养,请求从轻处罚。

三、裁判要旨

本案认定全某某、周某某收购、出售的穿山甲,华某某运输的穿山甲,均为活体,本案6名被告均明知收购、出售、运输的是穿山甲。穿山甲是我国二级保护野生动物,也是世界濒危物种之一。《濒危野生动植物种国际贸易公约》于1973年3月3日签署,中国于1981年4月8日正式加入。我国《野生动物保护法》第10条规定,"国家对野生动物实行分类分级保护。国家对珍贵、濒危的野生动物实行重点保护。国家重点保护的野生动物分为一级保护野生动物和二级保护野生动物。国家重点保护野生动物名录,由国务院野生动物保护主管部门组织科学评估后制定"。穿山甲在国家重点保护野生动物名录中属于二级保护野生动物,是珍贵、濒危野生动物。该法第27条第1款规定,"禁止出售、购买、利用国家重点保护野生动物及其制品。"

四、裁判结果

湖南省石门县人民法院一审以非法收购、出售珍贵、濒危野生动物罪分别判处被告人全某某、周某某、李某某有期徒刑11年、10年6个月、3年,并处罚金;以非法运输珍贵、濒危野生动物罪判处被告人华某某有期徒刑5年,并处罚金;以非法收购珍贵、濒危野生动物罪分别判处被告人林某某、陈某某有期徒刑2年

6个月、2年，施以缓刑，并处罚金。

  湖南省常德市中级人民法院二审维持原判，认为全某某、周某某为谋取利益，违反国家野生动物保护法规，非法收购穿山甲35只，其中6只未遂，出售31只穿山甲，非法获利190000多元，其行为已构成非法收购、出售珍贵、濒危野生动物罪。根据最高人民法院《关于审理破坏野生动物资源刑事案件具体应用法律若干问题的解释》的规定，非法收购、出售穿山甲数量超过16只或非法获利超过10万元以上即为情节特别严重的规定；全某某、周某某均为主犯。被告人全某某等6人违反国家野生动物保护法规，非法收购、运输、出售国家重点保护的珍贵、濒危野生动物穿山甲，已构成非法收购、运输、出售珍贵、濒危野生动物罪。

五、案件评析

  本案系非法收购、运输、出售珍贵、濒危野生动物的刑事案件。被告人全某某等6人严重违反国家野生动物保护法规，犯罪事实清楚，证据确实、充分。

  我国在2018年对《野生动物保护法》进行了修正，在2019年对《濒危野生动植物进出口管理条例》进行了修订。2020年2月24日，全国人大常委会作出《关于全面禁止非法野生动物交易、革除滥食野生动物陋习、切实保障人民群众生命健康安全的决定》，全面禁止和惩治非法野生动物交易行为，维护生物安全和生态安全。可见，随着社会经济的不断发展，国家对野生动物资源的保护更加重视，对野生动物资源的管理更加严格，对破坏野生动物资源的行为应当严惩。本案判决通过严惩破坏野生动物资源犯罪，充分发挥刑罚的惩治和教育功能，引导社会公众树立自觉保护野生动物及其栖息地的意识，共同守护人与自然和谐共处的地球家园。同样，本案体现了环境法学科与其他学科的交叉性，以及环境法学科自身的综合性。

第八章
Chapter 8

国际环境法

 案情导入

匈牙利与捷克斯洛伐克于1977年签订《关于盖巴斯科夫-拉基玛洛堰坝系统建设和运营的条约》（以下简称《1997年条约》），规定作为"联合投资"，由两国以各自的成本在各国领土内的多瑙河河段开展大坝建设项目，旨在开发水电、改进多瑙河相关河段的航行、保护沿岸地区免遭洪灾。1989年，匈牙利拒绝按《1977年条约》继续从事在自己领土内的拉基玛洛大坝建设，理由是该工程将导致在条约达成当时不能预见的损害。捷克斯洛伐克及其解体后《1977年条约》的继承者斯洛伐克对此的反应是，于1991年实施"临时解决方案"，在自己领土内建设大坝，单方面分流多瑙河水，以将盖巴斯科夫工程投入运营。匈牙利声称斯洛伐克的分流行为夺取了匈牙利的地下水，剥夺了匈牙利公平和合理分享多瑙河水的权利，使匈牙利在多瑙河附近的陆地干旱，给匈牙利造成了不可逆转的环境损害。斯洛伐克声称匈牙利单方面终止执行条约，它有权利采取补救措施。两国多次协商谈判未果，将此争端提交国际法院解决。除了有关条约法的问题外，争端各方对适用于多瑙河水利用问题的国际法原则提出了相对立的观点。匈牙利声称斯洛伐克分流多瑙河水并实施"临时解决方案"违反了公平和合理利用原则与无害原则。① 在本案中,匈牙利中止履行《1977年条约》的行为是否构成国际不法行为?斯洛伐克单方面分流多瑙河水的行为是否构成国际不法行为?斯洛伐克是否应当对其单方面分流河水的行为对匈牙利造成的环境损害承担责任?这些问题涉及国际环境法的很多理论、原则和规则,包括国际环境责任和风险预防原则。

第一节 国际环境法概述

一、国际环境法的概念和特点

(一)国际环境法的概念

国际环境法是指各国及其他国际法主体在利用、保护和改善环境和资源的国际交往中形成的,调整彼此间权利和义务关系的原则、规则和制度的总体。20世纪中期,人类生活的环境急剧恶化,地球与人类的生存直接相关的那些部分,例如水、大气和土地,都在以相当快的速度退化。作为对人类环境问题的反应,国际法在环境保护领域逐渐发展起来。国际法的一个新分支,也是环境法的一个分支——国际环境法由此形成。

(二)国际环境法的特征

作为现代国际法和环境法的一个分支,国际环境法具有以下明显特点:

1. 交叉性

国际环境法位于环境学、生态学、经济学、国际法、行政法、民法、刑法等多种学科交汇点上,具有显著的边缘学科的特征。

在法学体系内,国际环境法与国际法的其他分支互相渗透,互相交叉,具有密切联系。例如,它适用国际公法关于处理国家间关系的各项基本原则,影响国

---

① Summary of the Judgement of 25 September 1997, 1997 ICJ No. 92.

际经济法中关于国际贸易和投资的规则,与海洋法和空间法发生交叉等。

在法学体系外,国际环境法与环境科学和经济学等学科具有密切联系。例如,环境科学知识是国际环境法基础知识的一部分,经济学中关于经济刺激和成本/效益分析的理论被国际环境法的很多规定所采纳。

2. 科学性

大自然有其本身的发展规律,协调人与自然关系的国际环境法的发展更多地需要科技的支撑。与其他法学部门相比,国际环境法的发展更多地需要法学与科学的结合,体现出很强的科学技术性。主要表现在以下两个方面:

(1) 国际环境法的很多目标和规定以对它们所针对的环境问题的科学了解为依据。由于人类认识自然能力的有限性,各国往往等待科学家对某一环境问题的原因及其与后果的联系有了相当程度的令人信服的证明时,才会在法律上采取相应的行动。例如,《保护臭氧层维也纳公约》和《联合国气候变化框架公约》都是在科学家分别证明臭氧层的破坏和全球变暖问题主要是人类活动的影响所引起,各国有必要采取行动预防问题发展到不可逆转的程度后才制定的。

(2) 国际环境法本身包含许多技术性法律规范。其中比较典型的是1989年《控制危险废物越境转移及其处置巴赛尔公约》。公约在其附件3中对危险废物的危险特性分类作了简明的界定,以利于各成员国对危险废物的识别。

3. 公益性

国际环境法的根本目的是保护和改善地球环境。保护地球环境,使人类得以在与自然的和谐中持续发展,是一项造福人类、惠及千秋万代的根本性的公益事业。国际环境法公益性较强,因为它是国际社会保护地球环境、维护人类生存条件的一个重要手段。

4. 早期性

国际环境法仍处于它发展的早期阶段。主要表现在以下几个方面:

(1) 现行国际环境法的体系不完善。在有些重要领域,例如关于环境损害赔偿责任、赔偿机制、资金和技术转让机制等方面,存在着较大的空白或薄弱环节。现有的国际环境条约彼此间缺乏有机的联系,有的甚至互相矛盾。

(2) 一些根本的战略和原则尚处于"软法"层次。例如,可持续发展战略、共同但有区别的责任原则、全球伙伴关系等,尚未在条约中得到普遍承认,有些还停留在软法文件中。

(3)发展中国家不能平等地参与国际环境立法。发展中国家由于经济困难、科学技术落后、信息情报不足和缺乏专门人才等原因,不能真正平等地、充分地和有效地参与国际环境立法过程。

(4)现行国际环境法原则和规则的实施面临较大困难。发达国家在资金和技术转让方面缺乏诚意,发展中国家的实施能力不足,条约监督机制不健全等,都是国际环境法实施困难的原因。

二、国际环境法的渊源

国际环境法作为现代国际法的一个分支,其渊源与国际法的渊源基本上是一致的。这些渊源按照其在国际环境法中的地位和作用,也可以分为严格法律意义上的国际环境法渊源和广泛历史意义上的国际环境法渊源。前者仅指国际条约和国际习惯,后者包括一般法律原则、司法判例、国际组织的决议等法律文件。

(一)国际环境条约

国际环境条约又称多边环境条约、国际环境公约,是指为了保护特定环境因子或解决特定环境问题而缔结的多边条约,它是国际环境法的主要渊源之一。1972年斯德哥尔摩人类环境会议以来,国际环境法进入了快速发展时期,最主要的表现就是国际环境条约的大量涌现。目前世界上已经有1000多项双边或多边法律文件是专门针对环境和资源问题的,或者包含一项或多项与环境和资源事务有关的重要条款,其中有200个左右的多边环境条约,涉及物种保护、控制气候变化、臭氧层保护、防止荒漠化等多个方面。国际环境条约已经成为解决全球环境问题、调整国际环境关系的主要法律依据。这些条约就其主要内容而言,基本上都有关于国际环境保护措施、行动计划、合作机制和机构、实施和监督机制、条约修改程序等方面的规定。

多边环境条约往往牵涉到国际政治、经济、国内法和政策的调整,因此许多环境条约采用"框架公约+议定书+附件"的形式,即先以框架公约的形式对环保措施和各国的权利义务作原则性规定,将具体事项留待缔约方通过议定书和附件的形式加以规定。

(二)国际环境习惯

国际习惯由两个要素构成,一是通例,即各国长期重复的类似的行为;二是法律确信,即通例被各国认为具有法律约束力。国际习惯与条约相比处于次要的地位,相关的习惯法则不是很多。其主要原因是国际环境法的历史较短,尚未积累起充足的国际实践。

在已经得到国际环境法确认的国际习惯法规则中,比较重要的是"各国有权按照自己的环境与发展政策开发本国的资源,并负有责任保证它们管辖或控制之内的活动不致损害其他国家的或国家管辖范围以外地区的环境"。这项习惯法规则最初出现在1938年和1941年"美国诉加拿大特雷尔冶炼厂案"的仲裁裁决中,后来得到了《人类环境宣言》与《里约宣言》的反复确认,并得到国际法院1996年"关于威胁使用或使用核武器的合法性的咨询意见"的承认。此外,还有一些重要的规则被认为正处于习惯法规则的形成过程之中,例如可持续发展、风险预防、共同但有区别的责任、环境影响评价等。

(三)一般法律原则

一般法律原则可以作为独立的国际法的渊源。对于什么是一般法律原则,学者们有不同的观点,大体上有三种:第一种观点认为,一般法律原则是国际法的一般原则或基本原则。但是,国际法的一般原则或基本原则是表现在国际条约或国际习惯中的,没有必要将其单独开列,所以,这种观点现在不为大多数人所采用和认可。第二种观点认为,一般法律原则是一般法律意识所产生的原则,即法官对有关法律问题的理解或认识。事实上,作为国际社会成员的国家有各种不同的社会经济制度,不可能有一种一般法律意识或者共同的法律意识,在抽象的基础上是无法引申出具体的一般法律原则来的。第三种观点认为,一般法律原则是为各国法律体系所共有的原则,这是被广泛接受的观点,也为我国学者所普遍认可。因为世界各国法律体系、经济社会制度虽然不一,但是不可否认各国的法律制度中有些规定是一致的,不能以相异性来排除国家之间法律上的相同性。

与国际条约和国际习惯相比,一般法律原则处于补充的、辅助的地位,是在没有国际条约和国际习惯可以适用的情况下才适用的法律。

(四) 司法判例

司法判例有国内判例和国际判例之分。国内判例只能在一定程度上反映出一国对于国际法的态度和实践,处于次要的地位。但是,国内判例对于国际法的确定和发展具有一定的影响力。特别是,如果许多国内法院判决表现出对于国际法的同样观点,形成关于国际法的国家实践,这种判决就有了更大的影响力。

国际司法判例主要是指国际法院和国际仲裁机构的裁判。国际司法判例不具有约束力,然而它是很有价值的辅助性渊源。国际法院或国际仲裁机构在审理案件中适用国际法(包括国际环境法)时,总是要对国际法的原则、规则和制度加以认证和确定,这种认证和确定不仅往往为审理以后的案件时所援引,而且在一般国际实践中也受到尊重。

(五) 国际组织的决议

联合国大会和其他多边会议或国际组织通过的决议、宣言、声明等大量的"软法",是国际环境法的辅助渊源。软法是指倾向于形成但尚未形成规则的规范,即"敦促性或纲领性的规定"。软法的特点是文字表述和规范内容不确定,没有制裁措施,只具有政治和道德上的约束力。这类国际文件种类繁多,例如《人类环境宣言》《里约宣言》等。采取软法这种形式,允许各国在处理科学证据不完全或不能令人信服,或者经济成本不确定或太高,因而希望保留行动自由的问题时,有更多的灵活性。由于采取软法方法,一定程度上使国际社会在1972年人类环境会议以来的几十年间,在环保问题上签署了大量的多边环境条约,出现了许多新的法律概念和原则。例如可持续发展原则、共同但有区别的责任原则、代际公平原则等国际环境法的基本原则,都是著名的软法。

国际组织宣言和决议不具有法律约束力,但是它们反映了国际社会关于环境保护的共同信念,这些软法为各国制定和发展本国国内环境法提供了可资借鉴的原则和规则,为各国在没有条约规范的问题领域的国际合作提供了基础。很多重要的国际环境法原则和规则都是最初出现在这类"宣言"或"决议"之中,随着时间的推移逐步被纳入条约和议定书,最终变成有拘束力的原则,为国际社会大多数成员所接受。它们经历了"宣言—条约—议定书"的发展过程,出现了"软法"变"硬"的现象。

三、国际环境法的主体和客体

(一)国际环境法的主体

国际环境法的主体是指能够独立参加国际环境关系,直接在国际环境法上享受权利和承担义务并具有独立进行国际求偿能力者。国家是国际环境法的基本主体,政府间国际组织是派生的和有限的主体。

国际环境法领域中的政府间国际组织主要有三类:一是联合国系统的全球性的国际组织和其专门机构,例如联合国环境规划署(UNEP)和可持续发展委员会(CSD);二是联合国系统以外的区域性国际组织,例如欧洲联盟(EU);三是根据环境条约或其他条约建立的政府间国际组织,例如根据《联合国气候变化框架公约》建立的缔约方大会(COP)、国际原子能机构(IAEA)等。这些国际组织在环境和资源保护领域的作用主要有五个方面:为各国在环境事务方面的磋商和合作提供协商的场所;收集和发布环境信息,为国家间的环境合作提供信息服务;以召开国际会议或通过决议、宣言等方式推动和促进国际环境法原则和规则的发展;在保证实施和执行国际环境法和环境标准中发挥重要的作用;为解决环境争端提供相对独立和中立的争端解决机制和场所。

此外,尽管非政府组织还不是国际环境法的主体,但是它们发挥着日益重要的作用。它们是国际环境法的参与者、监督者和促进者,是国际环保事业的重要组织者和参加者。从国际实践来看,目前有三种类型的非政府组织参与全球环境和资源保护:

一是专门性民间国际环境组织。这些国际环境组织以保护全球自然资源和生态环境为目的,在世界范围内开展环保活动,规模和影响最大的当数世界自然保护同盟(IUCN)及绿色和平组织(Greenpeace)。

二是国际法学团体。这些团体是纯粹学术性机构,它们在对国际法规则进行研究、解释和制定的同时,也促进了国际环境法的逐步编纂和发展。其中,国际法研究院(Institut de droit International)和国际法协会(ILA)最负盛名。

三是其他非政府组织。除了上述两种非政府组织以外,其他非政府组织也从各自的角度关心并从事全球环保活动,促进国际环境法的发展,例如1947年成立的国际标准化组织(ISO)。因为环境保护是科技性很强的系统工程,保护全球环境既需要定性管理,也需要定量管理。国际标准化组织对国际环境标准的研究和制定,为制定国际环境法律原则、规则和制度以及开展国际环保活动提供了科学依据,同时也为保证这些原则、规则和制度的执行提供了衡量尺度。

(二)国际环境法的客体

国际环境法的客体是指国际环境法主体的权利和义务所指向的对象。国际环境法的客体包括两类,一是大气、土地、水、生物等各种环境和资源要素,二是国际环境法主体针对这些环境要素所从事的各种行为,即国际环境行为。

1. 环境和资源要素

国际环境法调整的环境和资源要素包括国家管辖范围内的环境与资源、两个或多个国家共享的环境与资源、国家管辖范围以外的环境与资源。

(1)国家管辖范围内的环境与资源

国家管辖范围内的环境与资源是指完全处于国家的主权管辖之下的环境与资源,包括各国领陆、领水、领空和底土之内的环境与资源。这些环境与资源中,有的被1972年《保护世界文化和自然遗产公约》列为世界文化和自然遗产。公约第6条明确规定,缔约方在充分尊重"文化遗产和自然遗产的所在国的主权,并不使国家立法规定的财产权受到损害的同时,承认这类遗产是世界遗产的一部分,因此,整个国际社会有责任进行合作,予以保护"。根据公约的规定,文化遗产是指从历史、艺术和科学观点来看具有突出的普遍价值的建筑物、碑雕和碑画,具有考古性质的成分或构造物、铭文、窟洞以及景观的联合体;从历史、艺术和科学角度看在建筑式样、分布均匀或环境风景结合方面具有突出的普遍价值的单立或连接的建筑群;从历史、审美、人种学或人类学角度看具有突出的普遍价值的人类工程或自然与人的联合工程及包括有考古地址的区域等。自然遗产是指从审美和科学角度看具有突出的普遍价值的由物质和生物结构或这类结构群组成的自然景观；从科学或保护角度看具有突出的普遍价值的地质和自然地理结构以及明确划为受威胁的动物和植物生境区；从科学、保护或自然美角度看具有突出的普遍价值的自然景观或明确划分的自然区域。

(2) 两个或多个国家共享的环境与资源

两个或多个国家共享的环境与资源是指处于两个或多个国家管辖之下的环境与资源。1975年联合国环境规划署列举了5种由两个或多个国家共享的环境与资源，它们是：国际水系统，包括地表水和地下水；在有限数额的国家上方的空气分界区或空气团；封闭的或半封闭的海和毗连的沿海水域；往来于数个国家的领土或水域的迁徙物种；跨越于两个或多个国家之间的特别的生态系统。①

(3) 国家管辖范围以外的环境与资源

国家管辖范围以外的环境与资源是指除了前两种类型之外的所有环境与资源，或可将其称为"全球公域"，包括南极、公海、全球大气层和外层空间。

南极的法律地位目前尚不明朗。1959年《南极条约》规定冻结各国对南极地区的主权权利或领土要求，也不允许其他国家对南极地区提出新的主权权利或领土要求。鉴于南极对地球气候和地球生态系统的重要调节作用，《南极条约》的大部分成员国1991年签订《南极条约环境保护议定书》，规定对南极环境进行全面保护。但是，该议定书回避了南极的领土主权问题，规定保护南极环境是为了"全人类的利益"，宣布南极是"奉献于和平与科学的自然保护区"。②

公海和在公海上方生存或迁徙的鸟类和其他野生动物被看作"人类共同财产"(common property of mankind)，可以供所有国家平等地利用，任何国家不得将其置于自己的主权管辖之下。但是，"人类共同财产"概念的侧重点在于对国家主权的限制，而不在于对这类环境和资源的保护。③

公海海床和洋底及其底土和月球被看作"人类共同遗产"(common heritage of mankind)。它们与"人类共同财产"一样，不能被任何国家宣布处于其主权控

---

① 参见常纪文、王宗廷主编：《环境法学》，中国方正出版社2003年版，第349—350页。
② 参见1991年《南极条约环境保护议定书》序言和第2条的规定。
③ 参见王曦编著：《国际环境法》(第二版)，法律出版社2005年版，第89页。

制之下，但是对它们的利用必须是为全人类的利益而进行。此外，对它们的开发、利用和保护由公约规定的代表全人类的国际管辖机构管辖。例如，1982年《联合国海洋法公约》赋予国际海底管理局管理国际海底区域内活动的广泛的权力。

全球大气层的地位比较特殊，难以确定。为了解决全球大气层的法律地位问题，国际社会目前的做法是，一方面回避直接确定全球大气层的法律地位，另一方面将全球大气层的严重问题——气候变化，宣布为一项"人类共同关切之事项"(a common concern of humankind)。① 通过将气候变化宣布为"人类共同关切之事项"，为国际社会应对气候变化问题而采取法律行动提供了法律依据。②

外层空间的法律地位介于"人类共同财产"和"人类共同遗产"之间，自成一类。1967年《关于各国探索和利用外层空间包括月球和其他天体的活动的原则条约》第1条规定，所有国家应在平等的基础上，不受任何歧视，根据国际法自由探索和利用外层空间，包括月球和其他天体，并自由进入天体的一切区域。第2条规定，各国不得通过主权要求、使用或占领等方法，以及其他任何措施，把外层空间，包括月球和其他天体据为己有。公约还规定，探索和利用外层空间，包括月球和其他天体，应为所有国家谋福利和利益，而不论其经济或科学发展程度如何，并应为全人类的开发范围。

2. 国际环境行为

国际环境行为是指国际法主体在利用、保护和改善国际环境与资源时所从事的行为。国际环境行为既包括某一国际环境法主体直接或最终针对其他主体的行为，也包括同时针对主体和客体，或者仅针对客体的行为。国际环境行为包括以国家或政府名义做出的"公"行为，例如对人类环境带来重大影响的立法或行政行为。一个较新的实例是，日本政府2021年4月正式决定向太平洋排放福岛第一核电站含有对海洋环境有害的核废水，因为这不仅是日本国内的问题，更是影响全球海洋生态和环境安全的国际问题。国际环境行为还包括处于国家管辖或控制之下的"私"行为，例如私有企业或个人污染环境的行为。如果福岛核

---

① 参见《联合国气候变化框架公约》序言的规定。
② 参见王曦编著：《国际环境法》（第二版），法律出版社2005年版，第90页。

电站所属的东京电力公司在得到政府许可后将核废水排放入海,就属于这种行为。

四、国际环境责任

在"特莱尔冶炼厂仲裁案"中,仲裁法庭裁决加拿大对其领土内冶炼厂排放二氧化硫给美国农牧业造成的污染损失进行赔偿,开创了国家对其管辖范围内的活动造成的重大跨界损害承担国家责任的先例。从此,重大跨界损害的国家责任得到各国承认和国际环境法的确认。这种责任根据其性质可以分为国际不法行为的责任和国际法不加禁止的行为造成损害性后果的责任,或可称为国家责任和国际赔偿责任。

(一)国际不法行为的责任

传统的国家责任理论认为,国家责任是指一国对于本国的国际不法行为应当承担的国际责任。引起国家责任的条件如下:一是国家的行为或不行为违背了该国所承担的国际义务;二是该行为可归责于国家,即可视为该国的"国家行为";三是必须有故意或过失这一主观因素。国际法院在英国和阿尔巴尼亚之间的"科孚海峡案"中也肯定了无过错即无责任的原则。

1953年,联合国大会正式要求国际法委员会"开展关于国家责任的国际法原则的编纂工作"。1955年,委员会任命了国家责任专题的第一任特别报告人,1963年及之后又任命了三位特别报告人。委员会在这三位特别报告人提交的报告的基础上,拟订国家责任条款草案。1996年,委员会一读通过《国家责任条款草案》,1998年正式开始二读工作。2001年,经过近50年的编纂工作,国际法委员会第53届会议二读通过《国家对国际不法行为的责任条款草案》[1],确立了国家对其国际不法行为应当承担的国际责任。[2]

国际不法行为责任的主要形式是赔偿。在联合国国际法院2018年作出最终判决的"尼加拉瓜在边界地区开展的特定活动案"中,哥斯达黎加于2010年

---

[1] 参见曾令良、饶戈平主编:《国际法》,法律出版社2005年版,第183—185页。草案中译本参见:http://www.un.org/chinese/ga/56/res/a56r83.pdf,2020年10月16日访问。

[2] 该草案第1条规定:"一国的每一国际不法行为引起该国的国际责任。"

11月向国际法院起诉尼加拉瓜,声称尼加拉瓜的军队侵入、占据和利用其领土,在两国界河圣胡安河开展的河道疏浚工程违反了尼加拉瓜根据一系列条约和公约对哥斯达黎加承担的义务。法院于2015年判决尼加拉瓜的相关活动侵犯了哥斯达黎加的领土主权并造成了损害,因此需要承担其不法活动对哥斯达黎加造成的损害的赔偿责任。① 哥斯达黎加于2017年向法院要求解决由于尼加拉瓜开展的不法活动而对哥斯达黎加的赔偿问题。法院于2018年2月作出判决,认为环境损害及其带来的环境提供商品和服务的能力的减损或削弱在国际法之下是可以赔偿的。法院评估了归于受损环境修复的价值,以及对修复前的环境商品和服务的减损的价值,认定哥斯达黎加可得的赔偿总额是378890.59美元。尼加拉瓜于判决生效后不久向哥斯达黎加全额支付了这笔赔偿金。②

在日本计划向太平洋排放福岛核废水问题上,如果这一计划付诸实施,此举可能构成国际不法行为,应当承担国际责任。因为《联合国海洋法公约》第192条规定"所有国家都有保护和保全海洋环境的义务",第194条规定"各国应在适当情形下个别或联合地采取一切符合本公约的必要措施,防止、减少和控制任何来源的海洋环境污染"。该公约第198条还规定,当一国获知海洋环境即将遭受污染损害的迫切危险或已经遭受污染损害的情况时,应立即通知其认为可能受这种损害影响的其他国家以及各主管国际组织。目前,国际法上不存在由国际第三方机构对处理后的核废水进行检验再排海的规定,也没有相关的检验程序和标准。从历史上来看,诸如切尔诺贝利和三哩岛核事故都是大气释放,没有发生过类似福岛核事故产生大量核废水的情况,因此也没有核事故处理后将核废水向海洋排放的先例。日本决定将核废水排放入海是为了节省处理成本,事先也没有与周边受影响国家和国际社会充分协商。

日本是我国的近邻,不管日本排放废水是采取近岸排放还是远洋公共海域排放,放射性核素都将随洋流在北太平洋海域扩散,我国管辖的海域不可避免会

---

① See Certain Activities Carried out by Nicaragua in the Border Area (Costa Rica v. Nicaragua) and Construction of a Road in Costa Rica Along the San Juan River (Nicaragua v. Costa Rica), Judgment, I. C. J. Reports 2015.

② See the Judgement Summary of ICJ on Feb. 2 2018 to the Case Certain Activities Carried Out by Nicaragua in the Border Area (Costa Rica v. Nicaragua).

受到放射性物质的跨界污染影响。在日本政府决定将核废水排放入海的当天，我国外交部发言人发表讲话指出，"日方在未穷尽安全处置手段的情况下，不顾国内外质疑和反对，未经与周边国家和国际社会充分协商，单方面决定以排海方式处置福岛核废水，将严重损害国际公共健康安全和周边国家人民的切身利益。海洋是人类共同财产，日方……应当履行国际义务……重新审视福岛核电站核废水处置问题，在同各利益攸关国家和国际原子能机构充分协商并达成一致前，不得擅自启动排海。中方将继续同国际社会一道密切关注事态发展，并保留作出进一步反应的权利。"①

（二）国际法不加禁止的行为造成损害性后果的赔偿责任——国际赔偿责任

传统国家责任的责任标准是过失责任，但是国际环境法的发展趋势是确立严格责任。严格责任的特征是不问过错，行为和损害之间的因果关系就足以导致行为人的赔偿责任。国际环境法也有必要确立严格责任，因为随着科学技术的发展和人类利用自然能力的增强，国家自身或在其管辖或控制之下的私人或实体的行为造成的跨界损害频频发生。而跨界损害一旦发生，其破坏性后果也令人触目惊心。这些活动造成的跨界损害往往是由国际法不加禁止的行为所引起的，国家及其管辖或控制下的私人或实体既无故意也无过失。如果根据传统的过失责任标准而对这种损害的预防及控制置之不理，可能导致行为国对其领土主权的滥用和对他国领土主权的单方面否定，从而造成对受害者的不公正。因此，国际法委员会开展了这一领域的编纂活动，特定危险活动领域的国际公约也确立了责任人的严格赔偿责任。

国际法委员会于 20 世纪 70 年代开始对国际法不加禁止的行为造成损害性后果的国际责任问题进行编纂。1974 年，委员会把"关于国际法未加禁止之行为造成损害性后果的国际责任"专题列入其一般工作计划，并于 1978 年任命了本专题的第一任特别报告人。1996 年，委员会将《国际法未加禁止之行为造成

---

① 转引自张一琪：《以邻为壑，还是负责任国家吗》，http://opinion.people.com.cn/n1/2021/0414/c1003-32077133.html，2021 年 5 月 19 日访问。

损害性后果的国际责任条款草案》提交联合国大会以供评论。委员会长期以来将国家的预防义务与赔偿责任问题结合起来进行编纂,但是这在国家之间以及在委员会内部引起很大争议。1997年,委员会重新讨论其工作计划,决定将预防与赔偿责任两个问题分开研究和编纂。委员会缩小审议范围,首先在"预防危险活动造成跨界损害"的副专题下讨论预防问题,并于1998年一读通过《国际法未加禁止之行为造成损害性后果的国际责任条款草案》(预防危险活动的跨界损害部分)。2001年,委员会二读通过了《关于预防危险活动的跨界损害的条款草案》。[1] 条款草案包括序言和19个条款,它试图建立国际法未加禁止但是具有重大跨界损害危险的活动的行为规则。[2] 根据草案第3条的规定,国家在从事国际法不加禁止的、其有形后果有造成重大跨界损害的危险的活动时,应当采取一切适当措施,以预防重大跨界损害或随时尽量减少这种危险。

国际法委员会在完成"预防危险活动造成跨界损害"副专题的编纂工作之后,继续开展"赔偿责任"副专题的编纂工作。2002年,委员会设立一个专题工作组,负责审议"未能防止危险活动造成的跨界损害的国际责任"的有关问题。[3] 2004年,委员会在第56届会议上一读通过了《关于危险活动造成的跨界损害案件中损失分配的原则草案》(以下简称《损失分配草案》),在2006年第58届会议上二读通过该草案。《损失分配草案》包括序言和8项原则,目的是确保遭受国际法不加禁止的活动造成的重大跨界损害的受害者,包括自然人、法人和国家,能够得到及时和充分的赔偿。[4] 《损失分配草案》结合国际社会现行的关于危险活动造成跨界损害的赔偿责任国际公约所确立的以民事赔偿责任为唯一或为主要的责任归属形态,建立了经营者民事赔偿责任与起源国补充性赔偿责任相结

---

[1] 参见曾令良、饶戈平主编:《国际法》,法律出版社2005年版,第186—187页。See also International Liability in Case of Loss from Transboundary Harm Arising out of Hazardous Activities,http://untreaty.un.org/ilc/summaries/8_5.htm,visited on July 19,2020.

[2] 《关于预防危险活动的跨界损害的条款草案》第1条规定,本条款草案适用于国际法不加禁止的、其有形后果有造成重大跨界损害的危险的活动。

[3] See International Liability in Case of Loss from Transboundary Harm Arising out of Hazardous Activities,http://untreaty.un.org/ilc/summaries/8_5.htm,visited on July 19,2020.

[4] 参见《损失分配草案》原则3的规定。

合的体制。所谓"经营者"是指在发生造成跨界损害的事件时指挥或控制有关危险活动的人。① 所谓"起源国"是指"在其领土上或在其管辖或控制下进行危险活动的国家"。② 根据《损失分配草案》原则4第1款、第2款、第4款和第5款的规定,为了确保对跨界损害受害者的及时和充分赔偿,起源国应采取一切必要措施,包括要求经营者或酌情要求其他人或实体承担严格赔偿责任,还包括在国家一级设立工业基金。如果上述措施不足以提供充分的赔偿,起源国还应当确保有另外的财政资源可用。《损失分配草案》原则7以1972年《人类环境宣言》原则7和1992年《里约宣言》原则13为依据,鼓励各国缔结特定危险活动领域的专门性的全球、区域或双边协定,并要求这些协定酌情包括国家承担补充性赔偿责任的安排,创立工业基金和(或)国家基金,以便在经营者财力(包括财务担保措施)不足以偿付事故损害的情况下,能够提供补充赔偿。此类基金可设定用于补充或取代全国性的工业基金。

(三) 国际不法行为的责任与国际赔偿责任的比较

国家赔偿责任(state liability)与国家责任(state responsibility)是两个既有联系又有区别的概念。国家赔偿责任源于传统国家责任,它的目的和作用不是削弱传统国家责任制度,而是补充其不足和对其作出进一步的完善。国家赔偿责任和传统国家责任都旨在确定国家对其行为的后果所应承担的国际责任。两者的不同主要表现在:

(1) 传统国家责任是国家的国际不法行为引起的,而国家赔偿责任是国际法不加禁止的行为引起的,它的产生取决于发生了跨界损害的事实。

(2) 在传统国家责任中,产生损害后果的损害事件的发生就是行为国对其国际义务的违背。在国家赔偿责任中,即使损害事件的发生是可以预见的,也不构成行为国对其国际义务的违背。

(3) 在传统国家责任中,如果行为国能证明它已采取了一切可以采取的合

---

① 参见《损失分配草案》原则2(d)项的规定。
② 参见《损失分配草案》原则4第1、2款的规定。

理措施来阻止违反国际义务的事件发生,即使努力失败了,也可免除其责任。在国家赔偿责任中,只要行为造成了损害,行为国就负有赔偿或恢复原状等责任。

(4) 在传统国家责任中,只要违背国际义务,就足以构成对行为国采取行动的理由,虽然并未造成环境损害。在国家赔偿责任中,只有当国家行为造成了实际损害时,受害者才有求偿权。

(5) 在传统国家责任中,即使行为国对其违背国际义务的行为采取了补救措施,包括给予赔偿,行为国也没有继续该行为的自由,因为该行为属于国际法禁止的行为。在国家赔偿责任中,只要行为国对其所造成的损害给予合理、适当的赔偿,行为国的行动自由就不受限制,因为该行为是国际法不加禁止的行为。[①]

(6) 传统国家责任强调行为主体主观上的故意或过失,国家赔偿责任则以严格责任作为其法律基础。

五、国际环境法的发展

国际环境法的发展经历了一个由慢到快,由小到大,由零散到系统的过程。这个过程以1972年联合国人类环境会议和1992年联合国环境与发展大会为两个重要里程碑,其最新的发展是2015年联合国可持续发展峰会。

(一) 1972年联合国人类环境会议

1. 会议概况

1972年6月5日至16日,联合国人类环境会议在瑞典的斯德哥尔摩市举行。出席会议的有113个国家的代表和一大批政府间组织和非政府组织的观察员,共1300多人。我国派代表团出席了会议。会议的宗旨是取得共同的看法和制定共同的原则,以鼓舞和指导世界各国人民保持和改善人类环境。会议的重要成果为三项不具约束力的文件,即《人类环境宣言》《行动计划》和《关于机构和资金安排的决议》。这些决议在同年召开的第27届联合国大会上获得通过。

---

① 参见马骧聪主编:《国际环境法导论》,社会科学文献出版社1994年版,第60页。

2.《人类环境宣言》

《人类环境宣言》的内容主要为两大部分。第一部分宣布 7 项对人类环境问题的共同认识,即对人与环境关系的认识、对保护和改善环境的重要性和责任的认识、对人类改造环境的能力的认识、对发达国家和发展中国家的不同环境问题的认识、对人口与环境的关系的认识、对保护和改善人类环境这一人类共同的目标和任务的认识、对国际环境合作的认识。第二部分宣布了 26 项指导人类环保事业的基本原则,可归纳为 14 项:人类环境基本权利和责任、保护和合理利用地球自然资源、经济发展与环境保护、人口政策、国家的管理职能、科技作用、环境教育、环境科学研究和信息交流、国家资源开发主权权利和不损害国外环境责任、发展国际环境法、国际环境标准、国际合作、国际组织的作用、消除核军备。

3. 联合国环境规划署的建立

根据人类环境会议的《关于机构和资金安排的决议》,联合国大会于 1972 年通过第 2997 号决议,决定在联合国内设立一个新的机构——联合国环境规划署。这是联合国系统第一个也是唯一的专门致力于国际环境事务的机构。其职责主要是促进国际环境合作,为联合国系统内的环境合作提供政策指导和协调,审查世界环境状况等。

(二) 1992 年联合国环境与发展大会

1. 会议概况

1992 年 6 月 3 日至 14 日,联合国环境与发展大会在巴西里约热内卢市举行。有 183 个国家代表团、70 个国际组织的代表参加了会议,有 102 位国家元首或政府首脑到会讲话。会议的宗旨是在加强各国和国际社会的努力,以促进所有国家持久的无害环境的发展的前提下,制定各种战略和措施,终止和扭转环境恶化的影响。会议通过了三项不具法律约束力的文件,并将两项条约开放签署。三项文件是《里约宣言》《21 世纪议程》和《关于森林问题的原则声明》。两项条约是《联合国气候变化框架公约》和《生物多样性公约》。中国政府派代表团出席了会议,并签署了上述五项文件。

2.《里约宣言》

《里约宣言》是联合国环境与发展大会的重要成果之一。其主要内容是宣布关于环境与发展问题的27条原则。与国际环境法关系密切的原则有：原则1，人类处于可持续发展问题的中心和人类享有健康生活的权利；原则2，各国有资源开发主权权利和不损害国外环境的责任；原则3，为了公平地满足当代和子孙后代在发展与环境方面的要求，必须求取发展的权利；原则4，为了实现可持续发展，环保工作应是发展进程的一个整体组成部分，不能脱离这一进程来考虑；原则5，根除贫穷是实现可持续发展的一项必不可少的条件；等等。

3.《21世纪议程》

该文件共分为4篇40章，共1418条，是一个空前宏大而详尽的行动计划。其内容涵盖人类环境与发展问题的各个方面，其中主要有社会经济方面、促进发展的资源保护及管理方面、加强主要团体的作用方面和实施手段方面。

（三）2002年可持续发展世界峰会

2002年8月26日—9月4日召开的约翰内斯堡可持续发展世界峰会，有包括104位国家元首和政府首脑在内的192个国家的1.7万名代表及其他各界代表等约6.5万人出席，使其成为联合国历史上规模最大的会议。会议的议题很广泛，涉及消除贫困、水资源短缺、提高世界市场可再生能源供应量和其他许多环境问题的解决办法等。会议达成了《约翰内斯堡可持续发展宣言》和《可持续发展问题世界首脑会议执行计划》等不具约束力的文件。这些文件的价值是就"在促进经济发展的同时保护生态环境"发出了行动信号，将根除贫困视为当前全球面临的最大挑战，并敦促发达国家作出具体努力，提高向发展中国家的官方发展援助数额。会议的目标之一是通过一项关于使用可再生能源的条约并将于2015年实施。欧盟成员国竭力说服其他国家接受在全世界范围内增加使用可再生能源的时间表：到2015年，世界各国所需能源的15%将为可再生能源。但是这一建议触犯了美国、日本、石油输出国组织成员等国家的利益，遭到他们的反对和抵制，最终没有通过关于使用可再生能源的条约，只是达成了没有法律约束力的《关于使用可再生能源的声明》。这项声明没有制定具体的目标，只号召世界各国发展清洁和绿色能源。会议还呼吁各国尤其是发达国家签署和核准1997年12月达成的旨在限制发达国家温室气体排放的《京都议定书》，但发达国家无一响应。总体而言，这次会议只是强调了全球环境问题的严峻性和复杂性,并未采取实质行动,在国际环保的组织机构方面未有进展,在援助、减债、消除补贴等方面未达成任何时间表,发达国家也未作出实质性承诺。

(四)2012年"里约+20"峰会

2012年6月17日,在世界防治荒漠化和干旱日,联合国主持召开里约世界可持续发展峰会,即"里约+20"峰会。本次大会有两个主题:第一个主题是绿色经济,是基于致力于消除贫困的可持续发展之上的绿色经济;第二个主题是可持续发展的制度框架。与会各国一致通过《我们憧憬的未来》成果文件,重申了对全球可持续发展的承诺。会议最大的成果是重申里约原则,再次把"共同但有区别的责任"原则明确无误地写入文件,积极回应了发展中国家关心的问题。决定建立高级别政治论坛,取代联合国可持续发展委员会,是本次峰会的一项具体成果。另一个重要成果是与会国家元首和政府首脑同意启动可持续发展目标讨论进程,计划组建政府间工作组和专家委员会负责制定这些目标。①

(五)2015年联合国可持续发展峰会

在2015年9月举行的可持续发展峰会上,联合国193个会员国一致通过了《2030年可持续发展议程》,该议程于2016年1月1日正式启动。这一包括17个可持续发展目标和169个具体目标的纲领性文件,将推动世界各国在今后15年内消除极端贫困、战胜不平等和不公正及遏制气候变化。这17个目标"寻求巩固发展千年发展目标,完成千年发展目标尚未完成的事业。它们要让所有人享有人权,实现性别平等,增强所有妇女和女童的权能。它们是整体的,不可分割的,并兼顾了可持续发展的三个方面:经济、社会和环境。"②

这些目标的具体标题是:(1)在全世界消除一切形式的贫困;(2)消除饥饿,实现粮食安全,改善营养状况和促进农业可持续发展;(3)确保健康的生活方式,促进各年龄段人群的福祉;(4)确保包容和公平的优质教育,让全民终身享

---

① 参见叶书宏、牛海荣:《里约,可持续发展新起点》,http://www.xinhuanet.com/world/2012-06/23/c_112275222.htm,2020年9月6日访问。

② 《变革我们的世界:2030年可持续发展议程》,http://infogate.fmprc.gov.cn/web/ziliao_674904/zt_674979/dnzt_674981/qtzt/2030kcxfzyc_686643/t1331382.shtml,2020年8月10日访问。

有学习机会；(5)实现性别平等,增强所有妇女和女童的权能；(6)为所有人提供水和环境卫生并对其进行可持续管理；(7)确保人人获得负担得起的、可靠和可持续的现代能源目标；(8)促进持久、包容和可持续的经济增长,促进充分的生产性就业和人人获得体面工作；(9)建造具备抵御灾害能力的基础设施,促进具有包容性的可持续工业化,推动创新；(10)减少国家内部和国家之间的不平等；(11)建设包容、安全、有抵御灾害能力和可持续的城市和人类居住区；(12)采用可持续的消费和生产模式；(13)采取紧急行动应对气候变化及其影响；(14)保护和可持续利用海洋和海洋资源以促进可持续发展；(15)保护、恢复和促进可持续利用陆地生态系统,可持续管理森林,防治荒漠化,遏止和扭转土地退化,遏止生物多样性的丧失；(16)创建和平、包容的社会以促进可持续发展,让所有人都能诉诸司法,在各级建立有效、负责和包容的机构；(17)加强执行手段,重振可持续发展全球伙伴关系。[①]

第二节 国际环境法的基本原则

国际环境法的基本原则是指被各国公认和接受的、在国际环境法领域里具有普遍指导意义的、体现国际环境法特点的、构成国际环境法的基础的原则。国际环境法的基本原则与国际法基本原则既有联系,又有区别。它们之间的联系表现为国际环境法基本原则建立在国际法基本原则的基础上。它们之间的区别主要是,前者仅适用于国际环境法领域,而后者适用于国际法的全部领域,包括国际环境法领域。

一、国家环境资源主权和不损害国外环境责任原则

根据1972年《人类环境宣言》所宣示的原则21和1992年《里约宣言》所宣

---

① 《变革我们的世界:2030年可持续发展议程》,http://infogate.fmprc.gov.cn/web/ziliao_674904/zt_674979/dnzt_674981/qtzt/2030kcxfzyc_686343/t1331382.shtml,2020年8月10日访问。

示的原则。国家环境资源主权和不损害国外环境责任原则是指各国对本国领土范围内的自然资源享有永久主权,各国有权利独立自主地利用、管理和保护本国领土或管辖范围内的自然资源,并应同时承担保护全球环境和国内环境,以及不对其他国家或其管辖范围之外的地区的环境造成损害的义务。这项原则的前一方面承认国家关于环境资源的主权,后一方面规定国家关于环境的义务,是国家在环境资源方面权利和义务的结合。这种权利和义务的平衡,基本上反映了要求维护自然资源主权的发展中国家与强调环境资源保护义务的发达国家之间的利益、立场的平衡和妥协。但是,根据共同但有区别的责任原则,发展中国家在较长时期内有获得发达国家和国际社会的资金和技术援助,以及承担较少义务的权利。

(一) 国家环境资源主权

国家环境资源主权是国家主权的一部分,既体现在习惯国际法原则之中,也体现在环境条约和"软法"文件之中。由于历史上曾经遭受殖民压迫,现实中国力薄弱等原因,广大发展中国家特别强调和维护国家主权,在环境政策和资源利用领域也是如此。国家环境主权原则至少有以下两层含义:

第一,国家对位于本国领土范围内的自然资源享有永久主权。国家对自然资源的永久主权原则是一项已确立的习惯国际法原则,甚至是"一项根本的习惯国际法原则",是"国家主权的基本和固有要素"。[①] 联合国曾设立自然资源永久主权问题委员会,并且在一系列国际法文件中确认各国对其自然资源的永久主权。联合国大会 1962 年通过《关于天然资源之永久主权宣言》,郑重宣布"各民族及各国行使其对天然财富与资源之永久主权"。[②] 联合国大会 1974 年通过《各国经济权利和义务宪章》,重申"每个国家对其全部财富、自然资源和经济活动享有充分的永久主权,包括所有权、使用权和处置权在内,并得以自由行使此

[①] See Franz Xaver Perrez, The Relationship Between Permanent Sovereignty and the Obligation Not to Cause Transboundary Environmental Changes, http://www.questia.com/PM.qst, visited on July 19, 2019.

[②] 参见《关于天然资源之永久主权宣言》第一部分第 1 条,转引自王铁崖、田如萱编:《国际法资料选编》,法律出版社 1986 年版,第 21 页。

项主权。"①《建立新的国际经济秩序宣言》和《建立新的国际经济秩序行动纲领》也都确认和重申各国对其自然资源的永久主权。②至于全球环境条约,1972年通过的《世界遗产公约》确认文化和自然遗产所在国的主权;③2001年《粮食和农业植物遗传资源国际条约》承认各国对本国粮食和农业植物遗传资源的主权。④

第二,各国享有按自己的环境政策开发其自然资源的主权权利。1971年联大第2849号决议宣布,各国有权按照本国的特殊情况并在充分享有其国家主权的情况下,制定其关于人类环境的国家政策。1972年《人类环境宣言》原则21更进一步,确认各国对开发其本国自然资源的主权权利,发展和丰富了国家对自然资源的永久主权原则。⑤《联合国海洋法公约》第193条规定,各国有依据其环境政策和按照其保护和保全海洋环境的职责开发其自然资源的主权权利。1992年《里约宣言》原则2确认和重申了各国对开发其本国自然资源的主权权利。之后通过的某些全球环境条约确认各国享有按自己的环境政策开发其自然资源的主权权利,例如《生物多样性公约》《斯德哥尔摩公约》等。⑥

---

① 参见《各国经济权利和义务宪章》第二章第2条第1项,转引自王铁崖、田如萱编:《国际法资料选编》,法律出版社1986年版,第841页。

② 参见《建立新的国际经济秩序宣言》第4条第5款和《建立新的国际经济秩序行动纲领》第八章(A)项,转引自王铁崖、田如萱编:《国际法资料选编》,法律出版社1986年版,第814页和828页。

③ 该公约第6条第1款规定,在充分尊重文化和自然遗产所在国的主权,并不使国家立法规定的财产权受到损害的同时,承认这类遗产是世界遗产的一部分,整个国际社会有责任合作予以保护。

④ 该条约第10条明确规定,各缔约方在与其他国家的关系中,承认各国对本国粮食和农业植物遗传资源的主权,包括承认决定获取这些资源的权力隶属于各国政府,并符合本国法律。

⑤ 《人类环境宣言》原则21确认,按照联合国宪章和国际法原则,各国都有按自己的环境政策开发自己资源的主权,并且有责任保证在他们管辖和控制之内的活动,不致损害其他国家和在国家管辖范围以外地区的环境。

⑥ 《生物多样性公约》第3条规定,各国具有按照其环境政策开发其资源的主权权利,《斯德哥尔摩公约》的序言也作了类似规定。《生物多样性公约》第15条规定,确认各国对其自然资源拥有的主权权利,因而可否取得遗传资源的决定权属于国家政府,并依照国家法律行使;遗传资源的取得须经提供这种资源的缔约国事先知情同意,除非该缔约国另有决定。

(二)不损害国外环境责任原则

不损害国外环境原则和义务是对国家主权原则的新发展。根据《里约宣言》原则 2 的规定,不损害国外环境责任原则是指国家"负有确保在其管辖范围内或在其控制下的活动不致损害其他国家或在各国管辖范围以外地区的环境的责任"。1941 年的"特莱尔冶炼厂案"、1957 年"拉努湖仲裁案"、1974 年"核试验案"等都确认了这一原则。确认不损害国外环境责任原则的一个较新的司法判例,是联合国国际法院 2018 年作出最终判决的"尼加拉瓜在边界地区开展的特定活动案"。不损害国外环境责任原则也得到许多环境条约和国际"软法"文件的确认,例如 1974 年《各国经济权利与义务宪章》、1982 年《世界自然宪章》《联合国海洋法公约》、1992 年《联合国气候变化框架公约》《生物多样性公约》《里约宣言》都规定了这一原则和义务。

二、可持续发展原则

可持续发展(sustainable development)概念在国际社会的提出,始于 1987 年由挪威首相布伦特兰夫人领导的世界环境与发展委员会发表的题为《我们共同的未来》的研究报告。该报告于同年为第 42 届联合国大会所接受。根据该报告,可持续发展是指"既满足当代人的需要,又不对后代人满足其需要的能力构成危害的发展。"

(一)可持续发展的概念与性质

可持续发展是人类为了繁衍生息而作出的理智的、无奈的、痛苦的选择。正如澳大利亚新南威尔士高等法院资深法官鲍尔·L.斯特恩所说,向生态可持续发展转变已不再是一种软选择,而是为求生存而必须采取的经济上的必然选择。"不再有什么选择,生存和健康需要我们向可持续发展方向进行转变,我们必须进行这种转变。"[①]"可持续发展包括两个重要的概念和思想:'需求'的概念,尤其是世界贫穷人民的基本需求,应将此放在特别优先的地位来考虑;'限制'的思

[①] 〔澳〕鲍尔·L.斯特恩:《法官在裁判环境与发展案件时面对的主要问题》,载王曦主编:《国际环境法与比较环境法评论》(第 2 卷),法律出版社 2005 年版,第 268 页。

想,技术状况和社会组织对环境满足眼前和将来需求的能力施加的限制。"①世界环境与发展委员会(即著名的布伦特兰委员会)在《我们共同的未来》中对可持续发展的权威表述,鲜明地表达了可持续发展的两个基本理念:一是人类要发展,发展是必须的;二是发展必须是可持续的,即发展必须受到限制。

可持续性是可持续发展概念的核心。经济学研究的观点表明,任何发展都不是毫无限制的,对发展的限制实际上是不以人的意志为转移的客观存在。这些限制主要体现在:一是经济要素的限制。发展要求效益超过成本,或至少与成本平衡,否则不能称其为发展。二是社会要素的限制。发展必须保持在社会反对改变的忍耐力之内。三是生态要素的限制。发展必须考虑或客观地受制于地球环境的承载力极限。"负载定额"律是地球生态平衡的基本规律,它是指任何生态系统的负载能力都是有其上限的,包括只有一定的生物生产能力,一定的吸收消化污染物的能力,一定程度的承受外部冲击的能力。② 由于地球生命所依赖的生态系统的环境承载力的有限性,在维持相对稳定的前提下,环境资源所能容纳的人口规模与经济规模都必须控制在一定范围内。在所有这些限制中,生态系统的限制是最基本和最关键的。③

(二)可持续发展的指标

可持续发展主要有经济发展、社会发展和环境保护三个方面的指标,缺一不可,即不能将环境、经济和社会事项隔离开来,而是必须一体化。1995 年社会发展世界峰会通过的《哥本哈根宣言》确信,经济发展、社会发展和环境保护是相互依赖的,是可持续发展相互支撑的组成部分。④ 1995 年在开罗举行的联合国妇女会议、1996 年在伊斯坦布尔召开的联合国人居会议以及联合国环境与发展委员会的会议上都重申了这一点。

---

① WCED, Our Common Future, Oxford (1987), p.43.
② 参见《中国自然保护纲要》编写委员会编:《中国自然保护纲要》,中国环境科学出版社 1987 年版,第 12—14 页。
③ 参见万霞:《国际环境保护的法律理论与实践》,经济科学出版社 2003 年版,第 18 页。
④ 参见《哥本哈根宣言》第六段。

（三）可持续发展的要素

关于可持续发展的内容，目前说法不一，英国的菲利普·桑兹提出"四要素"说，即可持续发展包含代际公平（纵向公平）、代内公平（横向公平）、可持续利用和环境与发展一体化。这一学说获得了我国学者的普遍认同。①

1. 代内公平

代内公平是指代内所有人对于利用自然资源和享受清洁、良好的环境享有平等的权利，它是可持续发展的必要条件。代内公平体现了公平的空间维度。一些重要的法律文件体现了代内公平。世界环境与发展委员会环境法专家组《关于环境保护和可持续发展的法律原则》包括"各国应当合理和平等地利用跨国界自然资源的原则"。②《里约宣言》原则3规定，为了公平地满足今世后代在发展与环境方面的需要，求取发展的权利必须实现。联合国可持续发展委员会的专家集团和联合国环境规划署的专家集团都认定代内公平是旨在实现可持续发展的国际法的一项原则。③

2. 代际公平

代际公平是指每一代人都是后代人的地球权益的托管人，应实现每一代人之间在开发、利用自然资源方面的权利的平等。代际公平体现了公平的时间维度，它要求决策者不仅必须考虑到当代的需求，也必须考虑到后代的需求。联合国可持续发展委员会的专家集团和联合国环境规划署的专家集团都认定代际公平是旨在实现可持续发展的国际法的一项原则。④

---

① 例如：王曦编著：《国际环境法》（第二版），法律出版社2005年版，第102页；曾令良、饶戈平主编：《国际法》，法律出版社2005年版，第387页；李爱年、韩广等：《人类社会的可持续发展与国际环境法》，法律出版社2005年版，第56页；戚道孟主编：《国际环境法》，中国方正出版社2004年版，第69页；黄锡生、李希昆主编：《环境与资源保护法学》，重庆大学出版社2002年版，第256页。

② 参见世界环境与发展委员会编著：《我们共同的未来》，国家环保局外事办公室译，夏堃堡校，世界知识出版社1993年版，第333页。

③ 参见〔美〕伊迪丝·布朗·韦斯等：《国际环境法律与政策》，中信出版社2003年版，第80页。

④ 同上。

3. 可持续利用

可持续利用是指以可持续的方式利用自然资源。对于可再生资源,可持续利用指的是在保持它的最佳再生能力前提下的利用;对于不可再生资源,则是指保存和不以使其耗尽的方式的利用。

4. 环境与发展一体化

环境与发展一体化是指将保护环境与经济和其他方面的发展有机地结合起来,协调统一,不能以保护环境牺牲发展,也不能以发展牺牲环境。它是1992年联合国环境与发展大会的主题。人类健康和环境的保护与经济活动和社会条件密不可分。发展受到生态要素的限制,必须将经济和社会发展与环境保护有机地结合起来,即三方面相互结合,协调统一。从环境与发展关系的整体角度来看,可持续发展甚至可以说是一切社会发展活动的基本指导原则。因此有学者认为,可持续发展是一个很"大"的原则,大得如国人所说的"一只什么都可以往里面装的筐"。[①]

另有学者认为,作为一项已形成的习惯国际法原则,可持续发展是"包含一系列践行该原则、更具体的原则的框架理念",这些原则包括环境影响评价、信息获取、参与环境决策、风险预防原则、代内公平、代际公平和生态系统方法。[②] 国际法协会2002年制定的《关于可持续发展国际法原则的新德里宣言》界定了可持续发展的七项核心原则,分别是:国家确保使自然资源可持续利用的原则;公平与消除贫困原则;共同但有区别的责任原则;为保护人类健康、自然资源和生态系统采用风险预防方法的原则;参与、知情和诉诸司法原则;良治原则;整合和相互关联原则,尤其是在人权和社会、经济和环境目标方面。

三、共同但有区别的责任原则

共同但有区别的责任原则,是指在保护和改善全球环境方面,所有国家负有共同的责任,但责任的大小必须有差别,具体而言就是发达国家应当比发展中国

---

① 参见李耀芳:《国际环境法缘起》,中山大学出版社2002年版,第60页。
② 参见〔爱尔兰〕欧文·麦克因泰里:《国际法视野下国际水道的环境保护》,秦天宝译,知识产权出版社2014年版,第366页。

家承担更大的或者是主要的责任。各国负有保护全球环境的共同责任,但在各国之间主要是在发展中国家和发达国家之间,这个责任的分担不是平均的,而是与它们在历史上和当前对地球环境造成的破坏和压力成正比的。罗杰威尔(Redgwell)认为,共同但有区别的责任原则"在某种形式上是代内公平原则最清晰的表现"。①

共同但有区别的责任原则包括两方面的含义,即共同的责任和有区别的责任。首先,各国负有保护全球环境的共同责任;其次,各国承担的责任有差别,发达国家应当承担更大的责任,包括对发展中国家提供资金支持、技术援助或优惠的技术转让、促进其科技研发、能力建设等。因为虽然各国都有责任保护和治理环境,但是从历史的角度来看,全球环境问题主要是由发达国家在工业化的发展进程中造成的,发达国家应当承担更大的责任。另外,发达国家也有能力承担更大的责任,因为它们具有资金、技术、人才、制度等优势。从公平正义的角度来看,全球环境治理必须确保发展中国家发展权的实现,不能以损害发展中国家的发展为代价。因此,各国在对全球环境治理承担共同责任的基础上,发达国家有必要为发展中国家采取的环境治理行动分摊合理的成本与费用。②

共同但有区别的责任原则是在20世纪70年代前后通过的一些资源保护的全球性国际法文件中开始萌芽的,例如《世界遗产公约》中包含有"共同责任"的规定,该公约的序言认为某些文化遗产和自然遗产具有突出的重要性,因而需要作为世界遗产的一部分加以保存,而保护这些遗产的目的是为了全人类的共同利益。《人类环境宣言》原则12规定,"应当筹集资金来维护和改善环境,其中要照顾到发展中国家的情况和特殊性,照顾到他们由于在发展计划中列入环境保护项目而需要的任何费用,以及应他们的请求而供给额外的国际技术和财政援助的需要。"该规定第一次提出了在国际环保领域内应当给予发展中国家特殊待遇的观念,体现了"共同但有区别的责任"的理念,③或者说是这一理念和原则的

---

① 参见〔爱尔兰〕欧文·麦克因泰里:《国际法视野下国际水道的环境保护》,秦天宝译,知识产权出版社2014年版,第304页。
② 参见兰花:《多边环境条约的实施机制》,知识产权出版社2011年版,第136页。
③ 参见边永民:《论共同但有区别的责任原则在国际环境法中的地位》,载《暨南学报(哲学社会科学版)》2007年第4期。

萌芽。1987年《保护臭氧层的蒙特利尔议定书》则是贯彻"共同但有区别的责任"理念的第一个系统的条约实践,它不但在序言中重申了"考虑到发展中国家的情况和特殊需要","承认必须为发展中国家对这些物质的需要作出特别规定",而且在具体制度设计和实施中对发达国家和发展中国家的条约义务进行了区分。例如,发展中国家可以享有履行条约义务的十年宽限期,以及发达国家的资金支持和技术援助等,发达国家则需承担强制性的出资义务以保证发展中国家条约义务的履行。这种区别对待的措施具有重大开创意义。《里约宣言》原则7宣告,"鉴于导致全球环境退化的各种不同因素,各国负有共同但有区别的责任",从而明确提出了"共同但有区别的责任"的概念和原则。《联合国气候变化框架公约》是第一个明确载入共同但有区别的责任原则的条约,之后的《京都议定书》《斯德哥尔摩公约》,以及2015年《气候变化巴黎协定》也都明确载入这一原则。①

20世纪90年代以来通过的全球环境条约,或者在条约生效后的实施过程中,普遍依据共同但有区别的责任原则,建立和发展了对发展中国家的资金机制、技术援助、能力建设等激励机制,例如《联合国气候变化框架公约》《生物多样性公约》《粮食和农业植物遗传资源国际条约》《防治荒漠化公约》《斯德哥尔摩公约》《名古屋议定书》②《气候变化巴黎协定》等。以资金机制为例,大多数资金机制的条文,一方面都规定每个国家都有义务实施条约,另一方面规定发达国家应对发展中国家提供相应的资金支持。甚至有的条约规定,"发展中国家缔约方能在多大程度上有效履行其在本公约下的承诺,将取决于发达国家缔约方对其在本公约下所承担的有关资金和技术转让的承诺的有效履行。"③

---

① 参见《联合国气候变化框架公约》的序言和第3—4条、《京都议定书》第10条、《斯德哥尔摩公约》序言、《气候变化巴黎协定》第1条的规定。
② 《名古屋议定书》于2010年由《生物多样性公约》的全体缔约方通过,全称为《关于获取遗传资源以及公平和公正地分享其利用所产生的惠益的名古屋议定书》,即俗称的《遗传资源获取和惠益共享名古屋议定书》,是为执行《生物多样性公约》的遗传资源获取和惠益分享的文书。
③ 参见《联合国气候变化框架公约》第4条第7款、《生物多样性公约》第20条第4款、《粮食和农业植物遗传资源国际条约》第18条、《斯德哥尔摩公约》第13条第4款的规定。

四、风险预防原则

风险预防原则是"任何一个旨在促进生态平衡和生态系统完整性的制度的重要基石"。[1] 根据《里约宣言》原则 15 的规定,风险预防原则(precautionary principle)是指"为了保护环境,各国应按照本国的能力,广泛适用预防措施。遇有严重或不可逆转损害的威胁时,不得以缺乏科学、充分、确实的证据为理由,延迟采取符合成本效益的措施防止环境恶化。"

风险预防原则的本质是,如果你有合理的理由怀疑某件坏事将会发生,你就有义务尽力阻止它。由于生态和经济的原因,国际社会普遍认为环境损害的预防是"环境的黄金法则"。环境损害很难修复,在许多情况下是不可挽回的;即使损害是可以修复的,恢复或重建的高成本也使这种修复不现实。风险预防原则正是针对环境损害发生的破坏性和不可逆转性提出来的,它已成为环境法的基础,不管是国内环境法还是国际环境法。风险预防原则涉及对规划活动潜在影响的风险评估和分析,或者环境影响评价等专门技术的运用,在此基础上作出允许或禁止从事该项活动的决定。风险预防原则的主要特征是在存在科学不确定性的情况下,授权国家采取预防性措施。因此,是否存在科学不确定性,以及存在的程度,是适用风险预防原则的关键。国际社会不存在对于"科学不确定性"的一致同意的定义,也没有决定其是否存在的一致同意的规则或指南。因此,这些事项由规定预防措施的国际文件单独处理。

风险预防原则起初适用的范围较有限,只涉及禁止向海洋倾倒船底污水和废物,保护海洋生物和自然环境等方面。1992 年联合国里约环境与发展会议标志着一个转折点,会议通过的《里约宣言》原则 15,是对风险预防原则第一次全球层面的编纂。此后,风险预防原则就频繁出现在各种国际条约、宣言中,处理科学上尚未证实的环境焦点问题的大会上,以及国家可持续发展的战略中。近十多年来通过的所有国际环境法律文件几乎都吸收了风险预防原则,例如 1992 年《生物多样性公约》序言第 8、9 段,《联合国气候变化框架公约》第 3 条第 3 款,

---

[1] 参见〔爱尔兰〕欧文·麦克因泰里:《国际法视野下国际水道的环境保护》,秦天宝译,知识产权出版社 2014 年版,第 359 页。

1995年《跨界鱼类种群和高度洄游鱼类种群的养护与管理协定》第5、6条和附件2,《防止倾倒废物及其他物质污染海洋公约》(伦敦公约)1996年议定书第3条第1款。国际社会还发展了一些包含风险预防原则的指南,例如1994年国际海洋开发理事会《海洋生物引进与转移实践指南》、联合国粮农组织《关于适用预防方法捕获鱼类及引进种群的指南》。欧盟委员会于2000年公布的《关于风险预防原则的公报》,则对风险预防原则作了系统的规定。

风险预防原则在国际环保领域近来最引人注目的发展,一是根据《生物多样性公约》而谈判制定并于2000年1月通过的《卡塔赫纳生物安全议定书》;二是2001年5月通过的《关于持久性有机污染物的斯德哥尔摩公约》。《生物安全议定书》还被欧洲委员会作为风险预防原则成为国际法的根据。① 虽然上述文件的措辞各不相同,详尽程度各异,但它们之间并没有根本冲突。这些规定均表达了一个核心思想:应当采取行动阻止对环境和人类健康的损害,即使不能从科学证据中得出明确的结论。

五、国际环境合作原则

国际环境合作原则,是指在解决环境问题方面,国际社会的所有成员应当采取合作而非对抗的方式协调一致地行动,以保护和改善地球环境。对于国际环保事业而言,国际合作具有特别重要的意义。没有各国的合作,任何国际环保的目标都不可能实现。首先,环境问题的复杂性、全球性、公益性等特点决定了各国必须合作;其次,政治、经济、科技、文化等方面的差异和利益冲突,唯有通过国际合作才能克服和解决;最后,国际环境法的制定和实施要求各国进行合作。

国际环境合作是国际环境保护的根本要求,也是环境条约的主要内容。环境条约中大都有关于缔约国在财政援助、技术转让、信息交流等方面进行合作的规定;此外,几乎每一项环境条约都会设立或指定一个专门的合作机构,负责管理公约、收集和传播信息、监督缔约国义务的履行、解决缔约国间的矛盾与争端

---

① 该议定书通过几天后,欧洲委员会发布关于风险预防原则的报告(European Commission communication on the precautionary principle),引用《生物安全议定书》作为风险预防原则形成为国际法的根据,并将风险预防原则的适用范围扩展到了食物安全政策。

等事项。① 具体来讲,国际环境合作可以采取以下途径:

(一) 收集和交换数据和信息

数据和信息的收集和交换是国际合作的首要步骤,是国际环境条约形成的基本因素,也有助于预防和解决环境争端。很难想象没有必要的技术信息作为武装,国家之间能够达成利用或保护国际环境和资源的协议。这一义务既包括定期交换数据和信息的义务,也包括交换影响环境和资源的项目、规划、工程或活动的相关技术信息的义务。

(二) 通知

一国在从事可能对其他国家的环境和资源造成重大不利影响的项目或活动之前,有义务及时通知其他可能受影响国。通知必须附有充分的技术材料和信息,以便被通知国能够客观地评估项目的潜在影响。规定通知义务的目的是为所有有关国家提供一个交流意见和平衡利益的机会,有效地避免争端。② 通知义务已经成为习惯国际法的一部分,在国际条约、国际"软法"文件、国际司法判例和国际实践中得到了普遍确认和承认。③ 在 2010 年判决的"乌拉圭河纸浆厂案"中,国际法院认为,事先通知义务的意图是为当事方之间的成功合作创造条件,使它们能够依据尽可能充足的信息评估规划和活动对共享河流的影响,以及在必要时就避免可能造成的损害所必需的调整进行谈判。④ 通知义务也包括在紧急情况下的通知,即一国及时地、以可得的最迅速的手段将在其境内发生的有害状况和紧急情况通知其他可能受影响国和主管国际组织。紧急情况可能是自然原因或人类的行为引起的。损害的严重性和紧急情况的突发性是据以采取必要措施的理由。紧急通知义务也已经成为习惯国际法的一部分,体现在许多国

---

① 参见秦天宝:《严格法律意义上的国际环境法渊源初探》,http://www.riel.whu.edu.cn/show.asp?ID=636,2020 年 6 月 25 日访问。

② 参见王曦:《评〈国际法未加禁止之行为引起有害后果之国际责任条款草案〉》,载邵沙平、余敏友主编:《国际法问题专论》,武汉大学出版社 2002 年版,第 329 页。

③ 参见何艳梅:《中国跨界水资源利用和保护法律问题研究》,复旦大学出版社 2013 年版,第 62 页。

④ See Pulp Mills on the River Uruguay (Argentina v. Uruguay), Summary of the Judgment of 20 April 2010, p.9.

际环境文件和国际条约中。

（三）协商和谈判

一国在从事可能对其他国家的环境和资源造成重大不利影响的项目或活动之时,应与可能受影响国就实际或潜在问题彼此协商,以期达成可接受的解决办法。协商和谈判义务体现了对起源国和受影响国之间利益的平衡,通过协商和谈判可较好地预防国际环境争端的发生。但是,协商和谈判义务并不包括与受影响国达成妥协的义务,并未暗示必须使争端获得解决,仅是要求当事方朝着解决争端的目标善意地进行谈判。善意原则是协商和谈判的基础。协商和讨论必须善意进行,并有意实现有关各方可接受的解决方案。

（四）和平解决国际环境争端

和平解决国际争端是国际法的一项基本原则,国际环境争端也应当通过和平方法解决,禁止使用武力或以武力相威胁。历史反复表明,国际争端只有通过和平解决,才能真正促进各国的长久和平与繁荣。以武力或武力威胁等强制性方法,不仅不能从根本上解决争端,反而会激化有关国家之间的敌对情绪,而且有可能使争端升级,成为冲突和战争的祸根。

就国际争端解决的方式而言,有政治方法和法律方法两种。前者包括协商与谈判、斡旋与调停、调查与和解,以及通过国际组织解决争端。后者包括国际仲裁和国际诉讼。一般来说,任何争端都适合通过政治方法解决,而权利争端适合通过法律方法解决。就解决程序而言,当发生争端时,应首先进行协商和谈判;协商和谈判不成,可借助其他政治性解决办法;如果仍不能解决争端,可以适用法律方法解决。在解决争端的整个过程中,只要双方自愿,都可以随时采用任一种政治性解决办法。在具体的争端解决过程中,采取哪种办法应由当事国根据争端的性质和各种争端解决方法的特点,合意选择合适的方法解决。

由于国际合作原则在国际法中的突出地位,国际法也被称为"合作法"。另外,进入21世纪以来,随着国际形势的不断变化和环境、人权等全球性问题的日益突出,国际合作原则在国际法上的地位也在发生一些变化。有学者指出,全球依赖的日益加深,"构建人类命运共同体"理念的提出和贯彻,要求国际法发生结构性转型,即从主权权利本位法走向国际义务本位法,从合作法走向共生法,从工具理性之法走向价值理性之法。①

第三节　全球性环境条约

国际环境法上的环境条约主要是有关国际环境保护问题的全球性条约，对所有国家开放，涵盖了气候变化、生物多样性保护、跨界水资源的利用和保护、防止危险废物越境转移、海洋环境保护、防治荒漠化等许多领域。由于篇幅限制，以下仅对部分领域的全球性环境条约进行介评。

一、气候变化领域的全球性条约

气候变化领域的全球性条约主要有《联合国气候变化框架公约》及其《京都议定书》《气候变化巴黎协定》。

（一）《联合国气候变化框架公约》

1. 公约简介

《联合国气候变化框架公约》（以下简称"公约"）是1992年5月在联合国纽约总部通过的，同年6月在巴西里约热内卢举行的联合国环境与发展大会期间正式开放签署。公约是世界上第一个通过全面控制二氧化碳等温室气体排放，应对全球气候变暖给人类经济和社会带来不利影响的国际条约，也是国际社会在应对全球气候变化问题上进行国际合作的具有权威性、普遍性、全面性的基本法律框架。公约于1994年3月21日生效，同时对我国生效。截至2021年11月，已有193个国家和地区批准了公约，这些国家和地区被称为公约缔约方。此外，欧盟作为一个整体也是公约的一个缔约方。

公约第2条规定，其最终目标是控制温室气体排放，将"大气中温室气体的浓度稳定在防止气候系统受到危险的人为干扰的水平上"。为了实现这一目标，

---

① 参见李春林：《构建人类命运共同体与发展权的功能定位》，载《武大国际法评论》2018年第5期。

公约规定了共同但有区别的责任、照顾发展中国家、采取风险预防措施、可持续发展、国际合作等原则，①并为公约附件一所列缔约方和非附件一缔约方规定了不同的义务。附件一缔约方由 24 个经合组织成员国、11 个正在向市场经济过渡的国家（独联体国家和苏联的东欧盟国）和土耳其组成，共 36 个（根据缔约方第三届会议决定，扩展到 41 个，包括 27 个经合组织中的发达国家和 14 个经济转型国家和地区）。根据公约第 4 条第 2 款的规定，这些国家和地区应率先承担减排温室气体的责任，并且"个别或共同地使二氧化碳和《蒙特利尔议定书》未予管制的其他温室气体的人为排放回复到 1990 年的水平"。但是，公约没有具体规定这些国家的量化减排指标。

2. 公约的主要内容

（1）基本原则

公约规定了各缔约方应当遵循的原则：一是在应付气候变化的国际合作中坚持国家主权原则；二是在公平的基础上，并根据它们共同但有区别的责任和各自的能力保护气候系统，发达国家应当率先；三是充分考虑到发展中国家缔约方，尤其是特别易受气候变化不利影响的那些发展中国家缔约方的具体需要和特殊情况；四是采取预防措施，预测、防止或尽量减少引起气候变化的原因，并缓解其不利影响；五是促进可持续的发展，保护气候系统免遭人为变化的政策和措施应当适合每个缔约方的具体情况，并应当结合到国家的发展计划中去。六是各缔约方应当合作促进有利的和开放的国际经济体制，这种体制将促成所有缔约方，特别是发展中国家缔约方的可持续经济增长和发展，从而使它们有能力更好地应付气候变化的问题。

（2）缔约方的一般性义务

公约对各缔约方规定了应普遍履行的一般性义务，其中包括：第一，编制、定期更新和公布《蒙特利尔议定书》未予管制的所有温室气体的各种源的人为排放和各种汇的消除的清单；第二，制定、执行、公布和经常地更新着手减缓气候变化的计划和措施；第三，国家所有有关部门，应发展、应用和传播各种用来控制、减

---

① 参见公约第 3 条的规定。

少或防止《蒙特利尔议定书》未予管制的温室气体的人为排放的技术、做法和过程;第四,促进可持续的管理,并维护和加强《蒙特利尔议定书》未予管制的所有温室气体的汇和库;第五,拟订和详细制订关于沿海地区的管理、水资源和农业以及关于受到旱灾和沙漠化及洪水影响的地区的保护和恢复计划;第六,在有关的社会、经济和环境政策及行动中,在可行的范围内将气候变化考虑进去,减少那些减缓气候变化项目对经济、公众健康和环境质量的不利影响;第七,进行关于气候系统的科学、技术、工艺社会和其他研究,系统的观测和数据档案的建立;第八,进行关于气候系统和气候变化以及关于各种应对战略所带来的经济和社会后果的科学、技术、工艺、社会经济和法律方面的有关信息的充分、公开和迅速的交流;第九,进行与气候变化有关的教育、培训和提高公众意识的工作,并鼓励人们对这个过程广泛参与;第十,向缔约国会议提供有关履行公约的信息。[①]

(3) 发达缔约方的特别义务

公约根据共同但有区别的责任原则,对发达国家缔约方规定了具体的必须履行的特别义务。公约第4条第3款到第10款规定了发达国家对发展中国家的资金和技术援助及特别安排。其中,第3款和第4款要求发达国家缔约方向发展中国家缔约方提供新的和额外的资金,以支付履行条约义务的费用、技术转让的费用,以及适应气候变化不利影响的费用;第5款要求发达国家缔约方采取措施,促进、便利和资助向其他缔约方,特别是发展中国家缔约方转让或使它们有机会得到无害环境的技术和专有技术,以使它们能够履行本公约的各项规定;第7款明确指出,发展中国家缔约方能在多大程度上有效履行其在本公约下的承诺,将取决于发达国家缔约方对其在本公约下所承担的有关资金和技术转让的承诺的有效履行。

(4) 资金机制

公约制定了一项资金机制,以向发展中国家提供赠款或优惠贷款,帮助它们履行公约的规定,应对气候变化。公约指定全球环境基金(GEF)作为它的临时资金机制,并在1996年第二次缔约方大会上通过了同GEF的谅解备忘录,规定

[①] 参见马骧聪主编:《国际环境法导论》,社会科学文献出版社1994年版,第203—204页。

了各自的职责和义务。1998年公约第四次缔约方大会委任GEF为其永久资金机制机构,每四年进行一次评审。资金机制向缔约方大会负责,后者决定气候变化政策、规划的优先领域和获取资助的标准,因此缔约方大会定期向资金机制提供政策指导。

(二)《京都议定书》

联合国环境与发展大会以后温室气体排放大幅上升的事实,使缔约方认识到公约的承诺不足以缓解全球气候变化,决定谈判制定一项议定书,为附件一缔约方规定具体减排义务及时间表。1997年12月,公约第三次缔约方大会通过具有里程碑意义的《京都议定书》(以下简称"议定书"),对2012年前主要发达国家减排温室气体的种类、时间表和额度等作出了具体规定。这是全球第一个要求缔约方承担保护地球系统义务的执行性文件。根据议定书第25条的规定,议定书应在不少于55个公约缔约方,包括其合计的二氧化碳排放量至少占附件一缔约方1990年二氧化碳排放总量的55%的缔约方批准、接受、核准或加入之后第90天起生效。由于1990年的二氧化碳排放量占世界36%的美国退出议定书,给议定书的前景蒙上巨大阴影。直到2004年11月,俄罗斯核准议定书,终于柳暗花明,议定书于2005年2月16日生效。中国于1998年5月签署议定书,2002年8月向联合国秘书长交存核准文件,是议定书的缔约方之一。

议定书共有两个承诺期。在第一承诺期,即2008年到2012年间,根据议定书第3条第1款和附件B的规定,公约附件一缔约方必须使其排放总量比1990年减少5%,其中美国减排7%,日本、加拿大各为6%,俄罗斯、乌克兰、新西兰维持零增长,欧盟15个成员国作为一个整体参与减排行动,减排比例为8%。欧盟通过内部谈判,将8%的减排指标进一步分解到各成员国。其中,德国承诺减排21%,丹麦21%,英国12.5%,荷兰6%,葡萄牙、希腊、爱尔兰等则被允许增加减排量。2005年11月,联合国气候会议通过了《京都议定书》的执行协定,议定书进入了全面执行期。议定书及其执行协定规定了惩罚机制,如果在2012年以前,附件一缔约方还没有完成减排指标,在2012年之后的减排指标将增加30%。第二承诺期是从2013年到2020年。2012年的多哈气候大会就第二承诺期展开谈判,通过了议定书第二承诺期修正案,为相关发达国家和经济转型国家设定了2013年至2020年的温室气体量化减排指标。

同时,为了帮助附件一国家完成减排义务,议定书引入了三个国际合作的灵活机制,即联合履行机制、排放贸易机制和清洁发展机制。前两个机制是附件一缔约方相互之间的合作,而清洁发展机制则是附件一缔约方与非附件一缔约方之间的合作。

(三)《气候变化巴黎协定》

2015年12月12日,在第21届联合国气候变化大会上通过《气候变化巴黎协定》(以下简称"协定"),2016年4月22日在纽约签署,为2020年《京都议定书》失效后全球应对气候变化行动作出安排。协定需要在至少55个《联合国气候变化框架公约》缔约方(其温室气体排放量占全球总排放量至少约55%)交存批准、接受、核准或加入文书之日后第30天起生效。协定已于2016年11月4日正式生效。协定正式生效距离通过还不到一年时间,一项涉及多国的国际协议在全球范围内获得批准的速度前所未有。

协定是迄今为止全球气候治理进程中最具历史意义的里程碑,充实和完善了新时期全球气候治理体系。它既继承了《联合国气候变化框架公约》所确立的基本原则,又充分考虑和反映了二十年来国际形势的新变化。协定将是全球气候治理的纲领性文件,其所确定的机制就是全球气候治理体系的基础。[①] 协定共29条,包括目标、原则、减缓、适应、损失损害、资金、技术、能力建设、透明度等内容。

1. 协定的目标和原则

协定第1条第1款规定其"旨在联系可持续发展和消除贫困的努力,加强对气候变化威胁的全球应对"。主要包括两个具体目标,一是"减缓",即"把全球平均气温升幅控制在工业化前水平以上低于2℃之内,并努力将气温升幅限制在工业化前水平以上1.5℃之内";二是"适应",即"提高适应气候变化不利影响的能力并以不威胁粮食生产的方式增强气候抗御力和温室气体低排放发展"。

[①] 参见张晓华:《〈巴黎协定〉:全球多边主义一个关键性的胜利》,载《WTO经济导刊》2016年第5期。

协定第 1 条第 2 款专门规定了履行协定需要遵循的三个原则：公平原则、共同但有区别的责任原则和各自能力原则。

2. 协定缔约方的义务

为了实现协定规定的目标，在贯彻协定三个原则的基础上，协定为各个缔约方规定了多项义务，既有实体义务，也有程序义务。这些义务构成了协定的核心内容，也是协定制定过程中各方争议的焦点。

(1) 国家自主贡献

缔约方的核心义务是"国家自主贡献"。协定第 3 条规定，所谓"国家自主贡献"，是指"所有缔约方将保证并通报第 4 条（关于国家自主贡献的集中规定）、第 7 条（关于适应气候变化的规定）、第 9 条（关于资金安排的规定）、第 10 条（关于技术开发和转让的规定）、第 11 条（关于能力建设的规定）和第 13 条（关于透明度的规定）所界定的有力度的努力"，而且"所有缔约方的努力将随着时间的推移而逐渐增加"。因此，"国家自主贡献"是各国自愿的承诺，而且包括多方面的内容。

(2) 连续国家自主贡献

协定第 4 条第 2 款规定，各缔约方应当"编制、通报并保持它计划实现的连续国家自主贡献"。为了实现这种贡献的目标，协定第 4 条第 2 款、第 3 款、第 9 款规定，缔约方应采取国内减缓措施，每五年通报一次国家自主贡献，而且各缔约方的连续国家自主贡献将比当前国家自主贡献有所进步。协定第 4 条第 13 款要求缔约方核算它们的国家自主贡献。协定也赋予缔约方相当大的灵活性，在第 11 款规定，缔约方可随时调整其现有的国家自主贡献。协定第 4 条第 19 款还要求所有缔约方"努力拟定并通报长期温室气体低排放发展战略"。

(3) 适应气候变化

协定第 7 条第 2 款指出，适应气候变化是所有各方面临的全球挑战，包括地方、次国家、国家、区域和国际层面，它是为保护人民、生计和生态系统而采取的气候变化长期全球应对措施的关键组成部分和促进因素。因此，缔约方确立了关于提高适应能力、加强抗御力和减少对气候变化的脆弱性的全球适应目标。为了有效地适应气候变化，协定第 7 条要求缔约方加强它们在增强适应行动方面的合作(第 7 款),各缔约方酌情开展适应规划进程并采取各种行动,包括制订或加强相关的计划、政策和/或贡献(第 9 款),各缔约方应当酌情定期提交和更新一项适应信息通报(第 10 款)。第 8 条进一步规定,缔约方应当在合作和提供便利的基础上,包括酌情通过华沙国际机制,在气候变化不利影响所涉损失和损害方面加强理解、行动和支持。

(4) 资金安排

协定第 9 条要求发达国家缔约方为协助发展中国家缔约方减缓和适应两方面提供资金,以便继续履行在《联合国气候变化框架公约》下的现有义务。

(5) 技术开发和转让

技术对于执行本协定下的减缓和适应行动具有重要意义,因此协定第 10 条第 2 款要求缔约方加强技术开发和转让方面的合作行动,第 3 款规定《联合国气候变化框架公约》下设立的技术机制为本协定服务。第 4 款还规定建立一个技术框架,为技术机制在促进和便利技术开发和转让的强化行动方面的工作提供总体指导。

二、生物多样性保护领域的全球性条约

生物多样性保护的全球条约主要有《生物多样性公约》及其《生物安全议定书》和《关于遗传资源获取和惠益共享的名古屋议定书》等。

(一)《生物多样性公约》

联合国环境规划署理事会于 1987 年 6 月作出第 14/26 号决定——《生物多样性国际公约的合理化》,并成立一个特设专家工作组(后来更名为法律和技术专家特设工作组),研究是否应制定一个总括性的《生物多样性公约》(以下简称"公约")。公约在 1989 年开始起草,1992 年 5 月 22 日完成最后文本,5 月 22 日因此被定为"国际生物多样性日"。公约为保护生物多样性、持续利用自然资源、公平获益和分享遗传资源提供了一个综合而全面的法律框架。公约第 1 条规定,其目标是按照本公约有关条款从事保护生物多样性、持续利用其组成部分以及公平合理地分享由利用遗传资源而产生的惠益,实施手段包括遗传资源的适当取得及有关技术的适当转让,但需顾及对这些资源和技术的一切权利,以及提供适当资金。公约于 1992 年 6 月联合国环境与发展大会期间向各国开放签字,

并于1993年12月29日生效。截至2021年年底,该公约共有196个缔约方。我国于1992年6月11日签署公约,并于同年11月7日批准。

公约第3条规定,"依照联合国宪章和国际法原则,各国具有按照其环境政策开发其资源的主权权利,同时亦负有责任,确保在它管辖或控制范围内的活动,不至于对其他国家的环境或国家管辖范围以外地区的环境造成损害。"这是公约确立的唯一的基本原则。它基本承袭了1972年《人类环境宣言》的第21项原则。这一原则的规定,基本反映了要求维护自然资源主权的发展中国家与强调资源和环境保护的发达国家之间的利益、立场的平衡和妥协。

公约为缔约方规定了一般性义务。公约规定,缔约方应当采取保护和持续利用生物多样性的一般措施,查明和监测生物多样性各组成部分的情况,对生物多样性的组成部分实施就地保护与移地保护,评估和减少拟议项目对生物多样性的不利影响,开展国际合作与国内公众教育和培训活动等。尽管该公约对缔约方规定了很多义务,但是多是弹性或软性的义务,多有"尽可能并酌情"地遵守的限定性措辞,或者表述为"努力遵守"的义务,例如制定国家战略、将生物多样性的保护和持续利用融入部门政策、就地保护、移地保护、可持续利用、环境影响评价等义务。

(二)《生物安全议定书》及其《关于赔偿责任和补救的名古屋—吉隆坡补充议定书》

1.《生物安全议定书》的制定背景

现代生物技术是全球发展最快的高新技术,利用现代生物技术获得的转基因生物对农业、人类健康、贸易和环境具有深远影响。虽然转基因技术突破了自然资源的限制,带来了全球农业的深刻革命,却在全球贸易中处于两难。转基因生物的两面性以及各国对转基因生物贸易的不同政策,强烈要求相关国际协定发挥作用。为此,由来自130多个国家的代表在经过长达5年的谈判之后,《卡塔赫纳生物安全议定书》于2000年1月28日获得通过。该议定书共40条,3个附件,它根据预防原则规定了改性活生物体(LMOs)越境转移、过境、处理和使用的基本国际规则,在生物技术方面为协调贸易和环保的各自需要提供了一个国际管理框架,是一个主要的千年里程碑。① 议定书于 2003 年 9 月 11 日生效,截至 2021 年年底共有 173 个国家和地区成为议定书缔约方。中国参与了议定书的起草、谈判及签署,并于 2005 年 5 月核准。

2.《生物安全议定书》的核心内容

《生物安全议定书》(以下简称"议定书")的目标是依循《里约宣言》原则 15 所订立的风险预防方法,协助确保在安全转移、处理和使用凭借现代生物技术获得的、可能对生物多样性的保护和可持续使用产生不利影响的改性活生物体领域内采取充分的保护措施,同时顾及对人类健康所构成的风险并特别侧重越境转移问题。为实现其目标,议定书要求或授权缔约方采取一些与贸易有关的环境措施。这些措施主要有:提前知情同意程序(AIA 程序);同意进口的决定程序;关于拟直接作食物或饲料或加工之用的 LMOs(即 LMOs-FFPs,通常所说的"转基因食品")越境转移的程序;风险评估;运输、包装和标识等。

(1) 关于提前知情同意程序

议定书第 7 条规定,对于拟有意向进口缔约方的环境中引入转基因生物,在其首次有意越境转移之前,适用"提前知情同意程序"。第 8 条规定,出口缔约方应要求出口者在首次有意转移转基因生物之前,确保以书面形式通知进口缔约方的国家主管部门。

(2) 关于同意进口的决定程序

议定书第 9 条规定,进口缔约方应确认收到通知,并告知该国是否将依据国内法规来处理此项进口申请。第 10 条规定进口缔约方将以书面形式通知出口方他们是有条件进口或无条件进口,或禁止进口,或根据国内法规要求提供更多的资料。第 10(5) 条补充规定,进口缔约方未能对通知作出确认,并不意味着对越境转移表示同意。

(3) 关于列明资料

议定书第 8 条第 1 款规定,出口转基因生物的缔约方在其发给进口方的通

---

① 参见《生物安全议定书》,https://www.un.org/,2021 年 5 月 19 日访问。

知中需要列有附件一所列明的资料；出口缔约方应确保对出口者提供资料的准确性作出法规规定。然而,附件一的资料要求带有强制性,且内容较详细,它要求出口者提供以下资料:拟越境转移的改性活生物体在出口国的安全类别;受体生物体或亲本生物体的特性、起源中心和基因多样性中心;供体生物体的特性;有关改性活生物体的核酸、作出的改变、使用的技术及由此产生的特性;改性活生物体或其产品的预定用途;拟转移的数量和体积;风险评估的报告;在出口国受管制的情况等。

(4) 关于进口拟作食物或饲料或加工之用 LMOs 的程序

议定书第 11(4) 条规定,缔约方可根据符合本议定书目标的国内规章条例,就进口拟作食物或饲料或加工之用的 LMOs 作出决定。第 11(8) 条进而规定,即使对生物多样性影响程度缺少科学定论亦不妨碍进口缔约方酌情就拟作食物、饲料和加工之用的 LMOs 的进口作出决定,以避免或减少潜在的不利影响。对于直接用作食物或饲料或用于加工的改性活生物体在其首次越境转移之前亦适用"提前知情同意程序"。

(5) 关于风险评估

议定书第 15(2) 条规定,进口缔约方应确保对拟进口的转基因生物进行风险评估,进口方可要求出口方进行此种风险评估。议定书还规定,如果进口缔约方要求由出口方发出通知者承担风险评估的费用,发出通知者应承担此种费用。议定书附件 2 规定了风险评估的原则和步骤,主要包括:查明与可能影响生物多样性的改性活生物体相关的任何新的基因型和表现型特性;审评产生这些不利影响的可能性和导致的后果;估计改性活生物体所构成的总体风险;进而对所涉风险提出管理建议。

(6) 关于运输、包装和标识

议定书第 18(2) 条规定,每一缔约方应采取措施,至少以文件方式,明确说明该转基因生物是有意转移直接用作食物或饲料或加工,而不是有意引入环境,并标明其特征和任何特有标识;明确说明该转移的转基因生物是预定用作封闭性使用,并具体说明任何有关安全装卸、贮存、运输和使用的要求;明确说明其他转基因生物是有意引入进口国的环境中,并具体说明其特征和相关的特性和/或特点,以及任何有关安全装卸、贮存、运输和使用的要求。

议定书同时规定了一些对发展中国家的赋能激励措施。议定书规定了加强对发展中国家和经济转型国家缔约方的能力建设事宜,安排了其财务机制和财政资源。议定书具体规定,各缔约方应开展合作,通过诸如现有的全球、区域、分区域和国家机构及组织与酌情通过促进私人部门的参与等方式,协助发展中国家和经济转型国家缔约方,特别是其中最不发达国家和小岛屿发展中国家逐步建立和/或加强生物安全方面的人力资源和体制能力,包括生物安全所需的生物技术。议定书明确规定以《生物多样性公约》的资金机制作为本议定书的资金机制。①

3.《关于赔偿责任和补救的名古屋—吉隆坡补充议定书》

《生物安全议定书》第 27 条提出,将在该议定书缔约方大会的第一次会议上就适当拟定因转基因生物的越境转移而造成损害的赔偿责任和补救方法的国际规则和程序,并努力在 4 年内完成这一进程。2010 年,在日本名古屋召开的议定书第五次缔约方会议通过了《关于赔偿责任和补救的名古屋—吉隆坡补充议定书》(一般简称《名古屋—吉隆坡补充议定书》),作为在损害赔偿方面对议定书的补充,主要对损害赔偿的范围、因果关系、应对措施、豁免、时限、资金限制、追索权、财政担保等方面的问题进行了规定。补充议定书的要点如下:由于转基因生物跨国境移动,给生物多样性和人体健康带来严重损失时,缔约方可以要求肇事者恢复原状并提供费用;如果已预见肯定会出现损失时,缔约方可以要求肇事者采取预防措施;肇事者是指直接或间接管理转基因生物的拥有者、开发者、生产者、进出口者、运输者等;缔约方有必要与其他国际法进行调整,根据国内法制定财政措施,为预防损失而建立保险和基金。根据该补充议定书的规定,第 40 个国家交存加入书之后的第 90 日,该议定书将生效。该补充议定书已于 2018 年 3 月 5 日生效。②

---

① 参见《生物安全议定书》第 22 条和第 28 条的规定。
② 参见《3 月 5 日正式生效:〈卡塔赫纳生物安全议定书关于赔偿责任和补救的名古屋—吉隆坡补充议定书〉》,http://wemedia.ifeng.com/51153634/wemedia.shtml,2020 年 11 月 17 日访问。

(三)《关于遗传资源获取和惠益共享的名古屋议定书》

2010年10月30日,《联合国生物多样性公约》第10届缔约方会议通过《关于获取遗传资源以及公平和公正地分享其利用所产生的惠益的名古屋议定书》(即俗称的《关于遗传资源获取和惠益共享的名古屋议定书》,简称《名古屋议定书》)。经过近两周的拉锯战,发展中国家和发达国家终于就未来十年生态系统保护世界目标和生物遗传资源利用及其利益分配规则达成一致。议定书于2014年10月12日生效,目前共有73个缔约方。我国于2016年6月8日加入议定书。

《名古屋议定书》明确规定,它是为执行《生物多样性公约》的遗传资源获取和惠益分享的文件。议定书规定其目标是公平分享利用遗传资源,包括通过适当获取遗传资源和转让适当的技术所产生的惠益,同时亦顾及对这些资源和技术的所有权利,并提供适当的资金,从而对保护生物多样性并可持续地利用其组成部分作出贡献。为此,议定书具体规定了缔约方的义务,包括制定和执行遗传资源获取和惠益分享立法和管制要求;指定遗传资源获取和惠益分享的国家联络点,并向依据议定书设立的获取和惠益分享信息交换所提供相应信息;对遗传资源的利用进行监测;在国内开展公众宣传、教育和培训;向作为本议定书缔约方会议的《生物多样性公约》缔约方大会提交履约报告等。①

议定书也对富有遗传资源的发展中国家规定了很多激励措施,特别是履约激励措施,主要包括以下内容:遗传资源的利用国应当根据《生物多样性公约》第15条的相关规定,与遗传资源的来源国公正和公平地进行惠益分享,遵循共同商定的条件;遗传资源的获取需要征得遗传资源来源国的事先知情同意;缔约方在制定和执行遗传资源获取和惠益分享立法和管制要求时,对发展中国家给予特别考虑;缔约方有必要考虑制定一种全球多边惠益分享机制并考虑这一机制的模式;加强发展中国家能力建设;促进对发展中国家的技术转让;将《生物多样性公约》的财务机制作为本议定书的财务机制。②

---

① 分别参见《名古屋议定书》第4条第4款、第1条、第5条到第7条、第9条到第17条的规定。

② 参见《名古屋议定书》第5条、第6条、第8条、第10条、第22条、第23条、第25条的规定。

三、《国际水道非航行使用法公约》

联合国 1997 年通过并于 2014 生效的《国际水道非航行使用法公约》（以下简称《国际水道法公约》），是国际水法发展史上的里程碑。

（一）公约的制定和生效

根据 2002 年的国际河流统计，全球现有 265 条国际水道，分布在 146 个国家，其流域面积占地球陆地面积的 47.9%，[1]拥有全球 60% 的河川径流水资源，居住着世界约 40% 的人口。[2]水资源具有流动性，极大地忽视政治边界，沿岸国之间对国际水道水资源的竞争性利用难免会发生冲突，尤其是对于国际水道的水力发电、捕鱼、农业灌溉、人类饮用等非航行利用。因此，1970 年第 25 届联合国大会通过决议，建议国际法委员会研究国际水道非航行使用法，以期逐渐编纂和发展这方面的法律，预防和解决国际水冲突。国际法委员会经过二十多年的研究、酝酿和起草，先后于 1991 年和 1994 年一读和二读通过了《国际水道非航行使用法条款草案》。1997 年 5 月 21 日，第 51 届联合国大会以 103 国投票赞成、27 国弃权、3 国投票反对，最终通过了《国际水道法公约》，对国际水道非航行使用的内容、原则、方式和管理制度等作了较全面的规定，是世界上第一个专门就跨界水资源的非航行利用问题缔结的公约。

《国际水道法公约》第 36 条规定了其生效条件："本公约应自第 35 份批准书、接受书、核准书或加入书交存于联合国秘书长之日后第 90 天起生效。"由于越南在 2014 年 5 月 19 日批准该公约，成为批准、接受、核准或加入公约的第 35 个成员，因此公约已于 2014 年 8 月 17 日起生效。截至 2022 年 6 月底，该公约共有 36 个缔约方，其中既有德国、法国、英国、芬兰、丹麦、爱尔兰、意大利、挪威、瑞典、卢森堡、西班牙、葡萄牙、希腊等欧洲发达国家，也有匈牙利、南非、纳米比亚、约旦、黎巴嫩、利比亚、突尼斯、乌兹别克斯坦、尼日利亚、尼日尔、贝宁、乍得

---

[1] 参见国际大坝委员会编：《国际共享河流开发利用的原则与实践》，贾金生等译，中国水利水电出版社 2009 年版，第 4 页。

[2] See Joseph W. Dellapenna, Book Reviews: The Law of International Watercourses: Non-navigational Uses, by Stephen C. McCaffrey, *A.J.I.L.*, Vol. 97, 2003.

等第三世界国家,以下游国家、干旱国和岛国为主。①

(二) 公约对国际水法的积极影响

《国际水道法公约》通过详尽的实体性和程序性规定,以及设立联合管理机构的建议,为处于公约核心的国际水道非航行利用和保护的合作义务提供了可操作的框架。根据公约规定,水道国可以在水资源利用、洪水控制、污染防控、水道生态系统的保护等所有方面开展合作,甚至实施综合管理。② 公约作为国际水法领域的全球性条约,对所有国家开放,其生效必将对国际水法产生深远的、积极的影响,尤其表现在以下两方面:

1. 促进国际水法的编纂和发展

公约所规定的公平和合理利用原则、不造成重大损害原则、国际合作原则、计划采取措施的国家对可能受影响国的通知义务等,均是对习惯国际法的编纂,关于国际水道生态系统的保护和保全、计划采取措施的答复期限、强制性争端解决办法等,则是进一步发展。随着公约的生效和各国对国际水道利用活动的陆续开展,水道国缔结双边、多边水道协定或制定国内立法的工作也将跟进,关于跨界水利用和保护的国际和国内立法将有进一步发展。

2. 促进全球对跨界水资源的利用和保护,预防和解决国际争端

公约的通过和生效对于跨界水资源的利用和保护具有积极影响和指导意义。公约规定了水道国进行合作的基本方式,以及保护和保全国际水道生态系统的一般义务和具体措施,这些规范将推动水道国之间的国际合作,对国际水道的利用和保护提供重要的指导,从而促进全球对跨界水资源的利用和保护,预防和解决国际争端。③ 事实上,公约在正式出台和生效之前就发挥了积极作用。在公约出台之前,国际法委员会起草的条款草案和公约草案对某些区域性、多边或双边水道协定的签署及其最终文本产生了一定的影响,例如南部非洲发展共

---

① See United Nations Treaty Collection, https://treaties.un.org/pages/ViewDetails.aspx? src, visited on June 23, 2022.

② 综合水资源管理要求以流域为单位,对相互关联的淡水水体进行管理,也需要整合水利、农业、环境等多个管理部门和地方、公共、私人等多行为体的利益。

③ 参见何艳梅:《联合国国际水道公约生效后的中国策略》,载《上海政法学院学报(法治论丛)》2015年第5期。

同体 1995 年达成的区域性水道协定《关于共享水道系统的议定书》，湄公河下游四国（泰国、老挝、柬埔寨、越南）1995 年达成的多边水道协定《湄公河流域可持续发展合作协定》，阿根廷和智利 1991 年达成的双边水道协定《关于共同水资源的议定书》。① 公约通过之后，也在某些区域性、多边和双边水道协定的谈判和签署过程中发挥了指导作用，例如南部非洲发展共同体 2000 年达成的区域性水道协定《关于共享水道系统的修订议定书》，南非、斯威士兰和莫桑比克于 2002 年达成的全流域性、多边性水道协定《因科马蒂和马普托水道临时协议》等都借鉴了公约的规定。② 此外，国际法院在多瑙河盖巴斯科夫大坝案的判决中提及这一公约，将其作为国际水法的权威陈述。③

四、《控制危险废物越境转移及其处置巴塞尔公约》及其《责任和赔偿议定书》

1989 年 3 月 22 日，联合国环境规划署主持制定通过了《控制危险废物越境转移及其处置巴塞尔公约》（以下简称《巴塞尔公约》），成为全球首个规范危险废物越境转移和环境无害化管理的综合性国际文书，旨在保护人类健康和环境免受危险废物和其他废物的产生、转移和处置可能造成的不利影响。我国参与了该公约的起草和通过，并先后于 1990 年和 1991 年签署和批准。1992 年 8 月 20 日，该公约对我国生效。截至 2019 年年底，公约共有 187 个缔约方。

公约规定了危险废物越境转移及其处置所应遵循的原则和危险废物的范围，明确了缔约方的一般性义务，包括向缔约方大会提交或通报相关资料、采取控制危险废物越境转移的措施、再进口的责任等。公约也涉及对发展中国家的激励，主要体现在财务方面的安排。公约规定，各缔约方同意根据各区域和分区域的具体需要，应针对危险废物和其他废物的管理并使其产生减至最低限度，建立区域的或分区域的培训和技术转让中心；各缔约方应就建立适当的自愿性筹

---

① 参见孔令杰、田向荣：《国际涉水条法研究》，中国水利水电出版社 2011 年版，第 44 页。
② 比如，这两个协定关于共享水道利用和保护的一般原则、公平和合理利用的要素清单、关于保护和保全共享水道生态系统的义务和措施等的规定借鉴了公约的有关条款。
③ See Judgment of 25 September 1997, 1997 ICJ No.92, Para.85.

资机制作出决定；各缔约方应考虑建立一循环基金，以便对一些紧急情况给予临时支援，尽量减少由于危险废物和其他废物的越境转移或其处置过程中发生意外事故所造成的损害。[1]

公约自 1992 年 5 月 5 日生效以来，经过二十余年的发展，逐步形成了控制危险废物越境转移的法律框架；通过制定环境无害化管理技术准则和手册、发展公共私营伙伴关系、建设和发展区域和协调中心等机制积极推进了危险废物环境无害化管理。[2] 在 1992 年缔约方大会上，设立了技术合作信托基金，这是一项源自缔约方自愿捐款的基金，旨在帮助发展中国家和其他需要技术援助的国家执行公约。该基金由秘书处管理，对缔约方大会负责。该基金的运作受捐款国主导，捐款数额少，资金短缺严重，而且资金用途基本上由捐款国指定，因此发挥作用的空间不大。如今公约缔约方开始商议"适当和可预测的资金机制"。[3]

为了建立一个综合赔偿制度，迅速充分赔偿因危险废物和其他废物越境转移及其处置和这些废物的非法运输所造成的损害，《巴塞尔公约》第五次缔约方大会于 1999 年 12 月通过《关于危险废物越境转移及其处置所造成损害的责任和赔偿问题的巴塞尔议定书》。议定书对危险废物越境转移及其处置所造成的"损害"的含义给予界定，对严格赔偿责任、赔偿额度、时效、赔偿管辖权、法律适用等问题作出了规定。

案例分析
国际法院并案审理的哥斯达黎加 vs. 尼加拉瓜案

一、案情介绍

哥斯达黎加于 2010 年 11 月 18 日向国际法院提起诉讼，声称尼加拉瓜军队

---

[1] 参见公约第 14 条的规定。

[2] 参见环境保护部国际合作司编：《控制危险废物越境转移及其处置（巴塞尔公约二十年）》，化学工业出版社 2012 年版，第 5 页。

[3] 参见兰花：《多边环境条约的实施机制》，知识产权出版社 2011 年版，第 139 页，第 169 页。

在两国界河圣胡安河开展河道疏浚工程时入侵、占领和使用哥斯达黎加领土,指控尼加拉瓜违反其根据许多国际条约和公约而应对哥斯达黎加承担的义务。2011年12月22日,尼加拉瓜向国际法院起诉哥斯达黎加"侵犯尼加拉瓜主权并对其领土造成重大环境破坏"。尼加拉瓜声称哥斯达黎加正在两国之间大部分边境地区进行密集的道路建设工程,造成严重的环境后果。法院根据健全的司法管理原则和司法经济的需要,将两案合并审理。① 由于这两案较为复杂,涉及国家在从事有可能造成重大跨界损害的活动方面应承担的程序义务和实体义务及违反义务的责任和赔偿问题,这里仅对相关实体义务及违反义务的责任和赔偿问题,即一般国际法上的不造成重大损害原则,以及在造成重大环境损害之后的责任和赔偿问题进行分析。

二、争议焦点

两国都请求国际法院判定对方的有关活动违反了习惯国际法上的不造成重大损害原则。其中,哥斯达黎加诉称,尼加拉瓜在圣胡安河的疏浚工程对哥斯达黎加在圣胡安河右岸的领土以及科罗拉多河造成了跨界影响,违反了尼加拉瓜在习惯国际法上的义务。尼加拉瓜诉称,哥斯达黎加沿圣胡安河的筑路活动导致大量泥沙沉积物进入圣胡安河,特别是因为哥斯达黎加忽略基本的工程原则,造成了严重的水土流失。法院面临的最大争议是生态损害的估值方法,且双方提议的方法存在重大的差异。②

三、裁判要旨

对于圣胡安河,国际法院一方面承认尼加拉瓜依据有关条约对该河享有完整和排他的主权,另一方面指出尼加拉瓜实施的疏浚工程及哥斯达黎加实施的筑路活动均发生在"共享环境条件的区域和地区",且双方总体上同意应对在此区域内实施的有关活动实施环境影响评价,以避免其领土上或其管辖范围内的活动对其他国家的环境造成重大损害。法院援引"乌拉圭河纸浆厂案",重申了

---

① See Certain Activities Carried Out by Nicaragua in the Border Area (Costa Rica v. Nicaragua) and Construction of a Road in Costa Rica Along the San Juan River (Nicaragua v. Costa Rica), Judgment, I. C. J. Reports 2015.

② 参见孔令杰:《国际水道法相关国际判例研究》,载《边界与海洋研究》2020年第2期。

环/境/法/学/理/论/与/实/务

"不造成重大跨界损害"原则在习惯国际法上的地位,并澄清了该原则的内涵,"国家有义务采取其可支配的一切手段来预防在其领土上或其管辖范围之内的活动对其他国家的环境造成重大损害。"在法院看来,"可支配"和"预防"表明该义务属于行为义务。法院注意到,据尼加拉瓜估算,疏浚工程对圣胡安河水量的影响不到该河总流入水量的2%,且它委任的首席专家承认没有证据显示疏浚工程对圣胡安河的水流量造成了重大影响。不管圣胡安河水流量是否因疏浚工程而减少,这种影响都远不至于严重影响圣胡安河的适航性,或对哥斯达黎加的湿地等造成其他损害。同样,基于相关的证据,法院判定哥斯达黎加筑路造成的沉积物并未对尼加拉瓜造成重大跨界损害,包括含沙量增加导致的损害,对圣胡安河形态、航运和尼加拉瓜疏浚工程、圣胡安河水质和水域生态系统的损害及对沿河居民社区的健康状况造成的负面影响等。

对于救济和赔偿的一般原则,法院回顾了相关的国际判例,并认为依据一般国际法和确定的国际判例,救济应当是充分的、全面的,赔偿是救济的一种适当的形式。法院认为它需要逐一确定以下问题:声称的实际损害是否存在及其范围;它们是否由不法行为造成;应当赔偿的具体金额。关于环境损害,法院注意到确定损害及其与行为之间的因果关系可能存在特殊困难,因为损害可能归于多个原因,或者关于认定不法行为和损害之间因果关系的科学手段不足以支持得出唯一确凿的结论。无论如何,法院认为必须基于案件的事实来回答这些问题。法院还援引了"特莱尔冶炼厂仲裁案",强调在实际损害的范围上不存在充分的证据不应为阻碍判决损害赔偿的理由。

在回答了上述一般性法律问题后,法院首先处理了环境损害的可赔偿性问题,并明确指出,"对环境造成的损害以及由此造成的环境提供产品和服务能力的损害或丧失,在国际法上均是可主张赔偿的。"法院对此作出了进一步解释,"对环境造成的损害自身以及受害国因此种损害而支付的费用均是可赔偿的,这与关于国际不法行为后果的国际法原则是相符的。"对于赔偿的范围,法院认为它可以包括"生态产品和服务在恢复期间的损害或损失的赔偿以及受损环境的修复费用",因为通过自然恢复方法可能无法将环境恢复到损害发生前的状态,需要人力采取积极的修复措施。

针对生态损害的估值方法，法院指出，"国际法上并未规定任何具体的生态损害赔偿的估值方法"，"必须考虑个案的具体情况和特征"。法院决定不在当事国主张的方法中作出选择，仅在必要情况下考虑其中的特定因素。法院还决定采用整体评估方式来估算受损生态系统整体上遭受的各种生态损害，不再逐一评估和计算各类生态产品和服务遭受的损害及其修复费用。这样可便利法院综合判断最重大的损害与其他环境产品和服务之间的内在联系、各种生态产品和服务之间的关联以及自然的再生能力。

四、裁判结果

国际法院于2015年12月判决尼加拉瓜的相关活动侵犯了哥斯达黎加的领土主权并造成了损害，因此需要承担其不法活动对哥斯达黎加造成的损害的赔偿责任。法院于2018年2月进一步判决，环境损害及其带来的环境提供商品和服务的能力的减损或削弱在国际法之下是可以赔偿的。法院评估了归于受损环境修复的价值，以及对修复前的环境商品和服务的减损的价值，认定哥斯达黎加可得的赔偿总额是378890.59美元。尼加拉瓜于判决生效后不久向哥斯达黎加全额支付了这笔赔偿金。针对另一案，法院在2015年12月的判决中认为，哥斯达黎加的筑路活动有造成重大跨界损害的风险，哥斯达黎加没有遵守一般国际法规定的进行环境影响评价的义务。然而，由于哥斯达黎加未履行环评的义务，法院无法确定是否需要哥斯达黎加就该道路建设工程通知尼加拉瓜并与其开展磋商。关于尼加拉瓜所要求的赔偿，法院的结论是，宣布哥斯达黎加违反进行环评的义务而构成不法行为，是令人满意的适当措施。

五、案件评析

国际司法判例是国际环境法的重要组成部分。它们不仅为国际法庭在未来的判案中处理有关国际法问题提供了直接的依据，对国际公约、协定、习惯国际法的认定、解释和适用具有重要的指导意义，也会指引国家的国际实践，推动相关国际法的逐渐发展。在本案中，国际法院完全依据一般国际法，基于审慎和预防原则，确认国家有义务避免给他国造成重大跨界损害，并谨慎地判定双方均未违反该义务。国际法院判定尼加拉瓜应对其在哥斯达黎加领土上实施的不法行为所造成的实质损害向哥斯达黎加作出赔偿。尼加拉瓜行为的不法性源于法院判定争议领土属于哥斯达黎加,尼加拉瓜所从事的活动侵犯了该国的领土主权。法院需要裁定的并非关于跨界环境损害的赔偿,而是上述不法行为情形下的环境损害赔偿。这是国际法院首次判定环境损害的赔偿问题。法院没有对不造成重大损害义务的触发标准作一般性的阐释,但它在处理有关诉求的过程中,针对当事国声称的具体活动所造成的损害,要求有充分的证据证明有关活动确实造成了实质损害。

国际法院也依循了国家责任、救济和赔偿的一般原则和规则。在这些原则和规则无法直接解决有关问题的情况下,法院基于本案的具体情况,采取了务实的灵活方式处理环境损害赔偿的有关问题,尤其是生态产品和服务损害、丧失及修复的估值问题。我们可从法院的判决和说理中得出如下结论:第一,根据一般国际法,受害国可对其遭受的环境损害主张赔偿;第二,环境损害的程度和范围存在不确定性并不构成阻碍主张或判定损害赔偿的障碍;第三,环境损害的赔偿范围包括受损生态系统产品和服务在自然恢复前的损害或丧失以及相关的修复费用;第四,国际法并未规定一般性和强制性的环境损害赔偿估值方法;第五,环境损害赔偿的估值应综合考虑个案的具体情况和特点,尤其是最重大的损害与其他损害之间的关系,受损的不同类型的生态产品和服务之间的联系,生态系统的自然恢复能力、时间、影响因素,人工修复的必要性、可能性、可行性、最佳可得技术手段及其成本,等等。①

---

① 参见孔令杰:《国际水道法相关国际判例研究》,载《边界与海洋研究》2020年第2期。